ALIENAÇÃO PARENTAL SOB UMA PERSPECTIVA CRÍTICA

DISCUSSÕES PSICOSSOCIAIS E JURÍDICAS

Editora Appris Ltda.
1.ª Edição - Copyright© 2025 dos autores
Direitos de Edição Reservados à Editora Appris Ltda.

Nenhuma parte desta obra poderá ser utilizada indevidamente, sem estar de acordo com a Lei n° 9.610/98. Se incorreções forem encontradas, serão de exclusiva responsabilidade de seus organizadores. Foi realizado o Depósito Legal na Fundação Biblioteca Nacional, de acordo com as Leis n°s 10.994, de 14/12/2004, e 12.192, de 14/01/2010.

Catalogação na Fonte
Elaborado por: Dayanne Leal Souza
Bibliotecária CRB 9/2162

A398a 2025	Alienação parental sob uma perspectiva crítica: discussões psicossociais e jurídicas / Josimar Antônio de Alcântara Mendes, Marília Lobão Ribeiro (orgs.). – 1. ed. – Curitiba: Appris, 2025. 454 p. ; 23 cm. – (Geral). Vários autores. Inclui referências. ISBN 978-65-250-6632-5 1. Alienação parental. 2. Direito de família. 3. Viés de gênero. 4. Infância e juventude. I. Mendes, Josimar Antônio de Alcântara. II. Ribeiro, Marília Lobão. III. Título. IV. Série. CDD – 302.5

Livro de acordo com a normalização técnica da ABNT

Appris editora

Editora e Livraria Appris Ltda.
Av. Manoel Ribas, 2265 – Mercês
Curitiba/PR – CEP: 80810-002
Tel. (41) 3156 - 4731
www.editoraappris.com.br

Printed in Brazil
Impresso no Brasil

Josimar Antônio de Alcântara Mendes
Marília Lobão Ribeiro
(orgs.)

ALIENAÇÃO PARENTAL SOB UMA PERSPECTIVA CRÍTICA

DISCUSSÕES PSICOSSOCIAIS E JURÍDICAS

Appris editora

Curitiba, PR
2025

FICHA TÉCNICA

EDITORIAL	Augusto Coelho
	Sara C. de Andrade Coelho

COMITÊ EDITORIAL

- Ana El Achkar (Universo/RJ)
- Andréa Barbosa Gouveia (UFPR)
- Antonio Evangelista de Souza Netto (PUC-SP)
- Belinda Cunha (UFPB)
- Délton Winter de Carvalho (FMP)
- Edson da Silva (UFVJM)
- Eliete Correia dos Santos (UEPB)
- Erineu Foerste (Ufes)
- Fabiano Santos (UERJ-IESP)
- Francinete Fernandes de Sousa (UEPB)
- Francisco Carlos Duarte (PUCPR)
- Francisco de Assis (Fiam-Faam-SP-Brasil)
- Gláucia Figueiredo (UNIPAMPA/ UDELAR)
- Jacques de Lima Ferreira (UNOESC)
- Jean Carlos Gonçalves (UFPR)
- José Wálter Nunes (UnB)
- Junia de Vilhena (PUC-RIO)
- Lucas Mesquita (UNILA)
- Márcia Gonçalves (Unitau)
- Maria Aparecida Barbosa (USP)
- Maria Margarida de Andrade (Umack)
- Marilda A. Behrens (PUCPR)
- Marília Andrade Torales Campos (UFPR)
- Marli Caetano
- Patrícia L. Torres (PUCPR)
- Paula Costa Mosca Macedo (UNIFESP)
- Ramon Blanco (UNILA)
- Roberta Ecleide Kelly (NEPE)
- Roque Ismael da Costa Güllich (UFFS)
- Sergio Gomes (UFRJ)
- Tiago Gagliano Pinto Alberto (PUCPR)
- Toni Reis (UP)
- Valdomiro de Oliveira (UFPR)

SUPERVISORA EDITORIAL	Renata C. Lopes
PRODUÇÃO EDITORIAL	Daniela Nazário
REVISÃO	Katine Walmrath
DIAGRAMAÇÃO	Bruno Ferreira Nascimento
CAPA	Daniela Baum
REVISÃO DE PROVA	Sabrina Costa

LISTA DE ABREVIATURAS

AAIG	Associação de Advogadas pela Igualdade de Gênero
ABEPSS	Associação Brasileira de Ensino e Pesquisa em Serviço Social
ABRASME	Associação Brasileira de Saúde Mental
ADI	Ação Direta de Inconstitucionalidade
ANADEP	Associação Nacional das Defensoras e Defensores Públicos
AP	Alienação Parental
APA	American Psychiatric Association
APA	American Psychological Association
APASE	Associação de Pais e Mães Separados
APV	Análise de Protocolo Verbal
CAPS	Centro de Atenção Psicossocial
CAPSi	Centro de Atenção Psicossocial Infanto-Juvenil
CBAS	Congresso Brasileiro de Assistentes Sociais
CC	Código Civil
CEDAW	Convenção sobre a Eliminação de Todas as Formas de Discriminação contra a Mulher
CEACA	Centro Especializado no Atendimento de Crianças e Adolescentes
CFESS	Conselho Federal de Serviço Social
CEJ-CJF	Centro de Estudos Judiciários do Conselho da Justiça Federal
CEJUSC	Centro Judiciário de Solução de Conflitos e Cidadania
CRESS	Conselho Regional de Serviço Social
CNDM	Conselho Nacional dos Direitos da Mulher'
CFP	Conselho Federal de Psicologia
CH1980	Convenção da Haia de 1980 sobre os Aspectos Civis da Subtração Internacional de Crianças
CJCODCIVIL	Comissão de Juristas responsável pela revisão e atualização do Código Civil
CLADEM	Comitê Latino-Americano e do Caribe para a Defesa dos Direitos da Mulher

CNDH	Conselho Nacional de Direitos Humanos
CNS	Conselho Nacional de Saúde
CML	Coletivo Mães na Luta
CIDH	Comissão Interamericana de Direitos Humanos
CREMV	Centro de Referência Especializado da Mulher em Situação de Violência de Florianópolis/SC
CNPq	Conselho Nacional de Desenvolvimento Científico e Tecnológico
CNJ	Conselho Nacional de Justiça
CONANDA	Conselho Nacional dos Direitos da Criança e do Adolescente
CONDEGE	Conselho Nacional das Defensoras e Defensores Públicos-Gerais
CPC	Código de Processo Civil
CP	Código Penal
CREAS	Centro de Referência Especializado de Assistência Social
CRAS	Centro de Referência de Assistência Social
CT	Conselho Tutelar
DDC	Declaração dos Direitos da Criança
DE	Depoimento Especial
DPSP	Defensoria Pública do Estado de São Paulo
DIGIPLUS	Direito, Gênero e Identidades Plurais
DP	Defensoria Pública
DPU	Defensoria Pública da União
ECA	Estatuto da Criança e do Adolescente
ENPESS	Encontro Nacional de Pesquisadores em Serviço Social
EUA	Estados Unidos da América
FBSP	Fórum Brasileiro de Segurança Pública
FURG	Fundação Universidade de Rio Grande
HCCH	Conferência da Haia de Direito Internacional Privado
IBADFEM	Instituto Brasileiro de Direito de Família Feminista
IBDFAM	Instituto Brasileiro de Direito de Família
IBGE	Instituto Brasileiro de Geografia e Estatística

IPEA	Instituto de Pesquisa Econômica Aplicada
IML	Instituto Médico Legal
LAP	Lei de Alienação Parental
LHB	Lei Henry Borel
LOAS	Lei Orgânica da Assistência Social
LOS	Lei Orgânica da Saúde
MDA	Medidas de Proteção
MP	Ministério Público
MPF	Ministério Público Federal
MDHC	Ministério dos Direitos Humanos e da Cidadania
NUDEM	Núcleo de Defesa da Mulher
NPPDI/ UFSM	Núcleo de Pesquisa e Práticas em Direito da Infância e Juventude da Universidade Federal de Santa Maria
NUPEDH	Núcleo de Estudos e Pesquisas em Direitos Humanos
OEA	Organização dos Estados Americanos
OMS	Organização Mundial da Saúde
ONU	Organização das Nações Unidas
PAEFI	Serviço de Proteção e Atendimento Especializado a Famílias e Indivíduos
PBEF	Protocolo Brasileiro de Entrevista Forense
PL	Projeto de Lei
PLS	Projeto de Lei do Senado
PMICA	Princípio dos Melhores Interesses da Criança e do Adolescente
PNAD	Pesquisa Nacional por Amostra de Domicílio Contínua
PSOL	Partido Socialismo e Liberdade
REPRO	Rede de Proteção
RS	Rio Grande do Sul
SAP	Síndrome de Alienação Parental
SCFV	Serviço de Convivência e Fortalecimento de Vínculos
SGD	Sistema de Garantia de Direitos
SGDCA	Sistema de Garantia de Direitos da Criança e do Adolescente

SP	São Paulo
STJ	Superior Tribunal de Justiça
SUAS	Sistema Único de Assistência Social
SUS	Sistema Único de Saúde
TEPT	Transtorno de Estresse Pós-Traumático
TJAM	Tribunal de Justiça do Amazonas
TJRJ	Tribunal de Justiça do Rio de Janeiro
TRS	Teoria das Representações Sociais
UFC	Universidade Federal do Ceará
UFSC/UDESC	Universidade Federal de Santa Catarina/Universidade do Estado de Santa Catarina
UNCRC	Convenção sobre os Direitos da Criança das Nações Unidas
UNFPA	Fundo de População das Nações Unidas
UNICEF	Fundo das Nações Unidas para a Infância
VD	Violência Doméstica
VDF	Violência Doméstica e Familiar

SUMÁRIO

INTRODUÇÃO 13

PARTE I
ASPECTOS GENEALÓGICOS, CIENTÍFICOS E ÉTICOS PARA UMA VISÃO CRÍTICA SOBRE ALIENAÇÃO PARENTAL

1. SURGIMENTO, DIFUSÃO E CHEGADA DA TEORIA DE ALIENAÇÃO PARENTAL NO BRASIL 17
Josimar Antônio de Alcântara Mendes
Nathálya Oliveira Ananias
Fernanda Pereira Nunes
Marília Lobão Ribeiro

2. OS IMPACTOS NEGATIVOS DA TEORIA DE "ALIENAÇÃO PARENTAL" SOBRE O PROCESSO DE TOMADA DE DECISÃO E A APLICAÇÃO DO PRINCÍPIO DOS MELHORES INTERESSES DA CRIANÇA/ADOLESCENTE ..37
Josimar Antônio de Alcântara Mendes

3. A TRAGÉDIA DAS MEDEIAS CONTEMPORÂNEAS: REFLEXÕES PARA UMA ATUAÇÃO CRÍTICA, ÉTICA E POLÍTICA DO SERVIÇO SOCIAL EM CASOS COM ALEGAÇÃO DE ALIENAÇÃO PARENTAL......................55
Estela Martini Willeman
Patrícia Aline Abreu Pereira
Luana de Souza Siqueira

4. ATRIBUIÇÕES PRIVATIVAS DA/O ASSISTENTE SOCIAL E O DIAGNÓSTICO DE ALIENAÇÃO PARENTAL: UMA RELAÇÃO ANTAGÔNICA NA PERÍCIA EM SERVIÇO SOCIAL 83
Edna Fernandes da Rocha

5. A REFORMA DO CÓDIGO CIVIL BRASILEIRO E AS DISPUTAS PELA MANUTENÇÃO DOS ESTEREÓTIPOS DE GÊNERO VINCULADOS À LEI DE ALIENAÇÃO PARENTAL 107

Ela Wiecko Volkmer de Castilho

Nathálya Oliveira Ananias

Fernanda Pereira Nunes

PARTE II
IMPACTOS PSICOSSOCIAIS E JURÍDICOS DE UMA VISÃO ACRÍTICA SOBRE ALIENAÇÃO PARENTAL

6. REDE DE PROTEÇÃO: PREVENÇÃO DE DESPROTEÇÕES RELACIONAIS E PROMOÇÃO DE CONVIVÊNCIAS PROTETIVAS DE CRIANÇAS, ADOLESCENTES E SUAS FAMÍLIAS EM CASOS COM ALEGAÇÃO DE ALIENAÇÃO PARENTAL..135

Acileide Cristiane Fernandes Coelho

Olga Maria Pimentel Jacobina

Josimar Antônio de Alcântara Mendes

7. ALIENAÇÃO PARENTAL COMO UM PROXY PARA A REVITIMIZAÇÃO DENTRO DA REDE DE PROTEÇÃO: UM ESTUDO DE CASO COM SUSPEITA DE VIOLÊNCIA SEXUAL 157

Josimar Antônio de Alcântara Mendes

Indianara Trainotti

8. VIOLÊNCIAS E VULNERABILIDADES DE CRIANÇAS, ADOLESCENTES E MULHERES, ALEGAÇÃO DE ALIENAÇÃO PARENTAL E GUARDA COMPARTILHADA... 185

Eliene Ferreira Bastos

Marília Lobão Ribeiro

Josimar Antônio de Alcântara Mendes

9. DEPOIMENTO ESPECIAL EM SITUAÇÕES DE CONFLITOS FAMILIARES ENVOLVENDO ALEGAÇÕES DE ALIENAÇÃO PARENTAL: OS RISCOS À PROTEÇÃO DE CRIANÇAS E ADOLESCENTES.................. 203

Cátula da Luz Pelisoli

Angela Diana Hechler

PARTE III
DA NECESSIDADE DE UMA VISÃO CRÍTICA SOBRE ALIENAÇÃO PARENTAL: IMPLICAÇÕES PSICOSSOCIAIS E JURÍDICAS

10. A DIFUSÃO DA NOÇÃO DE ALIENAÇÃO PARENTAL NUMA PERSPECTIVA FEMINISTA CRÍTICA E GLOBAL: NOTAS SOBRE AS AMÉRICAS 227
Vanessa Hacon
Paola Motosi

11. MOVIMENTOS SOCIAIS MATERNOS: A LUTA PELA REVOGAÇÃO DA LEI DE ALIENAÇÃO PARENTAL E O BANIMENTO DO TERMO NO BRASIL
251
Sibele de Lima Lemos

12. UMA LEI ALIENANTE QUE ALIENA: A LEI DA ALIENAÇÃO PARENTAL E OS DESAFIOS À POLÍTICA INFANTOJUVENIL NO BRASIL.............271
Cynthia Ciarallo

13. UTILIZAÇÃO DA TESE DA ALIENAÇÃO PARENTAL EM AÇÕES DE GUARDA DE FILHOS: MELHOR INTERESSE DE QUEM? 295
Carlos Eduardo do Carmo Junior
Cecília Rodrigues Frutuoso Hildebrand

14. A IMPORTÂNCIA DA LITIGÂNCIA ESTRATÉGICA FEMINISTA NAS CAUSAS QUE ENVOLVEM ACUSAÇÃO DE ALIENAÇÃO PARENTAL 313
Rachel Serodio de Menezes
Mariana Tripode
Mariana Regis de Oliveira

15. REFLEXÕES CRÍTICAS SOBRE ALEGAÇÕES DE ALIENAÇÃO PARENTAL E A ATUAÇÃO DA DEFENSORIA PÚBLICA NESSES CASOS . 329
Dulcielly Nóbrega de Almeida
Anne Teive Auras

16. A INADEQUAÇÃO DA APLICAÇÃO DA TEORIA DE ALIENAÇÃO PARENTAL NOS PROCESSOS DE SUBTRAÇÃO INTERNACIONAL DE CRIANÇAS SOB ÉGIDE DA CONVENÇÃO DA HAIA DE 1980 351
Janaína Albuquerque Azevedo Gomes

17. INTERVENÇÕES PSICOSSOCIAIS PREVENTIVAS CONTRA SITUAÇÕES DE DESPROTEÇÃO AMPLIFICADAS POR DINÂMICAS FAMILIARES DISFUNCIONAIS TIDAS COMO "ALIENAÇÃO PARENTAL".................371
Mariana Martins Juras
Acileide Cristiane Fernandes Coelho

18. "MATRIZ DOS MELHORES INTERESSES": FOCANDO OS MELHORES INTERESSES DA CRIANÇA/ADOLESCENTE EM CASOS DE DISPUTA DE GUARDA E CONVIVÊNCIA COM ALEGAÇÕES DE ALIENAÇÃO PARENTAL.. 391
Josimar Antônio de Alcântara Mendes

19. INTERVENÇÃO PSICOSSOCIAL CRÍTICA EM CASOS COM ALEGAÇÃO DE "ALIENAÇÃO PARENTAL": PROPOSIÇÃO DE PRINCÍPIOS........... 419
Josimar Antônio de Alcântara Mendes
Marília Lobão Ribeiro

SOBRE OS AUTORES 447

INTRODUÇÃO

O livro *Alienação parental sob uma perspectiva crítica: discussões psicossociais e jurídicas* apresenta uma análise inovadora e multidisciplinar dos efeitos da aplicação da pseudociência da alienação parental (AP) no Brasil, reunindo perspectivas do Direito, da Psicologia e do Serviço Social. Embora as(os) autoras(es) desta obra nem sempre compartilhem a mesma visão sobre a AP, todas(os) reconhecem a importância de uma abordagem crítica sobre o tema. Por isso, o principal objetivo deste livro é oferecer um referencial ético e técnico-científico para profissionais dessas áreas que buscam uma visão crítica e complexa sobre casos que envolvem alegações de "alienação parental". Ao discutir os impactos negativos da AP, a obra visa repensar práticas e oferecer alternativas mais justas e inclusivas para a resolução de disputas familiares, sempre à luz dos direitos humanos e da Doutrina de Proteção Integral de crianças e adolescentes.

O livro se destaca por ser a primeira obra a compilar diversas vozes críticas sobre os pressupostos da alienação parental no Brasil, propondo uma análise interdisciplinar que abrange não apenas os aspectos jurídicos, mas também os impactos psicossociais e éticos dessa teoria na sociedade brasileira. Ao desafiar a aplicação acrítica da LAP (Lei n.º 12.318/2010), a obra contribui para o debate sobre a opressão de gênero e a vulnerabilização de mulheres, crianças e adolescentes em litígios de guarda e convivência.

Dividido em três partes, o livro oferece uma estrutura sólida para que os leitores compreendam as origens, os impactos e as alternativas críticas para o tema da alienação parental:

Parte I – Aspectos genealógicos, científicos e éticos para uma visão crítica sobre alienação parental, explora a origem da teoria de AP e sua chegada ao Brasil (Capítulo 1). Nos primeiros capítulos, são abordadas as bases misóginas da teoria e sua aplicação no contexto brasileiro, destacando como o Direito, a Psicologia e o Serviço Social são influenciados pelas assimetrias de poder e como essas áreas devem repensar suas práticas. Destaca-se o impacto da teoria na tomada de decisões judiciais que afetam o princípio dos melhores interesses da criança e do adolescente (Capítulo 2), além de propor uma atuação crítica e ética do Serviço Social (Capítulos 3 e 4), com discussões sobre a relação antagônica entre essa prática e a teoria de alienação parental. A reforma do Código Civil é analisada no Capítulo 5, discutindo como os estereótipos de gênero são reforçados pela LAP.

Na **Parte II – Impactos psicossociais e jurídicos de uma visão acrítica sobre alienação parental**, a obra discute os danos causados pela aplicação acrítica da Lei de Alienação Parental. Capítulos como o 6 e o 7 exploram a atuação da Rede de Proteção e o aumento do risco de revitimização em casos de violência sexual, ao passo que o Capítulo 8 foca as vulnerabilidades geradas pela LAP em crianças, adolescentes e mulheres, especialmente em contextos de guarda compartilhada. O Capítulo 9 traz uma reflexão sobre os riscos da utilização de Depoimento Especial em situações de conflito, destacando o quanto crianças e adolescentes podem ser prejudicados nesses casos.

A **Parte III – Da necessidade de uma visão crítica sobre alienação parental: implicações psicossociais e jurídicas** propõe alternativas à visão tradicional da alienação parental, adotando uma perspectiva feminista crítica. O Capítulo 10 examina a difusão da noção de alienação parental no contexto das Américas a partir de uma perspectiva feminista, enquanto o Capítulo 11 foca os movimentos sociais maternos que lutam pela revogação da LAP. O Capítulo 12 discute os desafios que essa legislação impõe à política infantojuvenil no Brasil. Nos Capítulos 13 e 14, a obra explora o uso jurídico de alegações de "alienação parental" em ações de guarda/convivência e a relevância da litigância feminista para combater a opressão de gênero no sistema judiciário. O Capítulo 15 traz reflexões críticas sobre a atuação da Defensoria Pública nesses casos, enquanto o Capítulo 16 discute a inadequação da aplicação da teoria de alienação parental em casos de subtração internacional de crianças. O Capítulo 17 propõe intervenções psicossociais preventivas em dinâmicas familiares disfuncionais, e o Capítulo 18 apresenta a "Matriz dos Melhores Interesses" como uma ferramenta de avaliação e foco nos melhores interesses em casos com alegações de "alienação parental". A obra se encerra com o Capítulo 19, que sugere princípios para uma intervenção crítica e eficaz nesses casos.

Com essa abordagem abrangente e crítica, o livro torna-se uma referência essencial para profissionais do Direito, Psicologia, Serviço Social e demais áreas interessadas em construir uma prática mais justa, inclusiva e atenta aos direitos de mulheres, crianças e adolescentes.

PARTE I
ASPECTOS GENEALÓGICOS, CIENTÍFICOS E ÉTICOS PARA UMA VISÃO CRÍTICA SOBRE ALIENAÇÃO PARENTAL

SURGIMENTO, DIFUSÃO E CHEGADA DA TEORIA DE ALIENAÇÃO PARENTAL NO BRASIL

Josimar Antônio de Alcântara Mendes
Nathálya Oliveira Ananias
Fernanda Pereira Nunes
Marília Lobão Ribeiro

RESUMO: a Teoria da Alienação Parental, originada nos Estados Unidos, espalhou-se por diversos países, com especial destaque para o Brasil, onde ganhou força através de organizações de pais separados e profissionais do Direito, resultando na promulgação da Lei n.º 12.318/2010. Essa legislação impactou significativamente os litígios de divórcio, ao objetificar e retirar a autonomia de crianças e adolescentes, além de vilanizar e punir mães. O objetivo deste capítulo é contextualizar o surgimento e a disseminação da Teoria da Alienação Parental no Brasil, identificando os principais atores envolvidos e analisando sua expansão no Judiciário brasileiro nos últimos anos. Para isso, o capítulo apresenta o modelo das "Quatro Ondas da Alienação Parental no Brasil": Descoberta, Engajamento, Legalização e Questionamento. Utilizando uma abordagem psicojurídica, o estudo discute os impactos dessa teoria não apenas sobre o Judiciário, mas também sobre os melhores interesses de crianças e adolescentes, bem como os direitos e a integridade de mães acusadas de alienação parental.

Palavras-chave: Alienação Parental; Direito de Família; Divórcio; Direitos das Crianças; Judicialização.

INTRODUÇÃO

Inventada por Richard Gardner, a ideia de "Alienação Parental" (AP) supostamente se manifestaria em crianças e adolescentes em contexto de litígios pós-separação conjugal. Nesse contexto, a Teoria de Alienação Parental foi desenvolvida na década de 1980, nos Estado Unidos, em um cenário de aumento dos litígios de divórcio e com a preponderância da guarda compartilhada sobre a guarda unilateral (Rand, 1997 *apud* Sousa, 2009, p. 84). Inventada a partir da experiência pessoal e clínica do autor, a AP supostamente ocorreria quando, durante disputas pós-separação, um dos genitores, geralmente a mãe, iniciaria uma campanha, não justificada, de menosprezo e difamação contra o outro genitor — o que Gardner chamava de *programming* ou programação (Gardner, 2001a; 2001b; 2002a; 2002b; 2002c; 2002d).

Gardner (1998; 2001a) argumentava que essa campanha seria uma forma de *lavagem cerebral*, na qual a criança/adolescente seria sistematicamente programada para desprezar um dos pais em razão da interferência do outro genitor. Ele também afirma que essa campanha envolve aspectos conscientes e inconscientes da "mãe alienadora" e um comportamento ativo de perseguição ao pai por parte da criança/adolescente. Segundo o autor, a "mãe alienadora" se comportaria dessa forma com o objetivo de manter o controle e a guarda dos filhos para si. Além disso, Gardner rotula essas mulheres como paranoicas, fanáticas, irracionais e obcecadas com os seus ex-companheiros, em razão da sua estrutura psíquica (Gardner, 1991; 1998) — desde então, não é incomum que as alegações de "alienação parental" em processos de guarda e convivência reforcem esses estereótipos de gênero, em especial a ideia da "mulher louca e desequilibrada" após a separação conjugal (Mendes; Oliveira-Silva, 2022); **vide Capítulos 11, 13 e 14**.

Mesmo sem qualquer respaldo científico e sem nem sequer explorar outras alternativas plausíveis, Gardner atribuiu uma razão única e comum para uma série de comportamentos diversos e complexos e ainda tentou emplacar a (pseudo) "Síndrome de Alienação Parental" (Barbosa; Mendes; Juras, 2021; Meier, 2020; Meier; Dickson, 2017; Mendes, 2019; Mendes; Bucher-Maluschke, 2017; Mendes *et al.*, 2016). Gardner associava os pretensos atos de "alienação parental" e a pseudossíndrome ao nível de submissão das mães. Quanto mais submissa e conciliatória uma mulher for, menor a possibilidade dela se ser tachada como uma "mãe alienadora". Dessa forma, é feita uma conexão entre a pecha de "alienadora" e o maternar dessas mulheres (Nunes, 2023). Por exemplo, ao descrever casos "leves" de alienação parental Gardner (1991, n.p., grifo nosso) afirma:

> As *mães* de crianças nessa categoria, geralmente, desenvolveram um vínculo psicológico saudável com seus filhos. **Elas acreditam que <u>o igualitarismo de gênero em disputas de guarda é prejudicial para as crianças, mas são saudáveis o suficiente para não se envolverem em litígios judiciais a fim de obter a custódia principal</u>.** Algumas dessas mães podem adotar

graus leves de 'programação' dos filhos contra os pais. **Outras reconhecem que alienar o pai não é do interesse das crianças e estão <u>dispostas a adotar uma abordagem mais conciliadora em relação às solicitações do pai</u>. Elas concordam com um arranjo de guarda compartilhada ou até permitem (embora relutantemente) que o pai tenha a custódia exclusiva, desde que tenham um regime livre de visitas.** No entanto, ainda podemos ver algumas manifestações de 'programação' por parte dessas mães para fortalecer suas posições. Não há paranoia aqui (como ocorre com as mães na categoria severa), mas há raiva, e pode haver algum desejo de vingança. A motivação para 'programar' os filhos, no entanto, é menos provável que seja por vingança (como é o caso das mães na categoria moderada) e mais provável que seja apenas para consolidar suas posições em uma situação desigual. **Das três categorias de mães, essas geralmente foram as mais dedicadas nos primeiros anos de vida de seus filhos e, assim, desenvolveram os vínculos psicológicos mais fortes e saudáveis com eles"** (tradução livre).[1]

É importante ressaltar que, apesar de Gardner afirmar que tanto homens quanto mulheres poderiam ser alienadores, por muito tempo o mesmo autor sustentou que as mulheres são as alienadoras em 90% dos casos (Gardner, 2001c). Somente em meados dos anos 2000 é que o autor retificou a informação e disse que mulheres representavam apenas 50% dos casos (Gardner, 2002; Mendes, 2019). Tanto uma afirmação quanto outra são feitas sem qualquer lastro de evidência científica — uma *práxis* comum entre aqueles que defendem a pseudociência da "alienação parental".

Apesar de, supostamente, ser um problema psicológico, o autor sustentava que terapia não é o suficiente para tratá-la. Por isso, Gardner defendia

---

1   Original em Inglês: "The *mothers* of children in this category usually have developed a healthy psychological bond with their children. **They believe that gender egalitarianism in custody disputes is a disservice to children but are healthy enough not to involve themselves in courtroom litigation in order to gain primary custody.** Some of these mothers may undertake some mild degrees of programming their children against their fathers. **Others recognize that alienation from the father is not in the children's best interests and are willing to take a more conciliatory approach to the father's requests. They either go along with a joint custodial compromise or even allow (albeit reluctantly) the father to have sole custody with their having a liberal visitation program.** However, we may still see some manifestations of programming in these mothers to strengthen their positions. There is no paranoia here (as is the case for mothers in the severe category), but there is anger, and there may be some desire for vengeance. The motive for programming the children, however, is less likely to be vengeance (as is the case for mothers in the moderate category) than it is merely to entrench their positions in an inegalitarian situation. **Of the three categories of mothers, these mothers have generally been the most dedicated ones during the earliest years of their children's lives and have thereby developed the strongest and healthiest psychological bonds with them**" (grifos nossos).

que era necessária a intervenção do Judiciário, por meio da reversão de guarda e proibição de contatos entre a "alienadora" e os filhos (Gardner, 1991; 1998), aplicação de multas, redução da pensão alimentícia e, em "casos mais graves", até mesmo a monitoração eletrônica e prisão domiciliar da suposta "alienadora" (Kelly; Jonhnston, 2001; Meier, 2009; Teoh; Chung; Chu, 2018). Em relação aos profissionais de Saúde, Gardner defendia que psicólogos pudessem violar o seu dever de confidencialidade sempre que entendessem necessário e se utilizar de medidas autoritárias durante o "tratamento", como a ameaça de tomar medidas judiciais e financeiras, quando pertinente (Gardner, 1999). Desse modo, o autor defendia abertamente o uso da chamada "terapia de ameaça" (Escudero; Arguilar; Cruz, 2008; Sousa, 2008) — **vide o estudo de caso presente no Capítulo 7**.

Apesar de todas as problemáticas associadas, a Teoria de Alienação Parental se disseminou pelas Cortes de Família ao redor do mundo. Longe de cumprir o papel de atenuar conflitos, ela se transformou em um instrumento autoritário que busca controlar os membros do núcleo familiar, perpetuando práticas misóginas e reforçando estereótipos de gênero no Judiciário (Barbosa; Mendes; Juras, 2021; Mendes; Bucher-Maluschke, 2017; Mendes; Oliveira-Silva, 2022). Não obstante, a Teoria de Alienação Parental chegou ao Brasil e ganhou corpo com a promulgação da Lei de Alienação Parental (LAP).

Neste capítulo, descreveremos o processo de surgimento e difusão da Teoria de Alienação Parental no Brasil, utilizando o modelo das "Quatro Ondas" proposto por Mendes (2019): Descoberta, Engajamento, Legalização e Questionamento. Esse modelo permitirá uma compreensão mais clara de como os pressupostos da alienação parental foram inseridos no contexto brasileiro, culminando na promulgação da LAP e suas implicações no Judiciário.

1. AS QUATRO ONDAS DA ALIENAÇÃO PARENTAL NO BRASIL

A evolução da Teoria de Alienação Parental no Brasil, conforme proposto por Mendes (2019), pode ser dividida em quatro ondas distintas. A primeira, chamada de *Descoberta*, foi marcada pela divulgação de informações sobre a ideia de alienação parental por associações de pais separados. A segunda, *Engajamento*, foi caracterizada pelo forte engajamento midiático promovido por essas associações e pela pressão jurídica para a criação de uma lei específica sobre alienação parental. A terceira onda, *Legalização*, reconheceu e definiu os manejos legais para esses casos. Mais recentemente, temos a quarta onda, *Questionamento*, na qual as discussões jurídicas, sociais e acadêmicas têm questionado a validade e pertinência dos pressupostos de alienação parental no contexto brasileiro. A seguir, apresentaremos em detalhes cada uma dessas ondas e suas implicações.

1.1. DESCOBERTA: o contexto de apropriação e desenvolvimento dos pressupostos de "alienação parental" no Brasil

A Teoria de Alienação Parental não foi a única que se propôs a patologizar as tensões e conflitos familiares após a separação conjugal. No contexto histórico do seu surgimento, décadas de 1980 e 1990, outras teorias estado-unidenses também se propuseram a reforçar estereótipos de gênero e a patologizar as relações familiares após a separação conjugal. A primeira delas, *Sexual Allegations In Divorce Syndrome* ou *SAID Syndrome*[2], propõe tipologias para descrever mães que, supostamente, faziam falsas acusações de violência sexual contra o genitor após a separação conjugal (Blush; Roos, 1987). Em tese, essas falsas alegações teriam o único propósito de difamar o genitor e, assim, obter a guarda unilateral dos filhos. Outras duas teorias, a *Medea Syndrome*[3] (Jacobs, 1988) e a *Divorce Related Malicious Mother Syndrome*[4] (Turkat, 1995), são bastante semelhantes e dão ênfase à figura materna como o principal fator eliciador de inadequações e disfuncionalidades após a separação conjugal e subsequentes disputas coparentais. Ambas as teorias descrevem uma mãe que atua ativamente para minar a relação entre pai e filhos, com o objetivo de se vingar do ex-companheiro ou por enxergar os filhos como uma extensão de si mesma (Mendes, 2019).

Destacando-se dessas outras, a Teoria de Alienação Parental se popularizou em diversas partes do mundo. Ao longo dos anos 2000, ela se espalhou por diversos países, principalmente por meio de práticas judiciais. De acordo com o relatório da Organização das Nações Unidas (2023), várias jurisdições, tanto na América Latina quanto no Ocidente, aplicam os pressupostos de alienação parental, o que promove a objetificação de crianças e vilanização de mulheres, ainda que não utilizem o termo "alienação parental" explicitamente em suas decisões (Mendes, 2019; Mendes; Oliveira-Silva, 2022).

No Brasil, a teoria de Gardner ficou conhecida por meio da atuação de grupos de pais separados, além de grandes figuras do Direito de Família brasileiro. Esses agentes se apropriaram dos pressupostos de alienação parental sem maiores reflexões ou análise crítica sobre o assunto. À época, esse movimento

---

2   Tradução livre: Síndrome das Alegações de Abuso Sexual Pós-divórcio.
3   Tradução livre: Síndrome de Medeia, em alusão à tragédia grega na qual a mãe mata os filhos para punir o marido.
4   Tradução livre: Síndrome da Mãe Maliciosa no Pós-divórcio.

buscava evidenciar a temática e convocar o Estado a intervir de alguma forma, uma vez que não havia legislação específica que abordasse o tema (Mendes, 2019).

Organizações de pais separados se organizaram a fim de dar evidência ao tema da alienação parental e trazê-lo para o centro do debate público (Ananias, 2020). Essas entidades diziam almejar a proteção dos interesses dos filhos de pais separados e descreviam a "alienação parental" como uma das formas mais sórdidas de "abuso emocional" contra crianças e adolescentes (Pais por Justiça, 2013). Essa promoção se deu por meio de cursos e seminários por todo o Brasil, a fim de disseminar as ideias de Gardner e engajar a sociedade civil.

Essas organizações de pais separados se articularam ativamente na proposição do Projeto de Lei n.º 4.053/2008, que deu origem à Lei de Alienação Parental, Lei 12.318/2010 (LAP). Muitas delas estiveram ativamente envolvidas no processo de redação da proposta do PL. Nos websites dessas organizações, há diversos vídeos e fotos em que aparecem parlamentares e juízes, o que demonstra a capacidade de penetração dessas organizações de pais separados nas diversas instituições para fins de *lobby* em favor da LAP. Entretanto, um dos diferenciais do processo de disseminação dos pressupostos de alienação parental no país foi a influência de profissionais e entidades do Direito na campanha e que perdura até os dias atuais.

Conforme já apontado por Barbosa, Mendes e Juras (2021), Mendes *et al.* (2016), Mendes (2019), Mendes e Bucher-Maluschke (2017), mesmo sem quaisquer evidências científicas robustas que corroborassem os seus pressupostos e a sua leitura sobre "dinâmicas familiares" pós-divórcio, a ideia de "alienação parental" ganhou corpo no Judiciário brasileiro após a sua "descoberta". Destaca-se também a manifestação contundente de diversos organismos nacionais e internacionais contra a utilização dos pressupostos de "alienação parental" em casos de disputa de guarda e violência.[5] Entendemos que isso não ocorreu por acaso, mas sim por uma convergência de leituras e expectativas às quais interessa uma visão linear e patologizante sobre as famílias, uma visão despontencializada e "menorista" de infância e juventude e uma visão estereotipada sobre as mulheres e a maternidade, em especial após a separação conjugal — **vide Capítulos 12, 13 e 14.**

---

5   Como exemplos, têm-se: Associação Espanhola de Neuropsiquiatria (AEN, 2010), Conselho Nacional dos Direitos da Criança e do Adolescente (CNCA, 2018), Conselho Federal de Psicologia (CFP, 2022), Conselho Federal de Serviço Social (CFSS, 2022), Organização das Nações Unidas (UNITED NATIONS, 2023); Conselho Nacional dos Direitos da Mulher (CNDM, 2023); Consórcio Lei Maria da Penha (CLMP, 2021); Conselho Nacional dos Direitos Humanos (CNDH, 2022); Conselho Nacional de Saúde (CNS, 2022); Ministério dos Direitos Humanos e da Cidadania (MDHC, 2023); Núcleo Especializado de Promoção e Defesa dos Direitos da Mulher da Defensoria Pública do Estado de São Paulo (NUDEM-DPSP, 2019); Convenção sobre a Eliminação de Todas as Formas de Discriminação contra a Mulher (CEDAW, 2024).

1.2. ENGAJAMENTO: fortalecimento e avanço dos pressupostos de "alienação parental" no Brasil: frentes de difusão rumo à positivação

Após a *Descoberta*, houve, na segunda metade dos anos 2000, um grande engajamento social, midiático e jurídico em relação ao tema da alienação parental. Os grupos de pais separados começaram a se articular para que a pseudociência por trás dos pressupostos de alienação parental tivesse um reconhecimento legal no Brasil. Foram produzidos diversos materiais de divulgação, como cartilhas e *websites*, com o intuito de dar visibilidade ao tema (Mendes, 2019). Parte do discurso girava em torno da falácia de que até então, no ordenamento jurídico brasileiro, havia a carência de leis que pudessem dar conta de abusos de poder familiar, violência psicológica e alianças disfuncionais no contexto do pós-divórcio (Barbosa; Mendes; Juras, 2021), discriminadas por eles como "alienação parental" — **vide Capítulo 13 para alternativas legais à LAP.**

De acordo com a APASE, as discussões sobre o pré-projeto que daria origem à LAP se iniciaram em 2005. Dois anos depois, em 2007, o documento foi entregue ao deputado Regis de Oliveira, que, em 2008, propôs o PL n.º 4.053/2008, posteriormente aprovado com algumas alterações (APASE, 2024).

Um dos substitutivos apresentados ao PL, proposta feita pelo deputado Acélio Casagrande, continha a previsão de criminalização da conduta de "alienação parental". O dispositivo foi vetado. De acordo com a relatora do projeto, a deputada Maria do Rosário, a criminalização tornaria o contexto pior para as crianças e adolescentes envolvidos (Ananias, 2020; Brasil, 2008).[6]

De acordo com Sousa (2009), foi também em 2005 que a APASE decidiu mudar o foco da sua atenção, deixando de dar maior atenção à pauta da guarda compartilhada como obrigatória, e se dedicando à divulgação da Teoria de Alienação Parental.[7] Ananias (2024) afirma que a divulgação dessa pseudociência foi estratégia fundamental para que, em 2014, fosse aprovada a Lei n.º 13.058 de 2014, a qual instituiu a guarda compartilhada como obrigatória — mesmo sem que houvesse nenhuma evidência científica que corroborasse a ideia de que a guarda compartilhada é sempre o melhor regime de guarda, para todos os casos independente da criança e do seu contexto familiar (Mendes; Ormerod, 2023; 2024).

---

6 A criminalização ainda é uma pauta fortemente defendida por grupos de pais separados, mas ainda encontra resistência no meio jurídico.

7 Em 2002, integrantes da APASE se mobilizaram para a proposição do PL n.º 6.350/2002, que buscava a fixação da guarda compartilhada como obrigatória, inclusive nos casos de conflitos entre o par parental (APASE, 2024; Brasil, 2002). Entretanto, o objetivo não foi alcançado. O projeto foi aprovado apenas para prever a modalidade da guarda compartilhada (Ananias, 2024; Brasil, 2008a).

Somente quatro meses depois da promulgação da Lei n.º 11.698/2008, que instituiu e disciplinou a guarda compartilhada, o PL n.º 4.053/2008, da alienação parental, foi proposto pelo deputado Regis de Oliveira. Entre as medidas a serem adotadas nos casos com alegações de alienação parental está a alteração da guarda para compartilhada ou sua inversão (Brasil, 2010). A tramitação do PL que levou à promulgação da LAP ocorreu rapidamente e não permitiu espaços para que vozes e perspectivas contrárias fossem ouvidas.[8]

1.3. LEGALIZAÇÃO: positivando instrumentos de despotencialização dos melhores interesses, fortalecendo práticas misóginas e alimentando o litígio

Mendes (2019) afirma que a fase da legalização teve início em 2010 com a promulgação da LAP. Isso fez com que os pressupostos de alienação parental, embora flagrantemente misóginos e sem embasamento científico ou foco nos melhores interesses das crianças/adolescentes, passassem a ser uma "realidade jurídica" no Brasil. A partir disso, houve um aumento significativo do uso da Teoria de Alienação Parental no Judiciário e uma maior produção de artigos que reforçavam os preceitos basilares da AP.

Ao analisar artigos científicos produzidos sobre o tema, Mendes *et al.* (2016) verificaram que entre 2008 e 2014 houve um aumento crescente da utilização dos pressupostos de alienação parental em publicações acadêmicas psicojurídicas, com destaque para o ano de 2011. Comparadas às publicações feitas antes de 2010, houve um aumento de 94%. Das publicações analisadas, 86% corroboravam os pressupostos de alienação parental e 14% apresentavam análises críticas sobre o tema (Mendes *et al.*, 2016).

No Judiciário, essa maior expressão se deu pela utilização da LAP e da teoria de AP na defesa de homens-pais, principalmente, e também por sua incorporação à estrutura estatal com a elaboração de cursos voltados à capacitação de juízes e juízas, de psicólogas/os, assistentes sociais e até mesmo de genitores. Por exemplo, em 2010, a Escola Superior da Magistratura do Estado do Maranhão promovia o I Encontro de Psicólogos e Assistentes Sociais do Judiciário Maranhense. Entre os temas discutidos estava a alienação parental (CNJ, 2010). Em

---

8   Destaca-se o empenho do Conselho Federal de Psicologia, que, ao descobrir sobre a única audiência pública sobre o PL n.º 4.053/2008, conseguiu enviar, às pressas, a conselheira Cintia Ciarallo — ela expôs as preocupações da ausência de um debate amplo com a sociedade, com instâncias de controle social e com profissionais que estivessem envolvidos na defesa de direitos de crianças e adolescentes (Ciarallo, 2019) — **vide Capítulo 12.**

2013, o Conselho Nacional de Justiça (CNJ) realizava a I Conferência Nacional de Mediação de Família e Práticas Colaborativas em São Paulo — a qual também abordou o tema. Hoje, o CNJ oferta "Oficina de Pais e Mães", obrigatória para genitores em disputa de guarda quando ordenado judicialmente. A alienação parental é um dos tópicos do curso (CNJ, 2024) e foi incorporada sem nenhuma criticidade — em verdade, nem sequer existem dados fidedignos que comprovem que a "Oficina de Pais e Mães" seja, de fato, efetiva para dirimir beligerâncias coparentais ou para preservar os melhores interesses dos filhos.

Além disso, com a aprovação da LAP, passou a existir uma pressão sobre como os profissionais que realizam avaliações psicológicas e sociais para auxiliar o juízo deveriam atuar. Em muitos casos, psicólogos e assistentes sociais são instados a afirmar, categoricamente, se há ou não "alienação parental" naquele determinado caso, nos termos estabelecidos pela LAP. Na esteira desse movimento, surgiram diversos "especialistas" em "alienação parental" (Sousa; Brito, 2011; Mendes, 2019).

Após a Legalização, observou-se uma verdadeira "caça às bruxas" de profissionais psicossociais que possuem uma visão crítica sobre os pressupostos de "alienação parental" e que atuam como peritas/os em Estudos Psicossociais — sejam essas/es peritas/os serventuárias/os da Justiça ou *ad hoc*. Tem-se notícia de peritas/os que tiveram a sua nomeação impugnada não por se mostrarem inaptas/os à incumbência pericial, mas tão somente por expressarem a sua posição crítica quanto à LAP nas redes sociais ou por meio de suas publicações acadêmicas. Também tem ocorrido o assédio institucional de peritas/os serventuárias/os da Justiça por meio de reclamações e representações, no âmbito dos Tribunais, impetradas por indivíduos e organizações que defendem os pressupostos de alienação parental. Não bastasse a institucionalização desconstrangida de uma teoria pseudocientífica, misógina e adultocêntrica, após a Legalização, o que se percebe também é um corporativismo jurídico perverso que pretende afastar quaisquer posicionamentos, práticas e inserções que coloquem em xeque os pressupostos de alienação parental e os interesses de quem os defende.

Após a promulgação da LAP, enquanto alguns profissionais psicossociais foram perseguidos por suas críticas, houve um aumento no número de profissionais, inclusive no campo do Direito, que passaram a defender a LAP e a utilizá-la como ferramenta estratégica em litígios. Em muitos casos, esse alinhamento com os pressupostos da "alienação parental" não apenas serve para captar clientes, mas também para ganhar status ou lucrar com as demandas nas Varas de Família. Em matéria para o jornal *The Intercept*, Nayara Felizardo identificou que psicólogos lucravam com os laudos pró-LAP contratados, assim como as/os advogadas/os que atuam na defesa dos pais que acusam as mães de alienação parental.

Não surpreende que os pressupostos de "alienação parental" sejam utilizados como um *proxy* para reforçar estereótipos de gênero e instrumentalizar a beligerância entre as partes. Esses aspectos indicam o caráter adultocêntrico da Teoria de Alienação Parental — o que, ironicamente, contradiz o principal motivo utilizado para promulgar a lei: proteger os melhores interesses de crianças e adolescentes. A visão que essa teoria tem sobre a infância e juventude é despotencializada e reificadora, pois os seus pressupostos entendem crianças e adolescentes não como sujeitos de direito e atores sociais ativos na construção da sua realidade e a de suas famílias (Barbosa; Mendes; Juras, 2021; Mendes, 2019). Ela os compreende tão somente como "massa de manobra" acrítica e conveniente que, como tal, pode ser facilmente "programada" e posta "de um lado para o outro" no contexto da disputa judicial (Mendes; Lordello; Ormerod, 2020) — **vide Capítulos 2 e 12**. Esse olhar esvaziado de criticidade também atinge outras pessoas essencialmente vulneráveis nos contextos judiciais: mulheres vítimas de violência (Mendes; Oliveira-Silva, 2022).

Instrumentalizados por alegações de alienação parental, homens com histórico de violência doméstica têm ajuizado ações requerendo visitação livre, guarda compartilhada ou ainda a inversão da guarda. Na maioria das vezes, eles descontextualizam fatos ocorridos para culpabilizar a genitora. Nessa toada, elas são taxadas de loucas, vingativas, ressentidas, manipuladoras e interesseiras. Estudos empíricos têm demonstrado que os principais alvos das alegações de alienação parental são aquelas pessoas que detêm a guarda ou o lar de referência — em sua maioria, as mães (Meier, 2020; Meier; Dickson, 2017; Mendes, 2019; Mendes; Oliveira-Silva, 2022).

Recentemente, juristas que defendem os pressupostos de alienação parental buscaram inseri-los no projeto do Novo Código Civil Brasileiro. Eles tentaram aprovar mudanças significativas sobre a guarda, criando empecilhos para a fixação da guarda unilateral — **vide Capítulo 5**. No texto proposto sobre a guarda, os pressupostos de alienação parental foram incorporados, porém sem a utilização de qualquer termo que fizesse referência direta à ideia de alienação parental:

> Art. 1.583-F. A omissão de um dos pais em informar a alteração de residência, o descumprimento imotivado do regime de convivência, bem como a ausência de informações relevantes sobre os filhos, autorizam a aplicação da pena de advertência.

§ 1º A interferência na formação psicológica da criança, mediante a prática de atos que desqualifiquem o convívio entre pais e filhos e os respectivos parentes, impõe a determinação de acompanhamento psicossocial de quem assim age, de modo a garantir o exercício da convivência compartilhada.

§ 2º A reiteração de tais comportamentos pode ensejar a imposição da guarda unilateral a favor do outro genitor, assegurada a convivência assistida, até que seja comprovada a possibilidade de ser restabelecido o compartilhamento.

§ 3º Reconhecida a animosidade entre os pais, de modo a prejudicar a convivência harmônica com ambos, o juiz determinará o acompanhamento psicológico dos genitores e do filho, indicando um mediador para estabelecer um planejamento para o exercício da parentalidade e o acompanhamento da sua execução (Brasil, 2024).

Os grupos de mulheres-mães, com o apoio de profissionais que também participavam das discussões, conseguiram que o capítulo sobre guarda permanecesse inalterado no Novo Código Civil. Esse movimento e essa conquista ilustram bem a última e atual onda da alienação parental no Brasil: o Questionamento.

1.4. QUESTIONAMENTO: combatendo os pressupostos pseudocientíficos, adultocêntricos e misóginos da Teoria de Alienação Parental

É mister ressaltar que a LAP tem como fundamento a (pseudo) "Síndrome de Alienação Parental" — a qual não atende a requisitos básicos de validação científica (Barbosa; Mendes; Juras, 2021; Meier, 2020; Meier; Dickson, 2017; Mendes, 2019; Mendes; Bucher-Maluschke, 2017; Mendes *et al.*, 2016). Um dos indícios da fragilidade científica dessa pseudossíndrome é o seu não reconhecimento por parte de entidades científicas, tais como a American Psychiatric Association (APA), responsável pelo Manual Diagnóstico e Estatístico de Transtornos Mentais, e a Organização Mundial da Saúde, responsável pela Classificação Internacional de Doenças. No campo médico e científico dos transtornos e doenças mentais, uma doença ou uma síndrome só "existem" se estiverem listadas nesses manuais — o que não é o caso da (pseudo) "Síndrome de Alienação Parental".

Além da falta de respaldo médico-científico, passou-se a observar também o crescente número de mulheres-mães que, com a aplicação da LAP, perderam direitos parentais, tiveram a guarda alterada em favor do genitor, o qual, muitas vezes, fora denunciado por violência doméstica ou violência sexual contra a criança/adolescente em questão. Diante disso, movimentos de mulheres-mães começaram a se organizar coletivamente — **vide Capítulo 11**. Destaca-se a atuação dos coletivos Mães na Luta e CPI Voz Materna, formados por mães e de abrangência nacional. Em entrevista com uma das fundadoras do Coletivo Mães na Luta, Ananias (2020) identificou que o coletivo atuou em diversas frentes para impedir o avanço dos pressupostos de alienação parental no Brasil. Antes da pandemia, se reuniam com frequência em Brasília para dar visibilidade às críticas no Congresso Nacional. Quando ainda se denominavam "Mães do Brasil", elas denunciaram violações de direitos ao Núcleo de Promoção e Defesa dos Direitos da Mulher (NUDEM) e ao Comitê Latino-Americano e do Caribe (CLADEM), o que gerou a abertura de procedimentos administrativos e influenciou na nota emitida pela Defensoria Pública do Estado de São Paulo em defesa da revogação da LAP.

Os coletivos também atuaram ativamente na "CPI dos Maus-Tratos", denunciando casos de violência sexual em que a guarda foi alterada para o genitor acusado de cometer a violência sexual. Esse episódio foi fundamental para evidenciar o uso da LAP por homens acusados de violência sexual contra os próprios filhos, que se utilizam da norma para se colocarem na posição de vítima. Assim, quando não provadas a materialidade e autoria do crime, é presumida a má-fé daquela que denuncia, quase sempre tratada como "alienadora". Além disso, o relatório final da CPI mostra que a LAP permite que crianças/adolescentes sejam usadas como instrumento de vingança entre ex-cônjuges (Brasil, 2018). Desse modo, a partir das denúncias, o relatório da CPI recomendou a revogação da LAP, sendo criado o PLS n.º 498/2018. Durante a tramitação, foram levados ao conhecimento da relatora do projeto, a senadora Leila Barros, esses casos de violência sexual. Porém, a relatora entendeu que seria o caso de modificação da Lei, mas não de revogação (Ananias, 2020).

Todavia, há projetos de lei que visam à revogação da LAP em tramitação no Congresso Nacional. O PL n.º 2812/2022, proposto por Fernanda Melchionna e Sâmia Bomfim, ressalta, em sua justificativa, a pseudocientificidade da LAP, além de conceder poderes exorbitantes ao juiz para "diagnosticar" a pretensa "alienação", sem qualquer *expertise* para tal. Ademais, as parlamentares também ressaltam que o conceito de alienação parental é utilizado para enfraquecer as medidas de enfrentamento à violência de gênero e que também é descredibilizado por organismos internacionais, como as Nações Unidas e o Mecanismo de Acompanhamento da Convenção de Belém do Pará da Organização dos Estados Americanos (Brasil, 2022).

Já o PL n.º 1.372/2023, proposto pelo senador Magno Malta, em sua justificativa nega a relação entre a LAP e a pseudossíndrome, além de entender que a norma foi genuinamente proposta com o fim de preservar o direito da criança e do adolescente de conservar os seus laços familiares. Entretanto, em razão dos resultados da CPI dos Maus-Tratos, o senador conclui pela revogação da legislação, em razão do seu uso para blindar violadores sexuais e por afirmar que a LAP enfraquece os mecanismos da Lei Maria da Penha, uma vez que obriga a mulher em situação de violência a manter contato com o seu agressor (Brasil, 2023).

Além dos esforços pela via legislativa, houve ainda uma tentativa de declarar a inconstitucionalidade da LAP por meio da Ação Direta de Inconstitucionalidade (ADI) n.º 6.273, de relatoria da então ministra Rosa Weber e ajuizada pela Associação de Advogadas Pela Igualdade de Gênero. A ação foi ajuizada a partir de dados produzidos pelo grupo "Direito, gênero e famílias", vinculado à Faculdade de Direito da Universidade de Brasília. Entretanto, a ministra Weber, em sede liminar, entendeu pela ilegitimidade da associação para ajuizar a ação (Brasil, 2021).

Atualmente, existe uma franca mobilização de entidades da sociedade civil, juristas, profissionais e acadêmicos para a revogação e não utilização da LAP e seus cognatos em processos de guarda e convivência. Destacam-se a Nota Técnica n.º 4/2022 do Conselho Federal de Psicologia, a Recomendação n.º 6/2022 do Conselho Nacional dos Direitos Humanos, a Recomendação n.º 3/2022 do Conselho Nacional de Saúde, entre outras. Essa mobilização também tem reconhecido a pseudocientificidade, a desproteção e a misoginia dos pressupostos de alienação parental, especialmente para a deslegitimização de denúncias de violência sexual e intrafamiliar, o que torna crianças, adolescentes e mulheres mais vulneráveis à violência. Assim, tem se fortalecido no Brasil, nos últimos anos, um movimento consistente pela superação dos pressupostos de alienação parental e revogação da LAP.

CONSIDERAÇÕES FINAIS

A trajetória dos pressupostos de alienação parental no Brasil revela um processo complexo e multifacetado, desde sua origem nos Estados Unidos até sua implementação e contestação no contexto brasileiro. Inicialmente, a teoria desenvolvida por Richard Gardner encontrou terreno fértil entre grupos de pais separados e expoentes do Direito de Família, que promoveram sua disseminação sem a devida análise crítica e/ou validação científica. A partir da "Descoberta", essas ideias foram amplamente divulgadas e ganharam espaço midiático e jurídico, culminando na criação da LAP em 2010, consolidando a fase de "Legalização".

A aprovação da LAP marcou um ponto de virada, legitimando os pressupostos de alienação parental e levando à sua incorporação nas práticas judiciais e acadêmicas. No entanto, a crescente aplicação da LAP e a observação de seus efeitos, particularmente sobre mulheres-mães e crianças/adolescentes, desencadearam uma onda de "Questionamento". Estudos críticos e movimentos sociais começaram a desafiar a validade científica desses pressupostos e sua utilização como instrumento de controle e perpetuação de estereótipos de gênero.

A adoção indiscriminada da teoria de AP e sua institucionalização por meio da LAP trouxeram diversos malefícios e prejuízos ao processo de tomada de decisão judicial, especialmente no que diz respeito aos melhores interesses de crianças e adolescentes e à pervasiva vulnerabilidade das mulheres no sistema de justiça. Por isso, o movimento de questionamento culminou em uma resistência organizada de coletivos de mulheres-mães e profissionais críticas/os, que denunciam as injustiças e violações de direitos provocadas pela aplicação da LAP no Brasil. Essas vozes têm sido fundamentais para criticar os pressupostos de alienação parental e sua implementação, evidenciando a necessidade de Judiciário que priorize, verdadeiramente, os melhores interesses de crianças e adolescentes, livre de vieses misóginos e pseudocientíficos. Em suma, a evolução desses pressupostos no Brasil, desde sua adoção acrítica até sua contestação atual, destaca a importância de uma abordagem mais cautelosa e baseada em evidências na construção e promoção de políticas judiciárias na área do Direito de Família, visando proteger os direitos e interesses de todos os membros da família, especialmente aqueles mais vulneráveis: crianças/adolescentes e mulheres.

REFERÊNCIAS

ANANIAS, N. O. **Androcentrismo e adultocentrismo na aplicação da lei de alienação parental pelo TJ/SP.** 2020. 97 f. Trabalho de Conclusão de Curso (Bacharelado em Direito) — Universidade de Brasília, 2020.

ANANIAS, N. O. **Uma íntima relação entre a guarda compartilhada obrigatória e a Lei de Alienação Parental no Brasil**: desafios para a superação das desigualdades de gênero nos casos de disputa de guarda. Rio de Janeiro, 2024.

APASE. ONG APASE, 2024. Sobre Nós. Disponível em: https://www.alienacao--parental-apase.com.br/sobre.php. Acesso em: 19 jun. 2024.

ASOCIACIÓN ESPAÑOLA DE NEUROPSIQUIATRIA. La Asociación Española de Neuropsiquiatría hace la siguiente declaración en contra del uso clínico y legal del llamado Síndrome de Alienación Parental. Madrid: Asociación Española de Neuropsiquiatria, 2010. Disponível em: https://aen.es/wp-content/uploads/docs/Pronunciamiento_SAP.pdf. Acesso em: 6 jul. 2024.

BARBOSA, L. P. G.; MENDES, J. A. A., JURAS, M. M. Dinâmicas disfuncionais, disputa de guarda e alegações de alienação parental: uma compreensão sistêmica. **Nova Perspectiva Sistêmica**, São Paulo, v. 30, n. 69, p. 6–18, 2021.

BLUSH, Gordon J.; ROSS, Karol L. Sexual allegations in divorce: the SAID syndrome. **Concil. Cts. Rev.**, [s. l.], v. 25, p. 1, 1987.

BRASIL. Câmara dos Deputados. Projeto de Lei n.º 2.812, de 2022. Revoga a Lei n.º 12.318, de 26 de agosto de 2010 — Lei de Alienação Parental, 2022.

BRASIL. Câmara dos Deputados. Projeto de Lei n.º 1.009, de 4 de maio de 2011. Altera o art. 1.584, § 2º, e o art. 1.585 do Código Civil Brasileiro, visando maior clareza sobre a real intenção do legislador quando da criação da Guarda Compartilhada. Brasília: Câmara dos Deputados, 2011. Disponível em: https://www.camara.leg.br/proposicoesWeb/fichadetramitacao?idProposicao=498084&fichaAmigavel=nao#:~:text=PL%201009%2F2011%20Inteiro%20teor,Projeto%20de%20Lei&text=Altera%20o%20art.,da%20cria%C3%A7%C3%A3o%20da%20Guarda%20Compartilhada. Acesso em: 23 jun. 2024.

BRASIL. Câmara dos Deputados. Projeto de Lei n.º 4.053, de 7 de outubro de 2008. Dispõe sobre a alienação parental. Brasília: Câmara dos Deputados, 2008. Disponível em: https://www.camara.leg.br/proposicoesWeb/prop_mostrarintegra?codteor=601514&filename=Tramitacao-PL%204053/2008. Acesso em: 20 jun. 2024.

BRASIL. Câmara dos Deputados. Projeto de Lei n.º 6.350/2002. Define a guarda compartilhada. Brasília: Câmara dos Deputados, 2002. Disponível em: https://www.camara.leg.br/proposicoesWeb/fichadetramitacao?idProposicao=46748. Acesso em: 20 jun. 2024.

BRASIL. Lei n.º 12.318, de 26 de agosto de 2010. Dispõe sobre a alienação parental e altera o art. 236 da Lei n.º 8.069, de 13 de julho de 1990. Presidência da República, 2008.

BRASIL. Senado Federal. Projeto de Lei n.º 1.372, de 2023. Revoga a Lei n.º 12.318, de 26 de agosto de 2010, que dispõe sobre a alienação parental, 2023.

BRASIL. Senado Federal. Relatório Geral. Relatório apresentado pelos relatores-gerais no dia 26/2/2024 (7ª reunião da CJCODCIVIL): Tabela comparativa.

Senado Federal, 2024. Disponível em: https://legis.senado.leg.br/comissoes/mnas?codcol=2630&tp=4. Acesso em: 22 jun. 2024.

BRASIL. Supremo Tribunal Federal. Ação Direita de Inconstitucionalidade n.º 6.273. Distrito Federal. Relatora: Ministra Rosa Weber. Brasília, 18 de dezembro de 2021. Disponível em: https://portal.stf.jus.br/processos/downloadPeca.asp?id=15349443392&ext=.pdf. Acesso em: 10 ago. 2024.

CIARALLO, C. Atendimento a Crianças e Adolescentes: Práxis, Justiça e Narrativas na Garantia de Direitos. *In*: SILVA, I. R. da (org.). Debatendo Alienação Parental: diferentes perspectivas. 1. ed. Brasília: Conselho Federal de Psicologia, 2019, p. 185–198. Disponível em: https://site.cfp.org.br/wp-content/uploads/2019/11/Livro-Debatendo-sobre-Alienacao-Parental-Diferentes-Perspectivas.pdf. Acesso em: 23 jun. 2024.

CONSELHO FEDERAL DE PSICOLOGIA. Nota Técnica n.º 4/2022/GTEC/CG: Nota Técnica sobre os impactos da Lei n.º 12.318/2010 na atuação das psicólogas e dos psicólogos. Brasília: Conselho Federal de Psicologia, 2022. Disponível em: https://site.cfp.org.br/wp-content/uploads/2022/08/SEI_CFP-0698871-Nota-Tecnica.pdf. Acesso em: 6 jul. 2024.

CONSELHO FEDERAL DE SERVIÇO SOCIAL. Nota Técnica: O Trabalho de Assistentes Sociais e a Lei de Alienação Parental (Lei n.º 12.318/2010). Brasília: Conselho Federal de Serviço Social, 2022. Disponível: https://www.cfess.org.br/arquivos/nota-tecnica-LAP-2022-dez.pdf. Acesso em: 6 jul. 2024.

CONSELHO NACIONAL DE JUSTIÇA. Encontro de Psicólogos e Assistentes Sociais debaterá atuação de profissionais no Judiciário maranhense. Conselho Nacional de Justiça, 24 de novembro de 2010. Disponível em: https://www.cnj.jus.br/encontro-de-psicologos-e-assistentes-sociais-debatera-atuacao-de-profissionais-no-judiciario-maranhense/. Acesso em: 22 jun. 2024.

CONSELHO NACIONAL DE JUSTIÇA. Oficina ajuda pais a evitar alienação parental. Conselho Nacional de Justiça, 11 de dezembro de 2013. Disponível em: https://www.cnj.jus.br/oficina-ajuda-pais-a-evitar-alienacao-parental/#:~:text=A%20iniciativa%20oferece%20sess%C3%B5es%20em,de%20psic%C3%B3logos%2C%20pedagogos%20e%20ju%C3%ADzes. Acesso em: 22 jun. 2024.

CONSELHO NACIONAL DE JUSTIÇA. Oficina de Pais e Mães Online. Conselho Nacional de Justiça, 2024. Disponível em: https://www.cnj.jus.br/formacao-e--capacitacao/oficina-de-pais-e-maes-online-2/. Acesso em: 22 jun. 2024.

CONSELHO NACIONAL DE SAÚDE. Recomendação n.º 3, de 11 de fevereiro de 2022. Conselho Nacional de Saúde: Brasília, 2022. Disponível em: https://conselho.saude.gov.br/recomendacoes-cns/2337-recomendacao-n-003-de-11-de--fevereiro-de-2022. Acesso em: 6 jul. 2024.

CONSELHO NACIONAL DOS DIREITOS DA CRIANÇA E DO ADOLESCENTE. Nota Pública do CONANDA sobre a Lei da alienação parental. Lei n.º 12.318 de 2010. Brasília, 2018.

CONSELHO NACIONAL DOS DIREITOS DA MULHER. Recomendação n.º 1, de 12 de setembro de 2023. Brasília: 2023.

CONSELHO NACIONAL DOS DIREITOS HUMANOS. Recomendação n.º 6, de 18 de março de 2022: Recomenda a rejeição ao PL n.º 7.352/2017, a revogação da Lei n.º 12.318/2010, que dispõe sobre a "alienação parental", bem como a adoção de medidas de proibição do uso dos termos sem reconhecimento científico, como síndrome de alienação parental, entre outros. Brasília: 2022.

CONSÓRCIO LEI MARIA DA PENHA. **Nota Técnica do Consórcio ao Parecer (SF) 22**, quanto à Sugestão 15 de 2021 para Revogação da Lei de Alienação Parental e proibição da doutrina Gardenista no Brasil, devido ao seu caráter não científico. 2021.

CONVENTION ON THE ELIMINATION OF ALL FORMS OF DISCRIMINATION AGAINST WOMEN. Concluding observations on the combined eighth and ninth periodic reports of Brazil. 2024. Disponível em: https://tbinternet.ohchr.org/_layouts/15/treatybodyexternal/Download.aspx?symbolno=CEDAW%2FC%2FBRA%2FCO%2F8-9&Lang=en. Acesso em: 6 jul. 2024.

ESCUDERO, A.; AGUILAR, L.; CRUZ, J. La lógica del síndrome de alienação parental de Gardner (SAP): "terapia de la amenaza". **Revista de la Asociación Española de Neuropsiquiatria**, [s. l.], v. XXVIII, n. 102, p. 263–526, 2008.

GARDNER, R. A. Basic facts about the parental alienation syndrome, 2001c. Disponível em: https://richardagardner.com/Pas_Intro. Acesso em: 17 jun. 2024.

GARDNER, R. A. Denial of the parental alienation syndrome also harms women. **The American Journal of Family Therapy**, [s. l.], v. 30, n. 3, p. 191–202, 2002b. Disponível em: http://www.fact.on.ca/Info/pas/gard02a.htm. Acesso em: 17 jun. 2024.

GARDNER, R. A. Does DSM-IV have an equivalent for the parental alienation syndrome (PAS) diagnosis? **The American Journal of Family Therapy**, [s. l.], v. 31, n. 1, p. 1–21, 2002a.

GARDNER, R. A. Empowerment of children in the development of parental alienation syndrome. **American Journal of Forensic Psychology**, [s. l.], v. 20, n. 2, p. 5–29, 2002d.

GARDNER, R. A. Family therapy of the moderate type of parental alienation syndrome. **The American Journal of Family Therapy**, [s. l.], v. 27, p. 195–212, 1999. Disponível em: http://www.fact.on.ca/Info/pas/gard99m.htm. Acesso em: 17 jun. 2024.

GARDNER, R. A. Legal and Psychotherapeutic approaches to the three types of Parental Alienation Syndrome families: When Psychiatry and the Law join forces. **Court Review**, [s. l.], v. 28, n. 1, p. 14–21, 1991. Disponível em: http://www.fact.on.ca/Info/pas/gardnr01.htm. Acesso em: 17 jun. 2024.

GARDNER, R. A. Misinformation versus facts about the contributions of Richard A. Gardner, M. D. **The American Journal of Family Therapy**, [s. l.], v. 30, p. 395–416, 2002c.

GARDNER, R. A. Parental Alienation Syndrome (PAS): Sixteen Years Later. **Academy Forum**, [s. l.], v. 45, n. 1, 10–12, 2001b.

GARDNER, R. A. Recommendations for dealing with parents who induce a parental alienation syndrome in their children. **Journal of Divorce & Remarriage**,'[s. l.], v. 28, n. 3/4, p. 1–23, 1998. Disponível em: http://www.fact.on.ca/Info/pas/gardnr98.pdf. Acesso em: 27 jun. 2024.

GARDNER, R. A. Should courts order PAS children to visit/reside with the alienated parent? A follow-up study. **The American Journal of Forensic Psychology**, [s. l.], v. 19, n. 3, p. 61–106, 2001a.

JACOBS, J. W. Euripides' Medea: a psychodynamic model of severe divorce pathology. **American Journal of Psychotherapy**, [s. l.], v. 42, n. 2, p. 308–319, 1988.

KELLY, J. B.; JOHNSTON, J. R. The alienated child: a reformulation of parental alienation syndrome. **Family Court Review**, [s. l.], v. 39, n. 3, p. 249–266, 2001.

MEIER, J. S. US child custody outcomes in cases involving parental alienation and abuse allegations: what do the data show? **Journal of social welfare and family law**, [s. l.], v. 42, n. 1, p. 92–105, 2020.

MEIER, J. S.; DICKSON, S. Mapping gender: shedding empirical light on family courts' treatment of cases involving abuse and alienation. **Law & Ineq.**, [s. l.], v. 35, p. 311, 2017.

MENDES, J. A. de A. *et al.* Publicações psicojurídicas sobre alienação parental: uma revisão integrativa de literatura em Português. **Psicologia em Estudo**, Maringá, v. 21, n. 1, p. 161–174, 2016.

MENDES, J. A. de A.; BUCHER-MALUSCHKE, J. S. N. F. Destructive divorce in the family life cycle and its implications: criticisms of parental alienation. **Psicologia**: Teoria e Pesquisa, Brasília, v. 33, 2017.

MENDES, J. A. de A.; OLIVEIRA-SILVA, L. As alegações de "alienação parental" e os vieses de gênero e misoginia em processos de guarda e convivência. *In*: BASTOS, E. F.; GIANCHIN, J.; COPETTI, L. V.; LEMOS, M. M. F. (ed.). **Direito das Famílias, Vulnerabilidades e Questões de Gênero**. Instituto Brasileiro de Direito de Família, IBDFAM, 2022, p. 44–65.

MENDES, J. A. de A.; ORMEROD, T. Making sense out of uncertainty: cognitive strategies in the child custody decision-making process. **Frontiers in Psychology**, [s. l.], v. 15, p. 1387549.

MENDES, J. A. de A.; ORMEROD, T. Uncertainty in child custody cases after parental separation: context and decision-making process. **Trends in Psychology**, [s. l.], p. 1–28, 2023.

MENDES, J. A. de A. Genealogia, Pressupostos, Legislações e Aplicação da Teoria de Alienação Parental: uma (re)visão crítica. *In*: SILVA, I. R. da. (org.). Debatendo Alienação Parental: diferentes perspectivas. 1. ed. Brasília: Conselho Federal de Psicologia, 2019, p. 11–35.

MENDES, J. A. de A.; LORDELLO, S. R.; ORMEROD, T. Uma proposta de compreensão bioecológica do princípio dos melhores interesses da criança/adolescente nos casos de disputa de guarda. *In*: MENDES, J. A. de A.; BUCHER-MALUSCHKE, J. S. N. F. (org.). **Perspectiva Sistêmica e Práticas em Psicologia**: temas e campos de atuação. Curitiba: Editora CRV, 2020, p. 53–78.

MINISTÉRIO DOS DIREITOS HUMANOS E DA CIDADANIA. Nota Técnica n.º 32/2023/GAB.SNDCA/SNDCA/MDHC: Nota Técnica sobre a Lei n.º 12.318, de 26 de agosto de 2010, que dispõe sobre o tema e altera o art. 236 da Lei n.º 8.069, de 13 de julho de 1990. Brasília: 2023.

NÚCLEO ESPECIALIZADO DE PROMOÇÃO E DEFESA DOS DIREITOS DA MULHER DA DEFENSORIA PÚBLICA DO ESTADO DE SÃO PAULO. Nota Técnica NUDEM n.º 1/2019: Análise da Lei Federal n.º 12.318/2010, que dispõe sobre "alienação parental". São Paulo: NUDEM, 2019. Disponível em: https://assets-institucional-ipg.sfo2.cdn.digitaloceanspaces.com/2020/01/NUDEMDPSP_NotaTecnicaAlienacaoParentalJSetembro2019.pdf. Acesso em: 6 jul. 2024.

NUNES, F. P. Nervosa, agressiva, alienadora: estereótipos de gênero em sentenças judiciais de alienação parental e estupro de vulnerável no TJ/SP. 2023. 64 f. Trabalho de Conclusão de Curso (Bacharelado em Direito) — Universidade de Brasília, Brasília, 2023.

PAIS POR JUSTIÇA. Pais por Justiça Blogspot, 2013. Página Inicial. Disponível em: https://paisporjustica.blogspot.com/. Acesso em: 19 jun. 2024.

SOUSA, A. M. **Síndrome da alienação parental**: análise de um tema em evidência. 2009. 184 f. Dissertação (Mestrado em Psicologia) — Instituto de Psicologia, Universidade do Estado do Rio de Janeiro, Rio de Janeiro. Disponível em: https://www.bdtd.uerj.br:8443/bitstream/1/15439/1/Dissert_Analicia%20Martins%20de%20Sousa.pdf. Acesso em: 20 jun. 2024.

TEOH, J.; CHNG, G. S.; CHU, M. C. Parental Alienation Syndrome: Is It Valid? **SAcLJ**, [s. l.], v. 30, p. 727–755, 2018.

UNITED NATIONS. United Nations General Assembly. Human Rights Council. Custody, violence against women and violence against children. Report of the Special Rapporteur on violence against women and girls, its causes and consequences, Reem Alsalem. 2023.

OS IMPACTOS NEGATIVOS DA TEORIA DE "ALIENAÇÃO PARENTAL" SOBRE O PROCESSO DE TOMADA DE DECISÃO E A APLICAÇÃO DO PRINCÍPIO DOS MELHORES INTERESSES DA CRIANÇA/ADOLESCENTE

Josimar Antônio de Alcântara Mendes

RESUMO: este capítulo examina os impactos negativos da teoria da Alienação Parental (AP) no processo de tomada de decisão em casos de guarda e convivência, bem como sua interferência na aplicação do Princípio dos Melhores Interesses da Criança/Adolescente (PMICA). Utilizando a Análise de Protocolo Verbal (APV), o estudo investigou os processos cognitivos de 45 atores jurídicos (juízas/es, promotoras/es, advogadas/os, psicólogas/os e assistentes sociais) do Brasil e do Reino Unido ao lidarem com dois casos fictícios de disputa de guarda. Os resultados indicam que, mesmo na ausência de alegações explícitas de AP nos casos, muitas/os participantes identificaram sinais de AP, demonstrando a influência de seus pressupostos sobre suas práticas. Aquelas/es que identificaram AP aplicaram estratégias cognitivas mais simplificadas, baseadas na familiaridade, enquanto os que não viram AP avançaram para estratégias mais complexas, como a evocação de experiência e avaliação de riscos. A aplicação acrítica da teoria de AP revelou-se perniciosa, distorcendo o processo decisório e comprometendo a preservação dos melhores interesses da criança/adolescente ao reduzir a complexidade das dinâmicas familiares a rótulos simplificados. Conclui-se que a teoria da alienação parental opera como um mecanismo cognitivo disfuncional, aumentando a incerteza nos processos de guarda e convivência, em vez de resolvê-la de maneira eficaz e ética.

Palavras-chave: Alienação Parental; Princípio dos Melhores Interesses; Incerteza Decisória; Guarda e Convivência; Processos Cognitivos; Atores Jurídicos.

INTRODUÇÃO

A falta de evidências científicas robustas é uma crítica central à teoria da alienação parental, uma vez que Gardner formulou seus pressupostos com base em uma amostra limitada e problemática, predominantemente composta por homens acusados de abuso sexual. Sua teoria, até hoje, carece de comprovações científicas sólidas (Mendes, 2019; Teoh; Chng; Chu, 2018). Essa ausência de fundamentação científica representa um problema grave, pois compromete a validade das intervenções baseadas nessa teoria e pode afetar negativamente os processos judiciais relacionados à guarda e convivência de crianças e adolescentes (Mendes, 2019; Mendes; Ormerod, 2023).

Além da falta de cientificidade, a teoria da alienação parental reforça estereótipos de gênero e contribui para a objetificação de crianças e adolescentes (Mendes, 2019; Mendes; Oliveira-Silva, 2022) — **vide Capítulos 1, 5, 6, 7, 12 e 14**. Em vez de reconhecer crianças como sujeitos de direitos e agentes ativos de suas próprias vidas, essa teoria as trata como meros receptáculos das ações e intenções dos genitores (Mendes, 2019; Mendes; Lordello; Ormerod, 2020). Essa perspectiva não apenas ignora a autonomia e subjetividade das crianças e adolescentes, mas também perpetua estereótipos que prejudicam a igualdade de gênero e dificultam a real promoção da justiça em processos de decisão sobre guarda e convivência.

Os pressupostos da teoria da alienação parental também falham em compreender a complexidade dos processos pós-divórcio. Sabe-se que o divórcio é um evento significativo no ciclo vital familiar, caracterizado por uma fase de crise, repleta de emoções intensas e mudanças estruturais (Juras; Costa, 2011; Mendes; Bucher-Maluschke, 2017). No entanto, a teoria tende a simplificar excessivamente essas dinâmicas familiares, rotulando comportamentos como "alienação" sem considerar o contexto das interações ou as reais necessidades da criança e do adolescente (Barbosa; Mendes; Juras, 2021; Mendes; Ormerod, 2023).

Essa abordagem simplista gera intervenções rasas, que desconsideram as nuances das situações pós-divórcio e frequentemente resultam em decisões inadequadas aos melhores interesses das crianças e adolescentes — **vide estudo de caso no Capítulo 7**. Ao aplicar rótulos simplificados a comportamentos complexos, a teoria da alienação parental pode aumentar a incerteza e intensificar o conflito, prejudicando a qualidade das decisões judiciais e colocando em risco o bem-estar das crianças (Mendes; Ormerod, 2023).

Considerando todas essas questões, este capítulo busca explorar como a teoria da alienação parental, ao ignorar a complexidade das dinâmicas familiares e desconsiderar a evidência científica, compromete a eficácia das intervenções e o processo de tomada de decisão. O foco está nos riscos que essa teoria representa aos melhores interesses das crianças e adolescentes. Para isso, serão apresentados os resultados de um estudo com 45 atores jurídicos (juízas/es, promotoras/es, advogadas/os, psicólogas/os e assistentes sociais) do Brasil e da Inglaterra, ilustrando as implicações práticas dos pressupostos da alienação parental no processo decisório e na aplicação do Princípio dos Melhores Interesses da Criança.

1. OS "MELHORES INTERESSES" E O PROCESSO DE TOMADA DE DECISÃO

O princípio dos melhores interesses da criança/adolescente (PMICA) desempenha um papel central nos processos de decisão envolvendo guarda e convivência familiar após a separação conjugal (Mendes; Bucher-Maluschke, 2019; Mendes; Ormerod, 2019; 2021). Porém, definir e aplicar o PMICA é uma tarefa complexa, pois envolve uma série de variáveis que vão desde a situação familiar específica até os sistemas legais e as visões pessoais dos profissionais envolvidos, como juízes, advogados, promotores, psicólogos e assistentes sociais (Mendes; Ormerod, 2021). O PMICA, consagrado no Artigo 3º da Convenção sobre os Direitos da Criança das Nações Unidas, exige que os interesses das crianças e adolescentes sejam prioridade em todas as ações que as envolvam, mas sua falta de definição clara tanto na Convenção quanto na legislação subsequente abre espaço para interpretações variadas e, por vezes, problemáticas (Mendes; Lordello; Ormerod, 2020; Mendes; Ormerod, 2021).

Nos casos de guarda e convivência após a separação, a definição do PMICA depende não só das normas jurídicas, mas também de fatores subjetivos relacionados ao contexto específico de cada família, como as particularidades emocionais e desenvolvimentais das crianças, o momento de crise familiar e os valores pessoais dos atores jurídicos envolvidos (Mendes; Ormerod, 2023). Decisões de guarda/convivência são particularmente desafiadoras porque, além de lidarem com questões legais, exigem a análise de dinâmicas familiares em constante mudança, muitas vezes com base em informações ambíguas e conflitantes (Greene *et al.*, 2012; Mendes; Ormerod, 2023; 2024). Isso faz com que o processo de tomada de decisão nesses casos seja incerto e carregado de complexidades, uma vez que o princípio dos melhores interesses da criança/adolescente, embora seja um critério amplamente aceito, é percebido por muitos profissionais como vago e indeterminado, levando a decisões inconsistentes (Mendes; Ormerod, 2019).

O processo de tomada de decisão, por sua vez, é descrito por Hastie e Dawes (2001) como um processo cognitivo que envolve a escolha entre diferentes alternativas, a antecipação de possíveis resultados e a consideração das consequências de cada escolha, todas elas influenciadas pelos valores e objetivos do tomador de decisão. No contexto das disputas de guarda/convivência, essas decisões envolvem múltiplas opções que podem impactar profundamente a vida da criança/adolescente e a estrutura familiar. Os profissionais, ao lidarem com um processo dinâmico e incerto, são obrigados a considerar uma multiplicidade de fatores, como as necessidades psicológicas e emocionais da criança, as questões legais e as avaliações de profissionais externos, como assistentes sociais e psicólogos, que oferecem subsídios adicionais para a decisão (Schneider; Parente, 2006; Mendes; Ormerod, 2023).

Ao se considerar as nuances do processo de tomada de decisão e a aplicação do princípio dos melhores interesses, é crucial destacar como a teoria de alienação parental pode comprometer significativamente ambos. Um dos principais problemas é que a rotulação de "dinâmicas disfuncionais" (Barbosa; Mendes; Juras, 2021) como "alienação parental" tende a hipersimplificar um cenário familiar complexo e multifacetado. Essa rotulação, baseada muitas vezes em informações incompletas ou contraditórias, pode levar a erros de julgamento, onde os reais interesses da criança são secundarizados em prol de uma leitura simplista e enviesada da dinâmica familiar (Mendes; Bucher-Maluschke, 2017; Mendes; Ormerod, 2023) — **vide Capítulo 7**. Assim, os pressupostos de alienação parental são frequentemente aplicados como uma solução fácil para um contexto profundamente incerto e complexo, o que aumenta a litigiosidade, reforça estereótipos e cria um círculo vicioso de incerteza para o processo de tomada de decisão (Barbosa; Mendes; Juras, 2021; Maciel; Mendes, 2019; Mendes; Barbosa, 2021; Mendes; Ormerod, 2023).

2. A NATUREZA INCERTA DO CONTEXTO DE TOMADA DE DECISÃO SOBRE A GUARDA/CONVIVÊNCIA E A PERNICIOSIDADE DA UTILIZAÇÃO DOS PRESSUPOSTOS DE ALIENAÇÃO PARENTAL

A tomada de decisão em casos de guarda e convivência após a separação conjugal ocorre em um ambiente de incerteza constante, caracterizado por informações contraditórias e dinâmicas familiares complexas e em constantes transformações. Essa incerteza é um fator fundamental que os profissionais do Direito, da Psicologia e do Serviço Social precisam enfrentar ao lidar com esses casos (Mendes; Ormerod, 2023; 2024). Segundo Klein *et al.* (1993), todo processo decisório em contextos naturais, como disputas de guarda/convivência, é permeado por incertezas, que geram dúvidas sobre a estrutura do problema e suas possíveis soluções (Lipshitz, 1993b; Lipshitz; Strauss, 1997). No caso de disputas familiares, a complexidade emocional e psicossocial das famílias envolvidas torna o processo de decisão ainda mais incerto e suscetível a vieses cognitivos e rótulos simplistas (Mendes; Bucher-Maluschke, 2017; Mendes; Ormerod, 2023) — posto que há uma necessidade "quase natural" de processar e compreender a incerteza observada no caso.

Dentro do modelo heurístico RAWFS,[9] proposto por Lipshitz e Strauss (1997), os tomadores de decisão têm três estratégias principais para lidar com a incerteza: (1) reduzir a incerteza, (2) reconhecer a incerteza e (3) suprimir a incerteza. A estratégia de redução envolve a coleta de informações adicionais antes da decisão. No entanto, quando as/os profissionais não conseguem obter essas informações, frequentemente recorrem à supressão da incerteza, ou seja, ignoram ou minimizam as ambiguidades e complexidades da situação observada (Lipshitz *et al.*, 2001; Lipshitz; Strauss, 1997). No contexto das alegações de alienação parental, essa supressão da incerteza se manifesta na aplicação de rótulos simplistas e disfuncionais que não apenas distorcem a realidade, mas também prejudicam o processo decisório e a preservação dos melhores interesses das crianças/adolescentes em questão (Barbosa; Mendes; Mendes; Ormerod, 2023).

A utilização dos pressupostos de alienação parental, assim, serve como um mecanismo cognitivo disfuncional para a supressão da incerteza. Em vez de tratar o caso como uma situação multifacetada, em que as necessidades e interesses da criança/adolescente devem ser cuidadosamente ponderados, a aplicação dessa teoria oferece uma explicação simplificada e rasa para comportamentos complexos (Barbosa *et al.*, 2021; Mendes; Bucher-Maluschke, 2017). Isso não só afeta negativamente a qualidade das decisões, mas também compromete os melhores interesses da criança/adolescente, que são relegados em favor de uma abordagem reducionista que visa encerrar o litígio rapidamente, sem uma análise profunda dos fatores envolvidos (Mendes, 2019; Mendes; Ormerod, 2023).

Além disso, a natureza incerta do ambiente familiar pós-separação é caracterizada por problemas mal estruturados, dinâmicas incertas e objetivos conflitantes (Orasanu; Connolly, 1993). Nos casos de guarda/convivência, muitas vezes os genitores apresentam alegações contraditórias, como "*o pai negligencia as necessidades da criança*" ou "*a mãe manipula a criança para que rejeite o pai*", que criam cenários caóticos e desorganizados. Nessa situação, a rotulação de "alienação parental" é uma tentativa de suprimir essas incertezas, fornecendo uma explicação única para um conjunto de comportamentos variados e contextualmente específicos (Mendes; Bucher-Maluschke, 2017; Mendes; Ormerod, 2023). No entanto, ao adotar essa abordagem, os profissionais desconsideram

---

9   *Reduction* = Redução; *Assumption-based reasoning* = Raciocínio baseado em suposições; *Weighing pros and cons* = Avaliação de prós e contras; *Forestalling* = Prevenção; *Suppression* = Supressão.

a complexidade dos fatores envolvidos, como as necessidades emocionais da criança/adolescente e as dificuldades enfrentadas pela família durante o processo de adaptação ao divórcio (Barbosa; Mendes; Juras, 2021; Maciel; Mendes; Barbosa, 2021; Mendes; Bucher-Maluschke, 2017).

A supressão da incerteza com base nos pressupostos de alienação parental é extremamente perniciosa para a preservação dos melhores interesses das crianças e adolescentes — **vide Capítulos 6, 7, 8, 9 e 12**. Ao rotular comportamentos familiares disfuncionais (Barbosa; Mendes; Juras, 2021; Maciel; Mendes; Barbosa, 2021) como "alienação parental", as/os profissionais ignoram fatores essenciais, como o bem-estar psicológico da criança/adolescente, as dinâmicas familiares e as interações parentais, que devem ser cuidadosamente avaliados para garantir uma decisão justa e adequada, além de preservar o bem-estar da criança/adolescente (Mendes; Bucher-Maluschke, 2019; Mendes; Ormerod, 2023). O impacto dessa abordagem simplista e rasa, conforme apontado por Lipshitz e Strauss (1997), não apenas aumenta o litígio, mas também agrava a incerteza no processo decisório, colocando em risco os direitos e o desenvolvimento saudável das crianças/adolescentes envolvidos.

Em suma, os pressupostos de alienação parental funcionam como uma forma de evitar o enfrentamento assertivo das incertezas inerentes ao processo de tomada de decisão em casos de guarda e convivência. Isso compromete seriamente a capacidade das/os profissionais de garantir que as decisões sejam fundamentadas em uma análise completa e cuidadosa dos melhores interesses da criança/adolescente, perpetuando conflitos e reforçando estereótipos que minam a proteção e os direitos das crianças e adolescentes (Mendes, 2019; Mendes; Bucher-Maluschke, 2017; Mendes; Oliveira-Silva, 2022; Mendes; Ormerod, 2023).

3. MÉTODO

O método utilizado para este estudo baseou-se na Análise de Protocolo Verbal (*Verbal Protocol Analysis*), uma técnica amplamente utilizada para investigar processos cognitivos e tomada de decisão em ambientes naturais. Essa metodologia foi escolhida por sua capacidade de capturar os processos de pensamento sem modificar sua estrutura subjacente, evitando o problema da reatividade, onde o relato poderia alterar os processos cognitivos que influenciam o desempenho observado (Ericsson, 2006). Esse aspecto é particularmente relevante em estudos que envolvem o sistema de justiça, visto que profissionais forenses frequentemente têm dificuldade em explicar, retroativamente, seus processos de pensamento e como tomam decisões, pois "geralmente não têm plena consciência dos detalhes do que fazem, muito menos de como fazem" (MacMillan, 2015, p. 47). Assim, a Análise de Protocolo Verbal se destaca como uma das abordagens mais eficazes para revelar o conhecimento implícito nos processos cognitivos de especialistas (Ericsson, 2006; Ericsson; Simon, 1984/1993), sendo especialmente útil para investigar processos de tomada de decisão (Kuusela; Paul, 2000).

A metodologia leva as/os participantes a verbalizar o conteúdo de seus pensamentos enquanto executam uma tarefa, em vez de apenas descrever ou racionalizar suas ações (Ericsson; Simon, 1984/1993). Parte-se do princípio de que os conteúdos da memória de trabalho podem ser expressos verbalmente sem alterar a sequência ou o conteúdo dos pensamentos relacionados à tarefa (Ericsson, 2006; Trickett; Trafton, 2009). Em outras palavras, ao "pensar em voz alta" enquanto tomam decisões, as/os participantes não modificam o processo natural de surgimento e organização de suas ideias. Neste estudo, as/os participantes refletiram verbalmente sobre suas decisões em relação a: com quem a criança/adolescente deveria morar e/ou o tempo que deveria passar com cada genitor.

As/Os participantes foram recrutados entre atores jurídicos do Brasil e do Reino Unido, abrangendo categorias como juízes, promotores,[10] advogados, psicólogos e assistentes sociais. Pelo menos quatro participantes de cada profissão e país foram selecionados, totalizando 45 participantes (27 brasileiros, 18 ingleses), dos quais 62% eram mulheres. A média de anos de experiência foi de 14,5 no Brasil e 16,9 no Reino Unido. A coleta de dados foi realizada por meio da plataforma *Qualtrics*, onde os participantes analisaram dois casos fictícios (A e B), adaptados de processos reais retirados de bancos de dados jurídicos.

Os participantes passaram por três blocos de informações antes de chegarem à sua recomendação final sobre guarda e convivência. No primeiro bloco, foi fornecida uma descrição geral do caso, incluindo a história do ex-casal, as razões para a busca de intervenção judicial e as declarações de cada um dos genitores. No segundo bloco, as/os participantes puderam acessar informações adicionais, como a idade e o gênero das crianças/adolescentes, comunicação entre os genitores, situação financeira e registros criminais dos genitores. No terceiro bloco, as/os participantes tiveram acesso a informações psicossociais para apoiar suas decisões. Por fim, foi solicitada uma recomendação sobre a guarda e convivência das crianças/adolescentes *in casu*.

Os áudios gravados com o "pensar alto" das/os participantes foram transcritos e segmentados em intervalos de 20 segundos para fins de codificação e

---

10 Fora do Brasil, promotores só atuam em questões criminais. Então, promotores britânicos não participaram do estudo.

subsequente análise. O esquema de codificação utilizado inicialmente foi baseado no trabalho de Lipshitz *et al.* (2001), e durante o teste-piloto do experimento foi identificada a necessidade de incluir uma categoria adicional relacionada à "triagem do contexto", um processo no qual os atores jurídicos avaliam o contexto decisório com base em sua experiência e práticas profissionais (Mendes, 2022): *"familiaridade"* (reconhecimento de elementos do contexto que sejam familiares aos profissionais ou que eles considerem típicos ou comuns em casos de guarda e convivência); *"evocação de experiência"* (utilização de sua experiência profissional para identificar, analisar, destacar ou fazer um julgamento sobre um elemento do contexto); e *"altos riscos"* (reconhecimento e/ou expressão de que determinado elemento dentro do contexto é importante ou preocupante para eles. Por exemplo, não sentir segurança para tomar uma decisão ou ação com base nas informações disponíveis, ou afirmar que a situação observada é grave). Além disso, conforme proposto por Mendes e Ormerod (2024), também foram codificadas heurísticas e estratégias metacognitivas mapeadas pelas/os participantes.[11] Contudo, diante do escopo deste Capítulo, serão apresentados somente os resultados referentes ao mapeamento de "familiaridade", "evocação de experiência" e "altos riscos".[12]

O estudo que gerou os resultados a serem apresentados a seguir foi aprovado pelo Comitê de Ética em Pesquisa da Universidade de Sussex (Reino Unido) sob o certificado de n.º ER/JA454/5.

4. RESULTADOS E DISCUSSÃO

---

[11] **Heurísticas**: são estratégias mentais usadas para tomar decisões de forma rápida em situações de incerteza. Elas funcionam como "regras práticas", ou seja, orientações baseadas na experiência, em vez de teorias (Shah; Oppenheimer, 2008). Quando profissionais enfrentam um problema, recorrem às heurísticas para escolher o caminho mais promissor que pode levar à solução desejada (van Gog *et al.*, 2005). No contexto de disputas de guarda/convivência, essas heurísticas ajudam a selecionar as informações mais relevantes, avaliar seu valor, reconhecer os limites das decisões e, quando necessário, buscar soluções fora do tribunal (Mendes; Ormerod, 2024). Em essência, elas guiam a seleção, avaliação e resolução de questões complexas, tornando mais fácil entender e organizar as informações em contextos incertos (Hutchinson; Gigerenzer, 2005). **Estratégias Metacognitivas**: são formas de monitorar e supervisionar o próprio processo de tomada de decisão, usando conhecimento para garantir que as ações adotadas estão corretas e adequadas à situação (van Gog *et al.*, 2005). Elas ajudam os profissionais a ter confiança de que suas decisões são apropriadas e coerentes com o que é considerado o melhor a ser feito no caso (Mendes; Ormerod, 2024). No contexto de guarda/convivência, essas estratégias não apenas buscam atender aos melhores interesses da criança/adolescente, mas também protegem as/os próprios profissionais, assegurando que suas decisões/ações sejam justificáveis e embasadas. Entre as principais estratégias estão: as preferências sobre arranjos de custódia, a supervisão das práticas profissionais e o uso do PMICA como justificativa para decisões e ações (Mendes; Ormerod, 2024).

[12] Para mais análises e detalhes, vide Mendes (2022).

Embora os casos apresentados para as/os participantes não contivessem indicações explícitas de "alienação parental", alguns participantes identificaram sinais dessa dinâmica durante suas análises. Esse resultado sugere que, mesmo sem a presença direta de informações ou alegações de "alienação parental", a familiaridade dos atores jurídicos com esse conceito pode moldar suas interpretações, influenciando a forma como eles processam informações e tomam decisões em casos de guarda e convivência.

Tabela 1. Características das/os Participantes que Viram e Não Viram Sinais de Alienação Parental

	Característica	Viu Sinais de AP (n; %)	Não Viu Sinais de AP (n; %)
Nacionalidade	Brasil	4; 4.4%	50; 55.6%
	Inglaterra	8; 8.9%	28; 31.1%
Gênero	Homem	5; 5.6%	29; 32.2%
	Mulher	7; 7.8%	49; 54.4%
Atores Jurídicos	Juiz/a	4; 4.4%	16; 17.8%
	Promotor/a	1; 1.1%	11; 12.2%
	Advogada/o	4; 4.4%	18; 20%
	Psicóloga/o	0; 0%	18; 20%
	Assistente Social	3; 3.3%	15; 16.7%

Fonte: o autor

O gráfico da Figura 1 mostra a média de mapeamento das estratégias de "triagem do contexto" para participantes que não observaram sinais de "alienação parental" nos dois casos observados. Como visto, a "familiaridade" é um elemento proeminente na fase inicial do processo de decisão, o que é esperado, dado o ambiente incerto que caracteriza essa fase. No entanto, à medida que o processo avança e mais informações são coletadas, o mapeamento de "familiaridade" diminui, enquanto as estratégias de "evocação de experiência" e "altos riscos" aumentam. Esse comportamento sugere que, para essas/es participantes, o processo de tomada de decisão envolve uma maior complexificação cognitiva, na qual eles adaptam suas estratégias para lidar com a incerteza e com as nuances dos casos.

Figura 1. Mapeamento de Estratégias de "triagem do contexto" para Quem Não Viu Sinais de "Alienação Parental"

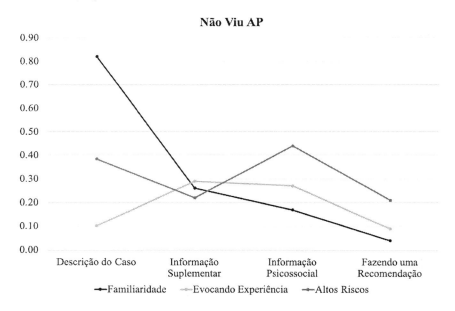

Fonte: o autor

Já o gráfico da Figura 2, que apresenta o mapeamento das mesmas estratégias para participantes que observaram sinais de "alienação parental", revela um comportamento diferente. Nesse grupo, o mapeamento de "familiaridade" se manteve elevado, especialmente nas primeiras fases do processo decisório, sugerindo que essas/es participantes parecem não ter avançado significativamente para estratégias cognitivas mais complexas, como "evocação de experiência" e "altos riscos". A persistência da "familiaridade" pode ser explicada pela tendência dessas/es profissionais em recorrer a conceitos e rótulos previamente conhecidos, como a "alienação parental", o que parece criar uma automaticidade no reconhecimento de sinais, mesmo quando o caso exige uma análise mais refinada e contextualizada.

Figura 2. Mapeamento de Estratégias de "triagem do contexto" para Quem Viu Sinais de "Alienação Parental"

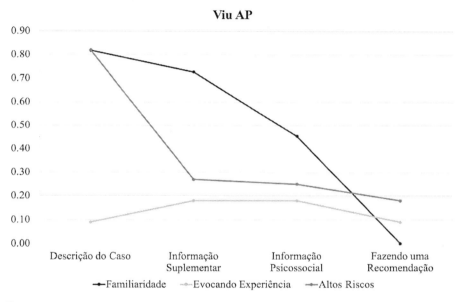

Fonte: o autor

Ao comparar os dois grupos (Figura 3), observam-se indícios de que a aplicação acrítica dos pressupostos de alienação parental influencia diretamente a forma como os atores jurídicos processam a incerteza e tomam decisões. Enquanto os participantes que não viram sinais de alienação parental ajustaram suas estratégias ao longo do processo, utilizando com maior frequência a "evocação de experiência" e o "alto risco", aqueles que observaram sinais de alienação parental mantiveram-se presos a um nível mais superficial de processamento cognitivo, centrado na "familiaridade". Isso pode ser particularmente pernicioso, pois a teoria da alienação parental, frequentemente aplicada de forma automática e irrefletida, simplifica excessivamente cenários complexos, resultando em decisões que podem não atender aos melhores interesses da criança/adolescente (Mendes, 2019; Mendes; Ormerod, 2023).

Figura 3. Comparação entre "Quem Viu" e "Quem Não Viu" Sinais de "Alienação Parental" ao Longo do Processo de Tomada de Decisão

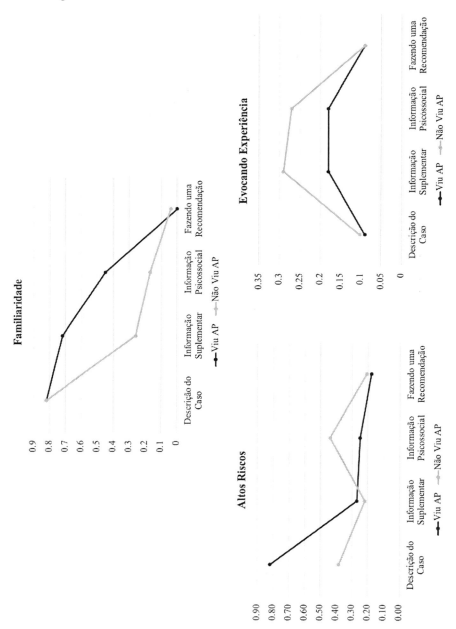

Fonte: o autor

O processo de tomada de decisão em casos de guarda e convivência após a separação é marcado por constante incerteza, resultante de informações contraditórias e dinâmicas familiares em transformação. Profissionais do Direito, Psicologia e Serviço Social enfrentam esses desafios ao lidar com tais casos (Mendes; Ormerod, 2023; 2024). De acordo com Klein *et al.* (1993), decisões em ambientes naturais, como disputas de guarda, são cercadas por incertezas, que levantam dúvidas sobre o problema e suas soluções possíveis (Lipshitz, 1993b; Lipshitz; Strauss, 1997). Nessas disputas, a complexidade emocional e psicossocial das famílias intensifica as incertezas, tornando o processo mais suscetível a vieses e interpretações simplificadas (Mendes; Bucher-Maluschke, 2017; Mendes; Ormerod, 2023), criando uma necessidade intrínseca de lidar e processar essas incertezas.

Os resultados deste estudo refletem o potencial de impacto das incertezas presentes em casos de guarda e convivência após a separação conjugal. Observou-se que, diante da complexidade psicossocial dos litígios familiares, muitas/os profissionais parecem recorrer a estratégias cognitivas simplificadas, como a identificação de "sinais de alienação parental", mesmo quando esses sinais não estavam explicitamente indicados nos casos. Isso demonstra como a incerteza, ao invés de ser enfrentada de maneira crítica e aprofundada, parece ter sido suprimida por meio de rótulos que ofereciam uma solução aparentemente rápida, mas superficial, para um problema muito mais complexo.

A teoria de alienação parental, conforme discutido por Mendes e Ormerod (2023), atua como um mecanismo cognitivo disfuncional, oferecendo uma explicação simplificada para dinâmicas familiares intricadas. No estudo, observou-se que os profissionais que identificaram "sinais de alienação parental" tendiam a continuar utilizando estratégias baseadas em "familiaridade" ao longo do processo decisório, sem avançar para estratégias mais sofisticadas, como a ponderação de "altos riscos" e a "evocação de experiência". Isso sugere que a incerteza, inerente aos casos de disputa de guarda e convivência, parece não ter sido adequadamente processada, o que levou à aplicação de soluções reducionistas que comprometem os melhores interesses da criança/adolescente.

A análise dos resultados reforça as críticas levantadas na literatura quanto à utilização simplista do conceito de alienação parental em disputas de guarda e convivência. Como apontado por diversos estudos (Barbosa *et al.*, 2021; Mendes; Bucher-Maluschke, 2017; Mendes; Ormerod, 2023), a rotulação de comportamentos familiares complexos como "alienação parental" ignora as nuances e as dinâmicas multifacetadas presentes nessas situações. Além disso, essa prática aumenta a incerteza e agrava os conflitos, em vez de resolvê-los, prejudicando o bem-estar das crianças/adolescentes e comprometendo a aplicação do princípio dos melhores interesses da criança/adolescente. Em suma, os achados deste estudo sugerem que a adoção acrítica dos pressupostos de alienação parental não só simplifica, de forma inadequada, o processo de tomada de decisão, mas também perpetua um ciclo de incerteza e conflito, reforçando estereótipos que comprometem a justiça e o bem-estar das crianças/adolescente envolvidas.

Este é o primeiro estudo, que se tem notícia, a mapear as tendências cognitivas de profissionais que orientam sua prática pelos pressupostos de alienação parental, proporcionando insights inovadores sobre como esses conceitos influenciam o processo de tomada de decisão em casos de guarda e convivência. Apesar da relevância e significância dos resultados obtidos, mais pesquisas com amostras maiores são necessárias para aumentar a robustez das conclusões aqui apresentadas. Estudos futuros também poderão permitir a aplicação de análises estatísticas inferenciais, aprofundando o entendimento sobre os impactos cognitivos e práticos dos pressupostos de alienação parental nos processos de tomada de decisão dentro do sistema de justiça.

CONSIDERAÇÕES FINAIS

Os resultados apresentados neste capítulo evidenciam a perniciosidade dos pressupostos de alienação parental no processo de tomada de decisão, especialmente no que se refere à preservação dos melhores interesses da criança/adolescente. A teoria de alienação parental, ao simplificar dinâmicas familiares complexas, tem o potencial de distorcer gravemente a percepção dos atores jurídicos, levando-os a ignorar nuances importantes podendo até levar à violação severa de direitos. Essa prática não apenas compromete a profundidade da análise, mas também coloca em risco a proteção integral que o Princípio dos Melhores Interesses da Criança/Adolescente exige.

Os participantes que identificaram "sinais de alienação parental" demonstraram uma tendência a manter-se em níveis superficiais de processamento cognitivo, recorrendo à familiaridade ao invés de evoluir para estratégias mais sofisticadas, como a análise de altos riscos e a evocação de experiência. Esse comportamento é extremamente preocupante, pois mostra que o uso acrítico da teoria de alienação parental suprime a incerteza natural e inerente aos casos de guarda e convivência, oferecendo soluções simplistas para questões complexas. Ao fazer isso, as decisões tomadas deixam de considerar adequadamente os direitos e o bem-estar das crianças e adolescentes, que são os elementos centrais do princípio dos melhores interesses.

A adoção desses pressupostos, portanto, não apenas perpetua estereótipos prejudiciais, mas também aumenta os riscos de decisões equivocadas que podem agravar conflitos familiares e prejudicar ainda mais as crianças/adolescentes envolvidos. Em vez de promover a resolução justa e equitativa dos litígios, a aplicação automática dos pressupostos de alienação parental mina o próprio fundamento do sistema de proteção infantojuvenil, que deveria ser pautado por abordagens contextualizadas e criteriosas, baseadas em evidência e focadas nas reais necessidades e direitos das crianças e adolescentes.

REFERÊNCIAS

BARBOSA, L. P. G.; MENDES, J. A. A.; JURAS, M. M. Dinâmicas disfuncionais, disputa de guarda e alegações de alienação parental: uma compreensão sistêmica. **Nova Perspectiva Sistêmica**, São Paulo, v. 30, n. 69, p. 6–18, 2021.

ERICSSON, K. A. Protocol analysis and expert thought: concurrent verbalizations of thinking during experts' performance on representative tasks. *In*: ERICSSON, K. A.; CHARNESS, N.; FELTOVICH, P. J.; HOFFMAN, R. R. (ed.). **The Cambridge Handbook of Expertise and Expert Performance**. Cambridge: Cambridge University Press, 2006, p. 223–241.

ERICSSON, K. A.; SIMON, H. A. **Protocol analysis**: verbal reports as data. Cambridge, MA: MIT Press, 1984/1993.

HASTIE, R.; DAWES, R. M. **Rational choice in an uncertain world**. Califórnia: Sage Publications, 2001.

JURAS, M. M.; COSTA, L. F. O divórcio destrutivo na perspectiva de filhos com menos de 12 anos. **Estilos da Clínica**, [s. l.], v. 16, n. 1, p. 222–245, 2011.

KLEIN, G. A.; ORASANU, J.; CALDERWOOD, R.; ZSAMBOCK, C. E. (ed.). **Decision-making in action**: models and methods. Norwood, NJ: Ablex Publishing Corporation, 1993.

KUUSELA, H.; PAUL, P. A comparison of concurrent and retrospective verbal protocol analysis. **The American Journal of Psychology**, [s. l.], v. 113, n. 3, p. 387–404, 2000.

LIPSHITZ, R. Decision making as argument-driven action. *In*: KLEIN, G. A.; ORASANU, J.; CALDERWOOD, R.; ZSAMBOCK, C. E. (ed.). **Decision-making in action**: models and methods. Norwood, NJ: Ablex Publishing Corporation, 1993, p. 172–181.

LIPSHITZ, R.; KLEIN, G.; ORASANU, J.; SALAS, E. Taking stock of naturalistic decision making. **Journal of Behavioral Decision Making**, [s. l.], v. 14, n. 5, p. 331–352, 2001.

LIPSHITZ, R.; STRAUSS, O. Coping with uncertainty: a naturalistic decision-making analysis. **Organizational behavior and human decision processes**, [s. l.], v. 69, n. 2, p. 149–163, 1997.

MACIEL, S. B.; MENDES, J. A. A.; BARBOSA, L. P. G. Visão sistêmica sobre os pressupostos de alienação parental na prática clínica individual e familiar. **Nova Perspectiva Sistêmica**, São Paulo, v. 29, n. 68, p. 19–31, 2021.

MACMILLAN, P. J. **Thinking like an expert lawyer**: measuring specialist legal expertise through think-aloud problem solving and verbal protocol analysis. Doctoral thesis, Bond University, 2015. Disponível em: https://pure.bond.edu.au/ws/portalfiles/portal/36202778/Peter_Macmillan_Thesis.pdf. Acesso em: 25 set. 2024.

MENDES, J. A. A. Genealogia, pressupostos, legislações e aplicação da teoria de alienação parental: uma (re)visão crítica. *In*: SILVA, I. R. (org.). **Debatendo Alienação Parental**: diferentes perspectivas. Brasília: Conselho Federal de Psicologia, 2019, p. 11–35.

MENDES, J. A. A. **The decision-making process in child custody cases after parental separation**: a cross-cultural study between Brazil and England. 2022. Tese de doutorado não publicada. University of Sussex. Disponível em: https://doi.org/10.13140/RG.2.2.13584.07684. Acesso em: 5 set. 2024.

MENDES, J. A. A.; BUCHER-MALUSCHKE, J. S. N. F. Destructive divorce in the family life cycle and its implications: criticisms of parental alienation. **Psicologia**: Teoria e Pesquisa, Brasília, v. 33, 2017.

MENDES, J. A. A.; BUCHER-MALUSCHKE, J. S. N. F. Famílias em litígio e o princípio do melhor interesse da criança na disputa de guarda. **Interação em Psicologia**, Curitiba, v. 23, n. 3, p. 392–403, 2019.

MENDES, J. A. A.; LORDELLO, S. R.; ORMEROD, T. Uma proposta de compreensão bioecológica do princípio dos melhores interesses da criança/adolescente nos casos de disputa de guarda. *In*: MENDES, J. A. A.; BUCHER-MALUSCHKE, J. S. N. F. **Perspectiva Sistêmica e Práticas em Psicologia**: temas e campos de atuação. Curitiba: Editora CRV, 2020, p. 53–78.

MENDES, J. A. A.; OLIVEIRA-SILVA, L. As alegações de "alienação parental" e os vieses de gênero e misoginia em processos de guarda e convivência. *In*: BASTOS, E. F.; GIANCHIN, J.; COPETTI, L. V.; LEMOS, M. M. F. (ed.). **Direito das Famílias, Vulnerabilidades e Questões de Gênero**. Instituto Brasileiro de Direito de Família, IBDFAM, 2022, pp. 44–65.

MENDES, J. A. A.; ORMEROD, T. A comparative look at divorce, laws and the best interests of the child after parental separation in Brazil and England. **Revista da Faculdade de Direito UFPR**, Curitiba, v. 66, n. 2, p. 95–126, 2021.

MENDES, J. A. A.; ORMEROD, T. Making sense out of uncertainty: cognitive strategies in the child custody decision-making process. **Frontiers in Psychology**, [s. l.], v. 15, p. 1387549, 2024.

MENDES, J. A. A.; ORMEROD, T. Uncertainty in child custody cases after parental separation: context and decision-making process. **Trends in Psychology**, [s. l.], p. 1–28, 2023.

ORASANU, J.; CONNOLLY, T. The Reinvention of Decision Making. *In*: KLEIN, G. A.; ORASANU, J.; CALDERWOOD, R.; ZSAMBOCK, C. E. (ed.). **Decision-making in action**: models and methods. Norwood, NJ: Ablex Publishing Corporation, 1993, p. 21–35.

SCHNEIDER, D. D. G.; PARENTE, M. A. M. P. O desempenho de adultos jovens e idosos na Iowa Gambling Task (IGT): um estudo sobre a tomada de decisão. **Psicologia**: Reflexão e Crítica, [s. l.], v. 19, n. 3, p. 442–450, 2006.

TEOH, J.; CHNG, G. S.; CHU, M. C. Parental Alienation Syndrome: Is It Valid? **SAcLJ**, [s. l.], v. 30, p. 27–755, 2018.

TRICKETT, S. B.; TRAFTON, J. G. A primer on verbal protocol analysis. *In*: SCHMORROW, D.; COHN, J.; NICHOLSON, D. (ed.). **The PSI handbook of virtual environments for training and education**: development for the military and beyond. Connecticut: Praeger Security International, 2009, p. 332–346.

A TRAGÉDIA DAS MEDEIAS CONTEMPORÂNEAS: REFLEXÕES PARA UMA ATUAÇÃO CRÍTICA, ÉTICA E POLÍTICA DO SERVIÇO SOCIAL EM CASOS COM ALEGAÇÃO DE ALIENAÇÃO PARENTAL

Estela Martini Willeman
Patrícia Aline Abreu Pereira
Luana de Souza Siqueira

RESUMO: este capítulo aborda criticamente os impactos negativos da teoria de alienação parental no processo de tomada de decisão judicial e na aplicação do Princípio dos Melhores Interesses da Criança e do Adolescente. A partir do Projeto Ético-Político do Serviço Social, é defendida uma atuação que ultrapasse análises simplistas e fragmentadas, favorecendo uma compreensão totalizante das realidades sociais, especialmente em casos complexos de pós-divórcio. A ausência de cientificidade da teoria de alienação parental é destacada, assim como seu papel no reforço de estereótipos de gênero e na objetificação de crianças e adolescentes. Argumenta-se que essa teoria ignora as complexidades das dinâmicas familiares e pós-divórcio, levando a intervenções prejudiciais aos interesses da criança e do adolescente. Além disso, o capítulo propõe a importância de uma atuação crítica, ética e política dos assistentes sociais, que deve estar fundamentada em uma visão crítica da realidade, na luta contra as opressões estruturais como patriarcado, racismo e capitalismo, e na defesa dos direitos humanos e sociais das crianças e adolescentes.

Palavras-chave: Serviço Social; Alienação Parental; Estereótipos de Gênero; Opressões Estruturais.

INTRODUÇÃO

O presente texto tem como objetivo discutir criticamente os efeitos da Lei de Alienação Parental (LAP) bem como os posicionamentos éticos e políticos do Serviço Social a partir dos valores defendidos pelo projeto ético-político profissional e o conjunto de normativas e documentos orientadores dentro da profissão. Essa discussão faz-se necessária frente à crescente demanda pela atuação de assistentes sociais perita/os (seja das equipes técnicas dos Tribunais de Justiça, seja como assistentes técnicos contratados pelas partes) na avaliação de supostos casos de alienação parental.

Essa imprescindível e urgente reflexão sobre as implicações da LAP para a atuação do Serviço Social faz-se necessária diante dos significativos impactos dessa lei sobre os princípios e valores que norteiam a prática profissional do Serviço Social e de suas consequências principalmente para mulheres e crianças. Assim, este capítulo pretende provocar reflexões a respeito dos conceitos e ideologia basilares da LAP; além de também discutir os enfrentamentos e as disputas em voga e a importância da construção de um posicionamento crítico, ético e político e profissional da/o assistente social.

Cabe esclarecer que a LAP tem como base a pseudoteoria da "Síndrome de Alienação Parental" — **vide Capítulo 1**. Embora essa lei se refira genericamente a ambos os gêneros/sexos, é sabido que ela tem sido muito mais evocada por homens em situação de litígio contra mulheres (Mendes; Oliveira-Silva, 2022) acusando-as. Nesse contexto, as/os profissionais do Serviço Social têm sido convocadas/os para promover uma investigação minuciosa das supostas causas e consequências dos "atos de alienação parental". Mas qual deve ser a resposta do Serviço Social frente a tais demandas? Estas autoras entendem que um passo inicial e fundamental é o compromisso de compreender as relações de determinação das particularidades com a totalidade (e vice-versa) e fazer uma intervenção crítica e comprometida com os princípios do Código de Ética Profissional; uma exigência fundamental e engendrada nas tarefas cotidianas de mediação dessa profissão para uma atuação competente.

Analisando historicamente, entendemos que a LAP foi promulgada no Brasil referenciando o papel da equipe técnica dos Tribunais de Justiça brasileiros, como o assistente social, sem, contudo, ser antecedida e amadurecida por um debate com os conselhos profissionais e conselhos de classes e, menos ainda, com a sociedade civil mais ampla e movimentos sociais — **vide Capítulos 1 e 12**. A existência de uma equipe multidisciplinar não garante intervenção crítica nas relações sociais. Frequentemente, é demandada a elaboração de documentos, em especial aqueles decorrentes dos estudos sociais, e o oferecimento de parecer profissional e sugestões a fim de dar embasamento à decisão judicial — o processo de construção dessas incumbências dever ser sustentado pelo norteamento teórico-metodológico, técnico-operativo e ético-político do Código de ética profissional (Brasil, 1993a), pela Lei de Regulamentação da Profissão (Brasil, 1993b), e pelas Diretrizes Curriculares (ABEPSS, 1996), bem como pelas notas técnicas, documentos oficiais e orientações do conjunto CFESS/CRESS.

Conforme preconiza nosso código de ética, as/os assistentes sociais devem buscar o enfrentamento de todas as formas de opressão e exploração e de normalização da judicialização da vida. Também é preciso ir além e conduzir o trabalho com atenção ao seu caráter educativo, reflexivo, considerando a importância da defesa dos melhores interesses das crianças/adolescentes em suas relações com a família em seus diferentes arranjos, com a comunidade e do resgate dos vínculos parentais — quando for seguro e atender aos melhores interesses da criança/adolescente em questão. Para isso, mostra-se fundamental o trabalho interdisciplinar e a construção de redes de serviços e políticas nos territórios.

2. A REATUALIZAÇÃO CONSERVADORA DO PATRIARCADO: O CONTROLE DOS CORPOS DAS MULHERES E DO TRABALHO REPRODUTIVO

É consenso entre o espectro de cientistas políticos marxistas ao lado dos quais nos alinhamos que, dos anos de 1980 até o tempo presente, as estratégias de proteção social desenvolvidas em décadas anteriores pelas economias nacionais foi sistematicamente desmantelada, a favor de um novo modo de acumulação de capital: o neoliberalismo.

Nesse arranjo econômico-político, exacerbou-se o processo de individualização da vida social ao se reconfigurar, por exemplo, a forma como passaram a ser oferecidas as políticas sociais. A exemplo disso, os cuidados com os membros da família (em especial as crianças, os idosos, as pessoas com deficiência, com transtornos mentais ou doentes) foram paulatinamente transferidos do Estado para a família — o que costuma significar que foram transferidos para as mulheres da família.

Tithi Bathacarya (2017), em sua obra sobre a Teoria da Reprodução Social, considera que a família proletária (e a mulher no seu interior, com seu trabalho não remunerado) é a mola mestra da reprodução capitalista, uma vez que, sem remuneração, assumindo a tarefa de proteção social e reprodução social, cuida (a) da reprodução material dos trabalhadores; (b) da reprodução material dos não trabalhadores; e (c) produz em seu próprio corpo novos trabalhadores disponíveis para serem explorados ou para comporem o exército de reserva que tem como função colaborar para a baixa tendencial dos salários de toda a classe trabalhadora.

Esse processo tem como função converter as mulheres nas fornecedoras exclusivas e oficiais do trabalho que sustenta a reprodução social, recaindo sobre elas o peso do trabalho doméstico e dos cuidados, que são essenciais para a reprodução na sociedade capitalista. Nesse sentido, foi fundamental o controle da vida reprodutiva das mulheres contando com o protagonismo do Estado em suas diversas experiências nacionais e históricas, que desenvolveram verdadeiros "contratos sexuais" (Pateman, 2008) contidos no Contrato Social moderno, que hierarquizam homens e mulheres e estabelecem os lugares sociais ocupados por ambos nessa hierarquia de gênero.

Nessa cartografia, as mulheres estão relegadas ao âmbito privado do lar e dos cuidados da família, enquanto os homens são cuidados e assessorados por estas para desenvolverem suas potencialidades como se a condição de gênero/sexo determinasse os lugares e posicionalidades sociais dos sujeitos de forma natural. Ao homem é destinado o lugar ativo e agressivo e à mulher o lugar passivo da relação, sendo esta subordinada ao homem como sua propriedade, como objeto do gozo masculino — assim como seus filhos.

Saffioti (2015) considera que as desvantagens sociais históricas das mulheres foram o que permitiu que o capitalismo extraísse o máximo de mais-valor da classe trabalhadora através da extensão da jornada de trabalho e dos salários mais baixos que os dos homens. Não é a entrada da mulher no mercado de trabalho que rebaixa os salários ao entrar em competição com o trabalho masculino, mas a exploração da força de trabalho feminina pelos capitalistas que se apropriavam do produto de seu trabalho com grau superior de exploração. É naturalizada a exploração e opressão da classe trabalhadora, sobretudo se for fornecida por uma mulher.

Saffioti (2015) e Federicci (2017) compreendem que a experiência da caça às bruxas, com a expulsão das mulheres de sua posição social de poder e controle sobre a reprodução social, foram processos históricos que serviram de alicerce para a expropriação estrutural e sistemática do trabalho reprodutivo, determinando também o valor dos salários para abaixo do valor que a força de trabalho produz (Fagundes; Ferreira, 2021).

Diana Assunção (2013) demonstra que o valor e o volume do trabalho doméstico, em 2012, equivaliam de 35 a 55% do PIB dos países latino-americanos e que a produção doméstica representava 60% do consumo privado. Marx, em *A ideologia alemã*, nos diz que as ideias dominantes de uma época são as ideias das classes dominantes dessa época: em época de crise capitalista, os conservadorismos emergem a fim de resguardar os interesses dessa classe.

É por esse motivo que, em momentos de crise aguda do capitalismo, os conservadorismos (como o machismo, o racismo, a xenofobia) voltam à tona de forma virulenta: para que as mulheres, pretos e imigrantes sejam empurradas/os de volta para o desemprego, para as relações precárias e desregulamentadas de trabalho, para a superexploração, e também para o espaço doméstico.

Esse movimento — especialmente no que se refere às mulheres — tem como intencionalidade obrigá-las à tarefa de providenciar gratuitamente todo o trabalho de cuidado e serviços necessários para a reprodução social de toda a sociedade, em especial a classe trabalhadora.

Esses cuidados e serviços são exatamente aqueles que deveriam ser garantidos pelo Estado através de políticas sociais atinentes aos direitos sociais constitucionais preconizados pelo ordenamento jurídico nacional e cujo financiamento é previsto pelo fundo público (Boschetti, 2018), ou seja, pela riqueza socialmente produzida e apropriada pelo Estado. Na disputa pelo fundo público, o Estado burguês, cujo capitalismo tem feição ultraneoliberal no Brasil, reduz sua participação na reprodução da força de trabalho e de suas famílias e volta suas forças para salvaguardar os interesses do capital, atuando na expropriação de direitos e alienação da classe trabalhadora — não sem aparatos ideológicos de consenso comprometidos com essas elites, como instituições religiosas e outros *think thanks*.

De acordo com Mészáros (2006, p. 14, grifos do autor), a alienação da humanidade, no sentido fundamental do termo, significa *"perda de controle:* sua corporificação numa *força externa* que confronta os indivíduos como um poder *hostil* e *potencialmente destrutivo"*. Ele menciona que, quando Marx analisou a alienação nos seus *Manuscritos* de 1844, afirmou que esse processo não é uma "fatalidade da natureza", mas uma forma de "autoalienação", e indicou quatro de suas principais dimensões:

1. a alienação dos seres humanos em relação à natureza;
2. à sua própria *atividade produtiva*;
3. à sua espécie, como espécie humana; e
4. *de uns em relação aos outros.* (Mészáros, 2006, p. 14, grifos do autor).

Afirmar que a alienação não é uma fatalidade da natureza, e sim uma autoalienação significa, em primeiro lugar, criticar a forma como o capital, suas instituições ideológicas e suas leis costumam ser apresentados pelas elites dominantes: como um processo natural com consequências inexoráveis, tais como leis da natureza ou mesmo "leis divinas". Em segundo lugar, quer dizer que as consequências do modo de produção e reprodução capitalista não são feitas por uma "força externa, todo-poderosa, natural ou metafísica", mas por seres humanos pertencentes a uma classe social e cuja ação no mundo é direcionada por interesses de classe. Essas consequências são o resultado de um tipo de desenvolvimento histórico que pode ser alterado pela intervenção consciente dos sujeitos sociais para transcender a alienação do trabalho (Mészáros, 2006).

Compreender esses processos sócio-históricos numa perspectiva de totalidade complexa, concreta e, por vezes, contraditória é pressuposto básico para uma atuação competente do Serviço Social. Porém, com a ofensiva capitalista pós-moderna nos processos de formação acadêmica, profissional e política cada vez mais intensa, esse pressuposto tem se tornado cada vez mais desafiador. Apreensões fragmentadas e aligeiradas da realidade, imbuídas de uma falsa neutralidade política ou descompromissadas com a liberdade, autonomia e pleno desenvolvimento de todos os sujeitos sociais têm sido cada vez mais frequentes. É nesse sentido que esta reflexão se mostra importante para a questão das consequências da LAP — porque um Serviço Social sem a compreensão crítica das assimetrias, desigualdades, opressões e explorações determinadas pela estrutura de classe, gênero e raça não terá condições de atuar de forma competente para compreender e fazer intervenções na realidade social e nas relações sociais e inevitavelmente produzirá mais exploração, mais opressão, mais assimetrias e mais desigualdade.

3. A INCOMPATIBILIDADE ENTRE OS PRINCÍPIOS E OS VALORES DA LEI DE ALIENAÇÃO PARENTAL E O PROJETO ÉTICO-POLÍTICO DO SERVIÇO SOCIAL

A atuação profissional do Serviço Social se relaciona com a proteção social e com as políticas públicas numa perspectiva teórico-crítica de análise da realidade e seus processos, orientada por uma direção ético-política e que ocorre através de mediações teórico-práticas intervindo concretamente nas relações sociais. Conferir ou negar direitos tem como consequência alterações concretas na vida de pessoas. Assim, é importante as/os profissionais da área estarem atentas/os para, no cotidiano, atuarem em observância aos princípios fundamentais da profissão, expressos no Código de Ética da profissão, além de orientado pelo projeto ético-político da profissão.

Em dezembro de 2022, após provocação de movimentos sociais de defesa dos direitos de crianças e mães vítimas de violência doméstica, sobretudo aquelas acusadas de alienação parental, o Conselho Federal de Serviço Social (CFESS) publicou, após amplo debate provocado por movimentos da sociedade civil, uma nota técnica sobre o assunto. Esta foi produzida diante da necessidade de trazer reflexões e orientações para o trabalho profissional de assistentes sociais frente às requisições institucionais para emissão de opiniões técnicas em processos judiciais em que há alegação de "alienação parental" e outras demandas que emergem na rede socioassistencial e de garantia de direitos que envolvem essa temática — **vide Capítulo 6**.

A atuação da/o assistente social deve partir do pressuposto de que não há, na atuação profissional, a possibilidade de emissão de diagnóstico sobre a "alienação parental". A contribuição de assistentes sociais deve estar voltada para a análise das expressões da questão social, que perpassam e impactam as famílias e suas relações sociais. A referida impossibilidade deve-se, objetivamente, ao próprio texto da LAP que, em seu artigo segundo, informa:

> Considera-se ato de alienação parental a interferência na **formação psicológica** da criança ou do adolescente promovida ou induzida por um dos genitores, pelos avós ou pelos que tenham a criança ou adolescente sob a sua autoridade, guarda ou vigilância para que repudie genitor ou que cause prejuízo ao estabelecimento ou à manutenção de vínculos com este (Brasil, 2010, grifos nossos).

Por se tratar de questão psicológica, análises e/ou aferições relativas à formação psicológica (ou seus cognatos) extrapolam a alçada de atuação profissional da/o assistente social. O Código de Ética Profissional do Serviço Social (Brasil, 1993), em seu artigo quarto, é incisivo acerca da impossibilidade de assistente social tratar dessas questões, nos seguintes termos: "Art. 4º É vedado ao/à assistente social: [...] f- assumir responsabilidade por atividade para as quais não esteja capacitado/a pessoal e tecnicamente".

Ademais, o Código de Ética Profissional do Serviço Social (Brasil, 1993) também informa que é vedado à/ao assistente social, no entendimento dos limites de suas atribuições e competências, definidas pela lei n.º 8.662/1993 (Brasil, 1993), incorrer em equívocos técnicos acerca dos limites de suas atribuições, confundindo-as com as da psicologia, por exemplo. A esse respeito, no artigo 11, tem-se que: "É vedado ao/à assistente social: [...] c- ser conivente com falhas éticas de acordo com os princípios deste Código e com erros técnicos praticados por assistente social e qualquer outro/a profissional" (Brasil, 1993). Esse artigo é asseverado e complementado por outro do mesmo Código:

> Art. 20 É vedado ao/à assistente social:
>
> [...] b- aceitar nomeação como perito e/ou atuar em perícia quando a situação não se caracterizar como área de sua competência ou de sua atribuição profissional, ou quando infringir os dispositivos legais relacionados a impedimentos ou suspeição (Brasil, 1993).

Além da vedação a eventuais falhas técnicas ou de entendimento do escopo de seu trabalho, diz o Código de Ética Profissional do Serviço Social que são deveres da/o assistente social denunciar às entidades da categoria "casos de violação da Lei e dos Direitos Humanos, quanto a: [...] maus tratos", como é a eventual exposição de criança ou adolescente à convivência com pessoas que ponham em risco sua dignidade física e/ou mental e emocional (situação costumeira em casos com alegação de alienação parental), como segue na íntegra:

> Art. 13 São deveres do/a assistente social:
>
> [...] b- denunciar, no exercício da Profissão, às entidades de organização da categoria, às autoridades e aos órgãos competentes, casos de violação da Lei e dos Direitos Humanos, quanto a: corrupção, maus tratos, torturas, ausência de condições mínimas de sobrevivência, discriminação, preconceito, abuso de autoridade individual e institucional, qualquer forma de agressão ou falta de respeito à integridade física, social e mental do/a cidadão/cidadã. (Brasil, 1993).

No que se refere à atuação de assistente social no exercício de assistência técnica de uma das partes, o Código de Ética expressa ainda em seu artigo 11 que:

> Art. 11 É vedado ao/à assistente social:
>
> a- intervir na prestação de serviços que estejam sendo efetuados por outro/a profissional, salvo a pedido desse/a profissional; em caso de urgência, seguido da imediata comunicação ao/à profissional; ou quando se tratar de trabalho multiprofissional e a intervenção fizer parte da metodologia adotada.

Essa vedação ao impedimento ou interferência do exercício da profissão por outros assistentes sociais, inclusa no Código de Ética, coaduna com o que dispõe a Lei de Regulamentação da profissão (Brasil, 8.662/1993):

> Art. 4º Constituem competências do Assistente Social:
>
> [...] III – encaminhar providências, e prestar orientação social a indivíduos, grupos e à população; [...]
>
> V – orientar indivíduos e grupos de diferentes segmentos sociais no sentido de identificar recursos e de fazer uso dos mesmos no atendimento e na defesa de seus direitos; [...]
>
> VIII – prestar assessoria e consultoria a órgãos da administração pública direta e indireta, empresas privadas e outras entidades, com relação às matérias relacionadas no inciso II deste artigo;

Deve-se, no exercício profissional do Serviço Social, e na análise de situações em que há alegação de "alienação parental", refletir sobre qual projeto de proteção social a/o profissional está defendendo quando decide e se posiciona tecnicamente por viabilizar ou negar o direito à convivência familiar e comunitária de crianças e adolescentes: protetivo ou familista? É relevante mencionar que a maior parte dos casos de violência e abuso sexual cometidos contra crianças e adolescentes ocorrem em casa, no seio familiar e são cometidos por parentes e pessoas próximas — em especial, homens, seja o pai, o avô, o tio, o irmão, por exemplo. Um posicionamento que defende que uma criança deva permanecer em um arranjo familiar a qualquer custo não tem como objetivo proteger essa criança como sujeito que tem direito à dignidade humana, mas a toma como objeto, posse, propriedade dessa família ou desse genitor.

Portanto, a resposta à questão formulada anteriormente, alinhada com o projeto ético-político do Serviço Social é cabal: o projeto com que se alinha a direção hegemônica da categoria é de proteção social da criança e do adolescente, e NÃO meramente familista. Há farta produção teórica acerca do familismo no Brasil e de sua nefasta interferência nas relações sociais, inclusive comprometendo direitos de autonomia e dignidade humana de sujeitos sociais, em especial mulheres, crianças e adolescentes.[13]

Segundo a LAP,

> Art. 4º Declarado indício de ato de alienação parental, a requerimento ou de ofício, em qualquer momento processual, em ação autônoma ou incidentalmente, o processo terá tramitação prioritária, e o juiz determi-

---

13 Por ordem cronológica, alguns: Goldani, 1994; Costa, 1999; Carvalho; Montali, 2000, Fonseca, 2001; Almeida, 2003; Campos; Mioto, 2003; Apolinário; Matos; Leal, 2006; Gueiros, 2010; Cardoso; Teixeira, 2014; Garcia, 2014; Mioto, 2009, 2015a, 2015b; Mioto; Campos; Carloto, 2015.

nará, com urgência, ouvido o Ministério Público, as medidas provisórias necessárias para preservação da integridade psicológica da criança ou do adolescente, inclusive para assegurar sua convivência com genitor ou viabilizar a efetiva reaproximação entre ambos, se for o caso.

Parágrafo único. Assegurar-se-á à criança ou ao adolescente e ao genitor garantia mínima de visitação assistida no fórum em que tramita a ação ou em entidades conveniadas com a Justiça, ressalvados os casos em que há iminente risco de prejuízo à integridade física ou psicológica da criança ou do adolescente, atestado por profissional eventualmente designado pelo juiz para acompanhamento das visitas. (Redação dada pela Lei n.º 14.340, de 2022).

Apesar das diversas polêmicas em torno da LAP, tivemos alterações de sua norma. Essas mudanças acabaram por recrudescer ainda mais a perspectiva de controle do Estado sobre as famílias, em especial aquelas judicializadas. Nesse sentido, a Lei n.º 14.340/2022 reforçou a proposta de visitação assistida como possibilidade de convívio "protegido". Essa modalidade também fortalece perspectivas de vigilância, não trazendo para crianças e adolescentes acolhimento e segurança, já que a visitação pode estar sendo supervisionada, inclusive, por profissionais com as/os quais elas não possuem quaisquer vínculos de confiança. Além disso, ao realizar visita supervisionada em âmbito judicial, do poder executivo ou até mesmo em outras organizações, exclui-se o papel de responsabilidade do exercício parental, de zelo pelo bem-estar daquela criança ou adolescente, pois, aos olhos de terceiros ou da sociedade como um todo, aquele responsável, tutor, genitor/a pode ter um comportamento totalmente diverso do que realmente é em ambiente doméstico, na intimidade do lar. Como alternativas, quando se trata de uma determinação judicial, profissionais ponderam a possibilidade de acompanhamento por pessoas familiares com quem a criança tenha afinidade. O CFESS (2018, p. 17) já destacou que:

> [...] existe um debate crítico, nacional e internacionalmente, com relação à utilização do conceito de alienação parental, posto que tal mecanismo jurídico poderia estar sendo utilizado pelos/as próprios/as agressores/as para desqualificar mães que tentam proteger filhos/as de situações de violência doméstica, acusando-as de implantar memórias falsas nas crianças e/ou adolescentes. O que demonstra a complexidade do debate e a imprudência que pode se constituir o depoimento especial de crianças e adolescentes em casos desta natureza.

A LAP, em seu artigo 5º, informa que, "havendo indício da prática de ato de alienação parental, em ação autônoma ou incidental, o juiz, se necessário, determinará perícia psicológica ou biopsicossocial", e mais:

> §1º O laudo pericial terá base em ampla avaliação psicológica ou biopsicossocial, conforme o caso, compreendendo, inclusive, entrevista pessoal com as partes, exame de documentos dos autos, histórico do relacionamento do casal e da separação, cronologia de incidentes, avaliação da personalidade dos envolvidos e exame da forma como a criança ou adolescente se manifesta acerca de eventual acusação contra genitor.
>
> § 2º A perícia será realizada por profissional ou equipe multidisciplinar habilitados, exigido, em qualquer caso, aptidão comprovada por histórico profissional ou acadêmico para diagnosticar atos de alienação parental.

A análise da/o magistrada/o para tal decisão deverá ser apoiada em laudo de competência de perita/o para verificar indícios de "risco de prejuízo à integridade física ou psicológica da criança ou do adolescente". Não faz parte das habilidades e competências profissionais do Serviço Social atestar ou laudar tais aspectos subjetivos, em especial os de natureza psicológica.

Embora o Serviço Social trabalhe com a análise crítica da totalidade dos processos sociais — o que inclui aspectos da subjetividade humana —, a denominação "psicossocial" no Serviço Social, tradicionalmente, sempre remeteu a um viés individualizante e conservador, que desconsiderava a totalidade da vida social e apenas patologizava tais aspectos como forma de enquadramento dos sujeitos em instituições totais (Goffman, 1987), como manicômios e prisões para promover o silenciamento das expressões da questão social.

Embora o Serviço Social venha sendo cada vez mais convocado a trabalhar em instituições de saúde mental (como hospitais psiquiátricos, CAPS, programas e projetos dessa natureza), inclusive em equipes multidisciplinares, onde é requisitado a contribuir com seu parecer sobre casos, a formação em Serviço Social não contempla sequer os aspectos mais básicos que possam fornecer condições de uma atuação competente sobre a dimensão psicológica de seres humanos, ficando sua atuação circunscrita à dimensão do social da terminologia "psicossocial" ou "biopsicossocial" — o que já é uma tarefa extremamente complexa quando feita de maneira competente.

Conforme demonstra o CFESS (2020), a "avaliação psicossocial" é uma nomenclatura que foi apreendida pela Psicologia Social, na qual se articulam o individual e o social, particularmente na área da Saúde e em outras áreas, como assistência social e direitos humanos. Nesse sentido, é mister considerar que o "psicossocial" e, nessa toada, o "biopsicossocial" são uma terminologia já superada pela profissão (CFESS, 2010).

É importante mencionar também que a Resolução n.º 569/2010 do CFESS veda a realização de atividade profissional associada a terapias, ainda que a perícia em Serviço Social não se equipare à terapia individual ou familiar. Essa resolução, sob o ponto de vista do arcabouço teórico-metodológico do Serviço Social, se torna um importante referencial para fundamentar a posição técnica nas demandas envolvendo a identificação da "alienação parental".

De acordo com a conselheira do CFESS, Emilly Marques, que em 2022 compunha a Comissão de Ética de Direitos Humanos, é fundamental que assistentes sociais não recorram às bases ou aos pressupostos da LAP. Nesse sentido, a referida conselheira reflete:

> Consideramos que essa lei tem sido aplicada em uma perspectiva de redução da parentalidade a polarizações e reforço de estereótipos patriarcais, que recaem sobre as mulheres, colocando-as na posição de alienadoras, manipuladoras, vingativas. Não podemos reforçar a culpabilização e concepções simplistas das relações familiares (CFESS, 2022).

Também não é raro identificarmos em algumas ações de guarda cumuladas com alienação parental que o real objetivo do autor da ação é deixar de contribuir com o seu dever de prestar alimentos ao/à filho/a, o que consiste em negligência econômica. Nessas alegações, frequentemente se encontra farta amostra de narrativas, tanto de genitor quanto de seus representantes legais, que se constroem no sentido de desqualificar a mulher, qualificando-a negativamente através de estereótipos de gênero como: "invejosa (de outra mulher)", "rancorosa", "vingativa", "manipuladora", "bruxa".

É por elementos como esse que o Conselho Nacional de Justiça criou no ano de 2023 o Protocolo de Julgamento com Perspectiva de Gênero através da Resolução n.º 492/2023, que tornou obrigatória a aplicação das diretrizes do documento em todo o Poder Judiciário brasileiro. O protocolo foi elaborado com o objetivo de orientar as/os magistradas/os a julgar casos com uma perspectiva de gênero, de forma a promover a igualdade e a equidade, e a combater a discriminação e o preconceito disseminados a partir de dispositivos patriarcais e que permeiam toda a sociedade — incluso aí o sistema de justiça.

Acerca desses alegados dispositivos de vingança medeica praticados por mulheres abandonadas e vingativas, cabe observar que, na prática, o que majoritariamente (inclusive com demonstração estatística) ocorre é o oposto: homens que não aceitam o fim de relacionamentos, matam mulheres e os próprios filhos. Essa reação tem como origem a premissa patriarcal de que mulheres e crianças são objetos, propriedades dos homens e que, na impossibilidade de serem suas, não serão de mais ninguém.

Dois Princípios Fundamentais contidos no Código de Ética Profissional do Serviço Social expressam claramente o compromisso da categoria profissional com uma posição de defesa da igualdade entre mulheres e homens, sem ser dominadas ou discriminadas por estereótipos:

> VIII. Opção por um projeto profissional vinculado ao processo de construção de uma nova ordem societária, sem dominação, exploração de classe, etnia e gênero; [...]
>
> XI. Exercício do Serviço Social sem ser discriminado/a, nem discriminar, por questões de inserção de classe social, gênero, etnia, religião, nacionalidade, orientação sexual, identidade de gênero, idade e condição física.

O Código de Ética Profissional do Serviço Social, em seu artigo terceiro, informa dos nossos deveres: [A/O assistente social deve] "c- abster-se, no exercício da profissão, de práticas que caracterizem a censura, o cerceamento da liberdade, o policiamento dos comportamentos, denunciando sua ocorrência aos órgãos competentes". Em consonância com esse dispositivo está o já mencionado Protocolo para Julgamento com Perspectiva de Gênero, lançado pelo Conselho Nacional de Justiça (CNJ) em 2023. Esse protocolo sinaliza o reconhecimento das desigualdades entre homens e mulheres, e pretende refletir sobre e coibir a operação de estereótipos no Direito e na atividade jurisdicional. Esses estereótipos podem influenciar, por exemplo, na apreciação da relevância de um determinado fato para o julgamento e/ou até mesmo minimizar a pervasiva vulnerabilidade de mulheres e crianças/adolescentes no contexto judicial (Mendes; Oliveira-Silva, 2022). Isso ocorre quando um julgador ou uma julgadora

> [...] considera apenas as evidências que confirmam uma ideia estereotipada, ignorando aquelas que a contradizem. Por exemplo, quando se atribui maior peso ao testemunho de pessoas em posição de poder, desconsiderando o testemunho de mulheres e meninas em casos de violência doméstica

ou em disputas de guarda envolvendo acusações de alienação parental, a partir da ideia preconceituosa de que as mulheres são destemperadas, vingativas, volúveis e menos racionais do que os homens (CNJ, 2021, p. 29).

Por isso, o referido protocolo convoca as/os operadoras/es do Direito para que estejam atentas/os às situações que envolvem violência doméstica e perpassam as acusações de "alienação parental", especialmente contra as mulheres, em diferentes matérias judiciais. Especificamente sobre a "alienação parental", o protocolo assinala que, em relação à guarda:

> A alegação de alienação parental tem sido estratégia bastante utilizada por parte de homens que cometeram agressões e abusos contra suas ex-companheiras e filhos(as), para enfraquecer denúncias de violências e buscar a reaproximação ou até a guarda unilateral da criança ou·do adolescente (CNJ, 2021, p. 96).

Contudo, apesar da análise que reconhece a violência institucional quando se taxa a mulher de "vingativa" ou "ressentida" em disputas envolvendo "alienação parental" ou divórcio, reforçando tais desigualdades no julgamento (CNJ, 2021, p. 32), as decisões manifestadas em laudos e pareceres de Estudos Sociais emitidos pelas equipes técnicas do Serviço Social dos Tribunais de Justiça não costumam coadunar com o acúmulo do debate do Serviço Social brasileiro, sugerindo que submetam crianças e adolescentes ao depoimento especial (determinado pela Lei n.º 13.431/2017 e regulamentado pela Resolução n.º 299 de 5/11/2019) considerando-o enquanto escuta "protegida" — **vide Capítulo 9**.

Assistentes sociais não devem se amparar em conceitos pseudocientíficos, muito menos reforçar o aparato punitivo do Estado, como o da "alienação parental", para emitir relatórios, laudos e pareceres acerca de questões que envolvem convivência familiar, regulamentação de guarda, visitação e outras demandas afins, sejam nas varas de Família ou em outros espaços — **vide Capítulo 4**. O Serviço Social requer respostas qualificadas e baseadas na ciência e na teoria crítica.

Como já refletido, a contribuição do Serviço Social nos contextos de disputa de guarda e convivência refere-se à compreensão de como as expressões da "questão social" perpassam e impactam as famílias e suas relações sociais. Assim, nos atendimentos do Serviço Social, em todas as áreas sócio-ocupacionais, é imprescindível trazer a criança/adolescente para o cerne das análises e sua inserção social, comunitária, conhecer sua rede de apoio e proteção familiar e de políticas públicas em que é acompanhada.

Faz-se necessário também abordar as percepções das crianças e adolescentes em relação a si próprios e em termos de pertencimento à sua família, tendo em vista que são sujeitos em condição especial de desenvolvimento. Além disso, já existem amparos legais protetivos nos quais podemos nos respaldar, como o Estatuto da Criança e do Adolescente e o Plano Nacional de Convivência Familiar e Comunitária — **vide Capítulos 6 e 13**.

Nossa perspectiva deve partir da realidade concreta em que crianças e adolescentes estão inseridos, priorizando a proteção social da infância e juventude e rompendo com uma análise centrada exclusivamente em um modelo de família. É necessário integrar a responsabilidade coletiva da família, do Estado e da sociedade no desenvolvimento e nos cuidados desses sujeitos em formação.

É urgente que nossa categoria se engaje na luta coletiva pela revogação da Lei n.º 12.318/2010 (Lei da Alienação Parental), pois entendemos que essa legislação, em vez de fortalecer a proteção social das crianças e adolescentes no âmbito familiar, acabou por reforçar a imposição do sistema de Justiça, perpetuando preconceitos e opressões contra as mulheres-mães e falhando em promover uma verdadeira igualdade parental e um foco nos melhores interesses das crianças e adolescentes. Nossa perspectiva precisa partir do chão da realidade, em que filhas e filhos estão inseridos e a proteção social da infância e adolescência rompendo com uma análise familista, trazendo a responsabilidade coletiva, familiar, estatal e da sociedade para o amparo desses sujeitos em desenvolvimento.

A Lei Maria da Penha (Lei n.º 11.340/2006) define a violência patrimonial como qualquer conduta que subtraia ou destrua bens, instrumentos de trabalho, documentos pessoais ou recursos econômicos da vítima. Segundo o Conselho Nacional de Justiça,

> [...] apesar de aparentemente visível nem sempre as vítimas conseguem identificar essas condutas no instante em que são praticadas. Primeiro porque, não raro, elas já se encontram fragilizadas por outras formas de violência, como a psicológica e a moral, o que acaba deixando menos aparente a questão patrimonial. [...] A violência contra a mulher sempre tem como objetivo o controle da mulher. E **uma das formas de controle é manter a companheira financeiramente dependente pois assim ela não tem condições de sair de perto desse homem**", observa a magistrada, que percebe **em quase todos os casos envolvendo violência, há o tipo patrimonial** (CNJ, 2023).

Cabe destacar a Nota Técnica emitida pela ONU Mulheres em parceria com a OPS/OMS, UNFPA e UNICEF (2020), que aborda a inter-relação entre violência contra as mulheres e violência contra as crianças. Segundo o documento, essas formas de violência ocorrem frequentemente no mesmo domicílio ou na mesma família e estão ligadas a relações desiguais de poder, exposição à violência desde a infância, masculinidades nocivas e violentas, além das desigualdades de gênero. O documento também ressalta que ainda persistem normas sociais que contribuem para "normalizar" tanto a violência contra as mulheres quanto contra as crianças. Entre essas normas, destacam-se: a permissividade da agressão corporal; padrões de masculinidade baseados no controle e na violência; a priorização da reputação da família em detrimento do cuidado com as vítimas de violência; e a rejeição à igualdade de gênero.

3.1. Instrumentos de trabalho do Serviço Social no judiciário: o estudo social

Em casos em que há acusação de alienação parental, o estudo social tem sido um dos instrumentos mais demandados pelos juízes a assistentes sociais e profissionais de psicologia. Em nossa experiência, identificamos uma série de problemas relacionados a esse instrumento. Por isso, é mister uma reflexão quanto ao objeto e ao objetivo de um estudo social, quais sejam: elaborar um estudo para alcançar maior elucidação de elementos do caso, visando melhor conhecer e analisar a situação vivida pelos sujeitos (Mioto, 2001) e, sobretudo, a garantia de direitos de dignidade da pessoa humana, em especial da criança, por ser vulnerável, estar em fase de desenvolvimento, e a fim de preservar seu melhor interesse e proteção. Tendo essas prerrogativas como um norte, estas autoras refletem sobre algumas problemáticas observadas na consecução de estudos sociais em casos com alegações de alienação parental:

a. **estudos sociais fragmentados**: muitos dos documentos emitidos por assistentes sociais apresentam sérias lacunas teórico-técnicas e, por isso, não se prestam a subsidiar a decisão das/os magistradas/os, seja por sua fragmentação, seja por escolhas dos profissionais quanto ao que enfatizar e o que ignorar da totalidade sob estudo em foco, por se limitarem a uma prática estritamente pericial e não interventiva, entre outros aspectos. Conforme o Código de Processo Civil brasileiro (CPC), os laudos periciais deverão conter **resposta conclusiva a todos os quesitos apresentados pelas partes**, conforme o que se dispõe no art. 473, inciso IV do CPC. Além disso, caso necessário, deve-se apresentar quesitos suplementares, conforme previsto no art. 469 do CPC, bem como realizar outras diligências imprescindíveis para a conclusão dos trabalhos. Tais artigos constam no CPC, por uma razão de ser óbvia e que não é específica do Serviço Social, mas de qualquer processo em que se deseje obter a melhor fundamentação possível para subsidiar a decisão da/o magistrada/o. O Projeto Ético-Político do Serviço Social elege os valores que legitimam socialmente a profissão, delimitam e priorizam os seus objetivos e funções, formulam os requisitos (teóricos, institucionais e práticos) para o seu exercício, prescrevem normas para o comportamento dos profissionais e estabelecem as balizas da sua relação com os usuários de seus serviços, com as outras profissões e com as organizações e instituições sociais, privadas e públicas (Netto, 1999, p. 95). No que se refere ao Código de Ética do Serviço Social (CFESS, 1993), um dos seus **Princípios Fundamentais** explicita a necessidade do "Compromisso (da/o assistente social) com a qualidade dos serviços prestados à população e com o aprimoramento intelectual, na perspectiva da competência profissional". Além disso, o Plano Geral de Ação do Serviço Social no Tribunal de Justiça do Rio de Janeiro destaca que, no campo jurídico, o assistente social é responsável pela realização da Perícia Social, conforme estabelecido pela Lei n.º 8.662/1993. Nesse contexto, a/o perita/o atua como um/a auxiliar do juiz, sendo encarregada/o de avaliar e interpretar os fatos de uma causa dentro de sua área de conhecimento, com o objetivo de subsidiar a decisão judicial e influenciar aspectos da vida das pessoas envolvidas na situação analisada (TJRJ, 2021). Tendo isso em vista, rever a qualidade dos estudos sociais se faz urgente no sentido de não emitir opiniões técnicas frágeis ou parciais que possam direcionar equivocadamente a decisão judicial e prejudicar os melhores interesses das crianças e adolescentes envolvidos;

b. **atuação estritamente pericial do Serviço Social**: o Serviço Social é uma profissão interventiva baseada numa dimensão crítica e investigativa. Essa intervenção deve acontecer após a pesquisa minuciosa e a análise crítica da totalidade e se dar por meio de orientações técnicas, proposição de reflexões e de processos educativos da população usuária. É comum verificar estudos sociais caracterizados unicamente por descrições de relatos de uma ou mais das partes envolvidas, sem, contudo, demonstrarem o caráter de sua intervenção — caso tenha havido. Fávero (2011) destaca a importância de considerar várias questões no âmbito da atuação da/o assistente social. Entre estas, a reflexão sobre se a/o profissional deve atuar exclusivamente como perita/o ou se sua intervenção deve ser mais ampla, articulando-se com a rede de serviços, política e demais mecanismos de proteção social, especialmente no que se refere à infância e juventude, conforme orienta o ECA, e também na prevenção ou interrupção da violência doméstica contra a mulher — um lar em que há violência contra qualquer de seus membros não é um local seguro e nem educativo para uma criança; mesmo que a violência não esteja sendo cometida fisicamente contra a criança, quando se comete violência contra sua mãe, simbolicamente essa criança está sofrendo violência, dada a importância do vínculo parental. Crianças que crescem em arranjos familiares expostas a violência (seja vendo ou sofrendo-a) tendem a reproduzir violências em suas relações futuras. Também é relevante avaliar se a/o assistente social deve limitar sua atuação às Varas da Família e Varas Cíveis ou se deve ter uma presença mais abrangente na Justiça da Infância e da Juventude. Além disso, é necessário questionar se essas/es profissionais estão sistematizando conhecimentos sobre as diversas dimensões da realidade social com as quais lidam diariamente, a fim de contribuir de maneira eficaz para transformar essa realidade e garantir direitos dos sujeitos envolvidos. Nesse sentido, a Lei n.º 13.984/2020, que alterou o art. 22 da Lei n.º 11.340/2006 (Lei Maria da Penha) para estabelecer, como medidas protetivas de urgência, **o comparecimento do agressor a centro de educação e de reabilitação e acompanhamento psicossocial**. Nessa mesma toada, o Plano Nacional de Promoção da Proteção e Defesa do Direito de Crianças e Adolescentes à Convivência Familiar e Comunitária aponta como medida fundamental a "orientação da família e, especialmente, dos pais, quanto ao adequado exercício das funções parentais, em termos de proteção e cuidados a serem dispensados às crianças e adolescentes em cada etapa do desenvolvimento, mantendo uma abordagem dialógica e reflexiva" (Brasil, 2015);

c. **ausência da perspectiva de gênero e desqualificação da genitora tomando apenas o relato do genitor como "verdade absoluta"**: quando um documento emitido por assistente social informa apenas **a narrativa do genitor** sobre o relacionamento conjugal que ambos tiveram e seus desdobramentos após o término, pode-se dizer que tal documento não contempla uma atuação na perspectiva de gênero, conforme preconizado pelo Conselho Nacional de Justiça. Nesses documentos, frequentemente a narrativa do genitor se organiza de modo a **induzir uma imagem de que todo o relacionamento ocorreu sem conflitos** e que a separação se deu por falta de amor ou pequenos desentendimentos dos genitores. Porém, em muitos casos, a realidade é que a separação conjugal se deu após muitos conflitos e tentativas de diversas formas de controle de gênero do homem sobre a mulher. É comum, nas narrativas desses homens, direcionar o relato sugerindo um perfil rancoroso, ciumento e vingativo para a então ex-companheira — **vide Capítulos 5 e 8**. Não raro, esse tipo de relato encontra sua culminância quando conclui que as denúncias de violência doméstica e/ou sexual oferecidas pela mulher constituem-se em atos de vingança pelo término da relação e por esse homem se engajar em novo relacionamento afetivo com outra/s mulher/es. Analisando esse conjunto de apreensões, é notório que, sutilmente, **o genitor pretende criar uma narrativa que enquadre a genitora em estereótipos de gênero**: como uma mulher confusa com seus próprios sentimentos, vingativa, ressentida e mentirosa, que procura punir o genitor eventualmente se mudando para longe e/ou fazendo falsa acusação de violências e/ou abuso sexual devido a ele passar a ter um relacionamento amoroso com outra mulher (Mendes; Oliveira-Silva, 2022). Nesse caso, o relato da genitora bem como das profissionais que lidam com a criança/adolescente cotidianamente (como profissionais de saúde e educação) ajudariam a compreender a real dinâmica dos fatos. Nesse sentido, é fundamental que o trabalho de assistentes sociais, ao elaborarem Estudos Sociais, seja minucioso, tenha abrangência ampla quanto à totalidade dos sujeitos envolvidos na questão e mantenha como bússola a análise crítica da realidade social, considerando seus eixos estruturantes: o capitalismo, o patriarcado e o racismo, em especial;

d. **parecer impossível para estudos parciais e incompletos**: um parecer social apenas pode se referir a uma conjuntura completa, e não a poucas partes dela, pois não é possível decidir sobre alternativas se não se conhece a situação como um todo. Em muitos casos nos quais atuamos cotidianamente, verificamos estudos sociais incompletos, sem apreciação do material documental processual, sem análise da conjuntura complexa que é a dinâmica familiar da criança/adolescente. Além da ausência de referencial teórico do Serviço Social para amparar as discussões e conclusões apontadas. Nesses casos, é impossível emitir um parecer social conclusivo em qualquer que seja a direção. É uma temeridade um/a profissional de Serviço Social aferir que esse ou aquele cenário corresponde aos melhores interesses da criança/adolescente, pois não é possível afirmar que qualquer decisão seja segura, diante da fragilidade de Laudos Sociais que são construídos de forma fragmentada, com foco estritamente pericial e sem apreensão crítica dos recortes de gênero. Na realidade, o relato de somente uma das partes em litígio não pode ser considerado um Estudo Social, quiçá tecer um parecer social. Trata-se somente de um relatório de entrevista social. O parecer e as sugestões desse tipo de documento apresentam problemas técnicos e éticos, uma vez que **colocam em risco os direitos humanos da criança/adolescente**. Além disso, a emissão de Laudo Social incompleto obriga assistentes técnicos contratados pelas partes a fazerem frequentes manifestações técnicas, aumentando o volume de movimentações no processo, tornando-o mais moroso e impedindo a redução de estoque processual dos Tribunais de Justiça e aumentando, assim, o risco de situações de estresse e desgaste emocional para a genitora e para a criança/adolescente. Não se trata aqui de sugerir uma postura policialesca, investigativa e de patrulha ideológica (o que não cabe ao Serviço Social), mas de afirmar, sim, a exigibilidade de uma postura técnico-investigativa competente e responsável eticamente para com as vidas em jogo em processos de guarda e conivência.

CONSIDERAÇÕES FINAIS E DESAFIOS PARA O SERVIÇO SOCIAL CONTEMPORÂNEO

O Serviço Social é uma profissão cuja natureza interventiva é indissociável da dimensão crítico-reflexiva em sua perspectiva teórico-metodológica, ético-política e técnico-operativa — todas incorporadas no Projeto Ético-Político hegemônico contemporâneo, no Código de Ética Profissional (1993), na Lei de Regulamentação da Profissão (8.662/1996) e nas Diretrizes Curriculares Nacionais (ABEPSS, 2002). Essa profissão está alinhada com as lutas dos diferentes movimentos e organizações da classe trabalhadora visando à construção de uma sociedade livre de dominação, opressão e exploração de uma classe pela outra ou de um grupo por outro. O conjunto que engloba o Conselho Federal de Serviço

Social (CFESS) e os Conselhos Regionais de Serviço Social (CRESS) e a Associação Brasileira de Ensino e Pesquisa em Serviço Social (ABEPSS) tem sua atuação ético-política pautada nas demandas dos movimentos da classe trabalhadora, a que apoia e onde encontra respaldo para atuação. Portanto, o Serviço Social é uma profissão munida de um aparato legal e organizativo (Iamamoto, 2010), cuja atuação não é neutra: está em consonância com as lutas sociais.

A incidência da atuação profissional sobre as relações sociais exige mediação profunda e acurada entre totalidade e particularidade, sendo o grau dessa capacidade mediadora um divisor de águas entre uma práxis emancipatória ou reformista, libertária ou conservadora. É nas relações sociais que o profissional desempenha sua função de intervenção e constrói a legitimidade de seu trabalho.

Não é demais lembrar que o processo de reconceituação da profissão que a elevou de executores de contenções às crises da classe trabalhadora à estatura de profissionais cujo Projeto Ético-Político é radicalmente comprometido com os interesses dessa classe decorreu de sua relação de profundas trocas com os movimentos sociais revolucionários e intelectuais críticos latino-americanos da época. É no diálogo crítico com a classe trabalhadora e os movimentos sociais que o Serviço Social toma consciência de sua posição de classe. Nesse sentido, é fundamental que a categoria profissional compreenda as particularidades da totalidade complexa, para que sua ação profissional tenha sentido e não caia novamente no "canto da sereia" do capital em uma prática profissional alienada, conservadora e que mantém em funcionamento os mecanismos de dominação e exploração fundantes da sociedade capitalista patriarcal e racista, submetendo mulheres e crianças ao poder do macho. Cabe relembrar que o Serviço Social enquanto categoria profissional INDISCUTIVELMENTE se contrapõe eticamente contra o que têm sido costumeiramente as consequências da Lei de Alienação Parental em ao menos três dos princípios fundamentais do Código de Ética Profissional (Brasil, 1993):

> I. Reconhecimento da liberdade como valor ético central e das demandas políticas a ela inerentes — autonomia, emancipação e plena expansão dos indivíduos sociais;
>
> II. Defesa intransigente dos direitos humanos e recusa do arbítrio e do autoritarismo;
>
> VIII. Opção por um projeto profissional vinculado ao processo de construção de uma nova ordem societária, sem dominação, exploração de classe, etnia e gênero (Brasil, 1993).

A Lei de Alienação Parental fere o Projeto Ético-Político profissional e reforça uma dimensão conservadora da profissão.

É possível afirmar que assistentes sociais que tratam da alienação parental sem competência teórica para tal e sem perspectiva crítica da totalidade concreta e um compromisso com as lutas da classe trabalhadora e de setores oprimidos da sociedade, como mulheres e crianças, **ferem o Projeto Ético-Político do Serviço Social (ABEPSS)** em suas dimensões constitutivas, entre elas **as Diretrizes Curriculares do Serviço Social (ABEPSS, 1996)** e o **Código de Ética do Serviço Social (CFESS, 1993)** ao fazerem análises teoricamente incompetentes e também parciais, que não prezam pela investigação do ponto de vista da **totalidade concreta** dos fatos sociais e nem pela qualidade nos serviços prestados.

É essencial num estudo social fazer a análise profunda dos documentos judiciais (especialmente o processo), pormenorizar hábitos, comportamentos, visões de mundo das partes envolvidas a fim de conhecer as relações sociais vividas pelos sujeitos, as expressões da questão social que as afetam, os direitos em risco, assim como o estágio e as formas de desenvolvimento dos vínculos familiares, sociais e comunitários.

Estudos sociais superficiais que analisam apenas a imediaticidade das relações sociais de forma descritiva, relatorial e acrítica são incapazes de fazer a mediação necessária à análise crítica dos processos sociais e, portanto, inexpressivos quanto ao necessário posicionamento teórico-metodológico, ético-político e técnico-operativo acerca dos fatos.

A proposta das Diretrizes Curriculares da Associação Brasileira de Ensino e Pesquisa em Serviço Social (ABEPSS) aponta para a formação de um perfil profissional com

> [...] capacitação teórico-metodológica, ético-política e técnico-operativa para a apreensão teórico-crítica do processo histórico como totalidade, considerando a apreensão das particularidades da constituição e desenvolvimento do capitalismo e do Serviço Social na realidade brasileira, além da percepção das demandas e da compreensão do significado social da profissão; e o desvelamento das possibilidades de ações contidas na realidade e no exercício profissional que cumpram as competências e atribuições legais. (ABEPSS, 2014, p. 2–3).

O Projeto Ético-Político do Serviço Social elege os valores que legitimam socialmente a profissão, delimitam e priorizam os seus objetivos e funções, formulam os requisitos (teóricos, institucionais e práticos) para o seu exercício, prescrevem normas para o comportamento dos profissionais e estabelecem as balizas da sua relação com os usuários de seus serviços, com as outras profissões e com as organizações e instituições sociais, privadas e públicas (Netto, 1999, p. 95).

Esse projeto implica o compromisso com a competência, que só pode ter como base o aperfeiçoamento intelectual da/o assistente social. Daí a ênfase numa atuação qualificada, fundada em concepções teórico-metodológicas críticas e sólidas, capazes de viabilizar uma **análise concreta da realidade social** (Netto, 1999, p. 16), e não apenas parte delas.

A análise concreta da realidade social pautada nos princípios do Projeto Ético-Político do Serviço Social tem como base o **ponto de vista da totalidade, e não de fragmentos isolados** desta. O concreto é concreto porque síntese de muitas determinações. Cabe ao/à profissional do Serviço Social fazer as mediações necessárias para perquirir as conexões existentes entre essas determinações para fazer uma análise da realidade do ponto de vista da **totalidade**. As determinações, por sua vez, são traços pertinentes aos elementos constitutivos da realidade; são um "momento essencial constitutivo do objeto" (Dussel, 1985, p. 32). Conforme Netto (2010, p. 32–33)

> [...] todo/a assistente social, no seu campo de trabalho e intervenção, deve desenvolver uma atitude investigativa: o fato de não ser um/a pesquisador/a em tempo integral não o/a exime quer de acompanhar os avanços dos conhecimentos pertinentes ao seu campo de trabalho, quer de procurar conhecer concretamente a realidade da sua área particular de trabalho. Este é o principal modo para qualificar o seu exercício profissional, qualificação que, como se sabe, é uma prescrição do nosso próprio Código de Ética [...] o profissional necessita possuir uma **visão global da dinâmica social concreta**.

Vários elementos apresentados aqui exigem e merecem pesquisas sistemáticas, especialmente no que concerne à crise do Capitalismo e às expropriações de direitos, como as relativas ao cuidado e à reprodução da vida, tradicionalmente atividades desenvolvidas por mulheres e pretas/os. Ao nosso ver, esse conjunto de coisas atende à gramática que sustenta uma estrutura patriarcal, misógina, racista e capitalista que precisa se reafirmar para continuar existindo, seja através de uma superestrutura jurídica, seja através de consensos promovidos por aparelhos privados de consenso, como a família, a escola, as religiões, a imprensa, os movimentos sociais, os partidos políticos.

Historicamente, já foram inúmeras as batalhas travadas ao longo do tempo contra o capitalismo, o racismo e o patriarcado. Desde aquelas operárias que ousaram lutar e morreram covardemente queimadas por terem sido trancadas na fábrica têxtil em Nova Iorque. Apenas em 1910, com as ideias da feminista socialista *Clara Zetkin*, que o dia 8 de março foi inserido no calendário internacional como data comemorativa ao Dia da Mulher.

O tempo presente de barbárie capitalista se caracteriza por uma lógica do capital onde tudo é transformado em mercadoria, cujo resultado é a naturalização da violência, do autoritarismo, da exploração e das opressões. Temos compreensão de que, ainda que com todos os avanços históricos conquistados pelas lutas das mulheres e dos Movimentos Feministas pelos seus direitos, devemos avançar na luta por uma sociedade emancipada e libertária para todas/os!

É fundamental que seja um compromisso da categoria profissional a tarefa de lutar para a eliminação de todas as formas de opressão, como o machismo, o racismo, o conservadorismo e o fundamentalismo que tendem a expropriar os direitos das mulheres e produzem e reproduzem mais violência e barbárie.

Essa luta é de todas as pessoas que acreditem ou anseiem por um mundo novo, livre e emancipado, onde possamos ampliar todas as nossas potencialidades humanas e, de forma coletiva e democrática, construir *"novos outubros"*.

A partir da perspectiva do materialismo histórico-crítico dialético, compreendemos que nada pode parecer impossível de mudar. Munidos com o pessimismo da razão e o otimismo da vontade, seguimos provocando, convocando e acolhendo todas as pessoas, assistentes sociais ou não, para a luta pela construção daquilo que foi idealizado pela camarada Rosa Luxemburgo: "um mundo onde sejamos socialmente iguais, humanamente diferentes e totalmente livres".

REFERÊNCIAS

ABEPSS. **Diretrizes curriculares para os cursos de Serviço Social**. Resolução n.º 15, de 13 de março de 2002.

ABREU, M. M. A dimensão pedagógica do Serviço Social: bases histórico-conceituais e expressões particulares na sociedade brasileira. **Serviço Social e Sociedade**, São Paulo, n. 79, 2004.

ALMEIDA, M. Desumanização da população negra: genocídio como princípio tácito do capitalismo. **Em Pauta**, Rio de Janeiro, v. 12, n. 34, 2º sem. 2014.

APOLINÁRIO, M.; MATOS, M. C. de; LEAL, M. C. (org.). **Política social, família e juventude**: uma questão de direitos. 2. ed. São Paulo: Cortez, 2006.

ASSUNÇÃO, D. **A precarização tem rosto de mulher**: a luta das trabalhadoras e trabalhadores terceirizados da USP. São Paulo: Iskra, 2013.

BAIMA, C. Ter arma em casa aumenta número de morte de crianças, mostram estudos. **O Globo**. Publicado em 2/11/2018, 4:30. Atualizado em 2/11/2018, 9:12. Disponível em: https://oglobo.globo.com/brasil/ter-arma-em-casa-aumenta-numero-de-morte-de-criancas-mostram-estudos-23206078. Acesso em: 13 jul. 2023.

BHATTACHARYA, T. (org.). **Social Reproduction Theory**: Remapping Class, Recentering Oppression. London: Pluto Press, 2017.

BRASIL. **Código de ética do/a assistente social — 1993**. Brasília: Conselho Federal de Serviço Social, 1993a.

BRASIL. **Lei n.º 8662, de 7 de junho de 1993**. Dispõe sobre a profissão de assistente social e dá outras providências. Diário Oficial da União, Poder Legislativo, Brasília, DF, 8 jun. 1993b.

BRASIL. **Lei n.º 13.431, de 4 de abril de 2017**. Estabelece o sistema de garantia de direitos da criança e do adolescente vítima ou testemunha de violência e altera a Lei n.º 8.069, de 13 de julho de 1990 (Estatuto da Criança e do Adolescente). Brasília, 2017.

BRASIL. **Lei n.º 13.984, de 3 de abril de 2020**. Altera o art. 22 da Lei n.º 11.340, de 7 de agosto de 2006 (Lei Maria da Penha), para estabelecer como medidas protetivas de urgência frequência do agressor a centro de educação e de reabilitação e acompanhamento psicossocial. Brasília, 2020.

BRASIL. **Plano Nacional de Promoção da Proteção e Defesa do Direito de Crianças e Adolescentes à Convivência Familiar e Comunitária**. CONANDA/CNAS. Brasília, 2006.

BRASIL. **Resolução n.º 492/2023**. Protocolo de Julgamento com Perspectiva de Gênero. Conselho Nacional de Justiça. Brasília, 2023.

BRASIL. **Resolução n.º 299, de 5 de novembro de 2019**. Dispõe sobre o sistema de garantia de direitos da criança e do adolescente vítima ou testemunha de violência, de que trata a Lei n.º 13.431, de 4 de abril de 2017. Brasília, 2019.

CAMPOS, M. S.; MIOTO, R. C. T. Política de Assistência Social e a posição da família na política social brasileira. **Ser Social**, Brasília, n. 12, p. 165–190, jan./jun. 2003.

CARDOSO, J. N.; TEIXEIRA, S. M. Política de assistência social e o trabalho social com família: autonomia ou maternagem? **Serviço Social em Revista**, Londrina, v. 17, n.1, p. 66–87, jul./dez. 2014.

CARVALHO, I.; ALMEIDA, P. Família e Proteção Social. **São Paulo em Perspectiva**, São Paulo, v. 2, n. 17, p. 109–122, 2003.

CCNJ. Violência patrimonial: a face pouco conhecida da violência doméstica. Texto: Regina Bandeira. Agência CNJ de Notícias. Publicado em: 8 dez. 2023. Disponível em: https://www.cnj.jus.br/violencia-patrimonial-a-face-pouco-conhecida-da-violencia-domestica/. Acesso em: 19 jul. 2024.

CFESS. Nota Técnica. O trabalho de assistentes sociais e a Lei de Alienação Parental (Lei n.º 12.318/2010). Brasília, 2022. Disponível em: https://www.cfess.org.br/arquivos/nota-tecnica-LAP-2022-dez-cfess.pdf. Acesso em: 13 maio 2024.

COSTA, J. F. **Ordem médica e norma familiar**. 4. ed. Rio de Janeiro: Graal, 1999. 282 p.

DUSSEL, E. **La producción teórica de Marx**. Un comentario a los Gründrisse. México: Siglo XXI, 1985.

FAGUNDES, G.; FERREIRA, C. C. Dialética da Questão Social e a unidade classe, gênero e raça. **Temporális**, Brasília, ano 21, n. 42, jul./dez. 2021.

FÁVERO, E. T. O estudo social na perspectiva dos direitos. **XX Seminário Latinoamericano de Escuelas de Trabajo Social**. Córdoba, Argentina, 2012.

FÁVERO, E. T. **O Estudo Social**: fundamentos e particularidades de sua construção na Área Judiciária. CFESS — Conselho Federal de Serviço Social (org.). Brasília, 2011.

FÁVERO, E. T. **O Estudo Social em perícias, laudos e pareceres técnicos**: contribuição ao debate no Judiciário, Penitenciário e na Previdência Social. São Paulo: Cortez, 2003.

FEDERICI, S. **Calibã e a bruxa**. Belo Horizonte: Elefante, 2017.

FERNANDES, F. **A Revolução burguesa no Brasil**: ensaio de interpretação sociológica. 3. ed. Rio de Janeiro: Guanabara, 1987.

FERNANDES, F. **Capitalismo dependente e classes sociais na América Latina**. 2. ed. Rio de Janeiro: Zahar Editores, 1975.

FONSECA, A. M. M. da. **Família e política de renda mínima**. São Paulo: Cortez, 2001.

FONTES, V. A transformação dos meios de existência em capital: expropriações, mercado e propriedade. *In*: BOSCHETTI, I. (org.). **Expropriação e Direitos no Capitalismo**. São Paulo: Cortez, 2018.

FRÖLICH, P. **Rosa Luxemburgo**: biografia. São Paulo: Boitempo, 2019.

GARCIA, J. *et al.* Desafios do trabalho com famílias na Política de Assistência Social. XIV Encontro Nacional de Pesquisadores em Serviço Social: Lutas Sociais e Produção do Conhecimento, 2014, Natal. **Anais...** Natal, 2014.

GOFFMAN, E. **Manicômios, prisões e conventos**. 2. ed. São Paulo: Perspectiva, 1987.

GOLDANI, A. M. As famílias brasileiras: mudanças e perspectivas. **Cadernos de Pesquisa**, [s. l.], n. 91, p. 7–22, 1994.

GUEIROS, D. A. Família e trabalho social: intervenções no âmbito do Serviço Social. **Katálysis**, Florianópolis, v. 13 n. 1, p. 126–132, 2010.

KFOURI, N. G. **Teoria do Serviço Social de casos**: aspectos básicos. São Paulo: Escola de Serviço Social da PUC-SP, 1969.

LUGONES, M. Colonialidade e gênero. *In*: HOLLANDA, H. B. de. **Pensamento feminista hoje**: perspectivas decoloniais. 1. ed. Rio de Janeiro: Bazar, 2020.

MARX, K.; ENGELS, F. **A ideologia alemã**. São Paulo: Expressão Popular, 2009.

MARX, K. **O 18 de Brumário de Luís Bonaparte**. São Paulo: Boitempo, 2011.

MARX, K. **O Capital**. Livro I. São Paulo: Boitempo, 2017.

MENDES, J. A. de A.; OLIVEIRA-SILVA, L. As alegações de "alienação parental" e os vieses de gênero e misoginia em processos de guarda e convivência. *In*: BASTOS, E. F.; GIANCHIN, J.; COPETTI, L. V.; LEMOS, M. M. F. (ed.). **Direito das Famílias, Vulnerabilidades e Questões de Gênero**. Instituto Brasileiro de Direito de Família, IBDFAM, 2022, p. 44–65.

MÉSZÁROS, I. **A teoria da alienação em Marx**. São Paulo: Boitempo, 2006.

MIOTO, R. C. T.; CAMPOS, M. S.; CARLOTO, C. M. (org.). **Familismo, Direitos e Cidadania**: contradições da política social. São Paulo: Cortez, 2015.

MIOTO, R. C. T. Família e políticas sociais. *In*: BOSCHETTI, I. *et al.* (org.). **Política social no capitalismo**: tendências contemporâneas. 2. ed. São Paulo: Cortez, 2009, p. 130–148.

MIOTO, R. C. T. O avanço do conservadorismo na Seguridade Social e as implicações na concepção de família. V Encontro Nacional de Seguridade Social, 2015. **Anais...** Belo Horizonte, CFESS, 2015a.

MIOTO, R. C. T. Serviço Social e intervenção profissional com famílias: o debate brasileiro em pauta. *In*: CARVALHO, M. I. (org.). **Família e Serviço Social**. Lisboa: Pactor, 2015b.

MIOTO, R. C. T. Perícia Social: proposta de um percurso operativo. **Revista Serviço Social e Sociedade**, São Paulo, ano XXII, n. 67, 2001.

MONTALI, L. Família e trabalho na reestruturação produtiva: ausência de política de emprego e deterioração de condições de vida. **Revista Brasileira de Ciências Sociais**, São Paulo, v. 15, n. 42, p. 55–75, fev. 2000.

NETTO, J. P. A construção do projeto ético-político contemporâneo. *In*: **Capacitação em Serviço Social e Política Social**. Módulo 1. Brasília: CEAD/ABEPSS/CFESS, 1999.

NETTO, J. P. **Introdução ao método da Teoria Social**. Serviço Social: direitos sociais e competências profissionais. Brasília: CFESS/ABEPSS/UFAL, 2010.

NOGUEIRA, C. **A feminização no mundo do trabalho**: entre a emancipação e a precarização. Campinas: Editores Associados, 2004.

PASSOS, R. G.; NOGUEIRA, C. M. O fenômeno da terceirização e a divisão sociossexual e racial do trabalho. **Katálysis**, Florianópolis, v. 21, n. 3, set./dez. 2018.

PATEMAN, C. **O contrato sexual**. Rio de Janeiro: Paz e Terra, 2008.

SAFFIOTI, H. **Gênero, patriarcado, violência**. São Paulo: Expressão Popular; Fundação Perseu Abramo, 2015.

TRIBUNAL DE JUSTIÇA DO ESTADO DO RIO DE JANEIRO. **Plano Geral de Ação do Serviço Social no Tribunal de Justiça do Rio de Janeiro**. TJRJ, Rio de Janeiro, 2021.

UNICEF. **Nota Técnica**. A inter-relação entre violência contra mulheres e violência contra as crianças. ONU Mujeres, OPS/OMS, UNFPA y UNICEF. Maio de 2020.

YAZBEK, M. C. Os caminhos para a pesquisa no serviço social. **Temporális**, Recife, ano V, n. 9, p. 147–159, 2005.

ATRIBUIÇÕES PRIVATIVAS DA/O ASSISTENTE SOCIAL E O DIAGNÓSTICO DE ALIENAÇÃO PARENTAL: UMA RELAÇÃO ANTAGÔNICA NA PERÍCIA EM SERVIÇO SOCIAL

Edna Fernandes da Rocha

RESUMO: este capítulo visa discutir as atribuições privativas da/o assistente social no contexto das alegações de alienação parental, estabelecendo uma crítica à Lei da Alienação Parental (LAP) e sua incompatibilidade com o Projeto Ético-Político do Serviço Social. A análise destaca como a LAP, ao exigir um "diagnóstico" de alienação parental, coloca assistentes sociais em posições contraditórias, uma vez que não cabe a esses profissionais emitir laudos psicológicos ou tratar de questões de formação psicológica. O texto baseia-se em análises de trabalhos apresentados em eventos relevantes, como o Congresso Brasileiro de Assistentes Sociais (CBAS) e o Encontro Nacional de Pesquisadores de Serviço Social (ENPESS), de 2016 a 2022, evidenciando uma crescente reflexão crítica sobre a temática. Conclui-se que o foco do trabalho de assistentes sociais deve ser a promoção do direito à convivência familiar e comunitária, observando sempre as desigualdades de gênero, raça e classe, sem reforçar estereótipos ou emitir diagnósticos de alienação parental. A prática profissional deve estar alinhada ao Projeto Ético-Político do Serviço Social, rejeitando visões simplistas e conservadoras, e garantindo uma atuação que proteja direitos humanos e promova a justiça social.

Palavras-chave: Serviço Social; Atribuições Privativas; Projeto Ético-Político; Desigualdade de Gênero; Direitos de Crianças e Adolescentes.

CONSIDERAÇÕES INICIAIS

A alienação parental é um tema controverso para o qual urge o desenvolvimento de uma visão crítica da área do Serviço Social e, especialmente, da/o assistente social. Isso se justifica porque essa/e profissional tem sido demandada/o a diagnosticar atos de alienação parental, como se isso fizesse parte de suas atribuições privativas. Partimos da premissa de que a Lei da Alienação Parental (LAP) apresenta pontos de conflito com outras legislações que protegem os direitos de crianças/adolescentes e mulheres, tais como o Estatuto da Criança e do Adolescente (ECA) e a Lei n.º 11.340/2006, mais conhecida como Lei Maria da Penha.

Exemplifica um ponto de conflito o fato de a LAP considerar como atos de alienação parental as denúncias de violência física e sexual que não se confirmam. Todavia, em razão da complexidade que envolve essas violências, nem sempre elas são passíveis de identificação e, por consequência, considerar como "alienadoras" as mulheres que buscam proteção por meio da Lei Maria da Penha nos parece um grave problema.

Compreendemos, então, como imprescindível que as/os assistentes sociais tanto reconheçam as armadilhas da LAP quanto reafirmem as atribuições privativas, os princípios e o legado historicamente defendidos por essa profissão, inclusive no que se refere ao combate à opressão e à exploração de gênero/raça/classe.

Isso posto, este capítulo tem por objetivo fomentar um debate propositivo que, juntamente com as demais produções que compõem esta obra, contribua para a construção de uma visão crítica em relação aos pressupostos de alienação parental e a consequente defesa dos direitos de crianças/adolescentes e mulheres. Para tanto, centra-se na análise crítica de publicações apresentadas no Congresso Brasileiro de Assistentes Sociais (CBAS) e no Encontro Nacional de Pesquisadores de Serviço Social (ENPESS) entre os anos de 2016 e 2022. Essa análise dialoga com publicações da área do Serviço Social e com as atribuições privativas, previstas no Código de Ética da/o Assistente Social.

1. PROJETO ÉTICO-POLÍTICO DO SERVIÇO SOCIAL, ATRIBUIÇÕES PRIVATIVAS DA/O ASSISTENTE SOCIAL E ALEGAÇÕES DE ALIENAÇÃO PARENTAL NO ÂMBITO DAS VARAS DA FAMÍLIA

O projeto ético-político do Serviço Social agrega os princípios que a/o assistente social defende: liberdade como valor central, autonomia, defesa dos direitos humanos e da democracia, emancipação dos sujeitos sociais e crítica à ordem vigente. Para tanto, as dimensões teórico-metodológicas, técnico-operativas e os valores ético-políticos que essa profissão acumulou oferecem sustentação ao projeto profissional e estão presentes no Código de Ética das/os Assistentes Sociais.

Nesse sentido, ao atuarmos como peritas/os em situações que envolvem litígios familiares e alegações de alienação parental, é preciso situar a nossa profissão em termos de competências e atribuições de forma que a/o assistente social tenha condições para analisar a LAP e o alinhamento dela com os princípios e os valores estruturais da prática em Serviço Social.

Essa atuação exige de nós a competência necessária para respondermos a questionamentos centrais, tais como: em que medida a LAP[2] garante direitos de crianças e adolescentes? Essa lei tem um viés punitivo em relação aos pais e às mães? Esses questionamentos favorecem a construção de uma perspectiva crítica sobre esse tema e nos alertam para contradições que se evidenciam na LAP. Uma delas é tratar pai e mãe como "opositores". Compreendemos que esse tratamento não fomenta a igualdade parental que tanto os Operadores do Direito quanto os profissionais do Serviço Social e da Psicologia defendem. Outra contradição é ampliar a convivência familiar "em favor do genitor alienado". A esse respeito, indagamos: com o estabelecimento dessa relação direta de causa e consequência, a LAP atende, de fato, aos melhores interesses de crianças e adolescentes ou dos adultos?

Por isso, assistentes sociais devem estar atentas/os, em seus posicionamentos e pareceres técnicos, sobre a ocorrência (ou não) de alienação parental em cada caso.

Isso é especialmente relevante se considerarmos o rol exemplificativo de "atos alienantes" que a LAP considera como interferência na "formação psicológica" de crianças e adolescentes. Na lógica que subjaz a essa lei, as mulheres-mães, frequentemente, impedem o exercício da paternidade — e essa desigualdade de gênero expressa na LAP não tem escapado das análises de pesquisadoras/es (Valente; Batista, 2021; Gois; Oliveira, 2019) e de diferentes profissionais das áreas do Serviço Social e da Psicologia. Ainda que se negue tal característica da mencionada lei, ao estabelecer o Protocolo para Julgamento com Perspectiva de Gênero (2021), o próprio Conselho Nacional de Justiça (CNJ) sinaliza o risco de

> [...] se atribui[r] maior peso ao testemunho de pessoas em posição de poder, desconsiderando o testemunho de mulheres e meninas em casos de violência doméstica ou em disputas de guarda envolvendo acusações de alienação parental, a partir da ideia preconceituosa de que as mulheres são destemperadas, vingativas, volúveis e menos racionais do que os homens (CNJ, 2021, p. 29).

Conforme explicitado, o protocolo reconhece que as alegações de alienação parental têm sido um recurso processual que homens agressores utilizam para enfraquecer as denúncias de violência doméstica ou contra crianças/adolescentes, feitas por ex-companheiras ou pela mãe de suas/seus filhas/os[3] — **vide Capítulo 8 para mais discussões a esse respeito.**

Em consonância com essas reflexões, há a Nota Técnica do Conselho Federal de Serviço Social (CFESS, 2022), que baliza a prática de assistentes sociais no atendimento aos casos com alegações de alienação parental e visa orientar a prática profissional na área sociojurídica. O pressuposto é que assistentes sociais, em suas análises, estejam atentas/os às relações patriarcais de gênero que permeiam as relações familiares. Além disso, nessa Nota, indicam-se as categorias "convivência familiar e comunitária" e "proteção social" em substituição ao termo alienação parental e suas derivações — **vide Capítulo 8 para mais discussões a esse respeito.**

Essas reflexões, em especial as alçadas pela Nota do CFESS, indicam que a prática profissional do Serviço Social, em seus fundamentos e arcabouço teórico, está diretamente vinculada a um projeto societário que visa à transformação social, ou seja, o rompimento com todas as formas de exploração e de opressão e, portanto, a busca constante pela garantia da não violação de direitos (Netto, 2006; Guerra, 2019; Teixeira; Braz, 2009).

Sobre isso, Teixeira e Braz (2009) afirmam que, em cada atendimento que realizamos, nos inúmeros campos de trabalho, nas diversas instituições, nossas ações podem favorecer a um ou outro projeto societário e, portanto, estamos sempre vinculados aos interesses do grande capital ou da classe trabalhadora. Nas palavras desses autores:

> Essas diversas formas de prática trazem em si projeções individuais e coletivas, desenvolvidas pelos diversos sujeitos individuais e coletivos, que participam dos variados interesses sociais. No caso do Serviço Social, tanto no plano ideal (das ideias) quanto no plano prático, os sujeitos que nele intervêm procuram lhe imprimir uma determinada direção social, que atende aos diversos interesses sociais que estão em jogo na sociedade (políticos, ideológicos, econômicos etc.). Assim é que vão se afirmando uns e outros valores, umas ou outras diretrizes profissionais que, ao assumirem dimensões coletivas, ou seja, ao conquistarem segmentos expressivos do corpo profissional, passam a representar para parcelas significativas da profissão, a sua verdadeira "auto-imagem" (Netto, 1999), adquirindo então a condição de projeto profissional (Teixeira; Braz, 2009, p. 188).

Decorre dessa afirmação que, ainda que nossas práticas profissionais aparentem ser "individuais", como se a nossa "autonomia" profissional fosse uma escolha individual, elas estão inseridas em um contexto maior, que incide sobre um coletivo social e diz respeito à categoria profissional e, portanto, ao nosso projeto de profissão. Nesse sentido, emitir laudos ou pareceres sociais com diagnóstico de alienação parental, por exemplo, se torna incompatível com a atuação de assistentes sociais na medida em que criminaliza pais e mães, reforçando o caráter punitivo da LAP. Com efeito, de acordo com o CFESS (2022, p. 24), a LAP:

> [...] impõe que pais e mães sejam advertidos, que paguem multas, que seja fixada forçadamente a casa de moradia de crianças e adolescentes, e que realizem acompanhamento psicológico e social obrigatórios, reforçando concepções simplistas e moralizantes.

Dessarte, dada a dimensão socioeducativa (Mioto, 2009) de nossas ações profissionais no âmbito do Serviço Social, a atuação técnica não pode ser permeada de valores pessoais, isto é, não podemos transportar para a prática cotidiana, nos mais distintos espaços sócio-ocupacionais, o que cada um entende que seria melhor para si e/ou a partir de uma concepção acrítica e solipsista sobre o mundo e as relações sociais. Todavia, subjaz aos pressupostos de alienação parental uma visão acrítica, que desconsidera a complexidade e as contradições das relações familiares ao enquadrar vivências de mulheres, homens e crianças/adolescentes, ou seja, sujeitos históricos, em fatos tidos como "alienantes", presumindo que todo conflito familiar, de forma mecanicista, seja alienação parental. Essa visão também é individualista, pois leva as pessoas a se autorreconhecerem como vítimas e, não raramente, induz a posições profissionais conservadoras, cujas análises não abarcam a totalidade da vida social, demarcada pelas relações de gênero, raça e classe.

De fato, quando atendemos a uma demanda, especialmente no âmbito da Justiça, desenvolvemos uma escuta atenta aos relatos que cada usuária/o apresenta e, a partir da análise crítica desse conjunto de relatos, traçamos as mediações necessárias entre teoria e prática. É assim que podemos dar o devido encaminhamento da demanda com o adequado embasamento técnico-científico, e não ancorado em visões fatalistas e pragmáticas, em especial aquelas que hipersimplificam e cristalizam as complexas dinâmicas do contexto sócio-histórico, das relações familiares e da garantia dos direitos de crianças, adolescentes e mulheres.

Em nosso fazer profissional, atuamos com várias leis que visam permitir acessos das/os usuárias/os aos direitos sociais. Assim, é importante retomar que, no universo de legislações que compõem a dimensão jurídico-política da/o assistente social, houve participação ativa e decisiva dessa categoria profissional tanto na construção quanto na aprovação dessas leis (Teixeira; Braz, 2009). Destaca-se o arcabouço legal que integra o projeto ético-político do Serviço Social, especialmente as legislações sociais previstas na Constituição Federal de 1988, a Lei Orgânica da Assistência Social (LOAS), Lei Orgânica da Saúde (LOS) e o Estatuto da Criança e do Adolescente (ECA).

A partir desses referenciais, compreendemos que a LAP não se coaduna com o projeto ético-político do Serviço Social. O debate qualificado e crítico sobre os pressupostos de alienação parental e a prática profissional da/o Assistente Social — que deve ultrapassar a lógica binária de ser contra ou a favor da LAP — oferece subsídios para o entendimento de que facetas dessa lei não se alinham ao que os referencias teóricos e éticos da profissão defendem, em especial quanto aos direitos humanos e ao direito à convivência familiar e comunitária.

A exigência que a LAP impõe para que peritas/os estejam capacitadas/os para atuar com demandas envolvendo o "diagnóstico de alienação parental" deve nos impulsionar, conforme Iamamoto (2001), a sermos profissionais propositivos, ou seja, capazes de diferenciar demandas profissionais de requisições institucionais que conflitam com os princípios que o Serviço Social defende. Isso não é simples. Exige competência técnica que nos capacite a dar respostas qualificadas.

Assim, no contexto de um debate crítico em relação à LAP, não se nega o reconhecimento de violações de direitos de crianças e adolescentes que estejam privados de um convívio familiar salutar. Destaca-se como fundamental, porém, que os profissionais de Serviço Social, ao realizarem perícias em casos com disputas de guarda, regulamentação de convivência familiar e acusações de alienação parental, devem considerar cuidadosamente os alcances e os limites de sua atuação, especialmente quando surgem denúncias de violência sexual e acusações de alienação parental. O foco do trabalho deve ser a análise detalhada das possíveis violações de direitos sem conclusões precipitadas. Nesse sentido, as denúncias devem ser contextualizadas com base em referenciais teórico-metodológicos e ético-políticos. Por isso, a/o assistente social, em seus laudos, não apresenta "verdades absolutas" (CFESS, 2014; Rocha, 2022a), mas pareceres técnicos fundamentados e condizentes numa perspectiva de totalidade da realidade social analisada.

Para que o Serviço Social contribua de forma significativa com seu legado teórico, o debate sobre a LAP não deve buscar validar o conceito de "alienação parental" como uma verdade científica — **vide Capítulo 1 para discussões sobre a não cientificidade dos pressupostos de alienação parental**. Em função do seu escopo de atuação e *expertise*, a/o assistente social não deve reforçar a ideia de "alienação parental", definida na LAP como uma forma de "violência psicológica". Em vez disso, as dinâmicas familiares percebidas como "alienação parental" devem ser analisadas pelas/os assistentes sociais sob a perspectiva de como a dinâmica familiar influencia o acesso a direitos sociais e a exposição de crianças e adolescentes a diferentes formas de violação de direitos, como a dificuldade de convivência familiar.

Nesse processo, destacamos, mais uma vez, a capacidade de correlacionar teoria e ação, possibilitando conhecer, analisar e intervir dialeticamente na realidade. Em outras palavras, pensarmos na *práxis* como uma atividade que tem implicação transformadora, pois pode promover mudanças em nossa concepção de mundo. Por isso, não é coerente a célebre afirmação de que "na prática, a teoria é outra". De acordo com Guerra (2005), essa afirmação representa um falso dilema da formação e do exercício profissional.

Sendo nossa atuação de natureza interdisciplinar, é imprescindível termos condições de reconhecer as especificidades da nossa profissão diante das requisições institucionais. É mister oferecer respostas qualificadas e encaminhamentos adequados, firmando posições que valorizem a nossa categoria. Por isso, a pesquisa para além dos muros acadêmicos deve estar presente no exercício profissional de assistentes sociais.

Nessa perspectiva, Forti e Guerra (2011) defendem que as/os assistentes sociais devem ter competências técnicas para compreender os dilemas que demarcam a profissão e enfrentá-los de forma responsável e, de acordo com Rocha (2022a, p. 109), "[...] a atuação responsável pode possibilitar, por meio dos pareceres técnicos, a elucidação dos limites e possibilidades de intervenção do assistente social". Isso possibilita aos profissionais a compreensão dos riscos de "diagnosticar" as pessoas em atos alienantes em situações envolvendo violência doméstica com medidas protetivas e acusações de alienação parental.

2. SERVIÇO SOCIAL E ALIENAÇÃO PARENTAL: O QUE ESTAMOS PRODUZINDO?

Batista (2016, 2017), Rocha (2016a, 2019, 2020, 2022a, 2022b), Rocha e Souza (2018), Valente e Batista (2021), Rocha e Cordeiro (2022) abordam a temática de "alienação parental" sob a análise do Serviço Social, correlacionando essa temática com a atuação nas Varas de Família (Goes; Oliveira, 2019) na perícia social e nas relações sociais de gênero, raça e classe. Esses estudos vêm contribuindo significativamente para o aprofundamento do conhecimento crítico sobre a LAP no contexto profissional do Serviço Social.

Na esteira do pensamento desses autores, este capítulo defende que alienação parental seja analisada sob a perspectiva da convivência familiar e comunitária, sem desconsiderar nem reduzir as violações de direitos a que crianças e adolescentes estão expostos, assim como mulheres, diante de conflitos familiares (Rocha, 2022a). Assim, discordamos de Montaño (2018, 2021), ao afirmar que assistentes sociais estariam ignorando a existência da LAP e, com isso, omitindo de juízas/es a ocorrência de "alienação parental". Para o mencionado autor, as/os assistentes sociais devem afirmar se há (ou não) indícios de alienação parental.

Ocorre que, nas perícias em Varas de Família, é comum lidar com denúncias de violência doméstica e sexual, frequentemente associadas a processos em andamento nas Varas Criminais, com medidas protetivas aplicadas a mães, filhos ou exclusivamente a crianças e adolescentes em casos de suspeita ou de confirmação de violência sexual. A análise dessas situações exige a consideração dos marcadores de gênero, raça e classe, que têm ganhado destaque na prática do Serviço Social, conforme apontado por Valente e Batista (2021), especialmente em casos com alegações de alienação parental.

Nesse contexto, o debate sobre desigualdades de gênero, como destacado por Valente e Batista (2021), deve ser central, especialmente no que tange à discussão crítica sobre alienação parental. Isso se alinha ao projeto profissional do Serviço Social, que visa à eliminação da exploração e da opressão (Rocha; Cordeiro, 2022; Cisne; Santos, 2018). Temas como violência doméstica, abuso de autoridade parental e "abandono afetivo" são relevantes para as Varas de Família e refletem a complexidade da atuação das/os profissionais de Serviço Social.

O Projeto Ético-Político do Serviço Social, conforme Abramides (2019), resulta de um processo histórico que busca construir uma hegemonia na profissão, combatendo o ecletismo e o liberalismo e expondo as contradições sociais. Isso se justifica porque não propõe um "pensamento único", como é defendido no projeto hegemônico de dominação burguesa e espelhado pelos pressupostos de alienação parental. Assim, a concepção de direção sociopolítica do Serviço Social, ao reconhecer o pluralismo e defender a democracia, posiciona-se em prol da igualdade e liberdade concomitante ao constante aprofundamento teórico.

Por isso, como assinala Netto (2006, p. 147):

Por outra parte, considerando o pluralismo profissional, o projeto hegemônico de um determinado corpo profissional supõe um *pacto* entre seus membros: uma espécie de acordo sobre aqueles aspectos que, no projeto, são imperativos e aqueles que são indicativos. *Imperativos* são os componentes compulsórios, obrigatórios para todos os que exercem a profissão (estes componentes, em geral, são objetos de regulação jurídico-estatal); *indicativos* são aqueles em torno dos quais não há um consenso mínimo que garanta seu cumprimento rigoroso e idêntico por todos os membros do corpo profissional.

Opostas a essa compreensão, as análises simplistas que rotulam pais e mães como "alienados" ou "alienadores" desconsideram as complexidades sociais e contrariam os princípios do Serviço Social (Rocha; Cordeiro, 2022). Nesse sentido, a LAP impõe um caráter patológico às relações familiares e pressiona as/os peritas/os a diagnosticar esses atos sob prazos exíguos, o que não condiz com os objetivos da Perícia em Serviço Social, focada na viabilização de direitos sociais, e não na criminalização das pessoas (Fávero, 2014).

A esse respeito, vale destacar que a Nota Técnica do CFESS recomenda substituir o termo "alienação parental" por "proteção social" e "convivência familiar e comunitária" nas análises sociais da/o assistente social. Essa substituição reflete uma crítica às premissas conservadoras que não consideram as opressões estruturais e sócio-históricas da sociedade (CFESS, 2022). Por isso, o CFESS defende a revogação da LAP, alinhando-se à posição do Conselho Federal de Psicologia, que também sugere a revisão da lei e orienta os profissionais a serem cautelosos no uso do termo.

3. MÉTODO

A consulta à legislação vigente e a publicações atualizadas sobre a temática de "alienação parental", inclusive trabalhos apresentados em dois importantes eventos que reúnem assistentes sociais do Brasil — o ENPESS e o CBAS —, foi um dos procedimentos metodológicos adotados na produção deste capítulo de natureza qualitativa e interpretativista.

Tendo em vista que o CBAS ocorre trienalmente, consultamos os anais relativos aos anos de 2016, 2019 e 2022. No caso do ENPESS, que ocorre a cada dois anos, valemo-nos dos anais de 2016, 2018 e 2022. No ano de 2020, em razão da pandemia da covid-19, esse encontro foi cancelado. Os anais desses dois eventos estão disponíveis no formato on-line, com exceção do VI ENPESS (2016), que ainda se encontra disponível somente em CD-ROM.

A fim de identificar os trabalhos que trataram do tema alienação parental, realizamos buscas com os termos: "alienação parental", "varas da família"[14] e "convivência familiar" e localizamos um total de 12 trabalhos. Para analisá-los, usaremos referenciais da Análise do Discurso, a qual "[...] resgata o estatuto do materialismo histórico, propondo outra leitura das formas de significação da existência, das formas como os homens atribuem sentido à vida" (Amaral, 2007, p. 9).

4. RESULTADOS E DISCUSSÃO

Os trabalhos apresentados no CBAS e no ENPESS entre os anos de 2016 e 2022 não podem mensurar, de forma absoluta, como o Serviço Social está inserido no debate sobre a alienação parental. Todavia, esses eventos e suas produções oferecem indícios concretos sobre a necessidade de aprofundamento das pesquisas sobre o tema em questão.

Em 2016, houve o 15º CBAS e o 15º ENPESS. No primeiro evento, apenas um trabalho tratou de alienação parental (Melo, 2016); no segundo, dois (Lima; Lopes, 2016; Rocha, 2016b). Em 2018, o 16º ENPESS teve apenas um trabalho sobre esse tema (Rocha, 2018), mas, em 2019, o 16º CBAS contou com quatro (Magalhães, 2019; Rocha; Alberguini, 2019; Silva; Ferrera; Cruz, 2019; Toledo; Matsumoto, 2019). Em 2022, o 17º CBAS recebeu três trabalhos sobre o tema em pauta (Batista, 2022; Batista; Valente, 2022; Rocha, 2022c) e o 17º ENPESS, um (Rocha, 2022d).

Os dados apresentados sinalizam um crescente interesse pela temática "alienação parental". Vale destacar que a maior concentração de publicações é em 2019 e em 2022, totalizando oito trabalhos.

No geral, esses doze trabalhos apresentam uma estreita relação com a atuação junto à população atendida, seja na condição de profissional graduado, seja a partir da experiência de estágio. Neles, exprimem-se as inquietações que emergem no atendimento às famílias e a necessidade de oferecer respostas às demandas institucionais. Outra característica geral é que os doze trabalhos foram

---

14 Localizamos o artigo "Os litígios nas Varas da Família e Sucessões no Tribunal de Justiça de São Paulo: por uma intervenção na perspectiva da totalidade", de autoria da pesquisadora Viviane de Paula, cujo objetivo é analisar, numa perspectiva de totalidade, os litígios das varas da família do TJSP que requerem a perícia social. A autora faz menção à alienação parental, como sendo uma das expressões da questão social que emergem nos conflitos. No entanto, por não ter o foco na "alienação parental", esse trabalho não foi considerado no processo de análise.

apresentados por pesquisadoras: mulheres, assistentes sociais que se interessam por esse tema e, independentemente da visão sobre a atuação profissional em casos com alegações de alienação parental, reivindicam o Projeto Ético-Político na atuação do Serviço Social.

Quanto às especificidades dessas publicações, é interessante observar que, no trabalho de Melo (2016), ainda que a temática principal seja a relação entre guarda compartilhada e alienação parental, não há ênfase quanto à atuação da/o assistente social nem há análises sobre contribuições dessa/desse profissional nas demandas das Varas da Família.

Diferentemente desse primeiro trabalho, tanto Lima e Lopes (2016) quanto Rocha (2016b) consideram as dinâmicas percebidas como "alienação parental" como uma das expressões da questão social que afeta as subjetividades dos sujeitos e, consequentemente, podem fragilizar as relações familiares. Além disso, ambos os trabalhos fazem menção ao Projeto Ético-Político e ao compromisso da/o assistente social com os princípios da profissão. Todavia, Lima e Lopes (2016) reivindicam a categoria "mediação" como técnica profissional interventiva com o fito de favorecer o diálogo entre as pessoas que vivenciam conflitos familiares. Para tanto, essas autoras citam a mediação como um procedimento metodológico, conforme consta em:

> Nestes termos, compreende-se que o processo de mediação dos assistentes sociais quando identificada a prática da alienação parental na Vara da Justiça Itinerante de Boa Vista-RR ocorre de forma abrangente, pois envolve autonomia profissional, orientação e informação entre as partes envolvidas em litígio e articulação com outros profissionais e instituições, sendo desenvolvido de acordo com as diretrizes e normatizações da profissão, como também do conhecimento das dimensões profissional do Serviço Social (Lima; Lopes, 2016, n.p.).

Entretanto, a partir de uma concepção ontológica e marxista, a "mediação" não se restringe a um procedimento metodológico. Refere-se à articulação dinâmica e contraditória que auxilia na compreensão e na análise da realidade de maneira totalizante, permitindo que a intervenção profissional resulte em respostas qualificadas e fundamentadas em vez de soluções imediatistas e baseadas no senso comum (Pontes, 2012). Segundo essa concepção, podemos dizer que a categoria "mediação" articula as dimensões teórico-metodológica, ético-política e técnico-operativa que formam o Projeto Ético-Político do Serviço Social, permitindo, assim, que sejam construídos pareceres sociais que promovam o acesso a direitos sociais, e não a violação deles — como fazem os pressupostos de alienação parental.

No que tange a Rocha (2016b), ela propõe que a atuação profissional da/o assistente social tenha como horizonte o acesso à garantia do direito à convivência familiar. Além disso, manifesta sua preocupação com a lógica binária de "afirmar" ou "refutar" a ocorrência de alienação parental. Ela destaca a importância de a ação do Serviço Social ser crítica no sentido de compreender quem são as famílias atendidas, superando concepções conservadoras, com análises que contemplem as relações de classe, raça-etnia e gênero.

Dando continuidade às reflexões feitas por Rocha (2016b), as pesquisadoras Rocha e Alberguini (2019) asseveram que:

> As exigências que são delegadas às mulheres/mães parecem insuperáveis, em que pese as conquistas obtidas ao longo das últimas décadas. Mesmo para aquelas mulheres que possuem independência financeira e são a principal ou única fonte de renda familiar (com ou sem a presença masculina na "chefia da família") estes padrões de heterossexismo permanecem introjetados (Rocha; Alberguini, 2019, p. 9).

Disso se depreende que as cobranças históricas e sociais a que as mulheres ainda são submetidas tanto pelas famílias quanto pela sociedade e pelo Estado ratificam a importância de o Serviço Social avançar no debate crítico, construtivo e propositivo em relação ao tema da alienação parental.

Rocha e Alberguini (2019) destacam ainda que a coerência desse debate requer o alinhamento dele à defesa de direitos humanos e, portanto, à superação da visão punitivista que a LAP incorpora, especialmente porque "[...] defender a garantia de direitos e, em especial, o da convivência familiar, não significa posicionar-se em defesa de uma lei que, além de trazer interpretações contraditórias, reforça julgamentos e nem sempre traz a criança em destaque e como sujeito de direitos" (Rocha; Alberguini, 2019, p. 7).

Quanto a Rocha (2018), a contribuição para o tema é a de alertar para os efeitos danosos que podem decorrer da compreensão de determinados atos equivocadamente observados como "alienação parental", o que pode gerar violação do direito à convivência familiar e comunitária. Com isso, a autora assevera que, ao realizar a perícia em Serviço Social, a/o profissional precisa estar atenta/o às desigualdades de gênero-sexo/raça-etnia/classe, presentes nas relações familiares, que tendem a recair sobre as mulheres-mães acusadas de cometerem "atos alienantes", especialmente quando elas denunciam violência doméstica contra si ou suas/seus filhas/os.

Esse alerta, que tem como base a experiência profissional cumulada com estudos e pesquisas, está associado à proposta de que a atuação da/o assistente social supere visões limitantes que sejam pautadas na "verdade dos fatos". O estudo social contempla análises que se aproximam da realidade social de mulheres e homens que constroem suas histórias e, assim, cada versão não corresponde a uma verdade absoluta.

Nesse sentido, Rocha (2018) dialoga diretamente com o CFESS (2014, p. 47), segundo o qual:

> Essa é uma observação importante para quem atua como perito/a social, diante de uma expectativa criada por uma concepção positivista de justiça, de direito e de conhecimento técnico-científico. Espera-se que os laudos técnicos, resultados das perícias, afirmem verdades fatídicas, eternas — tal como se concebe a ideia de 'prova'. As verdades são históricas e passíveis de mudanças e transformações, a depender de ação histórica de homens e mulheres em uma dada sociedade. Verdades consideradas absolutas servem para a manutenção do status quo, referendando uma visão de que o que está 'cientificamente comprovado' será o critério de verdade e de justiça.

Silva, Ferreira e Cruz (2019), por sua vez, também fazem coro à defesa do Projeto Ético-Político e defendem a atuação profissional que vise à garantia de direito e o princípio dos melhores interesses de crianças e adolescentes, ainda que seja na perspectiva da "prevenção da alienação parental". Por outro lado, as pesquisadoras observam, em suas pesquisas, limitações na atuação e na condução das/os profissionais, sujeitos da pesquisa, pois emergem relatos de atendimentos fragmentados, ausência de sistematização do trabalho junto às famílias e diferentes interpretações do que seria considerado alienação parental. Essa posição se aproxima do que defendem Lima e Lopes (2016). Também Melo (2016) faz menção à prevenção e ao enfrentamento da "alienação parental" — ainda que ela tenha considerado a relevância de uma atuação profissional que promova a garantia da convivência familiar e da igualdade parental. Esses dados se coadunam com a defesa que estamos fazendo sobre a existência de contradições na LAP.

No trabalho de Magalhães (2019), prevalece a ideia da "prevenção da alienação parental", tal qual defendem Silva, Ferreira e Cruz (2019). A contribuição de Magalhães (2019) é destacar o estudo social como um instrumental que possibilita a/o assistente social conhecer, mais profundamente, a realidade social das pessoas que buscam a Justiça e, juntamente com o laudo e o parecer social, subsidiar a decisão judicial. Essa autora elenca ainda o acordo judicial como sendo um instrumental técnico-operativo do serviço social. Todavia, é fundamental mencionar que práticas de mediação e/ou conciliação não se configuram como atribuição ou competência profissional da/o assistente social.

Ressaltamos, por oportuno, que a recomendação do CFESS (2014, p. 62) é no sentido de refletirmos...

> Em que medida leva à efetivação de direitos e garantem a resolução do conflito entendido em sua totalidade ou representa medida apaziguadora das relações interpessoais, descoladas de suas determinações mais amplas, são questões que se colocam e têm requerido da profissão reflexões, posições e mediações (esta como categoria teórica) convergentes com o projeto ético-político profissional.

Vale lembrar também que o Conselho Regional de Serviço Social do Estado de São Paulo (CRESS/SP) lançou uma Nota Técnica, no ano de 2016, apresentando a Posição Preliminar sobre Serviço Social e Mediação de Conflitos. Essa nota ratifica o não reconhecimento da conciliação e da mediação como atribuições da/o assistente social.

Diferentemente de Magalhães (2019), Toledo e Matsumoto (2019) deram ênfase a uma prática profissional atenta às contradições da LAP. Elas sinalizam que as/os assistentes sociais da Defensoria Pública do Estado de São Paulo apresentam cautela em relação à LAP, pois compreendem que as famílias vivenciam dificuldades em seu cotidiano, decorrentes da falta de acesso a políticas públicas como trabalho, moradia, habitação, o que gera consequências adversas na vida de mulheres e homens trabalhadoras/es. Isso implica que a atuação do Serviço Social deve ter o seu foco nas famílias e nas expressões da questão social, e não na identificação de "alienação parental". Dito de outro modo, nossa atuação profissional, necessariamente, deve se pautar nas determinações sócio-históricas e, portanto, não pode ser um instrumento de normatização nem de controle por parte do Estado.

Outro dado relevante trazido por Silva, Ferreira e Cruz (2019) é a presença de diferentes interpretações do que seria considerado "alienação parental" pelo grupo de peritas que elas entrevistaram. Isso também se configura como um elemento que dificulta uma análise apurada de casos dessa natureza na Comarca onde a pesquisa foi realizada.

Embora essas três autoras tenham apresentado o conceito de alienação parental com base na LAP, subjaz a esse trabalho a perspectiva da "síndrome", proposta por Gardner (2002). Essa perspectiva, bastante questionável, incorpora "sintomas" e graduação em níveis de gravidade que podem levar a outras patologias que afetam o comportamento de crianças e adolescentes — **para discussões sobre a (pseudo) "Síndrome de Alienação Parental", vide Capítulo 1.**

Em oposição, Toledo e Matsumoto (2019, p. 9) compreendem que, ao associar a alienação parental a uma síndrome, recaímos em retrocesso, pois...

> Ao adotar uma teoria que transforma em patologia as expressões da questão social, com a devida culpabilização e penalização dos indivíduos, os assistentes sociais estariam sendo mais um instrumento de controle e normatizador do Estado em busca de indícios de práticas que caracterizariam a suposta alienação parental. Cabe ao Serviço Social balizar respostas fundamentadas em uma análise do contexto sócio-histórico e, principalmente, ir além da mera aparência do que está sendo rotulada como alienação parental, sob pena de um retrocesso ao conservadorismo.

Para chegar a essa compreensão, Toledo e Matsumoto (2019) entrevistaram assistentes sociais da Defensoria Pública do Estado de São Paulo (DPSP) com o objetivo de identificar as respostas e os desafios que essas/es profissionais enfrentavam no atendimento às famílias em questão. Elas explicitam a polêmica gerada pela aprovação da LAP: uma lei que trata de um conceito controverso. Segundo essas autoras, a LAP foi, em geral, bem aceita no meio jurídico, e isso acaba por reforçar a culpabilização das mulheres e a idealização da convivência familiar, como se os vínculos familiares pudessem ser restabelecidos com o reconhecimento dos "atos alienantes" pura e simplesmente.

Já o trabalho de Batista e Valente (2022) aponta as tensões que emergem nas varas da família em situações envolvendo acusações de alienação parental quando o princípio dos melhores interesses de crianças e adolescentes é colocado em oposição ao dos pais, sobretudo ao das mães, pois...

> [...] devido à natureza generificada da família, [as mães] são objetos de crescente vigilância e controle, ao passo que seus próprios interesses e bem-estar são obscurecidos, ou mesmo depreciados e subordinados aos

interesses e necessidades das crianças e não como parte de uma totalidade (Batista; Valente, 2022, n.p.).

A percepção de que perdura sobre as mulheres um movimento de vigilância e de controle também foi identificada nos dados analisados por Rocha e Alberguini (2019). De acordo com essas pesquisadoras:

> A experiência na prática cotidiana, por exemplo, demonstra que, ainda nos dias de hoje, muitas petições elaboradas por advogados e, mesmo por advogadas, buscam apresentar as mulheres como sendo as "culpadas" pelo divórcio por diversas alegações, inclusive, supostas traições que elas teriam cometido, ou mesmo nos relatos dos homens emergem o discurso que o relacionamento acabou porque a ex-companheira passou a trabalhar fora ou retomou os estudos (Rocha; Alberguini, 2019, p. 9).

Batista (2022) e Rocha (2022d), por sua vez, tecem críticas quanto à ideia de que a perícia social e, consequentemente, o parecer social produzam "diagnóstico da alienação parental, perspectiva existente na Lei [...] e que se confronta com os preceitos ético-políticos da profissão, já que se faz subjacente um viés punitivo" (Batista, 2022, n.p.). Seguindo esse entendimento, Rocha (2022d) analisa que reconhecer a existência de óbices ao exercício da parentalidade e ao fortalecimento de vínculos afetivo-relacionais não implica emitir laudos com o "diagnóstico de alienação parental".

Ao defender que o foco da perícia em Serviço Social deve ser o direito à convivência familiar e comunitária, e não o de detectar "alienação parental", Rocha (2022c) reafirma que não está prevista, em nossas atribuições profissionais, a prática de diagnosticar "atos alienantes". Em função disso, ao se referir à LAP, a autora considera que:

> [...] a referida lei, com sua característica marcadamente pragmática, reforça estereótipos de pais e mães e os colocam em confronto (alienador/a x alienada/o) o que destoa da perspectiva de transformação da realidade e superação das desigualdades de sexo/raça/classe que estão presentes no Projeto Ético-político hegemônico do Serviço Social (Rocha, 2022c, n.p.).

Respalda essa afirmação o que consta nas recomendações do CFESS (2022), segundo as quais as categorias "convivência familiar" e "comunitária", na concepção pública e estatal de proteção social, superam visões que responsabilizam assistentes sociais a emitirem "diagnósticos" de alienação parental ou de práticas "preventivas", como emergiu em algumas das publicações analisadas.

Sobre esse ponto, especificamente, Silva e Santana (2013, p. 194–195) alertam, de forma categórica, que...

> [...] expectativas messiânicas que cultivem a ideia de que a profissão será capaz de reverter situações que não são de sua responsabilidade, identificando o que de fato ela pode fazer, o que não vem sendo feito, qual é a trama que explica o significado social do Serviço Social, sua inserção na divisão do trabalho, as demandas que a ele são atribuídas, o que pensamos sobre elas, o que desejamos individualmente e coletivamente para essa profissão, isto é, qual a direção social a ser adotada e as consequências disso. O profissional consciente, sem falsas ilusões, poderá agir como sujeito político-crítico imprimindo ao trabalho profissional um perfil promissor, de fato criativo, por isso crítico-crítico.

Isso posto, compreendemos que, ainda que as publicações analisadas sejam anteriores à recomendação da Nota Técnica do CFESS (2022), para além do aconselhamento ou do diagnóstico de alienação parental, as dimensões técnico-operativas, teórico-metodológicas e ético-políticas que compõem o projeto profissional do Serviço Social já se constituíam como importantes referenciais para a atuação de assistentes sociais. Não podemos perder de vista esse lastro constitutivo da nossa prática profissional.

Os dados analisados do conjunto das doze publicações, advindas dos últimos CBAS e ENPESS, apontam para diferentes posicionamentos entre assistentes sociais no que tange à alienação parental. Essa diferença decorre, muito provavelmente, de aspectos ligados à formação profissional e aos espaços sócio-ocupacionais, que são determinantes na atuação. Os dados sinalizam também que o Serviço Social está, gradativamente, ampliando as discussões sobre esse relevante tema. Isso evidencia os esforços das/os assistentes sociais para que compreendam, numa perspectiva crítica, a complexidade da LAP e suas implicações para o trabalho da/o assistente social em relação a cada um dos casos a que precisa atender em função dos melhores interesses das crianças e dos adolescentes.

CONSIDERAÇÕES FINAIS

A reflexão crítica sobre os pressupostos da alienação parental a partir da análise do Serviço Social nos parece fundamental para superar o posicionamento binário (e simplista) de ser contra ou a favor da LAP. Nesse sentido, a construção de reflexões propositivas que situem a contribuição de assistentes sociais em um tema sensível como esse se reveste de especial relevância.

Para tanto, a reafirmação dos princípios da prática profissional do Serviço Social, a sustentação do nosso Projeto Ético-Político e a clareza quanto às atribuições privativas da/o assistente social são cruciais. É com esse lastro que podemos construir subsídios concretos a partir dos quais possamos desenvolver um olhar de estranhamento em relação a legislações (a exemplo da LAP) que, além de não promoverem a igualdade parental, haja vista acentuarem desigualdades de gênero e desenvolverem conflitos interparentais, apresentam soluções imediatistas, tais como: modificação ou inversão de guarda, alteração do domicílio de crianças e adolescentes, aplicação de multa. Em situações complexas que envolvem o exercício da autoridade parental, a proteção integral de crianças e adolescentes, a cessação da violência doméstica, entre outros aspectos relativos à convivência familiar e comunitária, muitas variáveis precisam ser analisadas com profundidade, e elas são demarcadas pelas desigualdades de gênero/raça/classe que perpassam as relações familiares.

Exatamente por causa dessa complexidade, longe de enquadrar pais e mães em um rol exemplificativo de "atos de alienação parental", as atribuições privativas de assistentes sociais no atendimento às famílias que têm a sua vida judicializada são a de conhecer a realidade social em sua totalidade com vistas à elaboração de um parecer técnico que viabilize direitos sociais. Assim, compreendemos que "diagnosticar" a alienação parental é incompatível com a perícia em Serviço Social.

Temos ciência de que essa defesa não é unânime. Os dados analisados neste capítulo evidenciam distintos posicionamentos: desde indicativos de uma perspectiva crítica e de cautela em relação aos pressupostos de alienação parental até manifestações em torno de combate a "atos de alienação parental". No que se refere ao conceito de "alienação parental", também há divergências. Porém, o fato de haver um progressivo aumento no número de assistentes sociais interessados nessa temática já nos parece favorável.

Nesse processo, destacamos o marco orientativo da Nota Técnica do CFESS sobre a temática de alienação parental. Ao orientar a categoria profissional nas demandas que envolvem alegações de alienação parental, o CFESS reitera o Projeto Ético-Político hegemônico da atuação de assistentes sociais e o compromisso da categoria com a população atendida, sempre alicerçando a prática profissional nos fundamentos sócio-históricos da profissão, em suas dimensões teórico-metodológica, ético-política e técnico-operativa que, *a priori*, conduzem a nossa prática em diferentes espaços sócio-ocupacionais. As/Os assistentes sociais que desejam desenvolver uma visão analítico-crítica sobre sua própria prática não podem se afastar dessas orientações. Isso é fundamental para refletirmos, sobretudo, sobre a LAP e suas implicações no trabalho dos profissionais do Serviço Social.

REFERÊNCIAS

ABRAMIDES, M. B. C. **O projeto ético-político do Serviço Social brasileiro**: ruptura com o conservadorismo. São Paulo: Cortez, 2019.

AMARAL, M. V. B. **O avesso do discurso**: análise de práticas discursivas no campo do trabalho. Maceió: Edufal, 2007.

BATISTA, T. T. A atuação da/o assistente social nos casos de alienação parental. **Revista Serviço Social e Sociedade**, n. 129, p. 326–342, maio 2017.

BATISTA, T. T. A inserção do Serviço Social nas varas de família: trajetória em Construção. ABPESS, XVII Congresso Nacional de Assistentes Sociais, Brasília, 2022. **Anais...** Disponível em: https://cbas.silvaebrisch.com.br/uploads/finais/0000000399.pdf. Acesso em: 11 mar. 2024.

BATISTA, T. T. **Judicialização dos conflitos intrafamiliares**: considerações do Serviço Social sobre a alienação parental. 2016. Dissertação (Mestrado em Serviço Social) — Programa de Pós-Graduação em Política Social, Universidade Federal do Espírito Santo, Vitória, 2016.

BATISTA, T. T.; VALENTE, M. L. C. S. O princípio do melhor interesse da criança e do adolescente: apontamentos teórico-práticos nas Varas de Família. ABPESS, XVII Congresso Nacional de Assistentes Sociais, Brasília, 2022. **Anais...** Disponível em: https://cbas.silvaebrisch.com.br/uploads/finais/0000000860.pdf. Acesso em: 11 mar. 2024.

BRASIL. Lei n.º 11.340, de 7 ago. 2006. Brasília, 2006a. Disponível em: http://www.planalto.gov.br/ccivil_03/_ato2004-2006/2006/lei/l11340.htm. Acesso em: 11 jul. 2024.

BRASIL. Lei n.º 12.318, de 26 ago. 2010. Disponível em: http://www.planalto.gov.br/ccivil_03/_ato2007-2010/2010/lei/l12318.htm. Acesso em: 8 jun. 2022.

BRASIL. Lei n.º 14.340, de 18 mai. 2022. Disponível em: http://www.planalto.gov.br/ccivil_03/_Ato2019-2022/2022/Lei/L14340.htm. Acesso em: 24 maio 2022.

BRASIL. Lei n.º 8.069, de 13 jul. 1990. Brasília, 1990. Disponível em: http://www.planalto.gov.br/ccivil_03/leis/l8069.htm. Acesso em: 11 jul. 2024.

CFESS. Conselho Federal de Serviço Social. Atuação de assistentes sociais no sociojurídico — subsídios para reflexão. Série Trabalho e Projeto Profissional nas Políticas Sociais. Brasília: [s. n.], 2014. (Série Trabalho e Projeto Profissional nas Políticas Sociais).

CFESS. Conselho Federal de Serviço Social. Código de Ética do/a assistente social. Lei n.º 8.662/93 de regulamentação da profissão. 10. ed. rev. e atual. [Brasília]: Conselho Federal de Serviço Social, [2012].

CFESS. Conselho Federal de Serviço Social. Nota Técnica. O trabalho de assistentes sociais e a Lei de Alienação Parental (Lei n.º 12.318/2010). Disponível em: https://www.cfess.org.br/arquivos/nota-tecnica-LAP-2022-dez-cfess.pdf. Acesso em: 8 dez. 2022.

CISNE, M.; SANTOS, S. M. M. dos. **Feminismo, diversidade sexual e Serviço Social**. Biblioteca Básica de Serviço Social, v. 8. São Paulo: Cortez, 2018.

CNJ. Conselho Nacional de Justiça (Brasil). Protocolo para julgamento com perspectiva de gênero [recurso eletrônico] / Conselho Nacional de Justiça. Brasília: Conselho Nacional de Justiça — CNJ; Escola Nacional de Formação e Aperfeiçoamento de Magistrados — ENFAM, 2021. Disponível em: http://www.cnj.jus.br. Acesso em: 21 out. 2021.

FÁVERO, E. T. O estudo social: fundamentos e particularidades de sua construção na área judiciária. *In*: CONSELHO FEDERAL DE SERVIÇO SOCIAL. **O estudo social em perícias, laudos e pareceres técnicos**: debates no judiciário, no penitenciário e na previdência social. 11. ed. São Paulo: Cortez, 2014, p. 13–64.

FORTI, V.; GUERRA, Y. Na prática a teoria é outra? *In*: FORTI, V.; GUERRA, Y. (org.). **Serviço Social**: Temas, Textos e Contextos. 2. ed. Rio de Janeiro: Lumen Juris, 2011, p. 3–22. (Coletânea Nova de Serviço Social).

GOIS, D. A.; OLIVEIRA, R. C. S. **Serviço Social na justiça da família**: demandas contemporâneas do exercício profissional. São Paulo: Cortez, 2019.

GUERRA, Y. Consolidar avanços, superar limites e enfrentar desafios: os fundamentos de uma formação profissional crítica. *In*: GUERRA, Y. *et al*. **Serviço Social e seus fundamentos**: conhecimento e crítica. 2. ed. Campinas: Papel Social, 2019.

GUERRA, Y. No que se sustenta a falácia de que "na prática a teoria é outra"? II Seminário Nacional Estado e Políticas Sociais. **Anais...** Universidade Estadual do Oeste do Paraná. Cascavel-PR: UNIOESTE, 2005.

IAMAMOTO, M. V. **O Serviço Social na contemporaneidade**: trabalho e formação profissional. 4. ed. São Paulo: Cortez, 2001.

LIMA, S. A.; LOPES, M. G. A. A categoria mediação e o trabalho dos assistentes sociais na identificação da alienação parental. ABPESS, XVI Encontro Nacional de Pesquisadores em Serviço Social. **Anais...** Ribeirão Preto, 2016, CD-ROM.

MAGALHÃES, M. M. C. Alienação parental e o trabalho da/o assistente social: sob uma ótica preventiva. ABPESS, XVI Congresso Nacional de Assistentes Sociais. **Anais...** Brasília, 2019. Disponível em: https://broseguini.bonino.com.br/ojs/index.php/CBAS/article/view/1654. Acesso em: 11 mar. 2024.

MELO, N. S. F. M. Guarda compartilhada: reflexões sobre a igualdade parental e o direito à convivência familiar. ABPESS, XV Congresso Nacional de Assistentes Sociais. **Anais...** Recife, 2016. Disponível em: https://cbas2016.bonino.com.br/arquivos_artigos/0228.pdf. Acesso em: 5 jul. 2024.

MIOTO, R. C. T. Estudos socioeconômicos. *In*: CFESS/ABEPSS/CEAD-UnB. **Serviço Social**: direitos sociais e competências profissionais. Brasília, DF: CFESS, 2009.

MONTAÑO, C. **Alienação parental e guarda compartilhada**: um desafio ao Serviço Social na proteção dos mais indefesos: a criança alienada. 2. ed. Rio de Janeiro: Lumen Juris, 2018.

MONTAÑO, C. A Alienação Parental como manifestação da "questão social" e expressão do drama da família contemporânea. A 10 anos da Lei da Alienação Parental, quem refuta seu avanço civilizatório? **Revista Âmbito Jurídico**, jul-2021. Disponível em: https://ambitojuridico.com.br/cadernos/direito-de-familia/a-alienacao-parental-como-manifestacao-daquestao-social-e-expressao-do-drama-da-familia-contemporanea-a-10-anos-da-lei-da-alienacaoparental-quem-refuta-seu-avanco-civilizatorio/. Acesso em: 20 abr. 2022.

NETTO, J. P. A construção do Projeto Ético-Político do Serviço Social. *In*: MOTA, A. E. *et al.* (org.). **Serviço Social e Saúde**: formação e trabalho profissional. São Paulo: Ministério da Saúde, 2006, p. 141–160.

PONTES, R. A mediação como categoria central de intervenção profissional do assistente social. **Revista Conexão Gerais**, CRESS-MG, 2º sem. 2012. Disponível em: https://cress-mg.org.br/wp-content/uploads/2021/05/revista_cress_volume_2.pdf Acesso: 30 jun. 2024.

ROCHA, E. F. Convivência familiar e comunitária e perícia em Serviço Social nas varas da família: reflexões críticas para além do diagnóstico da alienação parental. ABPESS, XVII Encontro Nacional de Pesquisadores em Serviço Social. **Anais...** Rio de Janeiro, 2022d. Disponível em: https://www.abepss.org.br/enpess-anais/public/arquivos/00548.pdf. Acesso em: 11 mar. 2024.

ROCHA, E. F. da. **Alienação parental sob o olhar do Serviço Social**: limites e perspectivas da atuação profissional nas varas de família. 2016. Tese (Doutorado em Serviço Social) — Pontifícia Universidade Católica de São Paulo, São Paulo, 2016a.

ROCHA, E. F. da. Perícia social em alienação parental: da crítica ao punitivismo ao direito à convivência familiar. *In*: MEDEIROS, A.; BORGES, S. **Psicologia e Serviço Social**: referências para o trabalho no judiciário. Curitiba: Nova Práxis, 2019, p. 111–133.

ROCHA, E. F. da. Repercussões das Acusações de Alienação Parental para as Mulheres nos Litígios Familiares: uma abordagem crítico-feminista. *In*: SIQUEIRA, M. **Direito, Estado e Feminismo**. v. I. João Pessoa: Editora Porta, 2022b.

ROCHA, E. F. da. Serviço Social, convivência familiar e perícia social: reflexões necessárias em tempos de pandemia. *In*: PONTES, R. N.; CRAVEIRO, A. V.; AMARO, S. **Serviço Social e pandemia**: realidade, desafios e práxis. Curitiba: Nova Práxis, 2020, p. 117–134.

ROCHA, E. F.; ALBERGUINI, S. Alienação parental e relações sociais de sexo: temas transversais à perícia social em varas da família. ABPESS, XVI Congresso Nacional de Assistentes Sociais. **Anais...** Brasília, 2019. Disponível em: https://broseguini.bonino.com.br/ojs/index.php/CBAS/article/view/1001. Acesso em: 11 mar. 2024.

ROCHA, E. F. O trabalho do assistente social com famílias em litígio e a alienação parental: limites e possibilidades da prática profissional em varas de família. ABPESS, XV Encontro Nacional de Pesquisadores em Serviço Social. **Anais...** Ribeirão Preto, 2016b, CD-ROM.

ROCHA, E. F. Perícia em Serviço Social e alienação parental: a centralidade no direito à convivência familiar e comunitária como perspectiva de atuação profissional. ABPESS, XVII Congresso Nacional de Assistentes Sociais. **Anais...**

Brasília, 2022c. Disponível em: https://cbas.silvaebrisch.com.br/uploads/finais/0000001572.pdf. Acesso em: 11 mar. 2024.

ROCHA, E. F. **Serviço Social e Alienação Parental**: contribuições para a prática profissional. São Paulo: Cortez, 2022a.

ROCHA, E. F. Serviço Social em varas de família: o litígio familiar e a alienação parental sob a perspectiva das relações sociais de sexo. ABPESS, XVI Encontro Nacional de Pesquisadores em Serviço Social. **Anais...** Vitória, 2018. Disponível em: https://www.abepss.org.br/enpess-anais/public/arquivos/2018/poster-22131-14647.pdf. Acesso em: 11 mar. 2024.

ROCHA, E. F.; CORDEIRO, L. P. Judicialização da convivência familiar e Serviço Social: contribuições ao debate contemporâneo. **Serviço Social em Debate**, [s. l.], v. 5, n. 2, 2022. DOI: 10.36704/ssd.v5i2.6839. Disponível em: https://revista.uemg.br/index.php/serv-soc-debate/article/view/6839. Acesso em: 11 mar. 2024.

ROCHA, E. F.; SOUZA, A. P. H. Alienação Parental como Demanda nas Perícias Psicológica e Social em Varas de Família: uma perspectiva interdisciplinar. *In*: BORGIANNI, E.; MACEDO, L. M. (org.). **O Serviço Social e a Psicologia no Universo Judiciário**. 1. ed., v. 1. Campinas: Editora Papel Social, 2018, p. 277–295.

SILVA, J. F. S.; SANT'ANA, R. S. O método na teoria social de Marx: e o Serviço Social? **Temporalis**, [s. l.], v. 13, n. 25, p. 181–203, 2017. Disponível em: https://periodicos.ufes.br/temporalis/article/view/4889. Acesso em: 8 jul. 2024.

SILVA, S. C. F. da; CRUZ, T. L. da. Alienação parental: concepção e atuação das assistentes sociais. ABPESS, XVI Congresso Nacional de Assistentes Sociais. **Anais...** Brasília, 2019. Disponível em: https://broseguini.bonino.com.br/ojs/index.php/CBAS/article/view/1246. Acesso em: 11 mar. 2024.

TEIXEIRA, J. B.; BRAZ, M. O projeto ético-político do Serviço Social. *In*: CONSELHO FEDERAL DE SERVIÇO SOCIAL — CFESS; ASSOCIAÇÃO BRASILEIRA DE ENSINO E PESQUISA EM SERVIÇO SOCIAL — ABEPSS. **Serviço Social**: direitos sociais e competências profissionais. Brasília, CFESS/ABEPSS, 2009.

TOLEDO, L. R. D. M. C.; MATSUMOTO, T. Y. As respostas do Serviço Social no enfrentamento da demanda da alienação parental na área do sociojurídico. ABPESS, XVI Congresso Nacional de Assistentes Sociais. **Anais...** Brasília, 2019. Disponível em: https://broseguini.bonino.com.br/ojs/index.php/CBAS/article/view/537. Acesso em: 11 mar. 2024.

VALENTE, M. L. C. S.; BATISTA, T. T. Violência doméstica contra a mulher, convivência familiar e alegações de alienação parental. **Argumentum**, [s. l.], v. 13, n. 3, p. 76–89, 2021. DOI: 10.47456/argumentum.v13i3.35395. Disponível em: https://periodicos.ufes.br/argumentum/article/view/35395. Acesso em: 23 jun. 2024.

A REFORMA DO CÓDIGO CIVIL BRASILEIRO E AS DISPUTAS PELA MANUTENÇÃO DOS ESTEREÓTIPOS DE GÊNERO VINCULADOS À LEI DE ALIENAÇÃO PARENTAL

Ela Wiecko Volkmer de Castilho
Nathálya Oliveira Ananias
Fernanda Pereira Nunes

RESUMO: no início de 2024, a Comissão de Juristas, instituída pela presidência do Senado, apresentou um anteprojeto de atualização e revisão do Código Civil brasileiro de 2002. Durante os debates, juristas que defendem a manutenção da Lei de Alienação Parental (LAP) no Brasil reforçaram uma ideologia familista e adultocentrista, desconsiderando as desigualdades materiais que desfavorecem mulheres, crianças e adolescentes. O objetivo deste capítulo é dar visibilidade às disputas em torno do anteprojeto no âmbito da Subcomissão de Família e identificar os estereótipos de gênero da LAP mantidos no texto final apresentado pela Comissão. Para tanto, o estudo aborda os estereótipos de gênero presentes na LAP, com enfoque no papel social atribuído às mulheres nas famílias, analisa as propostas divergentes entre defensores e opositores da LAP, e examina os dispositivos do texto final apresentado ao Senado. Espera-se, assim, contribuir para a memória das disputas sobre a LAP no Brasil, dar visibilidade às complexidades das desigualdades de gênero no Direito de Família e fomentar uma perspectiva crítica feminista nesse campo.

Palavras-chave: Lei de Alienação Parental (LAP); Direito de Família; Código Civil Brasileiro; Desigualdade de Gênero; Feminismo; Revisão Legislativa.

1. INTRODUÇÃO

Quando o Código Civil completou vinte anos de sua promulgação, em 10 de janeiro de 2023, o *site* ConJur publicou uma reportagem, em que Sérgio Rodas avaliava ter o Código estimulado a formação de novas gerações de civilistas e uma integração da jurisprudência com a Constituição Federal de 1988. Diante do que ouvira de especialistas concluiu: "Ainda que tenha limitações que expressam as contradições dos diferentes períodos pelos quais sua tramitação se estendeu, a lei não precisa de grandes mudanças".[15]

Na mesma data, o site da Agência Senado trazia uma reportagem em sentido oposto ressaltando: "Hoje em dia, o novo Código é, por sua vez, motivo de debate, sofrendo críticas daqueles que o consideram desatualizado. Desde 2003, o novo Código já foi alterado por outras 53 normas".[16]

Nesse embate, o presidente do Senado, Rodrigo Pacheco, formado em Direito, embora especializado em Direito Penal Econômico e com pretérita advocacia criminalista, posicionou-se clara e decididamente. Por meio do Ato de 28 de agosto de 2023, ele instituiu a Comissão de Juristas com a finalidade de apresentar, no prazo de 180 dias, anteprojeto de Lei para revisão e atualização da Lei n.º 10.406, de 10 de janeiro de 2002 (Código Civil). A Comissão de Juristas foi composta por 38 membros, magistradas/os, advogadas/os, professoras/es universitárias/os sob a presidência do ministro Luis Felipe Salomão, do Superior Tribunal de Justiça (STJ). Vale registrar que esse tribunal promove, por intermédio do Centro de Estudos Judiciários do Conselho da Justiça Federal (CEJ-CJF), as Jornadas de Direito Civil, evento anual em que são aprovados enunciados sobre a interpretação do Código Civil. E é o STJ que dá a última palavra na interpretação do Código Civil quando julga questões que lhe são submetidas por meio de Recurso Especial (REsp).

A Comissão de Juristas responsável pela revisão e atualização do Código Civil (CJCODCIVIL) trabalhou de 4 de setembro de 2023 a 17 de abril de 2024. Criou oito subcomissões temáticas: Parte Geral, Obrigações e Responsabilidade Civil, Contratos, Direito das Coisas, Direito de Família, Sucessões, Direito Digital e Direito Empresarial. Abriu prazo para sugestões, tendo enviado cerca de 400 ofícios a entidades representativas da sociedade civil, faculdades de Direito, órgãos públicos e associações. Vieram da sociedade civil, do presidente e de integrantes da Comissão 280 sugestões. Houve a realização de quatro audiências públicas e participação em eventos promovidos por universidades e associações. Também foram recebidas inúmeras contribuições de participação popular pelo canal e-Cidadania. As Subcomissões também buscaram fomentar o debate, mas de forma insuficiente. No site do Senado Federal não encontramos disponibilizadas

---

15 Ver: https://www.conjur.com.br/2023-set-17/codigo-civil-refletir-avancos-tecnologicos-familiares--ambientais/.

16 Ver: https://www12.senado.leg.br/noticias/materias/2022/01/10/20-anos-apos-sancao-debate-considera-codigo-civil-desatualizado-e-defende-mudancas.

as contribuições encaminhadas pelas entidades convidadas ou por cidadãs/os. Os relatórios das Subcomissões permitem afirmar que o debate para revisão e atualização do Código Civil mobilizou um segmento restrito do meio jurídico. Lamentavelmente, a população ficou alheia ao debate de um texto normativo que regula todos os aspectos da sua vida: do nascimento à morte.

Um desses aspectos é a vida em família, cuja normatização atual foi objeto de muitas propostas de alteração. Na sessão em que foi apresentado o relatório final da Comissão, o presidente do Senado pontuou que não por acaso "o texto procura adequar o Direito da Família às múltiplas manifestações afetivas e às consequências jurídicas dessas novas matrizes" (Senado, 2024). Nas palavras do ministro Luis Felipe Salomão o direito de família foi "talvez o centro maior dos nossos debates" (Senado, 2024).

Por isso, importante observar que no seu pronunciamento a relatora-geral, Rosa Maria de Andrade Nery, realçou dois pontos fundamentais para a compreensão da atualização do Código Civil brasileiro. O primeiro diz respeito à "centralidade da pessoa no contexto de sua experiência humana, jurídica e civil" bem como à "centralidade da família, espaço onde a vida tem condições de medrar". O segundo, sobre o "ter", isto é, "a pessoa e seu patrimônio" (Senado, 2024).

Durante os trabalhos da Comissão, um dos tópicos que suscitou polêmica foi a redação proposta pela Subcomissão no tema da guarda de filhos/as e convivência destes/as com o/a genitor/a não guardião ou não residente. A redação não foi aprovada pela Comissão, devido à oposição formal de coletivos de mães afetadas pela Lei de Alienação Parental (LAP). Mas a disputa foi instaurada. Constitui o foco deste capítulo, o qual pretende demonstrar os efeitos deletérios para as mulheres, caso a redação vier a ser proposta no trâmite legislativo e ser acolhida a lógica da LAP no texto do Código Civil.

2. A PROPOSTA DA SUBCOMISSÃO DE DIREITO DE FAMÍLIA DA CJCODCIVIL: ESTEREÓTIPOS DE GÊNERO E CONTROLE DA SUBJETIVIDADE DAS MULHERES-MÃES NAS FAMÍLIAS

A Subcomissão de Direito de Família foi composta por quatro membros: três homens e uma mulher, todos com notória experiência e especialização na área jurídica. Entre eles, estavam um juiz, um ministro do STJ, uma desembargadora aposentada e advogada, e um professor e advogado, todos com formações acadêmicas sólidas e atuações destacadas tanto no exercício da magistratura quanto na advocacia e no ensino jurídico. Entretanto chama atenção o fato de que apenas dois deles têm atuação predominante no direito de família e ambos participam ativamente de uma mesma instituição jurídica não governamental, o Instituto Brasileiro de Direito de Família (IBDFAM).

O Parecer da Subcomissão submetido aos relatores-gerais da Comissão afirma que seu trabalho foi resultado das pesquisas feitas "perante a sociedade civil, a comunidade jurídica, a jurisprudência, os enunciados das Jornadas promovidas pelo CJF e as experiências legislativas de outros países" (Senado, 2023). Ressalta que: a) houve a "preocupação de atualizar o Código Civil brasileiro às transformações sociais recentes"; b) que a reforma não é voltada para uma elite acadêmica, mas "tem como destinatária a própria sociedade brasileira"; c) teve o objetivo de "positivar as interpretações consolidadas pela comunidade jurídica e corrigir falhas redacionais"; d) a diretriz fundamental foi a de "reestruturar o Livro de Direito das Famílias do Código Civil Brasileiro, adaptando-o, com equilíbrio e cuidado, à realidade brasileira contemporânea"; e) houve um esforço "para desburocratizar e facilitar, com segurança jurídica, a vida dos brasileiros" (Senado, 2023). Além de ter realizado reuniões internas e consultas informais entre seus integrantes com a comunidade jurídica e a sociedade civil, a Subcomissão relata que esteve presente em várias reuniões organizadas pela Comissão, destacando quatro encontros específicos: em Brasília, em São Paulo, em Porto Alegre e em Salvador.

Dez instituições foram convidadas a se manifestar, sendo cinco Faculdades de Direito (com sede em Salvador, São Paulo, Porto Alegre, Brasília e Manaus) e cinco associações jurídicas (com sede em Juiz de Fora, Salvador, Belo Horizonte e São Paulo) (Senado, 2023). Nota-se a ausência de equitativa representatividade por regiões do país ou por unidades da federação. A única associação de abrangência nacional, o IBDFAM, sediado em Belo Horizonte, já estava representada por sua vice-presidente e um diretor na própria Subcomissão.

O Parecer menciona, de forma exemplificativa, 27 professoras e 16 professores que contribuíram, direta ou indiretamente, com propostas e ideias. Desse total 37 são da área jurídica. Um grupo minoritário de seis pessoas pertence a outras áreas de conhecimento com atuação nos direitos das pessoas com deficiência. Faltou, portanto, à Subcomissão, uma diversificação disciplinar, mesmo no campo restrito do direito, e da representatividade social, considerando classe, raça/cor, etnia, geolocalização, ocupação econômica, entre outros marcadores de diferenças, capazes de assegurar uma visão plural da realidade sociocultural e econômica brasileira e das necessidades da maior parte da população brasileira sem acesso ao sistema de justiça. Sem falar do completo alijamento dos movimentos sociais que lutam por direitos. Dessa forma, o debate sobre um texto normativo, que regula todos os aspectos da sua vida: do nascimento à morte, ficou restrito a um grupo de especialistas jurídicos que se substituem, ainda que com boa-fé, aos grupos e movimentos existentes na sociedade brasileira.

O Parecer destacou a importância simbólica da mudança do título do Livro IV para "Direito das Famílias", que reflete a inclusão de diversos arranjos familiares, como a união estável e os núcleos monoparentais, conforme estabelecido pela Constituição de 1988, que adota um conceito amplo de família baseado no princípio da afetividade. Além disso, o Parecer propôs algumas mudanças nas regras gerais aplicáveis a todas as entidades familiares. Entre elas, o dever recíproco de assistência entre os membros da família, independentemente do regime de bens, e a criação de vínculos de parentesco por afinidade entre cônjuges ou companheiros e seus enteados. Também sugeriu que, em caso de dissolução do casamento ou união estável, fosse garantido o direito à convivência do padrasto ou madrasta com os enteados enquanto menores de idade; o reconhecimento da paternidade socioafetiva e da multiparentalidade. Em relação às questões de guarda e convivência relativas aos/às filhos/as, a Subcomissão defendeu o compartilhamento obrigatório da guarda e da convivência familiar, sempre tendo em vista o "melhor interesse existencial da criança e do adolescente", reservando a guarda unilateral para situações justificadas e específicas. Nesse tema, consta do Parecer a transcrição de trecho da obra de Carlos Elias de Oliveira:

> É urgente a necessidade de uma alteração significativa quanto aos papéis parentais, que ainda se encontram absolutamente hierarquizados. Como está posto, com o nome de guarda compartilhada, nada mais acontece do que a atribuição da guarda unilateral a cada um dos genitores no período em que o filho está com ele. A injustificável fixação de um lar de moradia, acaba por atribuir ao genitor com quem a criança reside o desempenho de todas as funções parentais, restando o outro como genitor secundário, um mero 'banco', 'fiscal' e 'visitante', embora sob a pomposa insígnia de cotitular de uma fajuta "guarda compartilhada" (Senado, 2023).

Nessa linha, a proposta da Subcomissão para os artigos 1.583 e 1.589 do Código Civil, que tratam da proteção da pessoa dos filhos, foi a seguinte:

> Art. 1.583. Ainda que os pais não vivam sob o mesmo teto, a convivência com os filhos é compartilhada, sendo conjunta a responsabilidade com relação aos deveres decorrentes da autoridade parental.

§ 1º REVOGAR

§ 2º REVOGAR

§ 3º REVOGAR

§ 4º REVOGAR

Art. 1.583-A. A responsabilidade pelos encargos parentais e o tempo de convívio devem ser divididos de forma equilibrada entre os pais, independente da idade do filho, respeitados apenas os horários de amamentação.

§ 1º Nem por consenso nenhum dos pais pode abdicar do dever de convivência e do exercício dos deveres inerentes à autoridade parental.

§ 2º O descumprimento do dever do exercício do compartilhamento da convivência, autoriza a aplicação de multa, sem prejuízo da imposição de pagamento de indenização por abandono afetivo.

Art. 1.583-B. Os filhos terão dupla residência, assim considerada o domicílio de cada um dos pais.

Art. 1.583-C. Qualquer dos pais pode fiscalizar e acompanhar o exercício da convivência em relação ao outro, tendo o direito de ser informado e de participar das questões referentes à saúde, bem como de acompanhar o processo educacional do filho.

Parágrafo único. Havendo indícios da aplicação não adequada da verba alimentar, o alimentante pode exigir esclarecimentos.

Art. 1.583-D. Não havendo consenso sobre o exercício da convivência, o juiz, atentando à orientação técnico-profissional ou de equipe interdisciplinar estabelecerá um plano de parentalidade, com a divisão equilibrada do tempo com cada um dos pais.

Art. 1.583-E. A guarda unilateral será atribuída a um dos genitores somente quando for reconhecido judicialmente que a convivência com o outro pode comprometer seu desenvolvimento saudável ou causar-lhe algum prejuízo.

§ 1º A guarda unilateral será determinada após a oitiva de ambas as partes e a realização do estudo psicossocial, salvo se a proteção aos interesses do filho exigir a concessão liminar.

§ 2º Estabelecida a guarda unilateral, o juiz determinará a reavaliação social e psicológica periodicamente, para analisar a possibilidade do retorno ao compartilhamento.

§ 3º A guarda unilateral não suspende o direito de convivência que, a depender da gravidade da situação, pode ocorrer de forma assistida.

Art. 1.583-F. A omissão de um dos pais em informar a alteração de residência, o descumprimento imotivado do regime de convivência, bem como a ausência de informações relevantes sobre os filhos, autorizam a aplicação da pena de advertência.

§ 1º A interferência na formação psicológica da criança, mediante a prática de atos que desqualifiquem o convívio entre pais determinação de acompanhamento psicossocial de quem assim age, de modo a garantir o exercício da convivência compartilhada.

§ 2º A reiteração de tais comportamentos pode ensejar a imposição da guarda unilateral a favor do outro genitor, assegurada a convivência assistida, até que seja comprovada a possibilidade de ser restabelecido o compartilhamento.

§ 3º Reconhecida a animosidade entre os pais, de modo a prejudicar a convivência harmônica com ambos, o juiz determinará o acompanhamento psicológico dos genitores e do filho, indicando um mediador para estabelecer um planejamento para o exercício da parentalidade e o acompanhamento da sua execução.

Art. 1.583-G. Se o juiz verificar que nenhum dos pais tem condições de exercer os deveres parentais, concederá a guarda do filho a algum membro da família extensa que mantenha relações de afinidade e afetividade.

Art. 1.583-H. Qualquer estabelecimento público ou privado é obrigado a prestar informações a qualquer dos pais sobre os filhos, sob pena de multa de meio salário mínimo pelo não atendimento da solicitação.

REVOGAR O ARTIGO E OS INCISOS DO ARTIGO 1.584.

Art. 1.585. Em sede de medida cautelar de separação de corpos, concessão de medida protetiva por indícios de violência doméstica, ou de suspensão da convivência, a decisão, mesmo que provisória, será proferida, preferencialmente, após a oitiva de ambas as partes, salvo se a proteção aos interesses do filho exigir a concessão de liminar.

Art. 1.586. Havendo motivos graves, que possam comprometer o bem-estar dos filhos, o juiz pode modificar o compartilhamento da convivência estabelecida pelos genitores.

ART. 1.587. REVOGAR

ART. 1.587. PARÁGRAFO ÚNICO. REVOGAR

ART. 1.588. REVOGAR

ART. 1.589. REVOGAR

Art. 1.589-A. O direito de convivência estende-se aos avós e demais pessoas com quem a criança e o adolescente mantenham vínculo de afetividade.

Art. 1.590. As disposições relativas à convivência e prestação de alimentos aos filhos menores estendem-se aos maiores incapazes e às pessoas com deficiência.

Observa-se na leitura dos artigos supracitados o primado da guarda compartilhada em detrimento da unilateral. Não apenas isso, não é definida com clareza a diferença entre guarda e regime de convivência. O instituto da guarda unilateral é praticamente suprimido, porquanto se aplicará em raríssimos casos. Na guarda compartilhada, os genitores devem decidir em conjunto sobre as questões de maior impacto na vida das/os filhas/os. Por exemplo, a escola em que vão estudar, o tratamento médico que será feito, as atividades no dia a dia.

Com o aumento crescente das discussões que visibilizam as críticas à LAP, bem como de posicionamentos institucionais que recomendam ou buscam sua revogação,[17] os integrantes da Subcomissão de Direito de Família que defendem sua manutenção buscaram a inserção da lei e de seu construto lógico sem a utilização do termo "alienação parental". Isso foi feito tanto por meio de uma lógica patologizante e autoritária, que se utiliza de medidas como multa e advertência para lidar com conflitos familiares, quanto através da imposição da guarda compartilhada.

Desconsidera a necessidade de adoção de medidas diferenciadas quando há conflitos entre os genitores e, especialmente, nos casos de violência, seja contra as mulheres ou até mesmo contra as crianças e adolescentes. Interessante observar que não é explicado o que o termo "animosidade" significa. Isso é particularmente problemático, porque pode dar margem para que situações

---

17 Atualmente, tramitam dois projetos de lei que buscam a revogação da Lei n.º 12.318/2010: o PL n.º 1.372/2023, proposto pelo senador Magno Malta, do Partido Liberal (Brasil, 2023) e o PL n.º 2.812/2022, proposto pelas deputadas Sâmia Bonfim, Fernanda Melchionna e Vivi Reis, todas do Partido Socialismo e Liberdade (Brasil, 2022). Portanto, verifica-se que a revogação da LAP é uma pauta defendida por partidos de esquerda e de direita no país. Ainda, diversos conselhos e entidades têm se posicionado pela revogação da Lei, com destaque para a recomendação recente do Comitê da Convenção sobre a Eliminação de Todas as Formas de Discriminação Contra a Mulher (CEDAW, 2024).

de violência doméstica sejam tratadas como conflitos simétricos entre as partes. Para além disso, o dispositivo também se utiliza de uma abordagem patologizante dos confrontos familiares ao recomendar tratamento terapêutico para todas e quaisquer situações de confronto experimentadas no âmbito familiar, como se situações do tipo fossem necessariamente decorrentes de problemas psicológicos. Isso é problemático porque a patologização de comportamentos tende a levar à individualização de situações, por vezes experimentadas coletivamente (Barbosa; Mendes; Juras, 2021; Maciel; Mendes; Barbosa, 2021; Mendes; Bucher-Maluschke, 2017; Sousa, 2008) e decorrentes da desigualdade de gênero na distribuição do trabalho de cuidados.

Desse modo, as intrincadas e complexas relações e dinâmicas familiares pós-divórcio são tratadas como meras questões pessoais e, por conseguinte, o indivíduo é tratado como o único que deve ser responsabilizado por essas dinâmicas, ignorando-se a totalidade das relações familiares e do sistema familiar. Essa abordagem dos conflitos familiares é típica da pseudo-SAP, que também faz parte desse movimento de patologização dos comportamentos (Barbosa; Mendes; Juras, 2021; Maciel; Mendes; Barbosa, 2021; Mendes; Bucher-Maluschke, 2017; Sousa, 2008) e se utiliza de medidas autoritárias para impor processos "terapêuticos" (Gardner, 1999).

É importante ressaltar que, apesar de utilizar uma linguagem neutra, em que não há menção específica às mulheres, a concepção das normas não ocorre em um vácuo, mas em um contexto patriarcal, que enxerga mulheres como mais inclinadas a emotividade e descontrole (Lerner, 2019; 2022). Desse modo, considerando estereótipos de gênero sobre loucura e histeria feminina, colocam as mulheres-mães em um possível local de descredibilidade e desequilíbrio mental (Mendes; Oliveira-Silva, 2022).

Na prática, a Subcomissão dá supremacia absoluta ao "direito de convivência" dos pais, independentemente do contexto em que a criança/adolescente está inserida, mesmo em casos de violência doméstica. Há uma postura absolutamente adultocêntrica, tanto nos termos utilizados (*e.g.*, autoridade parental) quanto em suas disposições efetivas. Assim, propõe-se uma lei que cria uma hierarquia etária e confere poder aos adultos (em especial os "pais separados") para cercear a autonomia e agência de crianças e adolescentes.

As discussões em torno da questão, em especial sobre a guarda compartilhada, são realizadas sem esforço real visando a uma divisão igualitária do trabalho de cuidado. É importante lembrar que, no Brasil, geralmente, são as mulheres que assumem a maior parte do trabalho de cuidado e, portanto, dedicam muito mais tempo ao cuidar do que os homens (Melo, 2020). Assim, é conferido poder e controle a uma pessoa, o pai, que comumente não assume responsabilidades sobre o cuidado da criança, repassando esse trabalho a outras mulheres como a avó paterna.

Vale lembrar que os grupos que lideraram a aprovação da LAP são os mesmos que se engajaram na criação da guarda compartilhada no direito brasileiro. Na avaliação de Nathálya Ananias:

> Os grupos envolvidos na aprovação dos projetos sobre a guarda compartilhada e a alienação parental são os mesmos e buscam, muito além da garantia do contato dos pais com os filhos, o controle da vida das mulheres e das crianças após o divórcio. A definição da guarda como obrigatória era o objetivo inicial, mas não alcançado no primeiro momento, o que só foi possível com a introdução da lógica punitivista com a incorporação da pseudociência da AP.
>
> Com a LAP legitima-se o controle da conduta subjetiva. Qualquer comportamento subjetivo da mãe guardiã é utilizado como pretexto para aplicar medidas que reduzem seus direitos parentais. Já com a guarda compartilhada como obrigatória, garante-se o poder aos pais não guardiões de decidirem sobre o dia a dia dos filhos, não significando, necessariamente, maior participação e responsabilização. Tratando-se dos casos em que há violência, esse poder representa a legitimação de perseguição, controle e ameaças (Ananias, 2024, p. 6).

3. A OPOSIÇÃO DO MOVIMENTO SOCIAL

Com a divulgação do texto proposto pela Subcomissão do Direito de Família, diversos grupos se organizaram para a apresentação de críticas e sugestões, entre eles organizações feministas e movimentos de mulheres. No presente estudo analisam-se dois documentos: um escrito pelo Instituto Baiano de Direito e Feminismos (IBADFEM) e outro produzido pelo Coletivo Mães na Luta, de mães afetadas pela aplicação da LAP.

Em 29 de janeiro de 2024, o IBADFEM enviou à CJCODCIVIL um documento subscrito por algumas das professoras mencionadas no relatório da Subcomissão, as quais sublinham a preocupação com o parecer, pois "parece desconsiderar a dinâmica de gênero e a necessidade urgente de proteger mulheres e crianças contra a violência".

A previsão de que os filhos tenham dupla residência, correspondente à casa de cada genitor, conforme proposto no artigo 1.583-B, foi qualificada de "arbitrária e inadequada por não considerar a particularidade de cada caso e pela imposição indeterminada dessa regra, inclusive por desprezar os diversos contextos familiares advindo do reconhecimento da multiparentalidade". Lembra o Instituto que, "na realidade brasileira, a maioria das crianças e adolescentes reside com a mãe após a separação dos pais", de modo que "a imposição legal de duas residências certamente não alterará a realidade social concreta e pode criar dificuldades para mães que efetivamente vivem como mães solos com os filhos" (IBADFEM, 2014, p. 9).

O Instituto opôs-se, ainda, à proposta de redação do artigo 1.583-E, que torna a convivência compartilhada a regra, e a guarda unilateral restrita a situações de risco para a/o filha/o, sem referir outras circunstâncias atualmente consideradas, tais como "violência doméstica ou animosidade acentuada entre os cônjuges, reconhecida pela jurisprudência do STJ". Afirma que a "abordagem pode não refletir adequadamente as realidades familiares complexas e as necessidades de proteção de crianças e mães em situações vulneráveis, além de desconsiderar a substancial diferença existente entre guarda e regime de convivência" (IBADFEM, 2024, p. 9).

O texto do art. 1.583-F foi objeto de crítica em virtude de prever a imposição do acompanhamento psicossocial do genitor que pratique atos semelhantes aos atos de alienação parental e, ainda, acompanhamento psicológico dos genitores e do filho. O IBADFEM anota que, segundo números extraídos da Estatística do Registro Civil de 2020 do IBGE, em 2020, dos divórcios realizados, em 57% dos casos, a guarda era atribuída à mulher, em 31% a ambos os cônjuges e em apenas 4% aos homens. Nesse contexto, "a compulsoriedade no acompanhamento psicológico poderá reforçar os estereótipos de gênero, em especial os de histeria e loucura feminina" e é desproporcional, pois o acompanhamento psicossocial para os autores de violência doméstica é uma medida facultativa, conforme o artigo 22 da Lei Maria da Penha (IBADFEM, 2024, p. 8).

Quanto ao artigo 1.638, IV foi criticado porque prevê a perda de autoridade parental pela conduta de "impedir ou dificultar a convivência do filho com outro genitor". O IBADFEM (2024, p. 8) afirma que, "em muitos casos, pode ser desproporcional e reforçar estereótipos de gênero [...], prejudicando principalmente as mulheres em contextos de violência doméstica e manipulação emocional".

Ademais, os artigos 1.583-F e 1.638, IV parecem introduzir artigos relacionados à SAP, apesar de evitar o termo "alienação parental". Mesmo com a possível revogação da LAP, a SAP ainda pode ser aplicada nos processos de família com base nessas novas alterações. O IBADFEM acrescenta que, ao não levar em conta essas questões fundamentais, a proposta "falha em cumprir com os compromissos internacionais assumidos pelo Brasil e não reflete as reais necessidades de uma sociedade que busca igualdade e justiça para todas as pessoas" (IBADFEM, 2024).

A sugerida revogação do §2º do art. 1.584 do Código Civil, alterado pela Lei 14.713/2023, foi questionada como "sério retrocesso na luta contra a violência doméstica", uma vez que a Lei n.º 14.713 reconheceu "a violência doméstica como um fator determinante para a concessão da guarda unilateral, uma salvaguarda crucial para proteger as vítimas deste tipo de violência" (IBADFEM, 2024, p. 10).

Por sua vez, em 24 de fevereiro de 2024, o Coletivo Mães na Luta (CML) enviou à CJCODCIVIL a Nota Técnica n.º 1/2024 com críticas na mesma linha do IBADFEM. E, na audiência pública realizada em 26 de fevereiro, Vanessa Hacon, integrante do CML, ao ter facultada a palavra, externou sua preocupação com o texto da Subcomissão, que permite a violência vicária, isto é, a manipulação de filhos/as pelo pai, que se vale de manobras processuais para questionar diversos aspectos do exercício da maternidade, na tentativa de obter a guarda unilateral com o principal objetivo de controlar e prejudicar as mães.

Em seguida, a professora Aída Kelmemajer, Relatora da Comissão de Juristas do novo Código Civil Argentino, convidada para expor na audiência pública, pontuou igual preocupação, e o Relator-Geral Flávio Tartuce anunciou a Subcomissão e a Relatoria-Geral também divergiam sobre o tema. Diante disso, em todos os artigos em que a Relatoria-Geral percebeu que o tema da alienação parental foi tocado, mesmo implicitamente, resolveu retirá-los. Até "as definições de guarda compartilhada e guarda alternada nós tiramos da lei. Nós deixamos isso para ser julgado no caso concreto, como disse bem a Profa. Aída, de acordo com as circunstâncias do caso concreto, sem definição na lei" (Senado, Ata de 26/02/2024).

O CML encaminhou um novo documento, em 23 de março, para ser apreciado pela Relatoria-Geral, antes das sessões deliberativas na primeira semana de abril. Nesse novo documento, foram destacados pontos específicos do texto a ser votado, incluindo a convivência entre pais e filhos/os e o exercício da autoridade parental, as modalidades de guarda compartilhada e unilateral, a prestação de contas da pensão alimentícia, a criação de um plano de convívio em casos de desacordo entre os genitores, a determinação de acompanhamento psicológico, a possibilidade de fixar a guarda em favor de terceiros, e a mudança do título do capítulo de "poder familiar" para "autoridade parental" (CML, 2024).

Fora ainda sugerida a inclusão de um artigo geral de interpretação das normas do "Direito das Famílias" nos seguintes termos:

> Estabelecer o melhor interesse da criança/adolescente requer um olhar cuidadoso sobre as características pessoais, contextuais e relacionais da criança/adolescente a partir de cada caso. Sem negligenciar ou ignorar o papel dos genitores, deve ser priorizada a proteção integral da criança/adolescente (CML, 2024).

No dia da votação do Relatório Final, uma das representantes do Coletivo externalizou suas preocupações à defensora pública Fernanda Fernandes, da Associação Nacional dos Defensores Públicos (ANADEP), que, sensibilizada, pediu a palavra. A defensora mencionou o contato com o Coletivo e ressaltou como a proposta em votação sobre o tema da guarda, caso aprovada, poderia vir a afetar milhares de mulheres e crianças, tendo em vista as altas taxas de violência doméstica no Brasil (TV Senado, 2024). Ressaltou também: (i) a necessidade de diferenciar o conceito de guarda do de convivência; (ii) a ausência de previsão que possibilite a guarda unilateral por consenso entre genitores; (iii) a necessidade de acrescentar, na definição da guarda, de que deve observar a proteção das crianças e adolescentes; e iv) a possibilidade de oitiva dos filhos quanto ao formato a ser fixado. Por outro lado, a previsão do dever de fiscalização e de prestação de contas aumentará os riscos de violência vicária, pois são mecanismos que possibilitam aos ex-companheiros violentos o controle sobre as mulheres, por meio dos filhos em comum. Segundo a defensora, o contexto de violência também deve ser considerado no fornecimento, por escolas e outras instituições, de informações ao genitor da criança, diante da possibilidade de potencializar riscos (TV Senado, 2024).

O presidente da CJCODCIVIL, ministro Luis Felipe Salomão, registrou que as mesmas preocupações foram apresentadas a ele pelo CML. Flávio Tartuce, um dos relatores-gerais, propôs que o tema da guarda, denominada pela Comissão de custódia, fosse excluído do texto, pois exigia mais debate, o que deveria ser feito no Congresso Nacional (TV Senado, 2024). A advogada Maria Berenice Dias, integrante da Subcomissão, se posicionou contrariamente, porquanto excluía o resultado de um trabalho que levara meses e que a responsabilidade da lei é dar efetividade à norma constitucional sobre a obrigação dos pais de atuar no cuidado dos filhos. Alegou que a Subcomissão buscara diminuir a sobrecarga da mulher, que tendia a ficar responsável por todos os encargos parentais após a separação. Em relação aos coletivos de mães desabafou indignada:

E todo esse movimento que nós estamos vendo, que vem crescendo, e querem a revogação de leis, nada mais é do que a tentativa de mães de acabarem com o direito dos pais de conviverem com seus filhos. Há muito, os pais que foram convocados a cuidar, ajudar a cuidar dos filhos, porque as mães foram para o mercado de trabalho, sabe, [inaudível] do lar, eles buscaram continuar no convívio com seus filhos e isso foi barrado dentro desse conceito cultural de que se os filhos saíram da barriga da mãe são propriedade da mãe. O movimento é nesse sentido, de evitar a convivência.

[...] Não podemos deixar de enfrentar essa temática por esse movimento que cresce no Brasil, de querer manter esse sentido muito patriarcal dos homens que fiquem fora e os filhos são nossos (TV Senado, 2024).

Aparentemente é positiva a preocupação com a sobrecarga materna e a necessidade de os homens-pais assumirem o cuidado dos filhos. Porém, esse posicionamento vai de encontro à estratégia utilizada por grupos de pais separados, que, sob o discurso de igualdade, buscam impor um formato de guarda que possibilita o controle de mulheres e crianças por homens violentos. Embora faça referência a termos utilizados por movimentos feministas, esse discurso carece de reflexões sobre gênero e da consideração da realidade social brasileira. Desconsidera, por exemplo, que a sobrecarga das mulheres é um problema social de maior complexidade que requer a adoção de diversas medidas. Apenas a atribuição da guarda aos genitores não gera, necessariamente, a distribuição igualitária dos cuidados.

A tese de que as mães desejam acabar com a convivência dos pais com filhas/os porque são propriedade delas, ao tempo em que parece defender a igualdade de gênero mediante o incremento das responsabilidades paternas, culpabiliza as genitoras por sua sobrecarga. Estratégias verdadeiramente antipatriarcais devem considerar os problemas vivenciados por mulheres, e não culpabilizá-las pelos problemas sociais que enfrentam, ou seja, a sobrecarga com o trabalho de cuidado e a busca pela proteção das/os filhas/os quando são vítimas de violência.

A tese se funda na mesma concepção que sustenta a LAP: mulheres ressentidas com o término do relacionamento buscam afastar as/os filhas/os dos pais para se vingar. Assim, "fazem a cabeça" das crianças/adolescentes para que tenham ódio do genitor e inventem violências que não sofreram. Ainda como vingança, buscam reduzir a renda dos ex-companheiros exigindo pensão alimentícia para si.

São estereótipos de gênero que objetivam dificultar e impedir o acesso de mulheres aos direitos civis conquistados nas últimas décadas: divórcio, autonomia após a separação, partilha de bens igualitária reconhecendo a contribuição dos trabalhos domésticos desempenhados na aquisição dos bens durante a vida em comum, pensão alimentícia às mulheres e às/aos filhas/os, medidas de proteção em caso de violência.

A limitação à fixação da guarda unilateral representa a impossibilidade de genitoras decidirem sobre questões de grande relevância do dia a dia das/os filhas/os sem a concordância do genitor, por exemplo, a escola em que vão estudar, mesmo quando são elas as responsáveis pela realização das atividades, pelos deslocamentos. Todavia, a divisão igualitária do tempo com cada um dos genitores deve ser valorizada na medida em que os pais de fato se responsabilizam pelos cuidados necessários às/aos filhas/os.

Além disso, considerando que as varas de família tendem a invisibilizar os impactos da violência doméstica e familiar contra as mulheres para as crianças e adolescentes, significaria a legitimação da fixação da guarda compartilhada nesses casos, possibilitando o contato constante da vítima com o agressor.

4. O TEXTO APROVADO PELA CJCODCIVIL

A sugestão de excluir as questões que foram objeto de oposição do IBADFEM e do Coletivo Mães na Luta foi aprovada pela maioria da Comissão, sob protestos da advogada Maria Berenice Dias, e manifestação de que não mais dela participaria.

Prevaleceu "Direito de Família", no singular, para nomear o Livro IV. Segue o texto aprovado para encaminhamento à Presidência do Senado:

> CAPÍTULO I
>
> DA CONVIVÊNCIA ENTRE PAIS E FILHOS E O EXERCÍCIO DA AUTORIDADE PARENTAL
>
> "Art. 1.583. ...."
>
> "Art. 1.591. Revogado."
>
> "Art. 1.592. Revogado."
>
> "Art. 1.593. Revogado."
>
> "Art. 1.594. Revogado."
>
> "Art. 1.595. Revogado."

"CAPÍTULO VI

DA AUTORIDADE PARENTAL

Seção I

Disposições Gerais

Art. 1.630. Os filhos, enquanto com menos de dezoito anos de idade, estão sujeitos à autoridade parental."

"Art. 1.631. A autoridade parental compete a ambos aos pais, em igualdade de condições, quer eles vivam juntos ou tenham rompido a sociedade conjugal ou convivencial.

Parágrafo único. Divergindo os pais quanto ao exercício da autoridade parental, devem eles, de preferência, buscar a mediação ou outras formas de soluções extrajudiciais, antes de recorrerem à via judicial."

"Art. 1.632. O divórcio ou a dissolução da união estável dos pais não alteram as relações com os filhos, bem como suas responsabilidades e compartilhamento do exercício da parentalidade."

"Art. 1.633. O filho reconhecido apenas pela mãe fica sob sua autoridade, mas caso a mãe não seja conhecida ou não seja capaz de exercer a autoridade parental, dar-se-á tutor à criança ou ao adolescente."

"Art. 1.633-A. Na eventualidade de criança ou adolescente estar sob autoridade parental de pais socioafetivos e naturais, a todos eles cabem o exercício da autoridade parental, nos termos do art. 1.617-B."

"Seção II

Do Exercício da Autoridade Parental

Art. 1.634. Compete a ambos os pais, qualquer que seja a situação conjugal:

I – prestar assistência material e afetiva aos filhos, acompanhando sua formação e desenvolvimento e assumindo os deveres de cuidado, criação e educação para com eles;

II – zelar pelos direitos estabelecidos nas leis especiais de proteção à criança e ao adolescente, compartilhando a convivência e as responsabilidades parentais de forma igualitária;

[...]

IV – conceder-lhes ou negar-lhes consentimento para viajarem;

[...]

VI – nomear-lhes tutor por testamento ou documento autêntico, se o outro dos pais não lhe sobreviver ou se o sobrevivo não puder exercer a autoridade parental;

[...]

IX – exigir que lhes prestem obediência e respeito;

X – evitar a exposição de fotos e vídeos em redes sociais ou a exposição de informações, de modo a preservar a imagem, a segurança, a intimidade e a vida privada dos filhos;

XI – fiscalizar as atividades dos filhos no ambiente digital."

"Seção III

Da Suspensão e Extinção da Autoridade Parental

Art. 1.635. Extingue-se a autoridade parental:

....

II – pela emancipação, nos termos do inciso I do parágrafo único do art. 5º deste Código;

...."

"Art. 1.636. Qualquer dos pais que vier a se casar ou estabelecer união estável não perde quanto aos filhos de relacionamentos anteriores, os direitos e deveres decorrentes da autoridade parental.

Parágrafo único. Revogado" (Senado, 2024).

O Capítulo I, hoje intitulado "Da proteção das pessoas dos filhos", foi modificado para "Da convivência entre pais e filhos e do exercício da autoridade parental". O Capítulo VI, por sua vez, nomeado "Do poder familiar" passará a se chamar "Da autoridade parental". Com essas mudanças, a centralidade da relação parental está focada nos genitores. Os títulos evocam uma perspectiva adultocêntrica das relações entre pais e filhos, pois reforçam a relação de poder e os direitos dos genitores à convivência.

Ao analisar artigos produzidos sobre o princípio dos melhores interesses da criança/adolescente (PMICA), Josimar Mendes e Thomas Ormerod (2019) verificaram que, no Brasil, prevalece a compreensão de que crianças e adolescentes são sujeitos de direitos, bem como é defendida a manutenção da convivência familiar. Os autores observaram também um foco nos temas da "alienação parental" e "guarda compartilhada" e que, nos casos em que há litígio entre os genitores, a imposição da convivência pode acirrar ainda mais a disputa, ocasionando prejuízos às crianças (Mendes; Ormerod, 2019; Mendes; Ormerod, 2024).

Nos processos de tomada de decisão que envolvem crianças e adolescentes, os profissionais que aplicam esse princípio têm negligenciado o domínio contextual, consistente nas necessidades não materiais, ou seja, social, psicológico e emocional. Entretanto, o conceito é mais amplo e complexo, devendo ser levadas em consideração outras variáveis que considerem a maior rede de benefícios possíveis à criança (Mendes; Lordello; Ormerod, 2020).

A permanência do texto vigente sobre guarda evitou retrocessos, ao mesmo tempo em que adiou discussões de extrema relevância e impediu avanços. O relatório da Subcomissão e os argumentos de seus integrantes evocam a igualdade das responsabilidades parentais, ao mesmo tempo em que, esvaziados de discussões sobre gênero, culpabilizam as mulheres por sua sobrecarga nos cuidados com as/os filhas/os.

Como já referido, esse plexo argumentativo é uma típica estratégia utilizada por grupos que defendem a manutenção da LAP, os mesmos que estiveram envolvidos na aprovação da guarda compartilhada obrigatória (Ananias, 2024). Membros de uma instituição de âmbito nacional com mais de 20 mil associados exerceram papel significativo na criação da LAP e continuam exercendo para sua manutenção. Uma de suas fundadoras, enquanto desembargadora, pela primeira vez aplicou a pseudociência da SAP em um tribunal brasileiro, antes mesmo da existência da lei. Um texto seu serviu de fundamento ao projeto de lei que se transformou na LAP. Outro membro da Subcomissão possui diversos livros e artigos sobre o tema e é conhecido por oferecer palestras e cursos relacionados à LAP. Não por acaso, as alterações propostas no âmbito da Subcomissão reforçavam os pressupostos de alienação parental e seus inerentes estereótipos de gênero.

Nesse contexto, é muito provável que as questões excluídas sejam reapresentadas no processo legislativo, uma vez transformado o anteprojeto em projeto de lei pela Presidência do Senado.

5. TRAZENDO O GÊNERO E AS/OS FILHAS/OS PARA O CENTRO DO DEBATE

Um Código Civil comprometido com a igualdade entre homens, mulheres e crianças e adolescentes e com a proteção das pessoas vítimas de violência doméstica e familiar deve ser construído a partir da centralização do gênero no debate. Isso significa dizer que é essencial dar visibilidade à hierarquização de gênero nas famílias, ao adultocentrismo, bem como à existência de violência. A construção de um novo Código Civil deveria ser um espaço para amplas e profundas discussões sobre os problemas da realidade social brasileira. Por exemplo, a desigualdade da distribuição do trabalho de cuidado com as/os filhas/os, a masculinidade pautada na violência, a submissão das mulheres aos companheiros, a naturalização das violências contra crianças e adolescentes e o desrespeito à sua autonomia. Em relação às famílias, deveriam ser pensados dispositivos que pudessem contribuir para a proteção de mulheres e para a garantia efetiva dos melhores interesses de crianças/adolescentes.

Em estudo recente produzido pelo Instituto de Pesquisa Econômica Aplicada (IPEA) (2023), verificou-se que gênero é a principal variável da diferença nos casos de trabalho doméstico não remunerado. A presença de filhos aumenta o tempo com o trabalho não pago, sendo reduzido à medida que vão crescendo. O tempo dedicado por mulheres nesses cuidados é o dobro do tempo dedicado por homens. Quando há adolescentes e outros adultos no ambiente doméstico, desde que sejam mulheres, o tempo dos homens é reduzido. Nos casos em que há pessoas idosas, o tempo gasto nos cuidados aumenta significativamente, sendo equivalente ao dedicado a crianças pequenas, mas isso ocorre apenas para mulheres, e não para homens.

As mulheres possuem um turno de trabalho reprodutivo aproximado de 27 horas semanais, enquanto os homens, de 13 horas. A diferença diminui quando o grau de escolarização é maior, com destaque para os casos em que possuem graduação, tendo impacto mais significativo para as mulheres brancas. O mesmo ocorre quando a renda é mais elevada. A redução da desigualdade do trabalho doméstico nesses casos é mais significativa nos casos de mulheres brancas (IPEA, 2023).

De acordo com dados da Pesquisa Nacional por Amostra de Domicílio Contínua (PNAD), produzida pelo IBGE, 91,3% das mulheres realizaram alguma atividade relacionada aos afazeres domésticos. Entre os homens, o percentual é de 79,2%. Com o PNAD de 2015, verificou-se que 83,6% das crianças brasileiras com menos de quatro anos são cuidadas por mulheres (IBGE, 2022).

Esses dados demonstram que a desigualdade de gênero na atribuição do trabalho de cuidado com os filhos apresenta desafios complexos. Assim, a mera atribuição da guarda aos genitores não tem o condão de alterar essa realidade ou até mesmo contribuir significativamente para sua modificação. Muitas vezes, são as avós paternas que ficam a encargo do cuidado com netos, não havendo maior participação dos genitores de fato.

Para a formulação de um Código Civil que contribua para a redução da desigualdade, seria necessário voltar-se para as necessidades das crianças envolvidas nos litígios, considerando a complexidade de seus melhores interesses e a divisão das responsabilidades entre os genitores e outras pessoas de sua rede de apoio. Também, é essencial conceituar e distinguir guarda ou custódia de convivência.

A operacionalização do PMICA, por exemplo, é um ótimo instrumento para a verificação das necessidades de crianças e adolescentes e possui grande acúmulo de estudos. A respeito do instrumento, Josimar Mendes e Thomas Ormerod (2019) afirmam:

> Conforme apresentado na categoria 'Definição do PMICA' (Quadro 1, 1.1), os objetivos do PMICA pretendem promover um processo que leve a um 'adulto livre, autoconfiante e autônomo'. Dentre suas definições, características, aplicação e contexto ideal para o PMICA, os artigos selecionados referem ao desenvolvimento da criança/adolescente e, portanto, aos seus melhores interesses, como sendo afetados pelos contextos relacionais da criança/adolescente (Mendes; Ormerod, 2019, p. 16).

Atualmente, os tribunais e os juízes das varas de família entendem como guarda as decisões que são tomadas sobre a vida das crianças e adolescentes, ficando o convívio restrito aos planos de convivência. Por outro lado, o Estatuto da Criança e do Adolescente (ECA), em seu art. 33, apresenta contexto mais abrangente de guarda e em sintonia com o PMICA, pois compreende a prestação de assistência material, moral e educacional. Assim, esse seria um conceito mais adequado a ser aplicado.

Além disso, tais modificações não podem existir sozinhas. Paralelamente, precisam ser criadas atividades e campanhas para dar efetividade à redistribuição do trabalho de cuidado. Por exemplo, poderiam ser criadas oficinas onde homens-pais aprendessem a cuidar de seus filhos — formação que ocorre com mulheres desde quando eram crianças.

Nos casos em que há violência doméstica e familiar, é fundamental priorizar a segurança das mulheres e crianças, e considerar que a violência contra as mulheres-mães impacta diretamente a saúde das crianças e adolescentes que a presenciam. A convivência com o genitor não deve ser sobreposta à proteção dos filhos e seus melhores interesses.

CONSIDERAÇÕES FINAIS

A partir da análise da proposta da Subcomissão de Direito de Família, observa-se que as diretrizes fundamentais da LAP se fizeram presentes, ainda que não de forma explícita. Isso se deu, em especial, devido à participação dos mesmos grupos de pais separados que se articularam pela aprovação da LAP. Entretanto, tais retrocessos foram evitados (ao menos neste primeiro momento) em razão da movimentação de coletivos de mães vitimadas pela LAP, que buscaram apresentar argumentos críticos aos seus pressupostos.

Apesar da aparente vitória, é importante ressaltar que a "não aprovação" das propostas iniciais não é sinônimo de superação do debate, mas apenas o seu adiamento para outro momento. Desse modo, se faz necessária a permanência de um estado de alerta para acompanhar a tramitação da reforma, a fim de evitar a incorporação da LAP de forma sutil e dissimulada. Mas, para além disso, se faz necessário adicionar a perspectiva de gênero às discussões e ao texto da reforma, a fim de garantir avanços rumo à igualdade de gênero.

É importante ter em mente que, nos casos de violência doméstica, questões relacionadas à guarda se tornam ainda mais delicadas, uma vez que as vítimas precisam continuar em contato com seus agressores, que em muitos momentos vão querer se opor às suas decisões e propostas, apenas por controle. É uma forma de violência psicológica e de perseguição inserida no contexto do sistema judicial. Ademais, a violência doméstica não afeta apenas as mulheres que são diretamente expostas aos abusos, mas todos os integrantes do círculo familiar.

Além da questão da violência, é crucial adicionar a variável do cuidado na equação e pensar os institutos de guarda e convivência a partir da realidade concreta das famílias brasileiras, que têm nas mulheres a sua principal provedora do trabalho de cuidado. Assim, a atribuição de poderes sobre questões fundamentais deve vir acompanhada de responsabilidades. Do contrário, dá-se controle sobre as vidas de crianças, adolescentes e mulheres à pessoa que sequer compreende quais são as suas necessidades, porquanto não se dedica ao seu cuidado.

Assim, os embates travados ao longo das discussões sobre a atualização do Código Civil devem visar não apenas a prevenção de males, mas também o avanço de uma agenda feminista, comprometida com a promoção dos direitos fundamentais de crianças, adolescentes e mulheres e superação de uma dinâmica patriarcal e autoritária entranhada no seio das famílias brasileiras.

REFERÊNCIAS

ANANIAS, N. O. **Androcentrismo e adultocentrismo na aplicação da lei de alienação parental pelo TJ/SP**. 2020. 97 f. Trabalho de Conclusão de Curso (Bacharelado em Direito) — Universidade de Brasília, 2020.

ANANIAS, N. O. Uma íntima relação entre a guarda compartilhada obrigatória e a Lei de Alienação Parental no Brasil: desafios para a superação das desigualdades de gênero nos casos de disputa de guarda. *In:* GONSALVES, T. A. (coord.). **Alienação parental:** nova forma de violência de gênero contra mulheres e crianças na América Latina e Caribe. São Paulo: Cladem/Equality Now/EDUSP, 2025. (No prelo).

BARBOSA, L. de P. G.; MENDES, J. A. de A.; JURAS, M. M. Dinâmicas disfuncionais, disputa de guarda e alegações de alienação parental: uma compreensão sistêmica. **Nova Perspectiva Sistêmica**, São Paulo, v. 30, n. 69, p. 78–95, 2021.

BAREA, C. Backlash: resistence to equality. **Aequalitas:** Revista jurídica de igualdad de oportunidades entre mujeres y hombres, n. 25, p. 60–70, 2009. Disponível em: https://dialnet.unirioja.es/servlet/articulo?codigo=3087830. Acesso em: 22 jun. 2024.

BRASIL, 2022. Câmara dos Deputados. Projeto de Lei n.º 2.812/2022. Revoga a Lei n.º 12.318, de 26 de agosto de 2010 — Lei de Alienação Parental. Brasília: Câmara dos Deputados, 2022. Disponível em: https://www.camara.leg.br/proposicoesWeb/fichadetramitacao?idProposicao=2338753. Acesso em: 5 jul. 2024.

BRASIL. Câmara dos Deputados. Projeto de Lei n.º 4.053, de 7 de outubro de 2008. Dispõe sobre a alienação parental. Brasília: Câmara dos Deputados, 2008. Disponível em: https://www.camara.leg.br/proposicoesWeb/prop_mostrarintegra?codteor=601514&filename=Tramitacao-PL%204053/2008. Acesso em: 20 jun. 2024.

BRASIL. Lei n.º 12.318, de 26 de agosto de 2010. Dispõe sobre a alienação parental e altera o art. 236 da Lei n.º 8.069, de 13 de julho de 1990. Presidência da República, 2008.

BRASIL. Lei n.º 11.698, de 13 de junho de 2008. Altera os arts. 1.583 e 1.584 da Lei n.º 10.406, de 10 de janeiro de 2002 — Código Civil, para instituir e disciplinar a guarda compartilhada. Presidência da República, 2008.

BRASIL. Lei n.º 14.713, de 30 de outubro de 2023. Altera as Leis n.ºs 10.406, de 10 de janeiro de 2002 (Código Civil), 13.105, de 16 de março de 2015 (Código de Processo Civil), para estabelecer o risco de violência doméstica ou familiar como causa impeditiva ao exercício da guarda compartilhada, bem como para impor ao juiz o dever de indagar previamente o Ministério Público e as partes sobre situações de violência doméstica ou familiar que envolvam o casal ou os filhos. Presidência da República, 2023.

BRASIL. Senado Federal. Projeto de Lei n.º 1.372, de 23 de março de 2023. Revoga a Lei n.º 12.318, de 26 de agosto de 2010, que dispõe sobre a alienação parental. Brasília: Senado Federal, 2023. Disponível em: https://www25.senado.leg.br/web/atividade/materias/-/materia/156451. Acesso em: 5 jul. 2024.

COLÉGIO NOTARIAL DO BRASIL — Seção São Paulo. STJ: 20 anos do Código Civil, 20 anos das Jornadas de Direito Civil. Disponível em: https://cnbsp.org.br/2022/02/22/stj-20-anos-do-codigo-civil-20-anos-das-jornadas-de-direito-civil/. Acesso em: 5 jul. 2024.

COLETIVO MÃES NA LUTA. Sugestões de alteração da proposta do novo código civil sobre o direito de família, considerando-se a violência contra mulheres e crianças e adolescentes. Brasília: 2024.

CONVENTION ON THE ELIMINATION OF ALL FORMS OF DISCRIMINATION AGAINST WOMEN. Concluding observations on the combined eighth and ninth periodic reports of Brazil. 2024. Disponível em: https://tbinternet.ohchr.org/_layouts/15/treatybodyexternal/Download.aspx?symbolno=CEDAW%2FC%2FBRA%2FCO%2F8-9&Lang=en. Acesso em: 7 jul. 2024.

CUNHA DE ANDRADE, M.; NOJIRI, S. Alienação parental e o sistema de justiça brasileiro: uma abordagem empírica. **Revista de Estudos Empíricos Em Direito**, v. 3, n. 2, 2016. https://doi.org/10.19092/reed.v3i2.132. Acesso em: 22 jun. 2024.

DIAS, M. B. Perfil. Disponível em: https://berenicedias.com.br/perfil/. Acesso em: 7 jul. 2024.

FÓRUM BRASILEIRO DE SEGURANÇA PÚBLICA; DATAFOLHA. Visível e invisível: a vitimização de mulheres no Brasil. 4. ed. 2023. Disponível em: https://

apidspace.universilab.com.br/server/api/core/bitstreams/f485a782-01e7-447e-9768-6f29f124ac1a/content. Acesso em: 5 jul. 2024.

FÓRUM BRASILEIRO DE SEGURANÇA PÚBLICA; FUNDO DAS NAÇÕES UNIDAS PARA A INFÂNCIA. Panorama da violência letal e sexual contra crianças e adolescentes no Brasil. 2021. Disponível em: https://www.unicef.org/brazil/media/16421/file/panorama-violencia-letal-sexual-contra-criancas-adolescentes-no-brasil.pdf. Acesso em: 10 jul. 2024.

GARDNER, R. A. Family therapy of the moderate type of parental alienation syndrome. **The American Journal of Family Therapy**, n. 27, p. 195–212, 1999. Disponível em: http://www.fact.on.ca/Info/pas/gard99m.htm. Acesso em: 7 jul. 2024.

INSTITUTO BAIANO DE DIREITOS E FEMINISMOS. Considerações sobre a atualização do código civil pelo Instituto Baiano de Direito e Feminismos (IBADFEM). Salvador: 2024.

INSTITUTO BRASILEIRO DE GEOGRAFIA E ESTATÍSTICA. Censo Demográfico. 2022. Disponível em: https://www.ibge.gov.br/estatisticas/sociais/trabalho/22827-censo-demografico-2022.html. Acesso em: 10 jul. 2024.

INSTITUTO BRASILEIRO DE GEOGRAFIA E ESTATÍSTICA. Pesquisa Nacional por Amostra de Domicílios contínua. Outras formas de trabalho. 2022. Disponível em: https://biblioteca.ibge.gov.br/visualizacao/livros/liv102020_informativo.pdf. Acesso em: 10 jul. 2022.

INSTITUTO DE PESQUISA ECONÔMICA APLICADA. Gênero é o que importa: determinantes do trabalho doméstico não remunerado no Brasil. Brasília: 2023. Disponível em: https://repositorio.ipea.gov.br/bitstream/11058/12380/1/TD_2920_web.pdf. Acesso em: 10 jul. 2024.

LERNER, G. **A criação da consciência feminista**: a luta de 1.200 anos das mulheres para libertar suas mentes do pensamento patriarcal. 1. ed. São Paulo: Cultrix, 2022.

LERNER, G. **A criação do patriarcado**: história da opressão das mulheres pelos homens. 1. ed. São Paulo: Cultrix, 2019.

MACIEL, S. A. B.; MENDES, J. A. de A.; BARBOSA, L. de P. G. Visão sistêmica sobre os pressupostos de alienação parental na prática clínica individual e familiar. **Nova Perspectiva Sistêmica**, São Paulo, v. 30, n. 69, p. 62–77, 2021.

MELO, H. P. de; MORANDI, L. **Cuidados no Brasil**: Conquistas, Legislação e Políticas Públicas. São Paulo: Friedrich-Ebert-Stiftung, 2020.

MENDES, J. A. de A.; ORMEROD, T. O Princípio dos Melhores Interesses da Criança: uma revisão integrativa de literatura em Inglês e Português. Disponível em: https://www.scielo.br/j/pe/a/ZPPWmRgRsrXDCfcLM9JjX4F/abstract/?lang=pt#. Acesso em: 8 jul. 2024.

MENDES, J. A. de A.; BUCHER-MALUSCHKE, J. S. N. F. Destructive divorce in the family life cycle and its implications: criticisms of parental alienation. **Psicologia**: Teoria e Pesquisa, Brasília, v. 33, 2017.

MENDES, J. A. de A.; LORDELLO, S. R.; ORMEROD, T. Uma proposta de compreensão bioecológica do princípio dos melhores interesses da criança/adolescente nos casos de disputa de guarda. *In*: MENDES, J. A. de A.; BUCHER-MALUSCHKE, J. S. N. F. (org.). **Perspectiva sistêmica e práticas em psicologia**: temas e campos de atuação. Curitiba: Editora CRV, 2020, p. 53–78.

MENDES, J. A. de A.; ORMEROD, T. C. Making sense out of uncertainty: cognitive strategies in the child custody decision-making process. **Frontiers in Psychology**, v. 15, p. 1387549, 2024.

MENDES, J. A. de A.; OLIVEIRA-SILVA, L. As alegações de "alienação parental" e os vieses de gênero e misoginia em processos de guarda e convivência. *In*: BASTOS, E. F.; GIANCHIN, J.; COPETTI, L. V.; LEMOS, M. M. F. (ed.). **Direito das Famílias, Vulnerabilidades e Questões de Gênero**. Instituto Brasileiro de Direito de Família, IBDFAM, 2022, p. 44–65.

RODAS, S. **Em 20 anos, Código Civil promoveu integração com outras normas e segue atual**. Conjur, 10 jan. 2022. Disponível em: https://www.conjur.com.br/2022-jan-10/20-anos-codigo-civil-promoveu-integracao-segue-atual/. Acesso em: 5 jul. 2024.

SENADO NOTÍCIAS. Agência Senado. 20 anos após sanção, debate considera Código Civil desatualizado e pede mudanças. 2022. Disponível em: https://www12.senado.leg.br/noticias/materias/2022/01/10/20-anos-apos-sancao--debate-considera-codigo-civil-desatualizado-e-defende-mudancas. Acesso em: 6 jul. 2024.

SENADO. Flavio Tartuce. Pronunciamento. 2024. Disponível em: https://www25.senado.leg.br/web/atividade/pronunciamentos/-/p/pronunciamento/505198. Acesso em: 6 jul. 2024.

SENADO. Luis Felipe Salomão. Pronunciamento. Disponível em: https://www25.senado.leg.br/web/atividade/pronunciamentos/-/p/pronunciamento/505194. Acesso em: 6 jul. 2024.

SENADO. Parecer n.º 1 da Subcomissão de Direito de Família da Comissão de Juristas responsável pela revisão e atualização do Código Civil. Disponível em: https://legis.senado.leg.br/sdleg-getter/documento/download/86a7d22c-7794-4642-8c16-f09a68d2388c. Acesso em: 10 jul. 2024.

SENADO. Relatório Final dos trabalhos da Comissão de Juristas responsável pela revisão e atualização do Código Civil. Disponível em: https://www6g.senado.leg.br/busca/?portal=Atividade+Legislativa&q=Comiss%C3%A3o+de+Juristas+-C%C3%B3digo+Civil. Acesso em: 6 jul. 2024.

SENADO. Rodrigo Pacheco. Pronunciamento. 2024. Disponível em: https://www25.senado.leg.br/web/atividade/pronunciamentos/-/p/pronunciamento/505192. Acesso em: 6 jul. 2024.

SENADO. Rosa Maria de Andrade Nery. Pronunciamento. 2024. Disponível em: https://www25.senado.leg.br/web/atividade/pronunciamentos/-/p/pronunciamento/505200. Acesso em: 6 jul. 2024.

SENADO. Tabela comparativa de emendas e destaques. Disponível em: https://legis.senado.leg.br/sdleg-getter/documento/download/371089af-04a7-450e-93fa-5b07613c7d5a. Acesso em: 10 jul. 2024.

SOUSA, A. M. **Síndrome da alienação parental**: análise de um tema em evidência. 2009. 184 f. Dissertação (Mestrado em Psicologia) — Instituto de Psicologia, Universidade do Estado do Rio de Janeiro, Rio de Janeiro, 2009.

TV SENADO. Ao vivo: Comissão de Juristas que atualiza o Código Civil discute relatório final — 4/4/24 — 2ª parte. YouTube, 2024. Disponível em: https://www.youtube.com/watch?v=p3vV9N5kBNk&ab_channel=TVSenado. Acesso em: 10 jul. 2024.

PARTE II
IMPACTOS PSICOSSOCIAIS E JURÍDICOS DE UMA VISÃO ACRÍTICA SOBRE ALIENAÇÃO PARENTAL

REDE DE PROTEÇÃO: PREVENÇÃO DE DESPROTEÇÕES RELACIONAIS E PROMOÇÃO DE CONVIVÊNCIAS PROTETIVAS DE CRIANÇAS, ADOLESCENTES E SUAS FAMÍLIAS EM CASOS COM ALEGAÇÃO DE ALIENAÇÃO PARENTAL

Acileide Cristiane Fernandes Coelho
Olga Maria Pimentel Jacobina
Josimar Antônio de Alcântara Mendes

RESUMO: o presente capítulo discute como a articulação da rede de proteção pode prevenir desproteções relacionais e fortalecer convivências protetivas para crianças, adolescentes e suas famílias, especialmente em casos com alegações de alienação parental. Com base em uma abordagem sistêmica e complexa, o texto analisa as dinâmicas familiares e suas interações com fatores sociais e culturais que impactam a proteção de direitos. O texto destaca a importância do reconhecimento de crianças e adolescentes como sujeitos de direitos e da escuta ativa em serviços de proteção, apontando as consequências da atuação fragmentada da rede, que pode ampliar conflitos familiares e judicializar litígios. São apresentados exemplos práticos de uma rede de proteção no Distrito Federal, com ênfase nas ações coletivas e nos estudos de caso para a promoção de convivências protetivas e a minimização de conflitos. Conclui-se que o fortalecimento da rede, por meio de ações intersetoriais e colaborativas, pode contribuir para a diminuição da judicialização e garantir maior proteção e bem-estar às crianças e adolescentes, promovendo, assim, uma abordagem mais preventiva e eficaz.

Palavras-chave: Rede de Proteção; Alienação Parental; Desproteções Relacionais; Convivência Protetiva; Judicialização; Crianças e Adolescentes.

INTRODUÇÃO

As desproteções relacionais de crianças, adolescentes e suas famílias exigem um olhar sistêmico da rede de proteção, o qual analise o contexto e a pluralidade das situações que ocasionam fragilidades nas relações, bem como promova ações para a ampliação de convivências protetivas, familiares e comunitárias. No contexto da separação conjugal, isso se torna ainda mais necessário porque, cada vez mais, famílias com processos judiciais são encaminhadas para o sistema de proteção para mediar seus conflitos. São diversos os desafios para a atuação em rede visando à proteção e garantia dos melhores interesses de crianças e adolescentes, em especial as necessidades relacionadas ao bem-estar biopsicossociocultural e emocional (Mendes; Lordello; Ormerod, 2020; Mendes; Ormerod, 2019). Isso se torna ainda mais relevante em casos com alegações de "alienação parental", os quais costumeiramente são marcados por desproteções relacionais.

Diante disso, são importantes algumas reflexões iniciais: é possível atuar no contexto das desproteções relacionais sem um olhar sistêmico? Quão frágil é a estrutura da rede ao atuar no contexto das desproteções relacionais sem, *a priori*, reconhecer que crianças e adolescentes são sujeitos de direitos e atores sociais ativos? A fragilização e a fragmentação da rede de proteção podem potencializar algumas situações de litígio e as alegações de "alienação parental"? O que vem primeiro: as fragilidades de atuação da rede de proteção que ampliam a judicialização da vida privada ou a judicialização da vida privada que sobrecarrega a atuação da rede? Como uma rede de proteção se fortalece no território e promove ações preventivas e protetivas?

Entendemos que essas questões exigem análises com o enfoque da Teoria da Complexidade (Morin, 2015), ou seja: é necessário reconhecer as incompletudes da rede e as necessidades de múltiplas conexões, sempre visando à proteção integral de crianças e adolescentes. Nesse sentido, a qualificação da rede e o vínculo entre os atores envolvidos são fundamentais para se pensar em estratégias transversais, intersetoriais e integradas diante das complexas demandas de proteção e acesso a direitos, como nos casos em que há alegação de "alienação parental". Assim, neste capítulo, partiremos de um referencial sistêmico com o foco nos sistemas sociais humanos e nas lógicas de suas construções relacionais (Barbosa; Mendes; Juras, 2021; Esteves de Vasconcelos, 2020; Mendes; Lordello; Ormerod, 2020), as quais são mediadas pelos contextos macro e microsociais. Ademais, iremos abordar uma perspectiva da psicologia social crítica na busca por uma compreensão da realidade dos fenômenos de modo amplo e resultante de múltiplas determinações, que vão subjetivando as formas como as relações acontecem (Guareschi, 2005).

Essa lógica teórica e prática, que coloca no centro a análise das mudanças das estruturas sociais e das relações cotidianas, fornece-nos alguns subsídios para pensar a dinâmica e o funcionamento da rede de proteção, bem como possíveis estratégias de atuação diante das demandas contemporâneas, em especial de situações complexas como os casos nos quais há alegações de "alienação parental". Assim, o objetivo deste capítulo é apresentar como a articulação e a intervenção da rede protetiva podem prevenir situações de desproteções relacionais e fortalecer convivências que protejam crianças, adolescentes e suas famílias. Para tanto, serão apresentados aspectos teóricos e vivências sobre atuações de uma rede social em uma região do Distrito Federal onde casos com alegações de "alienação parental" têm assoberbado a Rede de Proteção, bem como no atendimento de famílias em situações de insegurança de convívio, com ou sem conflitos judicializados.

1. DESPROTEÇÕES RELACIONAIS DE CRIANÇAS, ADOLESCENTES E SUAS FAMÍLIAS: NECESSIDADE DE UM OLHAR SISTÊMICO DA REDE DE PROTEÇÃO

> *É possível uma atuação em rede no contexto das desproteções relacionais sem um olhar sistêmico?*

No campo da proteção de crianças e adolescentes, focamos a qualidade das relações e dos vínculos familiares e comunitários buscando compreender as situações que geram desproteção no campo relacional. Ressalta-se haver uma complexidade na esfera da proteção que envolve aspectos materiais e subjetivos para a garantia de direitos e seguranças. Isso inclui ações programáticas da rede de proteção que garantam (Brasil, 1990): provisão (garantia de saúde, educação, segurança social, cuidados físicos, convivência, acesso a cultura, esporte e lazer), proteção (contra a discriminação, abandonos, violências física, psicológica e sexual, exploração, injustiça, conflitos) e participação (direitos civis e políticos, direito à liberdade de expressão e opinião e o direito a tomar decisões).

Nesse diapasão, o enfoque deste capítulo está voltado para as questões relacionais que podem atravessar todos os aspectos citados anteriormente. Destacamos o direito à convivência familiar e comunitária que continua em construção (Teixeira; Vieira, 2015), considerando que isso vai muito além de um olhar para questões de guarda ou um conceito jurídico, pois envolve construções sociorrelacionais de respeito e de afeto, as quais zelam pelo desenvolvimento ativo e pelos melhores interesses da criança e do adolescente. Além disso, a partir de um olhar sistêmico e complexo sobre os melhores interesses (Mendes; Lordello; Ormerod, 2020; Mendes; Ormerod, 2019), e ao contrário do olhar hegemônico que legisla e julga sobre esses interesses, entendemos que nenhuma dimensão dos melhores interesses é absoluta e/ou "sacrossanta" (Mendes, 2024). Em outras palavras: a dimensão da "convivência familiar e comunitária" é importante e fundamental tanto para a garantia de direitos quanto para a preservação do bem-estar biopsicossocioemocional de crianças e adolescentes, porém desde que essa convivência familiar e comunitária seja essencialmente protetiva e não violadora de direitos.

Quando discorremos sobre desproteção relacional, estamos nos referindo à fragilidade de vínculos e à insegurança de convívio familiar e comunitário. Concretamente, as situações presentes na vivência familiar ou comunitária são as que ocasionam conflitos, violência, abandonos, isolamentos e apartação — as quais ampliam sentimentos de subalternidades a partir das relações de poder, das discriminações, das intolerâncias e de preconceitos (Torres, 2016; Coelho; Conceição, 2024).

Essas situações podem ter início em conflitos vivenciados em determinadas etapas do ciclo de vida e da construção das dinâmicas familiares enquanto sistemas vivos constituídos por processos paradoxais de ordem, desordem e organização (Barbosa; Mendes; Juras, 2021; Esteves de Vasconcellos, 2003; Mendes; Bucher-Maluschke, 2017). Os conflitos fazem parte da essência da vida humana e são intrínsecos à sociabilidade (Costa *et al.*, 2023), podendo ocorrer nas interações do cotidiano, surgindo nas relações interpessoais devido a diferenças de interesse, opiniões divergentes e dificuldades de diálogo. Podem ocorrer em contextos plurais na vida da criança e do adolescente, na escola, na comunidade, em casa, podendo ocasionar inseguranças de convívio, desproteções diante das assimetrias de poder, violências e sofrimentos. No contexto das interações familiares, verificamos que aumentaram as buscas pela rede de proteção e de seus serviços, como, por exemplo, do Conselho Tutelar. Isso inclui os conflitos intrafamiliares, como aqueles entre pais/mães/responsáveis e crianças e adolescentes, relacionados a problemáticas contemporâneas. Exemplos disso são a ampliação de situações de litígio e a judicialização das relações, bem como a diluição e a indefinição de fronteiras geracionais, fragilizando autoridades parentais (Vieira; Brito, 2020). Em muitos casos, o reforçamento dos pressupostos de "alienação parental" acaba por acentuar esses litígios, fragilidades e, por consequência, fatores de risco e vulnerabilidade para crianças e adolescentes (Barbosa; Mendes; Juras, 2021; Mendes, 2019; Mendes; Bucher-Maluschke, 2017).

Outra situação conflitiva que também apresenta reflexos nas questões contemporâneas e em processos sistêmico-relacionais se refere aos conflitos gerados na dinâmica de ruptura de vínculos conjugais, afetando a distinção entre os papéis conjugais e parentais, podendo ocasionar sofrimentos e contribuir para situações de violência e alegações de alienação parental (Barbosa; Mendes; Juras, 2021; Juras, Costa, 2016; Mendes; Lordello; Ormerod, 2020). A epistemologia sistêmica compreende que o divórcio é um período crítico no ciclo de vida familiar capaz de ampliar situações de desproteção por desencadear desordens relacionais no cotidiano das famílias (Mendes; Bucher-Maluschke, 2017). Destacamos neste capítulo o conflito interparental, o qual pode ampliar desproteções e trazer inúmeras consequências ao bem-estar físico, psicológico, social e emocional de crianças e adolescentes (Davies *et al.*, 2022; Ribeiro *et al.*, 2022).

As desproteções relacionais ocorrem por uma multiplicidade de fatores. Portanto, não é possível uma atuação da rede de forma integrada e efetiva em um viés de análises lineares e não sistêmico — isso contraria até mesmo a lógica da Doutrina de Proteção Integral. Assim, as atuações em rede não devem simplificar ou reduzir situações que envolvem a complexidade das relações no sistema familiar e a sua interação com aspectos sociais, culturais e transgeracionais (Maciel; Mendes; Barbosa, 2021; Mendes *et al.*, 2016; Mendes; Lordello; Ormerod, 2020). Essa perspectiva sistêmica não encontra lugar nos pressupostos e na Lei de Alienação Parental, Lei n.º 12.318/2010 (LAP), a qual apresenta causalidades para determinadas situações que podem ampliar situações de litígio. Considerando o caráter individualizante e a busca por certezas relacionais rígidas dessa lei (Maciel; Mendes; Barbosa, 2021; Mendes, 2019), ao caracterizar o ato de "alienação parental", criam-se sinalizações para constatar condutas de um "genitor alienador" que estaria dificultando a convivência e o vínculo da criança/adolescente com o suposto "genitor alienado". Assim, pode haver, inclusive, a possibilidade de os dois genitores agirem dessa forma, tal qual uma guerra entre países, em que a parte com menos poder na relação sofre mais: a criança/adolescente.

As ações da rede que ampliam as individualizações das situações vividas nas famílias e nas comunidades, desconsiderando as questões estruturais que engendram as dinâmicas relacionais, carecem de uma dimensão preventiva e protetiva, além de engendrarem uma visão despotencializada sobre "infância", "juventude" e "relações familiares pós-divórcio". A dimensão da prevenção e proteção deve alcançar os diversos sistemas sociais que abarcam as microrrelações familiares, as questões comunitárias, as relações entre serviços, indivíduos e famílias, bem como as construções das relações pautadas em questões macrossociais, que envolvem, principalmente, as interseccionalidades de raça e de gênero.

Propomos um exercício neste tópico para o olhar das questões macrossociais e como essas questões podem incidir nas desproteções relacionais e na ampliação de conflitos e de violências nas relações. Como pontua Torres (2022), "para proteger, é necessário ver e conhecer como ocorrem as desproteções, como se tecem as relações miúdas, cotidianas, mas também as mais amplas e alargadas que produzem e reproduzem a desigualdade" (p. 117).

Diante disso, para uma leitura que atravessa as convivências cotidianas, trazemos como exemplo quatro aspectos das estruturas coloniais que perpassam as atuações em rede e dizem de construções históricas e também contemporâneas, que podem ser amplificadores de desproteções: 1) a invisibilidade causadora da falta de reconhecimento e de participação de crianças e adolescentes diante da não escuta das infâncias e juventudes plurais (Dias; Soares; Oliveira, 2016); 2) as lógicas conservadoras que alavancam o conceito de "família" de uma forma idealizada, rígida, subsidiando leituras da rede de proteção as quais colocam as famílias como estruturadas e/ou desestruturadas — o que amplia violações e estigmatizações não apenas para crianças/adolescentes, mas também para as mulheres-mães (Mendes; Oliveira-Silva, 2022; Oliveira, 2022); 3) as questões de gênero que atravessam as relações conjugais e parentais e que nos remetem a olhar as alegações de "alienação parental" de forma ampla, sendo o seu viés generificado um dos prismas que podem ampliar o uso da lei como instrumento processual de violências de gênero (Mendes, 2019; Mendes; Oliveira-Silva, 2022); 4) as lógicas neoliberais que conduzem a individualização e a judicialização das relações (Brandão, 2021) e, nesse sentido, levam à monetização das dificuldades familiares pós-divórcio e do sofrimento, em especial das crianças/adolescentes (Mendes, 2019; Mendes; Bucher-Maluschke, 2017).

Propomos um olhar para que a rede realize leituras e construções sistêmicas, complexas e decoloniais diante de situações de desproteção que envolvem as relações familiares, independentemente do caminho de judicialização. Nesse sentido, o que fizemos até agora foi exercitar uma leitura contextual e complexa do lócus onde as desproteções se manifestam. Além disso, é preciso considerar, ainda, a história e as vivências do Sul global, levando em conta as matrizes da diversidade e das experiências do pertencimento e de identidade étnica e racial (Soares *et al.*, 2023; Voltarelli, 2020) que podem nos mostrar caminhos para intervenções e atuações em rede que trabalhem com o enfrentamento das violências estruturais e busquem as potências nos territórios de vivência das pessoas para o fortalecimento de espaços de convivências que sejam mais protetivas e minimizem relações litigiosas que afetam crianças e adolescentes. A partir disso, é essencial visar às possibilidades de ações em rede de forma integrada, sendo igualmente importante perceber como as fragmentações das atuações em rede podem ser também engrenagens para as fragilidades tanto da rede quanto dos casos que buscam os serviços de proteção e garantia de direitos.

2. UMA VISÃO EPISTEMOLÓGICA SOBRE A "INFÂNCIA" E "JUVENTUDE": O COMPROMISSO RADICAL DE RECONHECER CRIANÇAS E ADOLESCENTES COMO SUJEITOS DE DIREITOS

> *Quão frágil é a estrutura da rede ao atuar no contexto das desproteções relacionais sem, a priori, reconhecer crianças e adolescentes como sujeitos de direitos e atores sociais ativos?*

A invisibilidade da participação e do protagonismo de crianças e adolescentes como atores sociais ativos, capazes de se expressar sobre suas relações cotidianas e interesses, pode fragilizar ainda mais a estrutura da rede de atendimento. Quando não há espaço para escuta de crianças e adolescentes, ocorre uma falta de reconhecimento desses sujeitos, o que obscurece as ações voltadas às suas necessidades concretas e ao enfrentamento dos sofrimentos decorrentes das desproteções nas relações, das exclusões, dos conflitos e das violências enfrentadas (Coelho, 2024; Coelho; Conceição, 2022).

Nesse contexto, destacamos dois pontos relevantes: o primeiro está ligado à ampliação das desproteções quando a criança e o adolescente não são reconhecidos como sujeitos ativos de sua própria história; o segundo, à fragilização da atuação da rede de serviços de proteção decorrente desse não reconhecimento. Considerando a complexidade dessas duas questões, é imprescindível que a rede assuma o compromisso de escuta e acolhimento das diversas infâncias, priorizando ações voltadas às necessidades narradas e sentidas por esse público enquanto sujeitos sociais ativos.

O primeiro ponto refere-se ao sofrimento gerado pela falta de escuta e de atendimento. O não reconhecimento do protagonismo de crianças e adolescentes afeta diretamente sua saúde mental, autoconfiança e autoestima (Tironi, 2017).

Além disso, a ausência de espaços de convivência e de escuta nos serviços compromete a ampliação de vínculos de proteção. No caso de alegações de alienação parental, a desvalorização das narrativas, desejos e sentimentos de crianças e adolescentes despotencializa-os, moldando sua participação apenas como "massa de manobra" acrítica e sem subjetividade. Esse cenário leva à fragilidade da atuação da rede, o segundo ponto crítico para garantir ações concretas que assegurem os melhores interesses de crianças e adolescentes.

Nesse sentido, torna-se difícil oferecer proteção efetiva sem ouvir e compreender a infância e a juventude em sua pluralidade, levando em consideração questões de raça, gênero e faixa etária, além de valorizar esses sujeitos em sua totalidade (Moreira, 2022). A infância precisa ser vista como uma categoria estrutural e social, permanente em qualquer sociedade (Qvortrup, 1991), existente enquanto um modo de viver, o que nos permite estudá-la e questionar como as relações de desproteção e proteção afetam a infância.

Nesse sentido, se olharmos a infância e a juventude sob uma epistemologia que de fato considera o protagonismo do sujeito, é possível construir, de forma conjunta, com as crianças e adolescentes atuações que considerem seus interesses. Assim, é preciso garantir espaços de escuta e acolhida, visando às convivências mais protetivas não só no contexto familiar, mas em espaços onde a criança também possa se manifestar, saber que pode contar com um serviço, com uma rede de proteção comunitária. Ao assumir essa epistemologia, é importante a oferta de possibilidades de atuações diversas que construam espaços de acolhida e escuta da criança e do adolescente, dando visibilidade ao sujeito desejante, que tem direitos e pode enfrentar vulnerabilidades, mas também pode trazer potencialidades ligadas a si, aos seus territórios de vivências e redes com quem possa contar.

3. A REDE DE PROTEÇÃO: DA FRAGMENTAÇÃO ÀS CONEXÕES POSSÍVEIS PARA AS ATUAÇÕES DIANTE DE DESPROTEÇÕES RELACIONAIS DE CRIANÇAS, ADOLESCENTES E SUAS FAMÍLIAS

A fragilização e a fragmentação da rede de proteção podem potencializar algumas situações de litígio e de alegações de alienação parental?

A rede de proteção é composta por sistemas de promoção, de defesa e de controle social, os quais cuidam da garantia de direitos e da proteção integral da criança e do adolescente, compondo, assim, um Sistema de Garantia de Direitos

(SGD) integrado a partir de ações específicas de diversas instituições e serviços que formam essa rede, as quais são definidas no Estatuto da Criança e do Adolescente (ECA), sendo constituído por escolas, conselhos tutelares, unidades que executam a política de assistência social, unidades de saúde, promotorias especializadas na infância e adolescência e em direito de famílias, entre outros atores (Faraj; Siqueira; Arpini, 2016; Silva; Alberto, 2019). A lógica de funcionamento do SGD nem sempre se traduz em uma rede de atuações integradas, especialmente se as articulações forem fragmentadas ou baseadas em lógicas lineares apenas de encaminhamentos de casos sem um espaço efetivo de trocas e diálogos entre os atores que compõem essa rede, bem como sem a capacitação e os conhecimentos necessários (Burgos, 2020; Faraj; Siqueira; Arpini, 2016; Silva; Alberto, 2019).

Os entraves na rede, como apontam Silva e Alberto (2019), mostram a redução de atuações da rede diante da complexidade dos casos que chegam aos serviços, funcionando com simples repasses de casos, sem que se acompanhe ou se converse sobre as situações, o território ou as problemáticas coletivas, reforçando atendimentos isolados, em que a história é contada por diversas vezes e chega a cada espaço de formas variadas e, por vezes, divergentes — nos casos de crianças/adolescentes, entendemos que isso, muitas vezes, enseja a ocorrência de "violência institucional". Nos casos que envolvem situações de conflitos, violências e disputas de poder entre os membros de uma família ou comunidade, a história contada se abre em um prisma de interpretações e possibilidades de ações oferecidas pela rede de serviços, que deve estar articulada, não apenas recebendo e enviando casos, mas avaliando situações conjuntamente. Caso contrário, pode-se ampliar fragilidades nas relações conflituosas, especialmente nos casos de famílias, pais, mães e avós que buscam serviços, como, por exemplo, conselhos tutelares e unidades de assistência social, com alegações de "alienação parental" e conflitos interparentais. Nesse contexto, um olhar linear para as narrativas trazidas nesses casos, por vezes escutando apenas a história de forma unilateral, sem o envolvimento de uma escuta qualificada e sem a compreensão das dinâmicas familiares de uma forma sistêmica, pode fragilizar ainda mais o sistema familiar e reforçar conflitos, podendo acentuar os riscos e as vulnerabilidades de crianças/adolescentes nesses casos.

Como apontam Coelho e Conceição (2022), a fragmentação da atuação em rede sobrecarrega as instituições, que, além de não encontrarem soluções para as altas demandas, buscam alternativas simples e individuais para problemas complexos e coletivos, como, por exemplo, o reconhecimento e o reforço dos pressupostos de "alienação parental". Como vimos no tópico anterior, essa fragmentação nos remete a uma empreitada da lógica neoliberal que apenas individualiza e judicializa os casos sem investir em políticas de cuidado e em estratégias preventivas com espaços onde se possa trabalhar as relações familiares, comunitárias e a convivência protetiva. Enfim, a falta de qualificação, o isolamento dos serviços e a desarticulação ampliam a precarização das políticas públicas, refletindo nas demandas e nas limitações dos serviços ofertados na comunidade (Silvia; Alberto, 2019). Em um cenário no qual nem o próprio Judiciário parece dar conta da alta complexidade desses casos, o encaminhamento automático e não articulado para a rede de proteção e a utilização inadvertida, por parte das/ os profissionais da rede, dos pressupostos de "alienação parental" parecem, a um só tempo, potencializar riscos e vulnerabilidades e precarizar os serviços e a consecução das políticas públicas — **vide o relato de caso no Capítulo 7**.

Diante disso, para que o sistema em rede funcione, é necessário que esteja conectado em espaços dialógicos e de ações que promovam o vínculo dos atores que o compõem. Além disso, deve incorporar o caráter complexo e fractal que envolve a proteção de crianças e adolescentes (Coelho; Conceição, 2022). Nesse sentido, uma definição de rede que corrobora esse funcionamento, e que vai além das demarcações previstas nos protocolos e fluxos de atendimento, é trazida por Sanicola (2008). A autora define a rede como um sistema de trocas e de integração de recursos, informações e estratégias conjuntas para o enfrentamento de problemas coletivos, buscando o bem-estar comunitário e o acesso a direitos. Rovere (1998) também traz uma concepção de rede calcada nas relações horizontais e no vínculo entre os atores que a compõem, fortalecendo noções de colaboração, cooperação e associação, no sentido de desenvolver ações conjuntas. Ressaltamos que não propomos prescindir dos protocolos de atendimento, mas lembramos que junto desses protocolos vem a relação entre as pessoas, os serviços, a comunidade, sendo que essa relação, no nosso entendimento, é o que dá liga para que qualquer protocolo ou fluxo (mesmo aquele ainda não desenhado) funcione.

Assim, em uma pesquisa sobre a percepção dos atores da rede, Burgos (2020) apontou como favorecedores da efetivação de ações da rede: a valorização das relações pessoais, a necessidade da troca de informações entre instituições e a importância dos encontros presenciais por meio de reuniões horizontais, como as "rodas de conversa". Ademais, outros aspectos merecem destaque, como: envolvimento e formação profissional, fundamentais para o fortalecimento da rede de proteção (Faraj; Siqueira; Arpini, 2016; Silva; Alberto, 2019). A Figura 1 traz um retrato da configuração do sistema de garantia de direito e exemplos com possibilidades de conexões considerando a exigência de uma dinâmica que reflete a complexidade.

Figura 1. Alguns aspectos para fortalecimento do Sistema de Garantia de Direitos

```
┌─────────────────────────────────────────────────────────────┐
│     Eixos estruturantes do Sistema de Garantia de Direitos  │
└─────────────────────────────────────────────────────────────┘
           │                    │                    │
    ┌──────────────┐     ┌──────────────┐     ┌──────────────┐
    │   PROMOÇÃO   ├─────┤    DEFESA    ├─────┤   CONTROLE   │
    └──────────────┘     └──────────────┘     └──────────────┘
           │                    │                    │
Políticas públicas para    Acesso à serviços que   Monitoramento e a fiscalização
garantia de direito,       garantem a defesa dos   das ações de promoção e defesa
ações práticas para a      direitos humanos
proteção
                           • Ministério Público    • Conselhos de direito
• Saúde                    • Conselho Tutelar      • Conselhos setoriais de cada
• Educação                 • Defensorias públicas    política (saúde, educação,
• Esporte                  • Polícia civil e militar assistência social)
• Cultura                  • Poder judiciário      • Fóruns, Conferências
• Lazer                                            • Sociedade civil
           │                    │                    │
┌─────────────────────────────────────────────────────────────┐
│ Alguns aspectos para o fortalecimento da rede de proteção/  │
│ SGD: Encontros periódicos, valorização das relações e       │
│ fortalecimento de vínculos entre os participantes da rede,  │
│ qualificação dos profissionais da rede de forma integrada,  │
│ construção de ações conjuntas, troca de informações e       │
│ recursos.                                                   │
└─────────────────────────────────────────────────────────────┘
```

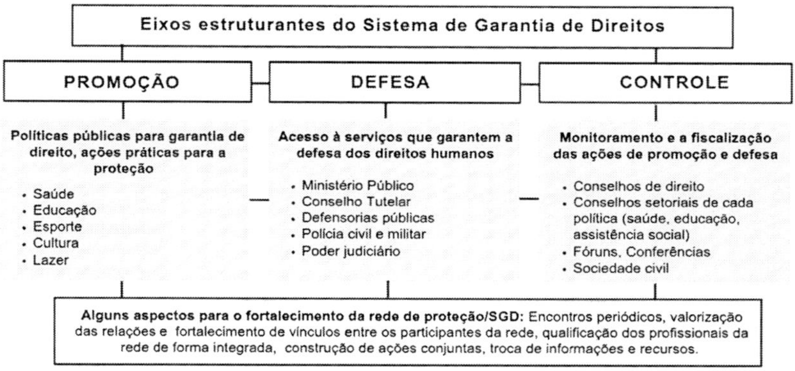

Fonte: os autores

4. OS IMPACTOS DA JUDICIALIZAÇÃO DE CASOS COM ALEGAÇÕES DE "ALIENAÇÃO PARENTAL" SOBRE A REDE DE PROTEÇÃO

O que vem primeiro: as fragilidades de atuação da rede de proteção que ampliam a judicialização da vida privada ou a judicialização da vida privada que sobrecarrega a atuação da rede?

A Lei de Alienação Parental, Lei n.º 12.318/2010 (LAP), trouxe à rede de proteção responsabilidades adicionais, ampliando o viés investigativo e de identificação de casos de "alienação parental", bem como a execução de medidas nesses casos. Exemplos dessas medidas decretadas pelo contexto judiciário incluem advertências, acompanhamentos psicológicos e participação em grupos voltados para a parentalidade, nos quais as partes precisam comprovar sua participação, além de medidas relacionadas ao regime de guarda e convivência. É importante ressaltar que muitas dessas ações já eram realizadas pela rede, especialmente pelo Conselho Tutelar, no sentido de identificar situações e articular com os demais integrantes da rede oferta de serviços, visando ao bem-estar da criança e do adolescente e à melhoria das relações familiares. Diante disso, pode ser oferecida à família a participação em grupos com foco no fortalecimento de vínculos familiares, encaminhamentos para atendimentos psicológicos ou psicossociais e, caso necessário, há notificações pelo Conselho Tutelar e providências diante de circunstâncias que afetem a proteção e os direitos de crianças e adolescentes.

Todavia, queremos destacar que há repercussões na rede quando o caso chega aos serviços devido a um enquadramento na LAP, especialmente nos casos já judicializados. Para compreender melhor os reflexos na rede das famílias e indivíduos que chegam alegando "alienação parental", é importante ressaltar que as dinâmicas conflituosas, as fragilidades de vínculos e as situações de violência já eram demandas dessa rede. Com a LAP, muitas pessoas passaram a buscar ou ser encaminhadas para os serviços já com uma série de caminhos processuais, buscando provas, respaldos e confirmações dos serviços, e, por vezes, relatórios para somar à trajetória processual de litígio interparental no sistema judiciário. Portanto, o que se busca não parece ser um espaço para dissolução do conflito, mas sim um lócus de produção de provas, onde qualquer possibilidade de entrega e confiança fica comprometida. Em última instância, a LAP e as concepções de "infância", "juventude" e "família" por trás dela acabaram por transformar os equipamentos da rede de proteção em mais um território para a disputa de poder e consequente recrudescimento dos conflitos familiares.

Em vista disso, pode haver uma cristalização do conflito, pois, agora, as partes envolvem o sistema de proteção no litígio não necessariamente para aumentar o componente protetivo à criança e ao adolescente, mas sim para ampliar a quantidade de testemunhas e pessoas envolvidas na mediação do conflito. Não é incomum, além dos responsáveis que disputam pela razão, o envolvimento de serviços que, por vezes, atuando de forma isolada, podem acirrar ainda mais a disputa que antes estava limitada ao âmbito doméstico e agora se estende às relações no território, inclusive gerando conflitos entre os próprios serviços quanto à competência para atender cada caso. Isso acaba sobrecarregando a atuação da rede e, em uma situação de desarticulação, amplia as desproteções tanto da própria rede quanto das famílias atendidas, em especial quanto aos melhores interesses das crianças/adolescentes em questão.

Há, portanto, uma relação de poder entre famílias/indivíduos e serviços, mediada pela LAP e práticas judiciárias, que intensifica denúncias e solicitações pelas partes (pais, mães, responsáveis), e uma ausência de ações preventivas e de proteção que poderiam ser amplamente oferecidas. Essas ações buscam minimizar casos de judicialização e discutir, junto às famílias e comunidades, os crescentes litígios que envolvem alegações de "alienação parental". Todavia, para que essas ações aconteçam, é preciso fortalecer a rede, gerir as demandas e consolidar os papéis já estabelecidos pelo ECA. A sobrecarga, a falta de recursos e as condições inadequadas de um trabalho integrado e colaborativo podem resultar na ausência de uma escuta qualificada, de espaços que promovam direitos e cidadania, e na ampliação das desproteções (Coelho, 2024). Deixamos aqui questões que talvez ainda não tenham respostas, mas apostamos em atuações em rede antes de um processo de judicialização. Pensar na possibilidade de restauração de uma comunicação para minimizar o conflito e fortalecer o aspecto protetivo, no sentido dos melhores interesses da criança e do adolescente, é bem mais viável quando não há o peso da investigação e do litígio no caso concreto.

5. AÇÕES EM REDE COM FOCO NA PREVENÇÃO DE DESPROTEÇÕES RELACIONAIS E PELA PROMOÇÃO DE CONVIVÊNCIAS PROTETIVAS

Como uma rede de proteção se fortalece no território e promove ações preventivas e protetivas?

Considerando o conceito de redes colaborativas mencionado anteriormente, iremos compartilhar um exemplo de rede social local no Distrito Federal (DF), da qual participamos há cerca de dez anos. Essa rede é organizada de forma autônoma e tem como participantes profissionais de serviços públicos, instituições e lideranças comunitárias, destacando-se os serviços públicos ligados à assistência social, saúde, segurança pública, educação, conselho tutelar, justiça, ministério público e algumas instituições que ofertam serviços socioassistenciais. É importante salientar que essa rede, e mais cerca de outras 21 existentes no DF, tem como premissa ser um espaço de encontros mensais para o estudo das demandas do território e o planejamento de ações colaborativas, sendo uma rede aberta à participação não só de serviços, mas de atores comunitários, mantendo um funcionamento baseado nos vínculos, afetos e solidariedade com o intuito de efetivar políticas públicas integradas, cujas ações visam "garantir de direitos e cidadania, portanto são espaços de transformação social e de natureza emancipatória" (Novais *et al.*, 2017, p. 190).

Nessa perspectiva, na rede onde vivenciamos as ações construídas de forma conjunta, são realizados dois encontros quinzenais — sendo o primeiro encontro aberto a todos que queiram participar para planejar ações comunitárias e o segundo, restrito aos serviços/instituições que atendem indivíduos e famílias visando estudar casos e pensar ações compartilhadas, integradas buscando ampliar proteções (Jacobina; Coelho, 2024). A convivência gerada por esses encontros garante maior fluidez na execução de cada política, em que os fluxos são reforçados a partir do diálogo e das construções cotidianas, possibilitando a convergência de ações para a garantia de direitos da população atendida.

Não cogitamos trazer um caminho normativo sobre como a rede se fortalece, mas deixamos exemplos de uma rede que consegue construir algumas ações conjuntas, em que, a partir da convivência, busca-se enfrentar desafios compartilhando suas fragilidades e potencialidades. Entendemos que, ao pensar nos encontros quinzenais sobre demandas coletivas do território, conseguimos realizar ações preventivas e, ao estudar situações complexas e específicas de famílias e indivíduos que entram nos serviços, a rede pode se amparar e pensar em estratégias de proteção. A seguir, descrevemos duas ações construídas de forma conjunta entre os participantes/serviços, as quais vêm fortalecendo atuações da rede nos casos de alegação de alienação parental e em outras situações de desproteções relacionais vivenciadas pelas famílias atendidas.

5.1 Utilizando o recurso de estudo de caso para a junção de histórias e de saberes e para a qualificação e fortalecimento da rede

Como vimos anteriormente, os encontros entre as pessoas que compõem a rede, em que as relações são valorizadas, são relevantes para um fortalecimento das ações de cooperação, as quais também são alavancadas quando acontecem trocas de informação e conhecimento do papel de cada membro da rede (Burgos, 2020). Nessa perspectiva, com base em nossa experiência na participação de redes de proteção e serviços, os estudos de caso pela rede têm se mostrado uma estratégia eficaz para a construção conjunta de planos de acompanhamento e intervenção para famílias e indivíduos que são atendidos ou precisam do suporte de mais de um serviço da rede. Isso traz uma complexidade que requer a construção intersetorial e a perspectiva de múltiplos saberes.

Nesse sentido, mensalmente, a rede da qual participamos seleciona casos para estudarmos e construirmos planos de atuação que visem melhorar as condições de atendimento, garantir direitos, ampliar proteção e fortalecer a convivência familiar e comunitária das pessoas atendidas pelos serviços. Essa possibilidade de desenvolver estratégias interventivas reduz os problemas destacados por Burgos (2020), os quais estão relacionados aos conflitos decorrentes da sobreposição de competências. Além disso, contribui para desconstruir imagens equivocadas sobre a atuação de cada instituição ao mesmo tempo em que identifica fragilidades e potencialidades.

Outro ponto relevante dos estudos de caso se refere à própria reunião, que, pela convivência, pode naturalmente proporcionar o fortalecimento de vínculos, além de facilitar a comunicação, essencial para ações eficazes e para o compartilhamento de responsabilidades (Faraj; Siqueira; Arpini, 2016). Assim, nesses encontros de estudo de caso, ocorre o compartilhamento de informações e de histórias dos casos, em que, muitas vezes, cada serviço traz o que lhe foi relatado, sendo essencial juntar as várias partes da história. Nos casos de alegação de alienação parental ou litígios interparentais, percebemos que, quando o serviço atende de forma mais acentuada um dos membros envolvidos no litígio, é comum encontrarmos vários relatos acusatórios que contam apenas um lado da história.

Como exemplo disso, um dos casos trazidos para o estudo envolvia uma situação de alto litígio, com muitos processos no contexto da justiça, incluindo históricos de acusações da genitora contra o genitor, envolvendo situação de violência doméstica contra ela e contra uma das crianças, além de alegações de alienação parental feitas pelo genitor. Durante uma audiência de guarda, a mãe demonstrou frágil controle emocional diante das provocações do genitor; somando isso às alegações dele e à complexidade dos fatores envolvidos, houve a decisão judicial de que o genitor iria manter a guarda e a responsabilidade pelas crianças. Esse caso foi marcante para a rede, pois evidenciou a fragmentação das narrativas e a importância de clarificar as diversas histórias e ações das instituições envolvidas. Como os genitores e as crianças passaram por atendimentos no setor psicossocial do Ministério Público, no Conselho Tutelar, em serviços de saúde e em grupos focados na convivência protetiva em uma unidade da assistência social, foi essencial ouvir todas as versões. A partir desse estudo de caso, os serviços conseguiram oferecer intervenções mais integradas, realizando uma leitura de gênero, ofertando serviços voltados para a prevenção da violência doméstica e levando em consideração as necessidades das crianças. Também foi possível analisar a dinâmica relacional e reforçar a necessidade de retomar a convivência entre as crianças e a mãe, além de fortalecer o acompanhamento da rede de serviços durante a transição para uma possível guarda compartilhada. Nesse sentido, a troca de informações foi fundamental para compreender a complexidade das histórias de vida e buscar atuações voltadas para o melhor interesse das crianças.

Nesse contexto, outra junção que fazemos é a soma de saberes entre os diversos atores da rede que participam dos estudos de caso. Isso nos permite observar a potência do capital humano que compõe os serviços e as redes, mas também as lacunas de conhecimento sobre determinados temas importantes, como o que estamos apresentando neste capítulo. Por conseguinte, a rede tem realizado seminários e encontros formativos ao longo do ano, abordando temas, como a LAP, o princípio dos melhores interesses da criança e do adolescente, fluxos e serviços de saúde mental para crianças e adolescentes, fluxos para o atendimento de crianças e adolescentes vítimas de violência, entre outros.

Assim, a qualificação da rede é fundamental para uma atuação que garanta de fato a proteção (Silva; Alberto, 2019). Essa qualificação deve ser embasada em posicionamentos críticos, promovendo mudanças de paradigmas que permitam uma visão ampliada das narrativas infantojuvenis. Isso inclui uma interpretação mais profunda das leis, ampliando leituras sob óticas interseccionais e observando questões relacionadas às estruturas macrossociais que causam desproteções, como é o caso da violência de gênero, das violências contra crianças e adolescentes, e de outras situações que envolvem análises históricas, culturais, sociais, políticas, econômicas, e uma multiplicidade de fatores que atravessam as relações cotidianas.

5.2 A rede e as ações coletivas com foco na ampliação de convivências protetivas e dos melhores interesses das crianças e adolescentes

Para finalizar, destacamos as ações coletivas como fortalecedoras das ações intersetoriais, mas sobretudo como possibilidades de oferta do sistema de proteção para lidar com desproteções relacionais vivenciadas por indivíduos e famílias. Isso visa prevenir a ampliação dos conflitos que buscam caminhos reducionistas ou vão direto para vias da judicialização sem terem passado pelos serviços da rede — como aqueles casos com alegações de "alienação parental". Assim, os grupos desenvolvidos nos serviços com foco na convivência protetiva e na promoção da qualidade das relações podem contribuir para a minimização de conflitos.

Um exemplo disso são os grupos com foco no fortalecimento de vínculos familiares e comunitários, os quais podem ser ofertados em unidades do Sistema Único de Assistência Social (SUAS). Nos últimos anos, as duas primeiras autoras têm realizado grupos em unidades do SUAS com foco na convivência protetiva e na prevenção de desproteções relacionais (Coelho, 2024; Jacobina; Coelho, 2024), os quais nasceram originalmente da demanda da rede de serviços, dos estudos de caso da rede e de uma movimentação inicial dos atores que encaminhavam casos para os grupos com foco parental e multifamiliar. Nesses grupos, alguns participantes, encaminhados especialmente pelos serviços psicossociais vinculados ao contexto judiciário, apresentam históricos de busca por justiça com alegações de alienação parental. Durante os encontros, trabalhamos as desproteções nas relações, incluindo situações que envolvem conflitos conjugais que afetam a proteção de crianças e adolescentes, aumentando suas vulnerabilidades e riscos.

Outra ação coletiva se refere à aproximação dos serviços da rede das escolas e da comunidade. Integrantes da rede se organizam em alguns momentos ao longo do ano para levar temáticas relevantes para as escolas, como, por exemplo, prevenção à violência, o trabalho com a escuta da criança e as relações que protegem ampliando redes de apoio. Sobretudo, essas ações aproximam os serviços dos contextos mais próximos onde crianças e adolescentes estão e ampliam vínculos com as escolas que trazem estudos de casos para os encontros da rede. Tais ações têm um foco mais preventivo de forma universal, mas seu impacto desperta ainda mais a comunidade escolar para a escuta da criança e do adolescente, a identificação de desproteções e a articulação com os demais serviços. Nos casos de alegações de alienação parental, ao ampliar os espaços de escuta sobre as desproteções nas relações cotidianas, torna-se possível expandir a rede de proteção para crianças e adolescentes que possam estar sofrendo com conflitos e litígios intrafamiliares, especialmente aqueles que envolvem o par parental.

Por fim, há um intercâmbio de saberes em que os integrantes da rede podem levar informações sobre seus serviços ou sobre outras temáticas para as famílias atendidas nos demais serviços, ofertando oficinas e diálogos coletivos. Por exemplo, a Unidade Básica de Saúde (UBS) pode ofertar uma oficina nos Centros de Referência de Assistência Social (CRAS), o Conselho Tutelar pode fazer uma roda de conversa para famílias acompanhadas pelo Centro de Referência Especializado de Assistência Social (CREAS), pelo CRAS e/ou pela UBS, e o Ministério Público pode trazer temáticas importantes para as famílias atendidas. Essas iniciativas, portanto, podem atuar como fonte de prevenção para famílias em processo de separação, além de oferecerem canais de acesso a serviços que promovam espaços de proteção e escuta para aquelas que enfrentam litígios, os quais acabam afetando a saúde mental e o bem-estar de crianças e adolescentes. Ademais, espera-se que esses espaços de informação e convivência fortaleçam os laços comunitários e promovam um ambiente colaborativo e empático, imprescindível para o desenvolvimento integral das famílias e de suas crianças e adolescentes.

CONSIDERAÇÕES FINAIS

Neste capítulo, demonstramos como a rede de proteção social pode atuar eficazmente, principalmente quando os vínculos entre seus membros são fortalecidos por meio de encontros e colaborações focadas na ampliação dos direitos e na criação de espaços que priorizem o bem-estar de crianças e adolescentes. No entanto, quando essa rede não está bem articulada, as fragilidades aumentam, levando a uma maior exposição à desproteção. Essa falta de articulação e prevenção pode sobrecarregar a rede de proteção, resultando em uma maior tendência para resolver problemas por meio da judicialização, em vez de abordagens preventivas e protetivas no âmbito comunitário.

Não se trata de uma crítica à via judicial para a garantia dos direitos. No entanto, trazemos uma reflexão sobre as engrenagens que levam cada vez mais as pessoas a recorrerem ao judiciário para resolver conflitos da dinâmica familiar. Isso indica um Estado que, ao deixar de ofertar serviços com foco na prevenção e na promoção de convivências protetivas, contribui para o empobrecimento das relações, individualizando problemas e fragilizando a rede de proteção. Por outro lado, quando há uma rede fortalecida, que se compromete em criar espaços de escuta de crianças e adolescentes, que é utilizada como um espaço protetivo, e não apenas como um meio de produção de provas, os serviços podem não só reduzir os litígios como também garantir maior eficácia das políticas voltadas para o melhor interesse de crianças e adolescentes.

REFERÊNCIAS

BARBOSA, L. de P. G.; MENDES, J. A. de A.; JURAS, M. M. Dinâmicas disfuncionais, disputa de guarda e alegações de alienação parental: uma compreensão sistêmica. **Nova Perspectiva Sistêmica**, São Paulo, v. 30, n. 69, p. 78–95, 2021. https://dx.doi.org/10.38034/nps.v30i69.612

BRANDÃO, C. A judicialização das relações sociais e a liberdade do sujeito de direito. **Revista Humanidades e Inovação**, [s. l.], v. 8, n. 57, p. 33–47, 2021.

BRASIL. **Decreto n.º 99.710, de 21 de novembro de 1990**. Promulgação da Convenção Internacional sobre os Direitos da Criança. Disponível em: https://bvsms.saude.gov.br/bvs/publicacoes/convdir_crianca.pdf. Acesso em: 10 ago. 2024..

BURGOS, M. B. Redes de proteção e a decantação dos direitos das crianças. **Tempo Social**, [s. l.], v. 32, n. 3, p. 375–397, 2020. https://doi.org/10.11606/0103-2070.ts.2020.163553

COELHO, A. C. F.; CONCEIÇÃO, M. I. G. A rede de proteção de crianças e suas famílias: identificando emaranhados e tecendo possibilidades de atuação. *In*: QUIXADÁ, L. M.; MENEZ, J. A. de (org.). **Infância em territórios de (in)segurança: narrativas compartilhadas com criança. 1. ed., v. 1. Fortaleza, CE: Editora da UE, 2022, p. 34–53.

COELHO, A. C. F.; CONCEIÇÃO, M. I. G. Processos de desproteção e de proteção de crianças, adolescentes e suas famílias: uma análise de múltiplas evidências dos reflexos da pandemia. **Arquivos de Ciências da Saúde da UNIPAR**, Umuarama, v. 28, n. 1, p. 307–328, 2024. https://doi.org/10.25110 /arqsaude.v28i1.2024-10858

COELHO, A. C. F. **ConViver**: grupos de convivência protetiva para crianças, adolescentes e suas famílias. 2024. Tese (Doutorado em Psicologia Clínica e Cultura) — Universidade de Brasília, Brasília, 2024.

COSTA, L. B. de S.; CAMINO, C. P. dos S.; VASCONCELOS, D. C. de; ASSIS, N. L. P. de; SILVA, M. F. de A. Resolução de conflitos familiares por adolescentes e defesa do domínio pessoal. **Psicologia**: Ciência e Profissão, Brasília, n. 43, 2023. https://doi.org/10.1590/1982-3703003254483

DAVIES, P. T.; THOMPSON, M. J.; HENTGES, R. F.; PARRY, L. Q.; ESTURGE-MAÇÃ, M. L. Interparental conflict as a quadratic predictor of children's reactivity to interparental conflict and school adjustment: Steeling effects or risk saturation? **Child Development**, [s. l.], v. 93, p. 594–611, 2022. https://doi.org/10.1111 /cdev.13720.

DIAS, A. A.; SOARES, M. do C. de M. S.; OLIVEIRA, M. R. de A. Crianças do Campo: da invisibilidade ao reconhecimento como sujeito de direito. **Revista Psicologia Política**, [s. l.], v. 16, n. 37, p. 379–396, 2016.

ESTEVES DE VASCONCELLOS, M. J. **Pensamento sistêmico**: o novo paradigma da ciência. Campinas, SP: Papirus, 2003.

ESTEVES DE VASCONCELLOS, M. J. Usos contemporâneos do adjetivo "sistêmico". *In*: MENDES, J. A. de A.; BUCHER-MALUSCHKE, J. S. N. F. **Perspectiva sistêmica e práticas em psicologia**: temas e campos de atuação. Curitiba: Editora CRV, 2020.

FARAJ, S. P.; SIQUEIRA, A. C.; ARPINI, D. M. Rede de proteção: o olhar de profissionais do sistema de garantia de direitos. **Temas em Psicologia**, [s. l.], v. 24, n. 2, p. 727–741, 2016.

GUARESCHI, P. A. **A psicologia social crítica como prática de libertação**. 3. ed. Porto Alegre: EDIPUCRS, 2005.

JACOBINA, O. M. P.; COELHO, A. C. F. A convivência da rede como potência na implementação de ações de proteção às crianças e adolescentes. *In*: MARRA, M.

M.; FORTUNATO COSTA, L.; LORDELLO, S. R. (org.). **Violência sexual contra crianças e adolescentes**: desafios atuais na implementação de ações práticas. 1. ed., v. 1. Curitiba: Editora CRV, 2024, p. 1–247.

JURAS, M. M.; COSTA, L. F. Não foi bom pai, nem bom marido: conjugalidade e parentalidade em famílias separadas de baixa renda. **Psicologia**: Teoria e Pesquisa, Brasília, n. 32 (spe), 2016. https://doi.org/10.1590/0102-3772e32ne215

MACIEL, S. A. B.; MENDES, J. A. de A.; BARBOSA, L. de P. G. Visão sistêmica sobre os pressupostos de alienação parental na prática clínica individual e familiar. **Nova Perspectiva Sistêmica**, São Paulo, v. 30, n. 69, p. 62–77, 2021. DOI: 10.38034/nps.v30i69.611.

MENDES, J. A. de A. *et al.* Perspectiva sistêmica: um olhar necessário para atuação dos atores jurídicos junto à disputa de guarda. **Nova Perspectiva Sistêmica**, São Paulo, v. 25, n. 54, p. 88–104, 2016.

MENDES, J. A. de A.; BUCHER-MALUSCHKE, J. S. N. F. Destructive divorce in the Family Life Cycle and its implications: criticisms of Parental Alienation. **Psicologia**: Teoria e Pesquisa, Brasília, p. 1–8, 2017. https://doi.org/10.1590/0102.3772e33423

MENDES, J. A. de A.; LORDELLO, S. R.; ORMEROD, T. Uma proposta de compreensão bioecológica do princípio dos melhores interesses da criança/adolescente nos casos de disputa de guarda. *In*: MENDES, J. A. A.; BUCHER-MALUSCHKE, J. S. N. F. (ed.). **Perspectiva sistêmica e práticas em psicologia**: temas e campos de atuação. Curitiba: Editora CRV, 2020, p. 53–78.

MENDES, J. A. de A.; ORMEROD, T. O princípio dos melhores interesses da criança: uma revisão integrativa de literatura em Inglês e Português. **Interação em Psicologia**, Curitiba, n. 24, p. 1–22, 2019. https://doi.org/10.4025/psicolestud.v24i0.45021

MENDES, J. A. de A. "Matriz dos Melhores Interesses": avaliação e foco nos Melhores Interesses da Criança/Adolescente em casos de guarda e convivência. No prelo, 2024.

MENDES, J. A. de A. Genealogia, pressupostos, legislações e aplicação da teoria de alienação parental: uma (re)visão crítica. *In*: SILVA, I. R. (org.). **Cadernos sobre Alienação Parental**. Brasília, DF: Conselho Federal de Psicologia, 2019, p. 10–35.

MENDES, J. A. de A.; OLIVEIRA-SILVA, L. As alegações de "alienação parental" e os vieses de gênero e misoginia em processos de guarda e convivência. *In*:

BASTOS, E. F.; GIANCHIN, J.; COPETTI, L. V.; LEMOS, M. M. F. (ed.). **Direito das Famílias, Vulnerabilidades e Questões de Gênero**. Instituto Brasileiro de Direito de Família, IBDFAM, 2022, p. 44–65.

MOREIRA, M. C. N.; DIAS, F. de S.; MELLO, A. G. de; YORK, S. W. Gramáticas do capacitismo: diálogos nas dobras entre deficiência, gênero, infância e adolescência. **Ciência & Saúde Coletiva**, [s. l.], v. 27, n. 10, p. 3.949–3.958, 2022. https://doi.org/10.1590/1413- 812320222710.07402022

MORIN, E. **Introdução ao pensamento complexo**. Tradução de E. Lisboa. 5. ed. Porto Alegre: Sulina, 2015.

NOVAIS, T. N.; LOPES, E. A. de; JESUS, M. S. de; SILVA, W. C. da; CARLOS, L. A. S. Co-criando métodos colaborativos para construção de ambientes sociais mais autônomos e horizontais. **Comunicação em Ciências da Saúde**, [s. l.], v. 28, n. 2, p. 188–197, 2017. Disponível em: https://www.arca.fiocruz.br/handle/icict/41853. Acesso em: 10 ago. 2024.

OLIVEIRA, N. L. A. O trabalho social com famílias na assistência social: diálogo com a psicologia social e comunitária e os princípios do SUAS. *In*: OLIVEIRA, I. F.; SOUSA, B. S. (org.). **Psicologia e políticas sociais, conservadorismo em tempos de capital-bárbarie**. Florianópolis: Abrapso Editora, 2022.

QVORTRUP, J. **Childhood as a social phenomenon**: an introduction to a series of national reports. Vienne European Centre: Eurosocial, 1991.

RIBEIRO, C. G.; SILVA, G. C. da C.; SILVA, I. A. da; CARVALHO, J. A.; CASIMIRO, M. G. N. R.; OLIVEIRA, S. G. de; SILVA, V. L. M. da; FARIAS, R. R. S. de. Conflitos parentais e os impactos psicossociais na vida das crianças. **Revistaft**, [s. l.], v. 26, e.117, 2022. DOI: 10.5281/zenodo.7429256.

ROVERE, M. R. **Redes en salud**: un nuevo paradigma para el abordaje de las organizaciones y la comunidad. Rosario: Ed. Secretaría de Salud Pública/AMR; Instituto Lazarte, 1999.

SANICOLA, L. **As dinâmicas de rede e o trabalho social**. São Paulo: Veras Editora, 2008.

SILVA, A. C. S. da; ALBERTO, M. de F. P. Fios soltos da rede de proteção dos direitos das crianças e adolescentes. **Psicologia**: Ciência e Profissão, Brasília, v. 39, p. 1–13, 2019. https://doi.org/10.1590/1982-3703003185358

SOARES, A. de S.; GEBARA, T. A. A.; MARTINS, L. R. O pensamento decolonial nos estudos da infância: epistemologias críticas e pós-críticas. **Preprints SciELO**, 2023. https://doi.org/10.1590/SciELOPreprints.5851

TEIXEIRA, A. C. B.; VIEIRA, M. de M. **Construindo o direito à convivência familiar de crianças e adolescentes no Brasil**: um diálogo entre as normas constitucionais e a Lei n. 8.069/1990, 2015. Disponível em: https://civilistica.emnuvens.com.br /redc/article/view/598/439. Acesso em: 10 ago. 2024.

TIRONI, S. Criança, participação política e reconhecimento. **Revista Direito e Práxis**, [s. l.], v. 8, n. 3, p. 2.146–2.172, 2017. https://doi.org/10.1590/2179-8966/2017/23563

TORRES, A. S. **Convívio, convivência e proteção social**: entre relações, reconhecimentos e políticas públicas. [s. l.]: Ed. Veras, 2016.

TORRES, A. S. Segurança de convivência no SUAS: proteção em situações de violação de Direitos Humanos. *In*: PAULA, R. F. S. (org.). **Direitos humanos em tempos de barbárie**: questionar o presente para garantir o futuro. São Paulo: Cortez, 2022.

VIEIRA, É. dos S.; BRITO, L. M. T. de. Conflitos entre pais e filhos batem à porta do Conselho Tutelar. **Nova Perspectiva Sistêmica**, São Paulo, v. 29, n. 66, p. 74–86, 2020. https://doi.org/10.38034/nps.v29i66.513

VOLTARELLI, M. A. Da margem ao centro: a visibilidade das crianças sul-americanas nos estudos da infância. **Serviço Social Em Debate**, [s. l.], v. 3, n. 1, 2021. Disponível em: https://revista.uemg.br/index.php/ serv-soc-debate/article/view/5496. Acesso em: 10 ago. 2024.

ALIENAÇÃO PARENTAL COMO UM PROXY PARA A REVITIMIZAÇÃO DENTRO DA REDE DE PROTEÇÃO: UM ESTUDO DE CASO COM SUSPEITA DE VIOLÊNCIA SEXUAL

Josimar Antônio de Alcântara Mendes

Indianara Trainotti

RESUMO: este capítulo discutirá a relação entre alegações de violência sexual e os pressupostos de alienação parental em casos de disputa de guarda e convivência, destacando as consequências dessa relação para os melhores interesses de crianças e adolescentes. Através de um estudo qualitativo descritivo de caso, apresenta-se a história de Sophia, uma criança envolvida em uma disputa judicial entre seus pais, com alegações de violência sexual e contra-alegações de alienação parental. O estudo demonstra como os pressupostos de alienação parental podem ser usados para descredibilizar alegações legítimas de violência sexual, além de explorar a forma como o viés de confirmação da "alienação parental" influenciou as decisões dos profissionais da Rede de Proteção. A análise crítica do manejo do caso evidencia a fragilidade técnico-científica dos estudos psicológicos e sociais realizados, que desconsideraram o relato da criança, contribuindo para sua revitimização e severa violação de direitos. As conclusões apontam a importância de uma abordagem crítica e baseada em evidências para garantir a proteção integral de crianças e adolescentes, evitando que a alienação parental seja utilizada como ferramenta para mascarar violências e abusos.

Palavras-chave: Violência Sexual Infantil; Alienação Parental; Disputa de Guarda; Revitimização; Rede de Proteção; Viés de Confirmação.

INTRODUÇÃO

Discutir o tema da violência é tarefa complexa, em especial as violências contra crianças e adolescentes. Parte dessa complexidade se deve ao cenário brasileiro, no qual é crescente o índice de violência contra essa população nos últimos anos, em especial a violência sexual.[18] A título de exemplo, tem-se os dados do Disque 100,[19] o qual recebeu, em 2023, mais de 39 mil denúncias envolvendo abuso e exploração sexual contra crianças e adolescentes no Brasil.[20] Já o Anuário Brasileiro de Segurança Pública de 2023 aponta que, em 2022, o estupro de vulnerável[21] foi um dos crimes com maior ocorrência no país, com um registro de quase 41 mil crianças e adolescentes vítimas dessa violência — 2022 foi o ano com maior número de registros até aqui (FBSP, 2023). Vale ressaltar que o Anuário (FBSP, 2023) apresenta somente os números correspondentes aos casos que foram notificados às autoridades policiais no ano de 2022 — ou seja: ainda existem aqueles casos que não foram notificados. Um estudo do Instituto de Pesquisa Econômica Aplicada (IPEA) (FBSP, 2023) indica que, em 2023, apenas 8,5% dos casos de violência sexual no Brasil foram notificados às autoridades. Essa subnotificação torna o cenário brasileiro ainda mais preocupante.

Outro dado preocupante diz respeito ao local no qual ocorre essa violência e ao perfil dos autores. Ainda segundo o Anuário Brasileiro de Segurança Pública (FBSP, 2023), o estupro de vulnerável é majoritariamente intrafamiliar e estima-se que 71,5% das vezes ele ocorra na residência[22] e é cometido por pessoas da família. Desses 71,5%, pais e padrastos cometem 44,4%, avós 7,4%, tios 7,7%, primos 3,8%, irmãos 3,4 %, mães e madrastas 1,8% e 4,8% por outros familiares. Esses dados indicam a importância de se refletir sobre o mito de que a "casa" e a "família" são sempre ambientes seguros para as crianças/adolescentes e que garantem seu bem-estar biopsicossocioemocional.

Além do reconhecimento dos alarmantes índices de violência sexual contra crianças e adolescentes, a prevenção adequada e o bom manejo de casos com alegações de violência sexual envolvendo essa população também exigem uma boa definição de "violência" (Hamby, 2017). Existem vários modelos con-

---

18   Ao longo deste capítulo, referir-se-á "violência sexual", e não "abuso sexual", posto que a palavra "abuso" tem denotação de "mau uso; uso indevido ou ilegítimo", "uso excessivo", "falta de moderação ou de comedimento" — "abuso", conforme o Dicionário Priberam da Língua Portuguesa [on-line], 2008–2024, em: https://dicionario.priberam.org/abuso. Assim, referir-se à violência sexual como um "abuso" insta a falsa ideia de que exista algum "bom uso ou uso devido e legítimo" desse tipo de violência ou ainda que poderia haver um "uso não excessivo, moderado ou comedido" na prática desse tipo de violência.

19   É um serviço público e gratuito, destinado a receber denúncias/demandas de violações de direitos humanos. Além de receber e encaminhar as denúncias aos órgãos competentes, o Disque 100 tem um papel essencial na divulgação de dados e campanhas em todo o território nacional.

20   Fonte dos dados: MDHC — https://www.gov.br/mdh/pt-br/ondh/painel-de-dados/2023.

21   O Código Penal Brasileiro (Decreto-Lei n.º 2.848/1940) em seu artigo 217-A aponta que o estupro de vulnerável é a conjunção carnal ou qualquer ato libidinoso com menor de 14 anos ou com alguém que, decorrente de enfermidade ou deficiência mental, não tenha discernimento ou até por não poder oferecer resistência ao ato.

22   Da pessoa em situação de violência ou do/a agressor/a.

ceituais para a definição de "violência" e eles tendem a variar de acordo com o foco dado para o tipo de violência sob análise e/ou conforme o modelo teórico adotado (Hamby, 2017). Em linhas gerais, a definição de "violência" tende a levar em consideração características como força, coerção, poder e dano (Krug *et al.*, 2002). Esses aspectos são essenciais para discutirmos o conceito de violência.

A reflexão sobre essas estatísticas e definições também se faz necessária para as/os profissionais que atuam em casos de disputa de guarda e convivência após a separação conjugal, posto que é frequente a alegação de violências (em especial a sexual) nesses casos (Magnus; Lago, 2020). Também é comum nesses casos a contra-alegação de "alienação parental" para descredibilizar as alegações de violência (Chiaverini, 2017; Marinho; Santos, 2023; Sottomayor, 2011a) — **vide Capítulos 8, 10, 12 e 13**. Contudo, não é incomum que essa disputa (e essas alegações) também se estenda à Rede de Proteção (REPRO) — **vide Capítulo 6**. Diante desse contexto, este capítulo apresentará um estudo de caso que irá problematizar a adoção dos pressupostos de "alienação parental" por profissionais da Rede de Proteção[23] e como esses pressupostos podem instrumentalizar processos de revitimização dentro de um sistema que, como o próprio nome já indica, deveria proteger as crianças/adolescentes e os seus melhores interesses, sempre partindo do pressuposto da intervenção mínima e precoce conforme preconiza o Estatuto da Criança e do Adolescente.

1. REFLEXÕES SOBRE OS CONCEITOS DE VIOLÊNCIA E VIOLÊNCIA SEXUAL CONTRA CRIANÇAS E ADOLESCENTES

A Organização Mundial de Saúde (Krug *et al.*, 2002) compreende a violência como ações e interações que envolvem poder e/ou força e que resultam em danos e prejuízos para si, para outrem, grupos e comunidades. Dessarte, as relações de poder e força são traduzidas como todas as formas de negligência, abusos, violações e operações, independentemente do uso ou não de força física. Segundo Waiselfisz (2002), a violência é o aspecto representativo da organização da vida social que se manifesta em todas as esferas da vida em sociedade. O autor destaca que, ao mesmo tempo que temos um crescimento dos indicadores

---

23 Vários equipamentos e serviços fazem parte do **Sistema de Garantia de Direitos da Criança e do Adolescente (SGDCA)**, que inclui o Judiciário, Conselhos Tutelares, serviços que executam a Política de Assistência Social (como os Centros de Referência de Assistência Social e os Centros de Referência Especializados de Assistência Social), e serviços de Saúde (como as Unidades Básicas de Saúde), entre outros atores que compõem esse Sistema. No contexto deste capítulo, mesmo reconhecendo que todos são partes integrantes do SGDCA, será feita uma distinção operacional entre "Judiciário" e "Rede de Proteção" (*i.e.*, CRAS, CREAS e Conselho Tutelar) apenas para fins de operacionalização do projeto e suas ações.

da violência, também temos uma sociedade atuando fortemente para romper com esses ciclos violadores.

Um passo importante nesse processo de ruptura é o reconhecimento da criança e do adolescente, e os seus melhores interesses, como elemento central e fundamental tanto para a compreensão quanto para o manejo da situação de violência. Nesse diapasão, a definição de violência deve considerar, prioritariamente, a perspectiva da criança/adolescente em relação à possível violência perpetrada. Dessarte, o relato da situação posta pela criança/adolescente deve ser validado pelos profissionais, pois estes precisam sempre primar pela garantia dos direitos e melhores interesses deles — cumpre destacar que a maioria dos atores do SGDCA não tem caráter investigativo, especialmente em contextos nos quais há criança e adolescente em situação de violência; seu caráter é primordialmente protetivo e sua atuação deve ser pautada no provimento do cuidado (Brasil, 2017; Brasil, 2018).

Nesse contexto, é fundamental que o princípio dos melhores interesses da criança e do adolescente seja incorporado de forma ampla e transversal em qualquer abordagem de situações de violência (Mendes; Lordello; Ormerod, 2020; Mendes; Ormerod, 2019). Isso implica que a análise e a resposta à violência não devem ser pautadas apenas pelos aspectos legais ou punitivos, mas também pela perspectiva protetiva e de cuidado integral. A compreensão das múltiplas formas de violência se torna, portanto, essencial para a atuação dos profissionais que buscam garantir a proteção e os direitos das crianças/adolescentes vítimas.

Sabe-se que a violência possui múltiplas formas e manifestações. No caso da violência perpetrada contra crianças e adolescentes, a Lei Federal n.º 13.431/2017 estabelece o Sistema de Garantia de Direitos da Criança e do Adolescente Vítimas e Testemunhas de Violência e apresenta algumas formas de violência, como física, psicológica, sexual, institucional e patrimonial:

> Art. 4º Para os efeitos desta Lei, sem prejuízo da tipificação das condutas criminosas, são **formas de violência:**
>
> I – **violência física**, entendida como a ação infligida à criança ou ao adolescente que **ofenda sua integridade ou saúde corporal** ou que lhe cause **sofrimento físico**;
>
> II – **violência psicológica**:
>
> a) qualquer conduta de **discriminação, depreciação ou desrespeito** em relação à criança ou ao adolescente **mediante ameaça, constran-**

gimento, humilhação, manipulação, isolamento, agressão verbal e xingamento, ridicularização, indiferença, exploração ou intimidação sistemática (bullying) que possa **comprometer seu desenvolvimento psíquico ou emocional**;

b) o ato de alienação parental, assim entendido como a interferência na formação psicológica da criança ou do adolescente, promovida ou induzida por um dos genitores, pelos avós ou por quem os tenha sob sua autoridade, guarda ou vigilância, que leve ao repúdio de genitor ou que cause prejuízo ao estabelecimento ou à manutenção de vínculo com este;

c) **qualquer conduta que exponha a criança ou o adolescente**, direta ou indiretamente, **a crime violento contra membro de sua família ou de sua rede de apoio**, independentemente do ambiente em que cometido, particularmente quando isto a torna testemunha;

III – **violência sexual**, entendida como qualquer conduta que **constranja a criança ou o adolescente a praticar ou presenciar conjunção carnal ou qualquer outro ato libidinoso**, inclusive exposição do corpo em foto ou vídeo por meio eletrônico ou não, que compreenda:

a) *abuso sexual*, entendido como toda ação que **se utiliza da criança ou do adolescente para fins sexuais**, seja conjunção carnal ou outro ato libidinoso, realizado de modo presencial ou por meio eletrônico, para estimulação sexual do agente ou de terceiro;

b) *exploração sexual comercial*, entendida como o uso da criança ou do adolescente em atividade sexual em troca de remuneração ou qualquer outra forma de compensação, de forma independente ou sob patrocínio, apoio ou incentivo de terceiro, seja de modo presencial ou por meio eletrônico;

c) *tráfico de pessoas*, entendido como o recrutamento, o transporte, a transferência, o alojamento ou o acolhimento da criança ou do adolescente, dentro do território nacional ou para o estrangeiro, com **o fim de exploração sexual, mediante ameaça, uso de força ou outra forma de coação, rapto, fraude, engano, abuso de autoridade**, aproveitamento de situação de vulnerabilidade ou entrega ou aceitação de pagamento, entre os casos previstos na legislação;

IV – *violência institucional*, entendida como a **praticada por instituição pública ou conveniada**, inclusive quando gerar **revitimização**.

V – ***violência patrimonial***, entendida como qualquer conduta que configure **retenção, subtração, destruição parcial ou total de seus documentos pessoais, bens, valores e direitos ou recursos econômicos**, incluídos os destinados a satisfazer suas necessidades, desde que a medida não se enquadre como educação. (Incluído pela Lei n.º 14.344, de 2022). (grifo nosso).

A Organização Mundial de Saúde (OMS) entende a violência sexual como uma questão de saúde pública, pois ela gera altos custos emocionais, estruturais, sociais e de segurança pública (Krug *et al.*, 2002). Ainda segundo a OMS a violência sexual se define como

> [...] qualquer ato sexual, tentativa de obter um ato sexual, comentários ou investidas sexuais indesejados, ou atos direcionados ao tráfico sexual ou, de alguma forma, voltados contra a sexualidade de uma pessoa usando a coação, praticados por qualquer pessoa independentemente de sua relação com a vítima, em qualquer cenário, inclusive em casa e no trabalho, mas não limitado a eles. (Krug *et al.*, 2002, p. 147).

A violência sexual contra crianças e adolescentes é um fenômeno complexo, multideterminado e, muitas vezes, de difícil aferição por parte das autoridades (Granjeiro; Costa, 2008). Por isso, profissionais e pesquisadores têm empenhado esforços para melhor compreender e combater esse tipo de violência. Entendemos que, quando se fala de violência cometida contra crianças/adolescentes (seja ela sexual ou não), importa menos o que os adultos envolvidos acham que fizeram (ou não fizeram) e mais a forma como a criança/adolescente se sentiu em relação àquela situação ou evento. Por isso, nesse sentido, no decorrer deste capítulo, iremos adotar o modelo compreensivo apresentado por Mathews e Collin-Vézina (2019), o qual considera: (a) ***que a vítima é uma criança/adolescente*** (ou seja, indivíduo que ainda não alcançou a maioridade e, por isso, goza de Proteção Integral); (b) ***a ausência do consentimento real*** (dadas as limitações de entendimento e elaboração da vítima, ela não é capaz de consentir com o ato de forma integralmente consciente e/ou autônoma); (c) ***o ato tem que ter conotação sexual*** (o ato deve ser motivado pela necessidade de satisfação sexual — *i.e.*, lascívia — do ator da violência, ainda que tal ato não envolva o contato direto e/ou a estimulação com a criança/adolescente — ou seja: a mera exposição da criança/adolescente a conteúdos e interações inapropriados — *e.g.*, material e/ou conversas de conteúdo pornográfico — já configura a violência sexual); (d) *o ato praticado precisa se constituir como um "abuso"* (*i.e.*, ser iniciado e/ou mantido em função de relação assimétrica e/ou de poder com a vítima, exploração da condição de vulnerabilidade da criança/adolescente).

2. O PAPEL DA REDE DE PROTEÇÃO EM CASOS COM SUSPEITA DE VIOLÊNCIA SEXUAL CONTRA CRIANÇAS E ADOLESCENTES

Entende-se que as reflexões conceituais feitas até aqui são importantes para quaisquer profissionais psicossociais e educadores que atuem e/ou estejam envolvidos em casos que envolvam alegações de violência sexual, mas especialmente para as/os profissionais da Rede de Proteção (REPRO). O papel da REPRO é essencial para a garantia dos direitos, desde a prevenção até o enfrentamento das violências sofridas.

Por meio da REPRO, o Estado tem papel essencial no que tange ao combate às violências e ao manejo dos seus desdobramentos. O Judiciário e a REPRO fazem parte do Sistema de Garantia de Direitos da Criança e do Adolescente (SGDCA), o qual se estrutura em três eixos/mecanismos: defesa,[24] promoção[25] e controle[26] dos direitos humanos. Em todas essas instâncias a participação do Estado, sociedade e da família é fundamental.

No ano de 2017, a Lei n.º 13.431 foi sancionada para organizar e estabelecer o sistema de garantia de direitos de crianças e adolescentes vítimas ou testemunhas de violência, criando mecanismos para prevenir e coibir a violência e estabelecer medidas de assistência e proteção à criança e ao adolescente em situação de violência (Brasil, 2017b). O título IV da referida lei trata exclusivamente da integração das políticas de atendimento, incluindo saúde, assistência social, segurança pública e justiça. O artigo 14 destaca que "as políticas implementadas nos sistemas de justiça, segurança pública, assistência social, educação e saúde deverão adotar ações articuladas, coordenadas e efetivas voltadas ao acolhimento e ao atendimento integral às vítimas de violência" (Brasil, 2017).

---

24   Consiste no acesso à Justiça, à proteção legal dos direitos de crianças e adolescentes, assegurando a exigibilidade, impositividade, responsabilização de direitos violados — Poderes judiciários e ministeriais, Conselhos Tutelares, Polícias, ouvidorias, entre outros. (CONANDA, 2006).

25   Encontram-se todas as políticas públicas que garantem os direitos fundamentais, inclusive as que atuarão na prevenção e oferta de atendimentos sob o viés da resolutividade de casos de violência — Assistência social, saúde, educação, entre outros. (CONANDA, 2006).

26   O controle se refere ao controle das ações públicas de promoção e defesa dos direitos humanos da criança e do adolescente e ocorre, feita por parte da sociedade civil e do poder públicos — Conselhos de direitos e setoriais, entre outros. (CONANDA, 2006).

Em 2018, entrou em vigor o Decreto n.º 9.603/2018 para regulamentar a Lei n.º 13.431/2017. O objetivo do decreto é frisar o papel e importância do SGDCA e reforçar o papel de cada um dos atores do sistema na garantia dos direitos de crianças e adolescentes e os fluxos necessários. O decreto explicita o papel do SGDCA no que tange ao provimento do cuidado, principalmente no artigo 3º, que trata das intervenções cabíveis e finalidade do SGDCA na garantia de direitos nas situações de violência contra crianças e adolescentes.

> Art. 3º O sistema de garantia de direitos intervirá nas situações de violência contra crianças e adolescentes com a finalidade de:
>
> I – mapear as ocorrências das formas de violência e suas particularidades no território nacional;
>
> II – prevenir os atos de violência contra crianças e adolescentes;
>
> III – fazer cessar a violência quando esta ocorrer;
>
> IV – prevenir a reiteração da violência já ocorrida;
>
> **V – promover o atendimento de crianças e adolescentes para minimizar as sequelas da violência sofrida; e**
>
> **VI – promover a reparação integral dos direitos da criança e do adolescente.** (grifo nosso).

Tanto a lei como o decreto tratam do compromisso e responsabilidade de todo o SGDCA na proteção e provimento de cuidado nos casos de crianças e adolescentes vítimas ou testemunhas de violência. Contudo, para tal, ambos também abordam a importância da capacitação das/os profissionais que atuam no SGDCA para o desempenho adequado das funções previstas pela lei (Brasil, 2018).

> Art. 15. Os profissionais envolvidos no sistema de garantia de direitos da criança e do adolescente vítima ou testemunha de violência **primarão pela não revitimização da criança ou adolescente e darão preferência à abordagem de questionamentos mínimos e estritamente necessários ao atendimento.** (grifo nosso).

Os procedimentos não revitimizantes devem incluir uma postura acolhedora para a escuta da criança/adolescente e, assim, evitar intervenção desabonadora, ameaçadora e inquisitória — deve-se perguntar apenas o estritamente necessário. Além de busca de informações com familiares, rede e pessoas de referência para a criança/adolescente e um diálogo e compartilhamento de informações de qualidade entre o SGDCA (Brasil, 2015).

Diante de todos esses fatores, é essencial destacar que é um direito da criança/adolescente ser atendido por profissional/equipe qualificada e ouvida de forma não revitimizante e respeitosa, garantidos o direito de expressão e também o de permanecer em silêncio (Brasil, 1990; Brasil, 2017; Brasil, 2018). Por isso, o trabalho realizado no contexto da REPRO possui caráter de acolhimento, acompanhamento e provimento de cuidado, e não substancial para confirmação ou não de violência (Brasil, 2017b).

3. ALEGAÇÕES DE VIOLÊNCIA SEXUAL E "ALIENAÇÃO PARENTAL" EM CASOS DE DISPUTA DE GUARDA E CONVIVÊNCIA

Em disputas de guarda e convivência, a interação entre alegações de violência sexual e os pressupostos de alienação parental tem gerado debates controversos e complexos. Essas disputas frequentemente envolvem a acusação de violência sexual e a contra-alegação de alienação parental, usada para questionar a validade das denúncias e, assim, evitar e/ou reverter as decisões judiciais. A relação entre essas duas categorias pode ter consequências severas para os melhores interesses das crianças/adolescentes envolvidos.

As acusações falsas de "abuso sexual" em disputas de guarda têm sido observadas principalmente em amostras clínicas não representativas e, portanto, carecem de validade científica para generalizações (Sottomayor, 2011b). Estudos apontam que essas acusações muitas vezes são baseadas apenas nas declarações dos acusados, sem uma avaliação abrangente do conceito de "abuso sexual" (Sottomayor, 2011b). Isso ocorre em um contexto em que o conceito de alienação parental, amplamente debatido, pode ser utilizado como uma ferramenta para desacreditar denúncias de violência sexual e, ao mesmo tempo, contribuir para a deslegitimização de mulheres-mães frente ao Juízo.

Os pressupostos de alienação parental têm sido criticados por patologizar reações típicas de pais e filhos diante de crises de divórcio (Barbosa; Mendes; Juras, 2021; Mendes, 2019; Mendes; Bucher-Maluschke, 2017). Gardner argumenta que acusações de violência sexual frequentemente são infundadas e atribuídas à alienação parental, desconsiderando a validade das denúncias e colocando as crianças/adolescentes em perigo ao favorecer a reversão da guarda para o genitor potencialmente abusador (Mendes et al., 2016). Além disso, estudos mostram que a teoria da alienação parental pode resultar em uma relação estreita entre descrédito e desproteção das vítimas de violência sexual, já que a acusação de alienação parental pode ser utilizada para invalidar alegações de "abuso sexual" (Mendes, 2019; Mendes *et al.*, 2016; Oliveira, 2019).

Em contextos judiciais, a acusação de alienação parental pode ser usada para desviar a atenção das verdadeiras alegações de violência sexual. Essa estratégia pode ser empregada por um genitor que deseja descredibilizar as acusações de violência, criando um cenário onde alegações legítimas de violência sexual são consideradas falsas apenas pelo pretenso contexto de alienação parental (Mendes *et al.*, 2016). Isso é particularmente perigoso, pois tribunais que adotam a perspectiva de alienação parental podem acabar expostos a situações em que crianças/adolescentes são colocados em risco ao se desconsiderar a validade das acusações — sem nenhum outro critério senão a pseudociência da alienação parental (Sousa, 2019).

A literatura também destaca o papel crítico dos profissionais envolvidos na avaliação desses casos. A utilização dos pressupostos de alienação parental pode levar a decisões judiciais inadequadas e prejudiciais, onde a proteção das crianças/adolescentes fica comprometida (Ferreira; Enzweiler, 2014). Gardner, por exemplo, é criticado por suas abordagens extremas e desatualizadas que frequentemente resultavam em transferências de guarda para pais potencialmente abusadores, ignorando a complexidade da situação familiar e a realidade das acusações de abuso (Ferreira; Enzweiler, 2014).

Além disso, a análise crítica dos laudos psicológicos em casos de acusação de violência sexual revela uma utilização dual da teoria da alienação parental. Em alguns casos, a teoria é usada para negar acusações de "abuso sexual", enquanto em outros pode ser aplicada para desviar a culpa dos acusados, criando uma dinâmica onde a verdade é obscurecida e a justiça comprometida (Oliveira, 2019). A falta de uma abordagem equilibrada e fundamentada nas práticas judiciais e científico-psicológicas pode exacerbar o sofrimento das crianças/adolescentes e famílias envolvidas (Mendes, 2019; Mendes; Bucher-Maluschke, 2017).

A interação entre alegações de violência sexual e a teoria de alienação parental em disputas de guarda é complexa e possui implicações profundas para a proteção das crianças/adolescentes. Os pressupostos de alienação parental podem desviar a atenção de alegações legítimas de violência sexual e colocar as crianças/adolescentes em risco. E esse risco não se configura apenas diante da exposição da criança/adolescente ao potencial abusador, mas também à exposição, desnecessária e repetida, à violência institucional e até mesmo à "terapia da ameaça" — como veremos no caso objeto deste capítulo.

4. MÉTODO

Este é um estudo qualitativo que empregou o método descritivo de estudo de caso, com o objetivo de explorar aspectos específicos do objeto analisado a partir de uma perspectiva particular, sem a intenção de generalizar os resultados (Freitas; Jabbour, 2011). O caso abordado aqui é fruto da atuação do primeiro autor como assistente técnico em um caso de disputa de guarda e convivência que envolvia alegações de alienação parental e violência sexual contra uma criança. A contratante dos serviços de assistente técnico autorizou a utilização anonimizada das informações sobre o caso. Além disso, este estudo não exige aprovação por Comitê de Ética em Pesquisa, pois está de acordo com a Resolução n.º 510/2016 do Conselho Nacional de Saúde e a Carta Circular n.º 166/2018-CONEP/SECNS/MS da Comissão Nacional de Ética em Pesquisa, que dispensa a aprovação formal em um Comitê de Ética em Pesquisa para estudos de caso. Nenhuma informação que possa identificar as pessoas envolvidas será divulgada e os nomes utilizados são fictícios. A seguir, serão apresentados o relato e a análise do caso em estudo.

5. RELATO E DISCUSSÃO DO CASO

5.1 Informações sobre o caso

A Sra. Clara e o Sr. João se conheceram em 2010, durante uma estadia da Sra. Clara na casa da sua irmã, a Sra. Maria, em outro estado, onde o Sr. João trabalhava. O relacionamento evoluiu rapidamente, culminando em um casamento apenas três meses após o primeiro encontro. Ambos vinham de origens humildes, e a Sra. Clara frequentava uma igreja evangélica, o que influenciou sua decisão de casar-se rapidamente — impulsionada por questões religiosas e familiares.

Após o casamento, o casal mudou-se para o estado de origem da Sra. Clara em 2011, onde começaram a enfrentar dificuldades na relação, agravadas pela falta de tempo do Sr. João devido ao seu trabalho. A rotina desgastante resultou em um distanciamento emocional entre os ex-cônjuges, culminando em desacordos e na deterioração da vida íntima do ex-casal. Em 2012, a filha do ex-casal, Sophia nasceu, mas seu nascimento não foi capaz de reverter os problemas conjugais, como era pretendido pelos seus genitores. A Sra. Clara descreveu o pai de Sophia como "distante", e os conflitos se intensificaram ao longo dos anos, levando à decisão do Sr. João de pedir o divórcio em 2020.

Após a separação, a guarda de Sophia ficou com a Sra. Clara, com direito de convivência do Sr. João. A situação se complicou em janeiro de 2022, quando Sophia voltou de uma visita à casa do núcleo familiar paterno manifestando comportamento alterado e inquietude. Sophia, de forma espontânea, relatou para a avó materna que amigos do pai teriam interagido com ela de forma inapropriada durante a visita — indicando a suspeita de ocorrência de uma violência sexual. Diante dessa situação, a Sra. Clara acionou o Conselho Tutelar e a polícia, resultando na abertura de um inquérito que ainda estava em andamento durante a tramitação do processo na Vara de Família. O Sr. João negou veementemente que qualquer incidente ou violência descritos pela filha tenha ocorrido enquanto ela estava sob seus cuidados. Como a violência teria sido perpetrada por terceiros, Sophia continuou a frequentar a casa do núcleo familiar paterno. A convivência paterna passou a ser marcada por conflitos e desconforto de ambos os lados. Sophia apresentava reações físicas, como vômitos, ao se preparar para as visitas, evidenciando um estado emocional fragilizado. Tempos depois, Sophia relatou que, desta vez, teria sofrido violência sexual por parte do genitor, o Sr. João — o qual negou tal situação, afirmando que as acusações eram fruto de manipulação familiar e da alienação parental protagonizada especialmente pela mãe, a Sra. Clara.

A convivência com o genitor foi suspensa e Sophia iniciou acompanhamento psicológico devido ao trauma, e a relação com o pai tornou-se cada vez mais tensa, culminando em sua recusa em manter contato, mesmo por videochamada. A complexa situação se agravou com a presença influente da avó materna, que também desempenhava um papel importante na criação de Sophia, exacerbando as tensões entre os ex-cônjuges.

Ao longo do processo, Sophia foi encaminhada para atendimentos simultâneos e/ou seguidos nos seguintes equipamentos: a) Instituto Médico Legal (IML) (para Exame de Corpo de Delito); b) Centro Especializado no Atendimento de Crianças e Adolescentes (CEACA); c) Centro de Referência Especializado em Assistência Social (CREAS); e c) Centro de Atenção Psicossocial Infanto-Juvenil (CAPSi). Além disso, Sophia passou por Depoimento Especial e por 4 Estudos Psicológicos e 1 Estudo Social. Em todas essas situações, Sophia teve que repetir o relato sobre as violências que teria sofrido. Destaca-se a passagem de Sophia em um equipamento da Rede de Atenção Psicossocial. Nesse equipamento, Sophia foi atendida por um/a psicólogo/a que a abordou da seguinte forma:[27]

---

27 Os diálogos a seguir foram gravados pela genitora, por meio de um dispositivo deixado na bolsa da filha. A genitora tomou essa medida desesperada ao se ver impotente diante da persistente e sistemática descredibilização dela e da filha, por conta das alegações de alienação parental. Ela também tomou essa decisão após constatar o estado abalado de Sophia após as sessões.

Psicólogo/a: Por que você acha que **o juiz e as psicólogas não conseguiram achar evidências de que ele [o genitor] abusou de você**? O que que você acha?

Sophia: Eu não sei, não.

Psicólogo/a: É, mas **a gente tinha que tentar entender isso, né**? Por que que **não teve evidências**, né? De algo tão grave que aconteceu, né, Sophia?

[...]

Psicólogo/a: Eu fico pensando, se o juiz pedir pra você passar algumas horas com o seu pai. Como é que vai ser pra você?

Sophia: Ruim.

Psicólogo/a: Mas e **se o juiz te obrigar**, você **já pensou nessa possibilidade?**

Sophia: Não.

Psicólogo/a: É que se o juiz determinar, o juiz é uma lei máxima. E aí claro que ele [o genitor] vai te levar pra lugares públicos... no shopping, pra tomar um sorvete, né? Uma aproximação, bem devagarinho... **Você gostaria de falar pra ele [o genitor] que você não gosta dele? Você quer que eu chame ele aqui pra você falar isso pra ele?**

Sophia: **Não, não quero não.**

Psicólogo/a: Não?

Sophia: Eu não gosto de falar com ele.

Psicólogo/a: É, mas eu acho que é uma coisa que **você vai precisar falar**.

Sophia: Mas ele já sabe que eu não gosto dele.

Psicólogo/a: Eu sei disso, mas assim, **o juiz vai determinar que você volte a convivência com ele [o genitor]**, entendeu? <u>Se o juiz determinar e se a sua mãe não cumprir, sua mãe que vai presa!</u>

[...]

Psicólogo/a: O juiz determinou que você volte ao convívio com seu pai e aí, daqui a pouco, **você vai precisar estar indo pra casa dele [do genitor]**. <u>Se isso não acontecer, a sua mãe perde a sua guarda. Ou ela pode ir presa.</u> Você entende?

Psicólogo/a: Que é <u>algo que você precisa começar ir aceitando</u>... Que **quanto mais você relutar e dizer não, vai ser pior pra você**. Porque <u>o juiz não achou evidência que ele fez isso com você.</u> Entendeu? <u>O juiz não acredita que isso aconteceu.</u>

Logo depois, o/a psicólogo/a forçou a entrada no genitor na sala de atendimento, mesmo Sophia tendo dito, diversas vezes, que não gostaria desse encontro:

Genitor: Eu nunca fiz mal pra você, hein?
Sophia: Eu não quero ficar perto dele, tio/a.
Psicólogo/a: Tá bom, você não vai ficar, só escuta.
Sophia: Eu não quero, tio/a.
Genitor: Eu nunca fiz mal pra você e você sabe disso.
[*Sophia entra em verdadeiro desespero emocional por ser forçada a estar com o genitor, mesmo a contragosto*]
Psicólogo/a: Pronto, só isso, pronto, ele vai embora agora. Pronto, pronto. Pronto. Pronto. Pronto. Pronto, só isso que ele precisava falar pra você. Pronto.
Psicólogo/a: Tira um pouquinho a máscara pra você respirar.
Sophia: Eu não queria ter falado com ele, não.
Psicólogo/a: Então, mas foi ele que falou com você, não foi você que falou com ele.
Psicólogo/a: Respira, respira pra se acalmar. Respira, vai respirando. Vai se acalmando.

5.2 Discussão do Caso

Sophia passou por quatro estudos psicológicos, e todos os documentos emitidos pelos profissionais envolvidos careciam de caráter técnico-científico e estavam em desacordo com os formatos e estilos estabelecidos pela Resolução n.º 6/2019 do Conselho Federal de Psicologia (CFP). Destaca-se que esses documentos apresentavam as seguintes deficiências: a) *eram excessivamente descritivos* — parecendo mais registros taquigráficos do que análises técnicas; b) *não faziam articulação com a literatura científica pertinente ao caso* — a ausência de referências a estudos e evidências científicas relevantes e atualizadas indica uma baixa apropriação técnico-científica por parte dos profissionais responsáveis; e c) *não apresentavam referencial teórico* — conforme a Resolução n.º 6/2019 do CFP, o psicólogo deve indicar, em seu Relatório Psicológico, "o referencial teórico metodológico que fundamentou suas análises, interpretações e conclusões" (art. 11, §4.º).[28] Nenhum dos documentos emitidos mencionava o referencial teórico que guiou o processo avaliativo.

---

28   O mesmo vale para o Laudo Psicológico.

No contexto de significativa fragilidade técnico-científica observada, os pressupostos de alienação parental ganharam destaque no caso, levando a maioria dos profissionais envolvidos a atuar sob um "viés de confirmação". Ou seja, esses profissionais trabalharam sob a influência desse viés cognitivo, uma tendência que filtra informações disponíveis e a busca por novas informações de forma não consciente, com o objetivo de confirmar a "primeira impressão" inicial (Eufrásio; Lima, 2021; Oliveira, 2021). Esse viés pode levar à negligência tácita, pois, ao adotar uma visão estreita sobre o caso e seus determinantes, os profissionais podem ignorar fatores importantes para a preservação dos melhores interesses da criança (Mendes; Bucher-Maluschke, 2019; Mendes; Lordello; Ormerod, 2020; Mendes; Ormerod, 2019) que não se alinham com a "primeira impressão" — **vide Capítulo 2**.

Como exemplos ilustrativos desse viés *in casu*, tem-se:

a. desde o começo, os Estudos realizados constantemente questionam a forma como Sophia relatava a possível violência sexual sofrida e também a forma como ela deveria responder emocionalmente a tal violência — *e.g.*, Sophia apresentou *"um tipo de 'ausência de emoção' ou de 'ausência de memória de emoção genuína', ao indicar a lembrança fidedigna de ato degradante"* (trecho de um dos Estudos Sociais); *"causando certo estranhamento a este Setor, por um lado a ausência de emoção associada à narrativa"* (trecho de um dos Estudos Psicológicos);

b. ao longo dos autos, fica evidente que tanto as/os profissionais psicossociais que assessoraram o Juízo quanto as/os da Rede de Proteção e Assistência aparentam uma disposição incisiva para questionar e descredibilizar a mãe e o núcleo materno. Por exemplo, em um dos estudos psicológicos, afirmou-se: "[a avó materna afirma] *que Clara seria ótima mãe (observada por este Setor significativa negação com a cabeça durante a citada verbalização)*";

c. no Relatório do Centro Especializado no Atendimento de Crianças e Adolescentes (CEACA), foi afirmado: *"observamos que a genitora ficava visivelmente nervosa quando o assunto dizia respeito à saúde mental da filha e/ou fazia referência a necessidade de esta precisar de acompanhamento neste âmbito"*.

Inicialmente, cumpre informar que, em que pese a reconhecida, meritosa e necessária atuação de colegas assistentes sociais no caso em tela, elas/es não possuem a *expertise* necessária para emitir pareceres ou até mesmo impressões quanto aos aspectos mnemônicos,[29] cognitivos e psicoemocionais dos jurisdicionados — devendo, portanto, terem se abstido de tal intento. Não obstante, elas/es o fizeram — indicando o afã da equipe em encontrar e apontar quaisquer vestígios que pudessem confirmar o seu viés de "alienação parental". É alarmante observar que serviços e profissionais, cuja responsabilidade e dever de cuidado deveriam se traduzir em acolhimento e proteção de Sophia, acabaram por desqualificar e minimizar o relato de uma criança e potencial vítima de violência sexual. A postura adotada por esses profissionais é amplamente abordada na literatura como típica de quem tenta descredibilizar e desacreditar crianças e adolescentes vítimas de violência sexual (Cheit, 2014; Denne; George; Stolzenberg, 2023; Powell; Hlavka; Mulla, 2017).

No relato do item "b", foi registrado: "[a avó materna afirma] *que Clara seria ótima mãe (observada por este Setor significativa negação com a cabeça durante a citada verbalização)*". Diante disso, surgem as seguintes indagações: o que se entende por "significativa negação"? Quais foram os critérios objetivos e robustos utilizados para apurar essa negação e qualificá-la como "significativa"? Com base em quais evidências científicas a/o psicóloga/o concluiu que um determinado movimento corporal corresponde a essa "significativa negação"? É importante destacar que a chamada "Linguagem Corporal" é uma pseudociência e sua utilização pode ser extremamente prejudicial, especialmente em contextos judiciais, além de propiciar a ocorrência do "viés de confirmação" (Denault *et al.*, 2020). O que se observa aqui é uma disposição ativa e imediata para capturar e maximizar quaisquer elementos, mesmo que desprovidos de relevância ou respaldo científico, desde que possam confirmar a "primeira impressão" formada por esses profissionais sobre a Sra. Clara e sua família: alienadores.

Ainda na tentativa de confirmar o viés de "alienação parental" e, consequentemente, desqualificar a fala de Sophia e a posição do núcleo familiar materno, os profissionais do CEACA fizeram insinuações sobre as reais intenções de proteção e cuidado da mãe. Diante disso, surgem as seguintes questões: o que exatamente os profissionais quiseram insinuar? Que a mãe negligenciava a saúde mental da filha? Que a mãe teria algum interesse oculto para não permitir os cuidados de saúde mental da filha? Qual é a implicação concreta disso? E qual é a relevância dessas insinuações para o caso e para os melhores interesses de Sophia? A atuação desses profissionais revelou uma postura perniciosa e insinuativa; frequentemente, recorriam a elementos descontextualizados e sem

---

29 Relativo à memória ou que ajuda a memória. A palavra tem origem no grego *mnemonikós*, que significa "o uso correto da memória".

embasamento técnico-científico para "dizer sem dizer" coisas que pudessem confirmar seu viés, colocando em dúvida a capacidade da mãe para cuidar e proteger sua filha e os pretenso atos de "alienação parental".

Esses esforços para confirmar o viés de "alienação parental" são extremamente perniciosos, não apenas para o processo de tomada de decisão (**vide Capítulo 2**), mas também para os melhores interesses da criança em questão. É importante destacar que o processo de tomada de decisão sobre guarda e convivência é intrinsecamente complexo e incerto (Mendes; Ormerod, 2023), o que leva os atores jurídicos envolvidos, como juízas/es, promotoras/es, psicólogas/os e assistentes sociais, a utilizar estratégias cognitivas para compreender e lidar com esse contexto (Mendes, 2022) — **vide Capítulo 2**. Portanto, a falta de uma apropriação teórica e técnico-científica adequada pode deixar esses profissionais vulneráveis a estratégias cognitivas disfuncionais que simplificam excessivamente a complexidade dos casos e/ou restringem de forma inadequada sua visão (Mendes; Ormerod, 2024) — e, consequentemente, sua ação e avaliação, como parece ter ocorrido no caso em questão.

Contudo, o aspecto mais grave desse caso parece ser a violência institucional perpetrada contra Sophia, não apenas pelos diversos atendimentos simultâneos e/ou sequenciais, mas também pelo despreparo ético e técnico-científico da/o psicóloga/o que a atendeu em um dos equipamentos da REPRO. Entende-se por "violência institucional" aquela "praticada por órgãos e agentes públicos que deveriam responder pelo cuidado, proteção e defesa dos cidadãos [...] [podendo se manifestar por meio de] tratamento grosseiro, repreensão, ameaças" (Ladeia; Mourão, 2016, p. 1). Esse entendimento é corroborado pela Lei de Garantia de Direitos da Criança e do Adolescente Vítima ou Testemunha de Violência (Lei n.º 13.431/2017), que define "violência institucional" como "aquela praticada por instituição pública ou conveniada, inclusive quando gerar revitimização" (art. 4º, IV). Infelizmente, as informações do caso indicam que, devido aos pressupostos de "alienação parental", Sophia sofreu tanto violência institucional quanto revitimização ao longo do processo judicial.

A violência institucional e a revitimização sofridas por Sophia começaram com os múltiplos encaminhamentos para diversos serviços, alguns dos quais eram claramente inadequados para lidar com o caso. Sophia foi forçada a passar por várias intervenções, inquirições e abordagens desnecessariamente e, muitas vezes, sem o preparo adequado. Em cada uma dessas ocasiões, ela teve que relembrar e relatar repetidamente a violência que teria sofrido, incluindo: a) um Estudo Social; b) quatro Estudos Psicológicos (um quinto estudo optou por não ouvi-la); c) Intervenção no Conselho Tutelar; d) Depoimento Especial; e) acompanhamento pelo CREAS; f) Exame de Corpo de Delito; g) Intervenção junto ao CEACA; e h) Intervenção no CAPSi.

Ao todo, Sophia passou por 11 intervenções distintas. Destas, apenas as intervenções "a" (que poderia ter sido combinada com o primeiro Estudo Psicológico para evitar a revitimização de Sophia), "c", "d", "e" e "f" seriam realmente necessárias para garantir a preservação dos melhores interesses de Sophia e seu bem-estar biopsicossocioemocional. Além de causar revitimização, é possível que essas múltiplas intervenções tenham potencialmente "contaminado" e "distorcido" a percepção de Sophia sobre as possíveis violências que sofreu (Pelisoli; Von Hohendorff; Rovinski, 2023). Grande parte dessas intervenções parece ter sido realizada sem a devida qualificação de uma "escuta protegida",[30] desconsiderando o dever de cuidado e proteção exigido por lei, já que Sophia estava sendo tratada como "alienada" e não como uma possível vítima de violência sexual.

A escuta especializada é definida no artigo 7º da Lei n.º 13.431/2017 como um "procedimento de entrevista sobre situação de violência com criança ou adolescente perante órgão da rede de proteção, limitado o relato estritamente ao necessário para o cumprimento de sua finalidade" (Brasil, 2017). Esse procedimento é essencial e deve ser realizado com foco em órgãos da rede de proteção, como saúde, assistência social, educação, segurança pública e outros atores que atuam na defesa dos direitos humanos. O objetivo é acolher, ouvir, assegurar os direitos e proporcionar acompanhamento adequado à criança ou ao adolescente em situação de violência, com a meta de prover os cuidados necessários e minimizar as consequências da violência sofrida (Brasil, 2018).

No entanto, a escuta especializada deve ser empregada apenas quando a criança ou o adolescente não tiver recebido um acolhimento prévio adequado ou quando esse acolhimento não for suficiente para garantir os cuidados necessários.

> Acolhimento ou acolhida — posicionamento ético do profissional, adotado durante o processo de atendimento da criança, do adolescente e de suas famílias, com o objetivo de identificar as necessidades apresentadas por eles, de maneira a demonstrar cuidado, responsabilização e resolutividade no atendimento (Art. 5º, inciso II. Decreto 8.603/2018).

Os pressupostos de alienação parental, entretanto, comprometeram seriamente a implementação efetiva de uma "escuta protegida" no caso de

---

30 Denominação de que a Lei n.º 3.431/2018 ficou popular e afavelmente conhecida.

Sophia. O viés dos pressupostos de alienação parental levou a uma multiplicidade de intervenções desnecessárias e a um tratamento inadequado, o que não só revitimizou Sophia, mas também prejudicou a qualidade do acolhimento e da escuta especializada. As intervenções realizadas, muitas vezes, ignoraram os princípios de uma escuta protegida, resultando em uma repetição dolorosa de relatos e uma falta de sensibilidade para com as necessidades reais da criança. A falta de uma abordagem adequada e a atuação dos pressupostos de alienação parental impediram que Sophia recebesse a proteção e o cuidado apropriados, comprometendo assim a proteção dos seus melhores interesses e a eficácia da escuta especializada.

Esses problemas gerados pelos pressupostos de alienação parental não apenas prejudicaram a implementação de uma escuta protegida, como também exacerbaram a violência institucional e a revitimização que Sophia enfrentou ao longo do processo. Em particular, a atuação inadequada e irresponsável de alguns profissionais na REPRO destacou ainda mais essas falhas. Nesse sentido, a maior violência institucional e revitimização sofrida por Sophia ocorreu no atendimento com a/o psicólogo/a.

Essa/e profissional agiu de forma despreparada, irresponsável e desprotegida, violando os direitos de Sophia ao constrangê-la a explicar por que "*o juiz e as psicólogas não conseguiram encontrar evidências de que ele [o genitor] abusou de você*". Além disso, sem qualquer respaldo ético, técnico-científico ou legal, o/a psicólogo/a coercivamente informou a Sophia que ela seria obrigada a conviver com o genitor, o que ela descreveu como uma necessidade de "*começar a aceitar*", alertando que "*quanto mais você relutar e disser não, será pior para você*". Ainda mais grave, o/a psicólogo/a ameaçou que, se Sophia não aceitasse conviver com o pai, a mãe dela poderia ser presa e/ou perder a guarda da criança. Esses comportamentos refletem a "terapia da ameaça" defendida por Gardner em casos de alegações de alienação parental (Escudero; Arguilar; Cruz, 2008; Sousa, 2009).

Ademais, em um ato de inacreditável violação dos direitos, a/o psicóloga/o forçou uma interação entre Sophia e o genitor de maneira inadequada e violenta. Esse tipo de abordagem, ao contrário do esperado, pode não só gerar problemas de saúde mental na criança (Avalle *et al.*, 2022; Berman; Weisinger, 2022; Mercer, 2019) como também enfraquecer ainda mais os laços parento-filiais e reforçar para Sophia a associação entre "violação", "desrespeito" e a presença e interação com o genitor. Esse fato evidencia o despreparo da/o psicóloga/o e a inadequação da instituição para lidar com o caso. No relatório elaborado, a/o psicóloga/o alegou que Sophia estava sofrendo "abuso psicológico por parte da genitora", apesar de a única evidência de abuso psicológico ser justamente a conduta prejudicial da/o psicóloga/o em questão.

Todos os casos, especialmente os que envolvem violência sexual, necessitam da atuação de profissionais bem preparados e com recursos especializados para evitar a revitimização de crianças e adolescentes no sistema de justiça (Rovinski; Pelisoli, 2019). A violência sexual é um problema complexo e, por isso, requer intervenções interdisciplinares, interinstitucionais e multidisciplinares de todo o SGDCA, visando atender as pessoas em situação de violência em todas as suas demandas, tanto de proteção quanto psicossociais (Rovinski; Pelisoli, 2019). No caso em questão, esses procedimentos foram violados devido à atuação de alguns profissionais despreparados e sem competência técnica para atender ao caso e articular a rede de apoio. O resultado foi a revitimização, a violência institucional, a negligência e a violação dos direitos da criança Sophia, que deveria ter prioridade absoluta. A proteção advém do preparo, o qual se fundamenta em formação adequada, formação continuada, comprometimento, ética e interesse, tanto dos profissionais quanto das instituições às quais estão vinculados.

É com especial e singular consternação que os autores analisam essa situação. Em anos de atuação e pesquisa junto ao contexto psicossocial, jurídico e da Rede de Proteção dentro e fora do Brasil (tendo o primeiro autor atuado, inclusive, em mais de 1/3 dos Tribunais estaduais do Brasil), esta foi a primeira vez que estes profissionais se depararam com uma situação tão escandalosamente absurda. Os casos envolvendo violência sexual devem tramitar na rede em caráter de urgência, pois se trata de uma violação grave e que pode necessitar de medidas profiláticas e produções probatórias (Brasil, 2017b). Entretanto, muitos casos de violência sexual não possuem provas físicas, sendo assim, a fala da criança e do adolescente passa a ser essencial para produção das provas processuais (Ferreira; Azambuja, 2019). Contudo, isso resulta em uma exposição da criança/adolescente e ela pode ser revitimizada ao tempo que necessita relembrar e relatar os fatos sofridos mais de uma vez, especialmente quando a criança/adolescente é encaminhada para diversos equipamentos da rede de proteção. E é exatamente nesse contexto que surge a "Lei da Escuta Protegida", com o objetivo de estabelecer no SGDCA, a responsabilidade de cada ator do sistema e a importância da circulação das informações entre eles, pois, assim, pode-se evitar a revitimização, garantindo-se direitos e provendo-se os cuidados necessários.

Rovinski e Pelisoli (2019) escrevem algo voltado aos profissionais de psicologia, mas que consideramos ser cabível a todos os profissionais que atuam no SGDCA, que é a busca de uma prática ética no trabalho dos profissionais em situações de violência ao SGDCA tendo início deste a delimitação de seu papel como ator e profissional, clareza quanto às atividades que desenvolve, propriedade dos fundamentos técnicos e éticos de sua prática profissional, e estar ciente dos fatos que podem limitar sua atuação e imparcialidade como valores e crenças, sendo necessário sempre avaliar e ponderar todos esses pontos antes de iniciar as intervenções necessárias.

Nos autos do caso, constava um Relatório Psicológico apresentado pela terapeuta de Sophia, a qual estava apresentando sintomas depressivos e de Transtorno de Estresse Pós-Traumático (TEPT). Cumpre esclarecer que esses sintomas são compatíveis com aqueles comumente apresentados por crianças que sofreram violência sexual. É comum que crianças que sofrem esse tipo de violência passem a apresentar sintomas e comportamentos ligados a aspectos emocionais, fisiológicos, psicoemocionais, cognitivos e sexuais (Sanderson, 2005). No caso em tela, a literatura científica ratifica a relação entre a potencial violência sexual sofrida por Sophia e sintomas e comportamentos apresentados por ela: irritabilidade (Van Toledo; Seymour, 2016; Vrolijk-Bosschaart *et al.*, 2017), comportamentos sexualizados (Van Toledo; Seymour, 2016; Von Hohendorff; Patias, 2017) e sintomas de Transtorno de Estresse Pós-traumático: pesadelos, pensamentos intrusivos, ataques de raiva e irritabilidade (Mctavish *et al.*, 2019; Vrolijk-Bosschaart *et al.*, 2017). Também não está descartada a possibilidade de que esses sintomas de TEPT possam estar relacionados à violência institucional e revitimização sofridas por Sophia (Dias *et al.*, 2017) — descritas anteriormente.

CONSIDERAÇÕES FINAIS

O caso de Sophia expõe um conjunto alarmante de deficiências e práticas inadequadas que comprometem gravemente os direitos e a proteção dos melhores interesses de crianças e adolescentes em situações de violência sexual. A análise detalhada dos documentos e intervenções realizadas revela falhas técnicas e éticas que acentuam a revitimização e a violência institucional, exacerbadas pelos pressupostos da teoria de alienação parental, que serviram de base para práticas desprotetivas, despreparadas e, consequentemente, violadoras.

Em primeiro lugar, a ausência de rigor técnico-científico nos estudos psicossociais realizados é uma questão crucial. Essa deficiência se articula com a falha técnico-científica característica da teoria de alienação parental. A junção dessas duas carências é temerária, como demonstrado no caso de Sophia. Nesse sentido, os documentos analisados apresentam deficiências significativas, como a falta de articulação com a literatura científica relevante e a ausência de um referencial teórico sólido para sustentar as análises e conclusões feitas. Esse despreparo contribuiu para a adoção de um viés de confirmação, reforçando os pressupostos de alienação parental e ignorando aspectos essenciais para a proteção e o bem-estar de Sophia. O viés de confirmação, ao limitar a visão dos profissionais e focar apenas informações que corroboravam a "visão de alienação parental", resultou em uma série de intervenções desnecessárias e prejudiciais, evidenciando a inadequação da teoria de alienação parental como base para práticas e decisões que deveriam focar as crianças e o seu bem-estar biopsicossocial.

As intervenções realizadas, em vez de proteger e apoiar Sophia, resultaram em múltiplas exposições à violência e revitimização, além do total silenciamento e desqualificação da fala e dos pedidos de Sophia — como quando ela expressou claramente que não desejava conversar com o pai durante o atendimento em um dos equipamentos da REPRO. A falta de uma acolhida qualificada, a aplicação inadequada da escuta especializada e o excesso de intervenções demonstram uma clara violação dos princípios estabelecidos pela Lei n.º 13.431/2017. Essa má aplicação dos princípios da escuta protetiva, ao invés de sinalizar a deficiência de formação dos profissionais, alimentou ainda mais o viés de confirmação dos pressupostos de alienação parental. A necessidade de acolhimento e escuta protegida foi comprometida, exacerbando o sofrimento da criança e comprometendo a eficácia do atendimento, pois a prioridade dos profissionais era confirmar os pretensos sinais e atos de alienação parental, ao invés de proteger Sophia e seus melhores interesses.

A atuação de alguns profissionais da REPRO, revelou-se particularmente preocupante. A abordagem coercitiva e desrespeitosa, a falta de preparo e a violação dos direitos de Sophia ilustram um despreparo grave e uma inadequação no tratamento de casos de violência sexual (e de demais violências). Infelizmente, esse tipo de conduta é frequentemente observado entre profissionais que adotam os pressupostos da alienação parental de forma acrítica e mecanizada. O uso de táticas de "terapia da ameaça" e a imposição de contato com o genitor violam as diretrizes estabelecidas para o tratamento de crianças vítimas de violência, resultando em mais trauma e sofrimento para Sophia, o que novamente evidencia o caráter reificador da teoria de alienação parental.

A análise deste caso serve como um alerta para a necessidade urgente de revisão e aprimoramento dos procedimentos e práticas dentro da Rede de Proteção, bem como para a adoção de práticas e modelos de compreensão embasados em evidências, que promovam a proteção integral da criança e do adolescente, independentemente do contexto e das alegações presentes nele. É crucial que os profissionais envolvidos adotem uma abordagem mais sensível, informada e baseada em evidências, para assegurar que a proteção dos direitos e o bem-estar das crianças e adolescentes sejam sempre prioritários. A implementação adequada das diretrizes legais e a constante atualização dos conhecimentos técnicos e éticos são fundamentais para evitar a revitimização e garantir que a justiça seja realmente servida.

Hoje, após sete anos da Lei n.º 13.431/2017, é inadmissível que a rede continue revitimizando crianças e adolescentes — sob quaisquer pretextos! Existe uma necessidade latente do poder público investir em formações continuadas, e os profissionais que atuam com essa demanda devem assumir o protagonismo e o papel de agentes transformadores dentro do Sistema de Garantia de Direitos da Criança e do Adolescente (SGDCA) e nos atendimentos, encaminhamentos e acompanhamentos prestados. A capacitação contínua e a adoção de práticas fundamentadas em evidências científicas são essenciais para garantir que os direitos das crianças e adolescentes sejam respeitados e protegidos de maneira adequada.

REFERÊNCIAS

AVALLE, D. S. *et al*. How efficacious is Building Family Bridges? What the legal and mental health fields should know about Building Family Bridges and "parental alienation". **Journal of Family Trauma, Child Custody & Child Development**, [s. l.], v. 19, n. 3–4, p. 402–416, 2022.

BARBOSA, L. P. G.; MENDES, J. A. A.; JURAS, M. M. Dinâmicas disfuncionais, disputa de guarda e alegações de alienação parental: uma compreensão sistêmica. **Nova Perspectiva Sistêmica**, São Paulo, v. 30, n. 69, p. 6–18, 2021.

BERMAN, P.; WEISINGER, E. Parental alienation vs coercive control: controversial issues and current research. **Journal of Family Trauma, Child Custody & Child Development**, [s. l.], v. 19, n. 3–4, p. 214–229, 2022.

BRASIL. Código Penal. Decreto-Lei n.º 2.848, de 7 de dezembro de 1940. Disponível em: https://www.planalto.gov.br/ccivil_03/decreto-lei/del2848compilado.htm. Acesso em: 20 maio 2024.

BRASIL. Lei n.º 13.431, de 4 de abril de 2017. Estabelece o sistema de garantia de direitos da criança e do adolescente vítima ou testemunha de violência e altera a Lei n.º 8.069, de 13 de julho de 1990 (Estatuto da Criança e do Adolescente).

Disponível em: https://www.planalto.gov.br/ccivil_03/_ato2015-2018/2017/lei/l13431.htm. Acesso em: 20 maio 2024.

BRASIL. Lei n.º 8.906, de 13 de julho de 1990. Dispõe sobre o Estatuto da Criança e do Adolescente e dá outras providências. Disponível em: https://www.planalto.gov.br/ccivil_03/leis/l8906.htm#:~:text=%C3%89%20vedado%20anunciar%20ou%20divulgar,sociedade%20de%20advogados%20na%20OAB. Acesso em: 19 maio 2024.

BRASIL. Lei n.º 14.344, de 24 de maio de 2022. Cria mecanismos para a prevenção e o enfrentamento da violência doméstica e familiar contra a criança e o adolescente. Disponível em: https://www.planalto.gov.br/ccivil_03/_ato2019-2022/2022/lei/l14344.htm. Acesso em: 25 maio 2024.

BRASIL. Ministério dos Direitos Humanos e da Cidadania. Parâmetros para Escuta Protegida. Brasília: MDH, 2017b.

BRASIL. Resolução n.º 113, de 19 de abril de 2006. Dispõe sobre os parâmetros para a institucionalização e fortalecimento do Sistema de Garantia dos Direitos da Criança e do Adolescente. Brasília, SEDH/CONANDA, 2006.

CHEIT, R. E. **The witch-hunt narrative**: politics, psychology, and the sexual abuse of children. Oxford: Oxford University Press, 2014.

CHIAVERINI, T. **Lei Expõe crianças a abusos. Agência Pública**. 2017. Disponível em: https://apublica.org/2017/01/lei-expoe-criancas-a-abuso/. Acesso em: 10 set. 2024.

DENAULT, V. *et al*. The analysis of nonverbal communication: the dangers of pseudoscience in security and justice contexts. **Anuario de Psicología Jurídica**, [s. l.], v. 30, n. 1, p. 1–12, 2020.

DENNE, E.; GEORGE, S. St.; STOLZENBERG, S. N. Developmental considerations in how defense attorneys employ child sexual abuse and rape myths when questioning alleged victims of child sexual abuse. **Journal of Interpersonal Violence**, [s. l.], v. 38, n. 23–24, p. 11.914–11.934, 2023.

DIAS, A. *et al*. Child maltreatment, revictimization and post-traumatic stress disorder among adults in a community sample. **International Journal of Clinical and Health Psychology**, [s. l.], v. 17, n. 2, p. 97–106, 2017.

ESCUDERO, A.; AGUILAR, L.; CRUZ, J. La lógica del síndrome de alienação parental de Gardner (SAP): "terapia de la amenaza". **Revista de la Asociación Española de Neuropsiquiatria**, [s. l.], v. XXVIII, n. 102, p. 263–526, 2008.

EUFRASIO, A. M. B.; LIMA, G. M. A divertida mente do juiz: um estudo sobre o viés cognitivo de confirmação no âmbito da decisão judicial. *In*: LIMA, G. M.; GONÇALVES, C. R.; SERAFIM, M. C. G. (org.). *In*: **Vieses cognitivos e decisão judicial**: contribuições das ciências cognitivas para o Direito. 1. ed. Fortaleza: Mucuripe, 2021, p. 15–43.

FERREIRA, C. G.; ENZWEILER, R. J. Síndrome da alienação parental, uma iníqua falácia. **Revista da ESMESC**, Florianópolis, v. 21, n. 27, p. 81–126, 2014.

FERREIRA, H.; COELHO, D. S. C.; CERQUEIRA, D.; ALVES, P.; SEMENTE, M. **Elucidando a prevalência de estupro no Brasil a partir de diferentes bases de dados**. Instituto de Pesquisa Econômica Aplicada (IPEA), 2023.

FERREIRA, M. H. M.; AZAMBUJA, M. R. F. Aspectos jurídicos e psíquicos na inquirição da criança vítima. *In*: ROVINSKI, S. L. R.; PELISOLI, C. L. **Violência sexual contra crianças e adolescentes**: testemunho e avaliação psicológica. São Paulo: Vetor, 2019.

FÓRUM BRASILEIRO DE SEGURANÇA PÚBLICA (FBSP). 17º Anuário Brasileiro de Segurança Pública. São Paulo: Fórum Brasileiro de Segurança Pública, 2023. Disponível em: https://forumseguranca.org.br/wp-content/uploads/2023/07/anuario-2023.pdf. Acesso em: 24 jul. 2024.

FREITAS, W. R. S.; JABBOUR, C. J. C. Utilizando estudo de caso(s) como estratégia de pesquisa qualitativa: boas práticas e sugestões. **Estudo & Debate**, Lajeado, n. 18, v. 2, 7–22, 2011.

GRANJEIRO, I. A. C. L.; COSTA, L. F. O estudo psicossocial forense como subsídio para a decisão judicial na situação de abuso sexual. **Psicologia**: Teoria e Pesquisa, Brasília, v. 24, p. 161–169, 2008.

HAMBY, S. On defining violence, and why it matters [Editorial]. **Psychology of Violence**, [s. l.], n. 7, v. 2, p. 167–180, 2017.

KRUG, E. G. *et al.* (ed.). **World report on violence and health**. Geneva: World Health Organization, 2002.

LADEIA, P. S. dos S.; MOURÃO, T. T.; DE MELO, E. M. O silêncio da violência institucional no Brasil. **Revista Médica de Minas Gerais**, Belo Horizonte, v. 26, supl. 8, 2016.

MAGNUS, A.; LAGO, V. de M. Processos de avaliação psicológica forense em situação de disputa de guarda no contexto sul brasileiro. **Psicologia em Revista**, Belo Horizonte, v. 26, n. 2, p. 580–604, 2020.

MARINHO, M. C.; SANTOS, V. P. Acusação de alienação parental no contexto em que há denúncia de abuso infantil e disputa de guarda. **Revista Ibero-Americana de Humanidades, Ciências e Educação**, São Paulo, v. 9, n. 9, p. 3.131–3.155, 2023.

MATHEWS, B.; COLLIN-VÉZINA, D. Child sexual abuse: toward a conceptual model and definition. **Trauma, Violence, & Abuse**, [s. l.], v. 20, n. 2, p. 131–148, 2019.

MCTAVISH, J. R. *et al*. Child sexual abuse, disclosure and PTSD: a systematic and critical review. **Child abuse & neglect**, [s. l.], v. 92, p. 196–208, 2019.

MENDES, J. A. de A. *et al*. Publicações psicojurídicas sobre alienação parental: uma revisão integrativa de literatura em Português. **Psicologia em Estudo**, Maringá, v. 21, n. 1, p. 161–174, 2016.

MENDES, J. A. de A.; BUCHER-MALUSCHKE, J. S. N. F. Famílias em litígio e o princípio do melhor interesse da criança na disputa de guarda. **Interação em Psicologia**, Curitiba, v. 23, n. 3, 2019.

MENDES, J. A. de A.; BUCHER-MALUSCHKE, J. S. N. F. Destructive divorce in the family life cycle and its implications: criticisms of parental alienation. **Psicologia:** Teoria e Pesquisa, Brasília, v. 33, 2017.

MENDES, J. A. de A.; ORMEROD, T. C. Making sense out of uncertainty: cognitive strategies in the child custody decision-making process. **Frontiers in Psychology**, [s. l.], v. 15, 2024.

MENDES, J. A. de A.; ORMEROD, T. C. O princípio dos melhores interesses da criança: uma revisão integrativa de literatura em Inglês e Português. **Psicologia em Estudo**, Maringá, v. 24, 2019.

MENDES, J. A. de A.; ORMEROD, T. C. Uncertainty in child custody cases after parental separation: context and decision-making process. **Trends in Psychology**, [s. l.], p. 1–28, 2023.

MENDES, J. A. de A. **The decision-making process in child custody cases after parental separation**: a cross-cultural study between Brazil and England [Unpublished doctoral thesis]. University of Sussex, 2022. https://doi.org/10.13140/RG.2.2.13584.07684

MENDES, J. A. de A.; LORDELLO, S. R.; ORMEROD, T. C. Uma proposta de compreensão bioecológica do princípio dos melhores interesses da criança/adolescente nos casos de disputa de guarda. *In*: MENDES, J. A. de A.; BUCHER-MALUSCHKE, J. S. N. F. (org.). **Perspectiva sistêmica e práticas em psicologia**: temas e campos de atuação. Curitiba: Editora CRV, 2020, p. 53–78.

MERCER, J. Are intensive parental alienation treatments effective and safe for children and adolescents? **Journal of Child Custody**, [s. l.], v. 16, n. 1, p. 67–113, 2019.

MINISTÉRIO DOS DIREITOS HUMANOS. (2023). *Disque 100*. Disponível em: https://www.gov.br/mdh/pt-br/ondh/painel-de-dados/2023. Acesso em: 15 ago. 2024.

OLIVEIRA, D. O uso da categoria "alienação parental" como "solução" em laudos psicológicos sobre abuso sexual infantil. *In*: CONSELHO FEDERAL DE PSICOLOGIA. **Debatendo sobre alienação parental**: diferentes perspectivas. Brasília, DF: CFP, 2019, p. 161–172.

OLIVEIRA, H. R. C. de. O viés da confirmação na tomada de decisão no âmbito do processo penal brasileiro: o instituto do Juiz de Garantias como instrumento de desenviesamento. **Revista de Direito Penal, Processo Penal e Constituição**, [s. l.], v. 7, n. 2, p. 65–84, 2021.

PELISOLI, C. da L.; VON HOHENDORFF, J.; ROVINSKI, S. L. R. **Princípios e práticas da escuta de crianças e adolescentes vítimas de violências**: um guia para profissionais da rede de proteção e justiça. [s. l.]: Editora Proteja, 2023.

POWELL, A. J.; HLAVKA, H. R.; MULLA, S. Intersectionality and credibility in child sexual assault trials. **Gender & Society**, [s. l.], v. 31, n. 4, p. 457–480, 2017.

ROVINSKI, S. L. R.; PELISOLI, C. L. **Violência sexual contra crianças e adolescentes**: testemunho e avaliação psicológica. São Paulo: Vetor, 2019.

SANDERSON, C. **Abuso sexual em crianças**. São Paulo: M. Books do Brasil, 2005.

SOTTOMAYOR, M. C. A fraude da síndrome de alienação parental e a protecção das crianças vítimas de abuso sexual. Texto correspondente à comunicação proferida na Conferência Internacional "O Superior Interesse da Criança e o Mito da

Síndrome de Alienação Parental", no painel "A síndrome de alienação parental e os riscos para os direitos das mulheres e das crianças". 2011b. Disponível em: https://www.eas.pt/wp-content/uploads/2014/01/A-fraude-da-SAP-e-a-protec%C3%A7_o-das-crian%C3%A7as-v%C3%ADtimas-de-abuso-sexual.pdf. Acesso em: 24 jul. 2024.

SOTTOMAYOR, M. C. Uma análise crítica da síndrome de alienação parental e os riscos da sua utilização nos tribunais de família. **Julgar**, Lisboa, n. 13, p. 73–107, 2011a.

SOUSA, A. M. A (re) produção do dispositivo [síndrome da] alienação parental no Brasil. *In*: CONSELHO FEDERAL DE PSICOLOGIA. **Debatendo sobre alienação parental**: diferentes perspectivas. Brasília, DF: CFP, 2019, p. 81–96.

SOUSA, A. M. **Síndrome da alienação parental**: análise de um tema em evidência. 2009. 184 f. Dissertação (Mestrado em Psicologia) — Instituto de Psicologia, Universidade do Estado do Rio de Janeiro, Rio de Janeiro. Disponível em: https://www.bdtd.uerj.br:8443/bitstream/1/15439/1/Dissert_Analicia%20Martins%20de%20Sousa.pdf. Acesso em: 20 jun. 2024.

SOUSA, A. M.; AMENDOLA, M. F.; BRITO, L. M. T. Alienação Parental (SAP): distinções e reflexões necessárias. *In*: BRITO, L. M. T. (org.). **Escuta de crianças e de adolescentes**: reflexões, sentidos e práticas. Rio de Janeiro: EDUERJ, 2012, p. 87–118.

VAN TOLEDO, A.; SEYMOUR, F. Caregiver needs following disclosure of child sexual abuse. **Journal of Child Sexual Abuse**, [s. l.], v. 25, n. 4, p. 403–414, 2016.

VON HOHENDORFF, J.; PATIAS, N. D. Violência sexual contra crianças e adolescentes: identificação, consequências e indicações de manejo. **Barbarói**, Santa Cruz do Sul, n. 49, p. 239, 2017.

VROLIJK-BOSSCHAART, T. F. *et al.* Psychosocial symptoms in very young children assessed for sexual abuse: a qualitative analysis from the ASAC study. **Child Abuse & Neglect**, [s. l.], v. 73, p. 8–23, 2017.

WAISELFISZ, J. J. **Mapa da Violência III**. Brasília: UNESCO, Instituto Ayrton Senna. Ministério da Justiça/SEDH, 2002.

VIOLÊNCIAS E VULNERABILIDADES DE CRIANÇAS, ADOLESCENTES E MULHERES, ALEGAÇÃO DE ALIENAÇÃO PARENTAL E GUARDA COMPARTILHADA

Eliene Ferreira Bastos
Marília Lobão Ribeiro
Josimar Antônio de Alcântara Mendes

RESUMO: o capítulo examina a problemática da guarda compartilhada e suas implicações nos contextos de violência doméstica e familiar contra mulheres, crianças e adolescentes no Brasil. Ele discute como a imposição judicial da guarda compartilhada pode reforçar as assimetrias de gênero e perpetuar dinâmicas de dominação masculina, além de negligenciar as peculiaridades das famílias e os melhores interesses das crianças/adolescentes. O texto também aborda a recente alteração legislativa, com a Lei n.º 14.713/2023, que estabelece restrições à guarda compartilhada em casos de violência, privilegiando a guarda unilateral em situações que envolvam risco para crianças/adolescentes. O capítulo critica o uso indevido das alegações de alienação parental para descredibilizar denúncias de violência, especialmente contra mulheres, e destaca a importância de uma análise sistêmica e contextual das relações familiares para garantir a proteção integral de crianças/adolescentes. Ao final, defende que o princípio dos melhores interesses deve ser pluralizado e analisado a partir de uma perspectiva complexa, levando em conta as dinâmicas familiares e as vulnerabilidades sistêmicas presentes nos casos de violência.

Palavras-chave: Guarda Compartilhada; Violência Doméstica; Alienação Parental; Princípio do Melhor Interesse; Gênero; Vulnerabilidades.

INTRODUÇÃO

A preferência pela guarda compartilhada foi adotada pelo sistema jurídico brasileiro a partir da vigência da Lei n.º 11.689, de 13 de junho de 2008, que alterou os artigos 1.583 e 1.584 do Código Civil para regulamentar a responsabilização conjunta e o exercício de direitos e deveres do casal parental que não mantenham convivência sob o mesmo teto. A guarda jurídica é a roupagem invocada geralmente na ausência de relacionamento afetivo entre o par parental ou por ocasião de rupturas conjugais ou convivenciais. A guarda compartilhada integra o chamado sistema jurídico protetivo de crianças e adolescentes como formato que reveste as relações de mães e pais para garantir o atendimento dos princípios da proteção integral e dos melhores interesses.

A priorização da guarda compartilhada seria justificada pela divisão equilibrada das responsabilidades, pela convivência adequada com ambos os núcleos familiares, pela administração conjunta da rotina e pelo atendimento das necessidades dos filhos menores de idade. Além disso, esse regime, em teoria, poderia atuar como um arranjo preventivo contra comportamentos prejudiciais que violem o direito à convivência familiar e aos vínculos parentais, como os chamados atos de "alienação parental" ou abuso parental.

Por intermédio das alterações legislativas, a guarda compartilhada passou a ser adotada como o principal regime de guarda no Brasil, inclusive na ausência de acordo ou de consenso entre mães e pais quanto à guarda dos filhos e filhas, se ambos estiverem aptos para exercer a autoridade parental. Contudo, o raciocínio de que a guarda compartilhada é sempre o formato que mais atende aos melhores interesses da criança/adolescente independentemente do contexto, das necessidades da criança/adolescente e/ou da dinâmica familiar não encontra qualquer respaldo na literatura científica (Mendes; Bucher-Maluschke, 2019; Mendes; Ormerod, 2019, 2024). Em verdade, o que se observa é o uso sistemático desse tipo de modalidade de guarda para a manutenção do controle sobre mulheres-mães e os interesses do patriarcado (Mendes; Almeida; Almeida, 2022; Mendes; Oliveira-Silva, 2022; Ribeiro, 2017; Ribeiro; Fontes; Diniz, 2019), além de, em muitos casos, manter-se a centralidade dos cuidados (*e.g.*, vida escolar, saúde, alimentação) com a mãe (Ribeiro; Leal; Zanello, 2020).

A guarda é instrumento jurídico para a concretização, na realidade fática, do dever de cuidar, criar e educar crianças e adolescentes. O dever de cuidar é atribuído aos pais e mães em razão do vínculo da filiação e da presunção de vulnerabilidades de crianças e adolescentes. Nesse sentido, o cuidado como valor jurídico cristaliza-se no cumprimento das responsabilidades parentais exercidas pelos chamados cuidadores primários. Sobre a perspectiva da incumbência dos deveres parentais, observa a ministra Nancy Andrighi, relatora do Recurso Especial n.º RESP 1.159.242 SP do Superior Tribunal de Justiça, que:

> [...] indiscutível o vínculo não apenas afetivo, mas também legal que une pais e filhos, sendo monótono o entendimento doutrinário de que, entre os deveres inerentes ao poder familiar, destacam-se o dever de convívio, de cuidado, de criação e educação dos filhos, vetores que, por óbvio, envolvem a necessária transmissão de atenção e o acompanhamento do desenvolvimento sócio-psicológico da criança.
>
> E é esse vínculo que deve ser buscado e mensurado, para garantir a proteção do filho quando o sentimento for tão tênue a ponto de não sustentarem, por si só, a manutenção física e psíquica do filho, por seus pais — biológicos ou não.
>
> À luz desses parâmetros, há muito se cristalizou a obrigação legal dos genitores ou adotantes, quanto à manutenção material da prole, outorgando-se tanta relevância para essa responsabilidade, a ponto de, como meio de coerção, impor-se a prisão civil para os que a descumprem, sem justa causa.
>
> Perquirir, com vagar, não sobre o dever de assistência psicológica dos pais em relação à prole — obrigação inescapável —, mas sobre a viabilidade técnica de se responsabilizar, civilmente, àqueles que descumprem essa incumbência, é a outra faceta dessa moeda [...]. (RESP 1.159.242 SP do Superior Tribunal de Justiça).

A responsabilidade civil constitucional do par parental tem como diretriz o dever de cuidado:

> Sob esse aspecto, calha lançar luz sobre a crescente percepção do cuidado como valor jurídico apreciável e sua repercussão no âmbito da responsabilidade civil, pois, constituindo-se o cuidado fator curial à formação da personalidade do infante, deve ele ser alçado a um patamar de relevância que mostre o impacto que tem na higidez psicológica do futuro adulto.
>
> Nessa linha de pensamento, é possível se afirmar que tanto pela concepção, quanto pela adoção, os pais assumem obrigações jurídicas em relação à sua prole, que vão além daquelas chamadas *necessarium vitae*.
>
> A ideia subjacente é a de que o ser humano precisa, além do básico para a sua manutenção — alimento, abrigo e saúde —, também de outros elementos, normalmente imateriais, igualmente necessários para uma adequada formação — educação, lazer, regras de conduta, etc. (RESP 1.159.242 SP do Superior Tribunal de Justiça).

Outro fator a ser considerado é a realidade do trabalho de cuidado desempenhado na sua grande maioria por mulheres, o que tem sido objeto de estudos e levantamentos estatísticos que analisam sob a perspectiva mundial os impactos que contribuem para a desigualdade social e econômica de homens e mulheres (Oxfam Brasil, 2020).[31] Entretanto, a preferência pela guarda compartilhada nessas situações acaba por eleger modelo jurídico desalinhado do cuidado exercido preponderantemente pelas mulheres, além de desconsiderar as violências que podem advir desses contextos (Ribeiro; Leal; Zanello, 2020; Mendes; Almeida; Almeida, 2022; Ribeiro; Fontes; Diniz, 2019).

A guarda compartilhada deveria significar o compartilhamento efetivo da administração da rotina e das necessidades diárias no atendimento dos interesses de crianças e adolescentes. A chamada "economia do cuidado não remunerado" revela que, na realidade, é a mulher quem mais exerce o trabalho do cuidado (Oxfam Brasil, 2020). Isso também reflete a ausência de responsabilidade compartilhada e também a consequente sobrecarga mental das mulheres-mães.

> A alta carga de trabalho doméstico e de cuidados não remunerados cria fortes barreiras para as mulheres em diversos âmbitos, entre esses a conclusão das trajetórias educacionais e de formação profissional, a inserção no mercado de trabalho e a participação na vida pública em igualdade de condições com os homens, levando à reprodução da pobreza e das desigualdades. Esta situação fica evidente quando analisamos os dados da Pnad-c: em 2021, 30% das mulheres em idade ativa e fora da força de trabalho não estavam procurando emprego devido às suas responsabilidades com filhos, outros parentes ou com os afazeres domésticos (entre as negras esse percentual sobe para 32%, enquanto para as brancas é de 26,7%). Entre os homens, esta proporção era de 2%." (Governo Federal, [2024?]).

Esses dados não podem ser desconsiderados quando da regulamentação da guarda jurídica, pois é necessário garantir que as singularidades de crianças e adolescentes sejam preservadas quando envolvidas nos conflitos e nas disputas parentais (Mendes; Bucher-Maluschke, 2019; Mendes; Lordello; Ormerod, 2020; Mendes; Ormerod, 2019). Ademais, as peculiaridades de cada núcleo familiar, suas interações e características da dinâmica familiar exigem que não haja um modelo preferencial de guarda, mas soluções únicas para cada processo (Mendes; Ormerod, 2023).

---

31 "Investir em sistemas nacionais de cuidado para equacionar a questão da responsabilidade desproporcional assumida pelo trabalho de mulheres e meninas, adotar um sistema de tributação progressiva, com taxas sobre riquezas, e legislar em favor de quem cuida, são passos possíveis e cruciais a serem dados para uma mudança."

O cuidado conjunto, isto é, o compartilhamento das responsabilidades parentais e a isonomia de homens e mulheres são argumentos invocados para justificar a prevalência da guarda compartilhada. Entretanto, em uma sociedade com tão grande assimetria de gênero e de divisão sexualizada das atividades domésticas, a proposição dessa ideia a torna utópica. As realidades das famílias e as idiossincrasias dos melhores interesses de crianças/adolescentes indicam que priorizar esse tipo de arranjo a qualquer custo, principalmente em contextos de violência doméstica e familiar, é, a um só passo, privilegiar os interesses do patriarcado, não privilegiar os melhores interesses de crianças e adolescentes e acentuar a pervasiva vulnerabilidade das mulheres em nossa sociedade. Nesse cenário, as alegações de alienação parental servem apenas como mais uma ferramenta jurídica para esse tipo de propósito.

No Brasil, se estabeleceu a compulsoriedade da guarda compartilhada, independentemente das idiossincrasias de crianças e adolescentes ou das famílias (Mendes; Ormerod, 2021). A preferência pela fixação da guarda compartilhada pressupõe o exercício igualitário do dever de cuidado e simetria nas relações entre o par parental e ao mesmo tempo desconsidera as tradicionais formações familiares e as relações assimétricas de gênero no Brasil. Antes e depois da separação conjugal, as mulheres são as principais cuidadoras das crianças. Estudos (Côté, 2016; Ribeiro; Leal; Zanello, 2020) mostram que após a separação, mesmo com a guarda compartilhada, a grande maioria das mulheres-mães continuam responsáveis pelo planejamento e execução do trabalho com a rotina dos filhos, inclusive quando eles vão para a residência paterna. Ademais, na maioria das vezes, essas mulheres estão numa posição de subordinação nas relações de poder com seus ex-companheiros e essa realidade não é reconhecida pelo Poder Judiciário (Mendes; Oliveira-Silva, 2022; Ribeiro; Fontes; Diniz, 2019).

A concepção idealizada e simétrica das relações familiares também desconsidera o fator mais importante nesses casos: os melhores interesses de filhas e filhos menores de idade. A literatura científica indica que a compreensão e a garantia dos melhores interesses deve ser realizada a partir de uma visão sistêmica, complexa e de forma personalizada, a partir das necessidades biopsicossoemocionais de crianças e adolescentes e das características de suas famílias (Mendes; Bucher-Maluschke, 2019; Mendes; Ormerod, 2019; Mendes; Lordello; Ormerod, 2020). Assim, a primazia pela guarda compartilhada no Brasil carece de respaldo científico (Mendes; Ormerod, 2023; 2024), a considerar como modelo idealizado juridicamente e desfocado do funcionamento das famílias antes e após a separação conjugal.

O problema da compulsoriedade da guarda compartilhada torna-se ainda mais complexo quando esse tipo de arranjo de guarda é colocado como "solução quase-mágica" para prevenir os pretensos atos de "alienação parental" (Mendes *et al.*, 2016). Dessarte, diante das desmedidas alegações de alienação parental, que surgem para desqualificar as denúncias de violência contra mulheres, crianças e adolescentes (**vide Capítulos 1, 5, 10 e 14**), impor a guarda compartilhada é oferecer solução rasa e descompromissada com os direitos que devem ser respeitados e protegidos. Diante dessa problemática, este capítulo analisa: a) as diversas violências praticadas contra mulheres, crianças e adolescentes e as vulnerabilidades no âmbito doméstico e familiar; b) as implicações das alegações de alienação parental nesses casos; e c) os potenciais riscos, para as mulheres-mães e suas/seus filhas/os, diante da regulamentação da guarda compartilhada frente à descredibilização de denúncias de violência doméstica e intrafamiliar por alegações de alienação parental.

1. DAS VIOLÊNCIAS PRATICADAS CONTRA MULHERES, CRIANÇAS E ADOLESCENTES E AS VULNERABILIDADES NO ÂMBITO DOMÉSTICO E FAMILIAR

As violências doméstica ou familiar praticadas no âmbito das relações familiares contra mulheres, crianças e adolescentes violam direitos humanos fundamentais e individuais consagrados constitucionalmente, e, sobretudo, desrespeitam os princípios constitucionais da proteção integral e dos melhores interesses de crianças e adolescentes, que devem estar a salvo de toda forma de negligência, discriminação, exploração, violência, crueldade e opressão, conforme o artigo 227[32] da Constituição Federal (Brasil, 1988), sobretudo pela condição peculiar de desenvolvimento. Porém, dados estatísticos demonstram a estarrecedora realidade brasileira sobre a ocorrência de diversas violências no âmbito doméstico e familiar, o que escancara a ausência de efetividade dos direitos humanos de mulheres, crianças e adolescentes. Como exemplo, cita-se a pesquisa realizada pelo Instituto DataSenado, em parceria com o Observatório da Mulher contra a Violência (OMV): "que 68% das brasileiras têm uma amiga, familiar ou conhecida que já sofreu violência doméstica. Esse índice é ainda maior entre as tocantinenses (75%), acrianas (74%) e amazonenses (74%)" (Agência Senado, 2024). Esses dados foram obtidos a partir da pergunta: Alguma amiga, familiar ou conhecida já sofreu algum tipo de violência doméstica e familiar? Não é explicitado que a violência psicológica, como desqualificação, críticas reiteradas, gritos e gaslighting, deveria estar incluída nessa resposta. Há, portanto, possibilidade de

---

[32] Art. 227. É dever da família, da sociedade e do Estado assegurar à criança, ao adolescente e ao jovem, com absoluta prioridade, o direito à vida, à saúde, à alimentação, à educação, ao lazer, à profissionalização, à cultura, à dignidade, ao respeito, à liberdade e à convivência familiar e comunitária, além de colocá-los a salvo de toda forma de negligência, discriminação, exploração, violência, crueldade e opressão.

subnotificação da violência contra a mulher por muitos não reconhecerem nesse tipo de violência sua gravidade para a saúde mental da mulher.

Nos conflitos judiciais, a identificação da existência ou não das vulnerabilidades que emergem da violência doméstica ou familiar é imprescindível porque, se de um lado há números estatísticos que apontam os homens como os maiores responsáveis pela violência no contexto doméstico e familiar, de outro, há a tendência do descrédito dado à palavra da mulher que exterioriza a situação de violência. No âmbito do Direito de Família, esse descrédito tende a ser institucionalizado pela utilização distorcida da chamada Lei de Alienação Parental (LAP), constantemente invocada para descredibilizar mulheres-mães vítimas de violência e/ou que denunciam a violência cometida contra filhos e filhas menores de idade (geralmente sexual — **vide Capítulo 7**). Essa realidade evidencia a discriminação contra as mulheres, especialmente mães, que segue culturalmente ativa e amparada na interpretação esvaziada de igualdade de gênero e impregnada nos valores patriarcais, o que acaba por reproduzir preconceitos, desigualdades e violar os direitos constitucionais de mulheres, crianças e adolescentes envolvidos em processos litigiosos.

A dinâmica familiar violenta, direta ou indiretamente direcionada a crianças e adolescentes, contraria o ambiente protetivo e seguro que lhes são assegurados pelos direitos fundamentais de desenvolvimento saudável, de convivência familiar e de vínculos afetivos parentais. Assim, crianças e adolescentes submetidos a um contexto de violência doméstica ou familiar, ainda que indiretamente, por óbvio experimentam consequências negativas e prejudiciais na sua constituição como sujeito, além de violar os direitos constitucionalmente garantidos (Berg *et al.*, 2022; Bogat; Levendosky; Cochran, 2023; Fong; Hawes; Allen, 2019).

Nos contextos de separação conflituosa, os desentendimentos do ex-par conjugal podem ensejar os mais diversos cenários de intensas disputas judiciais, que são diferenciados de contextos violentos ou de risco de violência, que geram desequilíbrio nas relações e vulnerabilizam as vítimas.

> A noção de pessoa vulnerável remete à de vítima. Há contudo, uma diferença de grau no surgimento do dano: a vítima já sofreu um prejuízo material ou moral, enquanto a pessoa vulnerável está exposta a um risco; o vulnerável é suscetível de ser atingido, a vítima já o foi. (Barbosa, 2009 p. 113).

Existem vários fatores que desencadeiam a presunção das vulnerabilidades,[33] extraídas do contexto de violência: a) as relações assimétricas familiares;

---

33 AgRg na MPUMP 6/DF, relatora Ministra Nancy Andrighi, Corte Especial, julgado em 18/5/2022, DJe de 20/5/2022, do Superior Tribunal de Justiça.

b) a subjetivação para a dependência emocional da mulher ao homem — dispositivo amoroso (Zanello, 2020); c) a dependência econômica, as sequelas físicas e emocionais; d) as barreiras de acesso aos serviços públicos de saúde e de assistência social; e) a ausência de acolhimento e de proteção jurídica e os estigmas socioculturais. Diante desses fatores, entende-se que a guarda compartilhada é modelo inviável frente às vulnerabilidades das vítimas de violência.

Para as vítimas de violência doméstica, a incerteza quanto à proteção de filhos e filhas menores de idade durante a convivência com o familiar agressor (ou potencial agressor), nos moldes impostos pela guarda compartilhada pode significar roupagem jurídica autorizativa para a prática de outras formas de violência, como, por exemplo, a psicológica. E quando os relatos dessas violências psicológicas são levados ao Poder Judiciário, em busca de proteção, é frequente o não reconhecimento da sua gravidade. A violência psicológica do homem contra a mulher é tão naturalizada em nossa sociedade que muitos julgadores entendem que "faz parte da comunicação" entre ex-casais em conflitos e, por isso, deixam de reconhecer os direitos que garantem a proteção da mulher.

Nos conflitos judicializados para a definição do formato da guarda jurídica, é imperiosa a identificação das violências, inclusive psicológicas, cometidas contra mulheres, assim como as direta ou indiretamente dirigidas às crianças e adolescentes, sobretudo para impedir que sejam colocados sob os cuidados de agressor ou de potencial agressor. Deve-se considerar que a violência — física ou psicológica — contra um genitor é violência psicológica contra os filhos, pois tudo o que desestabiliza um genitor empobrece sua capacidade de cuidar de sua prole.

Há que se considerar que a fixação judicial da guarda compartilhada para todas as famílias, de forma inadvertida, pode reforçar os parâmetros de dominação masculina e as assimetrias das relações de gênero, nos quais a sociedade brasileira ainda está imersa, e, inclusive, configurar violência institucional. A proposta da guarda compartilhada pressupõe simetrias de gênero inexistentes na maioria dos lares brasileiros e com as quais muitas mulheres não foram subjetivadas. Ao contrário, vivemos numa sociedade que mitifica a função materna, idealizando-a e medindo o valor de mulheres em razão do quanto se dedicam e/ou se sacrificam para desempenhá-la (Zanello, 2020). Sendo subjetivadas com esses valores, muitas mulheres abandonam carreira, *hobbies*, e relações sociais para se dedicarem à tarefa de maternar, pelo que são aplaudidas e valorizadas (Ribeiro; Leal; Zanello, 2020). No entanto, quando ocorre o divórcio, essa especificidade deixa de ser observada quando da definição da guarda compartilhada entre essa mãe e um genitor que jamais cuidou dos filhos durante o casamento, não tem o menor conhecimento da rotina destes e não desenvolveu habilidades parentais, pois quem cuidava era a mãe. Nesse contexto, essa mulher é ceifada de 50% do tempo do projeto de vida pelo qual tanto foi valorizada pela sociedade, enquanto os filhos ficam sob os cuidados de outras mulheres, já que muitos desses pais terceirizam os cuidados de seus filhos em guarda compartilhada para outras mulheres da família (Côté, 2016).

2. ALEGAÇÕES DE ALIENAÇÃO PARENTAL E A GUARDA JURÍDICA

A Lei n.º 14.713, de 30 de outubro de 2023, alterou o Código Civil e o Código de Processo Civil, e passou a afastar a guarda compartilhada como modelo prioritário quando houver recusa por parte de um dos genitores ou alegação de violência, assim previsto no artigo 1.584[34] do Código Civil: "[...] salvo se o pai ou a mãe manifestar desinteresse pela guarda da criança ou do adolescente ou quando houver elementos que evidenciem a probabilidade de risco de violência doméstica ou familiar" (Brasil, 2023). Assim, a guarda unilateral, em situações que envolvam violência ou risco de violência, seria conferida a quem melhor revele condições de exercê-la. Segundo prevê a referida alteração legislativa, deterá a guarda unilateral dos filhos quem possua capacidade para garantir a manutenção dos vínculos parentais com ambos os núcleos familiares, além de garantir-lhes saúde, segurança e educação.

Para identificar quem melhor reúne condições no atendimento das necessidades dos filhos e filhas menores de idade, a imprescindibilidade da perspectiva do princípio constitucional dos melhores interesses de crianças e adolescentes é medida que se impõe — Mendes e Ormerod (2019) advogam pela referência a esse princípio no plural, posto que ele não é pluralizado nas previsões do ordenamento jurídico brasileiro por equívoco da tradução do termo derivado em Inglês "*the best interests of the child*" (Mendes; Bucher-Maluschke, 2019; Mendes; Ormerod, 2021). Mais do que honrar o termo original, a referência no plural indica que esse princípio deve ser compreendido como conceito complexo, plural e multideterminado, em função dos contextos relacionais em que crianças e

---

34 Art. 1.584. A guarda, unilateral ou compartilhada, poderá ser:
[...]
§ 2º Quando não houver acordo entre a mãe e o pai quanto à guarda do filho, encontrando-se ambos os genitores aptos a exercer o poder familiar, será aplicada a guarda compartilhada, salvo se um dos genitores declarar ao magistrado que não deseja a guarda da criança ou do adolescente ou quando houver elementos que evidenciem a probabilidade de risco de violência doméstica ou familiar.

adolescentes estão inseridos e que impactam o seu desenvolvimento (Mendes; Bucher-Maluschke, 2019; Mendes; Lordello; Ormerod, 2020).

Compreender o princípio dos melhores interesses de crianças e adolescentes em sua pluralidade permite uma análise mais profunda e adequada das circunstâncias que envolvem essas populações. Assim, ao aplicar esse princípio em contextos de disputas familiares, é crucial adotar uma perspectiva sistêmica que leve em conta não apenas o desenvolvimento individual de crianças e adolescentes, mas também as dinâmicas complexas e contextuais de suas famílias. Por isso, as situações conflituosas que envolvam crianças e adolescentes devem ser analisadas a partir de uma visão sistêmica e individualizada de suas necessidades biopsicossocioemocionais, além das características contextuais das famílias (Mendes; Ormerod, 2019; Mendes; Lordello; Ormerod, 2020; Ribeiro; Leal; Zanello, 2020).

Essa visão holística e individualizada das necessidades de crianças e adolescentes, ancorada em suas realidades familiares, também está refletida nas recentes mudanças legislativas. A promulgação da Lei n.º 14.713, de 2023, é um exemplo significativo dessa abordagem, ao introduzir restrições importantes à guarda compartilhada em casos de violência doméstica ou familiar, visando proteger o bem-estar das crianças em contextos de risco.

A guarda judicial e a regulamentação de convivência devem representar a efetiva proteção e o atendimento dos melhores interesses de crianças e adolescentes. Entretanto, a realidade tem demonstrado que, nos processos judiciais, a oposição quanto à regulamentação da guarda compartilhada geralmente é interpretada como tentativa de impedir ou dificultar a convivência familiar e a manutenção dos vínculos parentais, e via de consequência, atribuindo a prática de alienação parental.

A alteração legislativa que afasta a preferência pela guarda compartilhada em casos de violência ou risco de violência exige uma análise criteriosa do contexto familiar e relacional. Isso se deve à dificuldade de comprovar assimetrias de poder e as violências, especialmente psicológicas e sexuais, praticadas contra mulheres, crianças e adolescentes (Brasil, 2023).[35]

Na regulamentação da guarda jurídica, quando não há consenso entre o par parental, a análise técnica interdisciplinar é fundamental para compreender as singularidades e o contexto familiar. O afastamento da guarda compartilhada

---

35 Art. 699-A. Nas ações de guarda, antes de iniciada a audiência de mediação e conciliação de que trata o art. 695 deste Código, o juiz indagará às partes e ao Ministério Público se há risco de violência doméstica ou familiar, fixando o prazo de 5 (cinco) dias para a apresentação de prova ou de indícios pertinentes.

em situações de violência se justifica pelas desigualdades de gênero presentes durante o casamento ou união estável, que muitas vezes persistem após a separação, especialmente em comportamentos controladores de ex-cônjuges ou ex-companheiros. Nessas circunstâncias, a definição judicial pela guarda unilateral deve levar em conta as vulnerabilidades sistêmicas do contexto familiar, bem como os novos riscos que surgem a partir dos conflitos judicializados. Além disso, a superação da preferência pela guarda compartilhada nesses casos visa prevenir a prática de violências psicológicas silenciosas praticadas contra as mulheres-mães e que, em certa medida, atingem os melhores interesses dos filhos.

A guarda unilateral nas situações de violência ou de probabilidade de violência doméstica ou familiar é o modelo jurídico que melhor atende às necessidades de crianças e adolescentes. Isso porque impor às vítimas de violência doméstica ou familiar a manutenção de vínculos relacionais com o agressor ou com o potencial agressor, como acontece no exercício da guarda compartilhada e na regulamentação de convivência, desconsidera as singularidades envolvidas e prioriza indevidamente o idealizado compartilhamento das responsabilidades parentais e o mito de que pai e mãe são sempre promotores de bem-estar para os filhos.

Comumente, as recusas manifestadas por crianças e adolescentes em conviver com o familiar são interpretadas como comportamentos influenciados pelas mães, que, em sua grande maioria, são as cuidadoras primárias. Essa conclusão preconceituosa e linear bloqueia a busca por uma compreensão complexa e séria do fenômeno observado e reproduz estereótipos culturalmente atribuídos às mulheres (ou seja: de que são possessivas, vingativas, alienadoras, mal-amadas, e tantas outras ideias ou imagens preconcebidas e estigmatizantes). No entanto, muitas vezes essa rejeição independe da participação materna e está vinculada a comportamentos do próprio familiar que, frequentemente, carece de habilidades parentais funcionais e adota comportamentos negligentes em relação à criança/adolescente, podendo até ser violento emocional ou fisicamente (Mendes, 2019). Exemplo do que ocorre, independentemente da participação materna, é a recusa de crianças e adolescentes em frequentar o ambiente escolar na hipótese do conhecido e nefasto bullying. Crianças e adolescentes podem manifestar repulsa à convivência com o familiar agressor sem que isso tenha relação com algum comportamento influenciador direto ou indireto de cuidadores primários, como as mães.

A visão reducionista de interpretar a recusa de crianças e adolescentes em conviver com um familiar desconsidera outros fatores relevantes como a qualidade relacional com o genitor e possíveis comportamentos inadequados e prejudiciais, especialmente em situações conflituosas. Nesses casos, o comportamento protetivo das mães, frequentemente mal interpretado, resulta na estigmatização delas como "alienadoras", quando, na verdade, elas podem adotar medidas com o intuito de garantir o bem-estar dos filhos diante de dinâmicas familiares disfuncionais e, muitas vezes, violentas. Por isso, a possibilidade de utilização distorcida da LAP pode invisibilizar e encobrir a prática de violências.

Diante desse cenário, torna-se fundamental que o Poder Judiciário aprofunde a análise dos conflitos parentais, evitando interpretações simplistas que possam mascarar dinâmicas de violência. O adequado exame dos casos, por meio de provas periciais confiáveis, é essencial para garantir decisões justas e informadas, mas ainda há desafios significativos na capacitação e sistematização dos procedimentos periciais.

Recentemente, o Poder Judiciário instaurou uma comissão para a produção de um protocolo de diretrizes para permitir a utilização da escuta especializada, prevista na chamada Lei do Depoimento Especial. A Portaria n.º 359/2022, do CNJ, instituiu Grupo de Trabalho responsável por elaborar o "Protocolo para o depoimento especial de Crianças e Adolescentes nas ações de família em que se discuta alienação parental". Contudo, essa medida é controversa — **vide Capítulo 9**.

Observa-se que, apesar das controvérsias, parece haver, por parte do Judiciário, a necessidade de instaurar iniciativas que possam subsidiar o sistema de justiça para que ocorra a efetiva escuta de crianças e adolescentes nas ações de família. A escuta qualificada de crianças e adolescentes é procedimento imprescindível para desvendar os fatos colocados para solução do Poder Judiciário em observância ao direito da sua oitiva. Contudo, isso deve ser realizado respeitando-se os melhores interesses de crianças/adolescentes e a integridade técnico-científica de procedimentos e instrumentos confiáveis e que, por isso, subsidiam a prestação jurisdicional e a proteção dos melhores interesses de crianças e adolescentes.

Por sua vez, o "Protocolo de Julgamento sob Perspectiva de Gênero", desenvolvido pelo Conselho Nacional de Justiça, oferece uma valiosa contribuição para auxiliar nas tomadas de decisão em conflitos judiciais que envolvem disputas parentais e casos de violência, fornecendo diretrizes metodológicas que orientam a análise sob uma ótica mais inclusiva e equitativa:

> [...] nos diversos âmbitos da Justiça possam ser aqueles que realizem o direito à igualdade e à não discriminação de todas as pessoas, de modo que o exercício da função jurisdicional se dê de forma a concretizar um papel de não repetição de estereótipos, de não perpetuação de diferenças, constituindo-se um espaço de rompimento com culturas de discriminação e de preconceitos. (Conselho Nacional de Justiça, 2021).

A regulamentação da guarda unilateral nos casos de violência ou iminência de violência, direta ou indiretamente dirigida a crianças e adolescentes, é medida que observa os direitos fundamentais de crianças e adolescentes. Entretanto, para contestar a fixação da guarda unilateral, a utilização da LAP tem sido invocada por homens, na tentativa de receber do Poder Judiciário o respaldo jurídico para a manutenção do espaço de controle, intimidação, constrangimento e de dominação masculina, o que ressalta a importância do julgamento com perspectiva de gênero. Por isso, na fixação da guarda, as desigualdades estruturais de homens e mulheres, que se espraiam para as relações familiares assimétricas, devem ser identificadas para impedir que estereótipos que generalizam características, comportamentos ou atributos femininos sejam reproduzidos na interpretação das situações fáticas que possam repercutir em julgamentos injustos ou discriminatórios.

O impedimento da fixação da guarda compartilhada nas situações de violência ou de risco de violência, principalmente a violência psicológica e sexual, ainda encontra relutância por parte das/os profissionais que atuam nos conflitos familiares, sobretudo pelas dificuldades ou impossibilidades de identificar indícios de materialidade e de autoria, princípio consagrado pelo Direito Processual Penal (Bastos, 2023).

> Atualmente, é de se comemorar que o divórcio encontre cada vez menos óbices jurídicos. Apesar disso, a situação dos filhos de casais divorciados convoca a responsabilização conjunta que exige o solidarismo inerente à família democrática, mas se acompanha de arrastado passado de espaços de atuação, marcados por diferenças de gênero (Oliveira; Mattos, 2014, p. 772).

CONSIDERAÇÕES FINAIS

A ordem jurídica viabiliza a justiça e a paz social, na construção de uma sociedade plural, livre, justa, solidária e fraterna. Nesse sentido, o processo interpretativo e de aplicação das leis deve impedir a reprodução de desigualdades históricas e estruturais para alcançar a concretude do direito substancial.

No contexto dos conflitos familiares, quando houver a alegação de violência ou o risco de violência, as metodologias tradicionais de interpretação e de aplicação do sistema jurídico protetivo de crianças e adolescentes se somam às diretrizes estabelecidas pela lei (Lei n.º 14.713/2023) e pelo protocolo de julgamento com perspectiva de gênero do Conselho Nacional de Justiça.

As violências doméstica e familiar, ou a iminência delas, em processos de família, permanecem amplamente invisibilizadas, principalmente devido às dificuldades em produzir provas que atendam aos rígidos padrões de materialidade e autoria exigidos pelo direito penal, especialmente em casos de alegações de abuso parental, alienação parental e outras formas de violência psicológica. No entanto, a definição da guarda unilateral se justifica pela premissa de que qualquer violência praticada no contexto familiar afeta, direta ou indiretamente, crianças e adolescentes, pelos danos que causam. A violência, ainda que indiretamente dirigida à criança ou adolescente, afronta os seus direitos fundamentais, pois testemunhar a agressão contra uma pessoa que ocupa um lugar de referência e cuidado primário constitui, para a criança ou adolescente, uma forma grave de violência psicológica. Além disso, quando um dos genitores é vítima constante de violência, a saúde mental desse adulto é prejudicada, comprometendo sua capacidade de cuidar e, consequentemente, violando os melhores interesses da criança ou adolescente sob sua responsabilidade.

O Direito desempenha um papel preventivo e combativo na eliminação de todas as formas de violência. Caso contrário, corre o risco de se tornar um instrumento que perpetua desigualdades socioculturais e estruturais, especialmente em relações familiares marcadas por assimetrias. Nos litígios parentais judicializados, os maiores desafios envolvem casos de violência ou risco de violência, exigindo uma abordagem que priorize a proteção integral e o atendimento dos melhores interesses de crianças e adolescentes. Essas formas de violência, muitas vezes difíceis de comprovar, só podem ser devidamente reconhecidas por meio de estudos aprofundados conduzidos por profissionais da Psicologia ou do Serviço Social, especialistas em dinâmica familiar e violência doméstica, capazes de trazer ao processo judicial a dimensão subjetiva da violência psicológica ou indícios de violência sexual. Nesses casos, a guarda unilateral torna-se uma medida essencial para assegurar que crianças e adolescentes estejam protegidos do ambiente de violência doméstica ou familiar, seja ela direta ou indireta, a garantir a preservação dos direitos constitucionais de mulheres, crianças e adolescentes.

REFERÊNCIAS

AGÊNCIA SENADO. **DataSenado divulga pesquisa de violência contra a mulher nos estados e no DF**. Brasília, 28 fev. 2024. Disponível em: https://www12.senado.leg.br/noticias/materias/2024/02/28/datasenado-divulga-pesquisa--de-violencia-contra-a-mulher-nos-estados-e-no-df. Acesso em: 10 jul. 2024.

BARBOSA, H. H. Vulnerabilidade e cuidado: aspectos jurídicos. *In*: PEREIRA, T. da S.; OLIVEIRA, G. de (coord.). **Cuidado e vulnerabilidade**. São Paulo: Atlas, 2009.

BASTOS, E. F. **A utilização distorcida da lei da alienação parental**. Belo Horizonte: Arraes Editores, 2023, p. 77.

BERG, K. A. *et al*. Exposure to intimate partner violence and children's physiological functioning: a systematic review of the literature. **Journal of Family Violence**, [s. l.], v. 37, n. 8, p. 1.321–1.335, 2022.

BOGAT, G. A.; LEVENDOSKY, A. A.; COCHRAN, K. Developmental consequences of intimate partner violence on children. **Annual Review of Clinical Psychology**, [s. l.], v. 19, n. 1, p. 303–329, 2023.

BRASIL. **Constituição da República Federativa do Brasil de 1988**. Brasil: Presidência da República, 1988. Disponível em: https://www.planalto.gov.br/ccivil_03/constituicao/constituicao.htm. Acesso em: 18 maio 2024.

BRASIL. **Lei n.º 14.713, de 30 de outubro de 2023**. Altera as Leis n.ºs 10.406, de 10 de janeiro de 2002 (Código Civil), 13.105, de 16 de março de 2015 (Código de Processo Civil), para estabelecer o risco de violência doméstica ou familiar como causa impeditiva ao exercício da guarda compartilhada, bem como para impor ao juiz o dever de indagar previamente o Ministério Público e as partes sobre situações de violência doméstica ou familiar que envolvam o casal ou os filhos. Brasil: Presidência da República, 2023. Disponível em: https://www.planalto.gov.br/ccivil_03/_ato2023-2026/2023/lei/l14713.htm. Acesso em: 18 maio 2024.

CONSELHO NACIONAL DE JUSTIÇA. **Protocolo para julgamento com perspectiva de gênero 2021**. Brasília, 2021. Disponível em: https://www.cnj.jus.br/wp-content/uploads/2021/10/protocolo-para-julgamento-com-perspectiva-de-genero-cnj-24-03-2022.pdf. Acesso em: 14 jul. 2024.

CÔTÉ, D. Guarda compartilhada e simetria nos papéis de gênero: novos desafios para a igualdade de gênero. **Revista Observatório**, Palmas, v. 2, n. 3, p. 182–198, 2016.

FONG, V. C.; HAWES, D.; ALLEN, J. L. A systematic review of risk and protective factors for externalizing problems in children exposed to intimate partner violence. **Trauma, Violence, & Abuse**, [s. l.], v. 20, n. 2, p. 149–167, 2019.

MENDES, E. da S.; ALMEIDA, T. T. de; ALMEIDA, C. S. de. A guarda compartilhada em contexto de violência doméstica e familiar: breve análise à luz do filme "Jusqu'à la garde". **Revista da Defensoria Pública do Distrito Federal**, Brasília, v. 4, n. 2, 2022.

MENDES, J. A. de A. et al. Publicações psicojurídicas sobre alienação parental: uma revisão integrativa de literatura em Português. **Psicologia em Estudo**, Maringá, v. 21, n. 1, p. 161–174, 2016.

MENDES, J. A. de A.; BUCHER-MALUSCHKE, J. S. N. F. Famílias em litígio e o princípio do melhor interesse da criança na disputa de guarda. **Interação em Psicologia**, Curitiba, v. 23, n. 3, 2019.

MENDES, J. A. de A.; BUCHER-MALUSCHKE, J. S. N. F. Destructive divorce in the family life cycle and its implications: criticisms of parental alienation. **Psicologia: Teoria e Pesquisa**, Brasília, v. 33, 2017.

MENDES, J. A. de A.; LORDELLO, S. R.; ORMEROD, T. Uma proposta de compreensão bioecológica do princípio dos melhores interesses da criança/adolescente nos casos de disputa de guarda. In: MENDES, J. A. de A.; BUCHER-MALUSCHKE, J. S. N. F. (org.). **Perspectiva sistêmica e práticas em psicologia**: temas e campos de atuação. Curitiba: Editora CRV, 2020, p. 53–78.

MENDES, J. A. de A.; ORMEROD, T. C. Making sense out of uncertainty: cognitive strategies in the child custody decision-making process. **Frontiers in Psychology**, [s. l.], v. 15, 2024.

MENDES, J. A. de A.; ORMEROD, T. O princípio dos melhores interesses da criança: uma revisão integrativa de literatura em Inglês e Português. **Psicologia em Estudo**, Maringá, v. 24, p. 1–22, 2019.

MENDES, J. A. de A.; ORMEROD, T. Um olhar comparativo sobre divórcio, leis e os melhores interesses da criança após a separação dos pais no Brasil e na Inglaterra. **Revista da Faculdade de Direito UFPR**, Curitiba, v. 66, n. 2, p. 95–126, 2021.

MENDES, J. A. de A.; ORMEROD, T. Uncertainty in child custody cases after parental separation: context and decision-making process. **Trends in Psychology**, [s. l.], p. 1–28, 2023.

MENDES, J. A. de A. Genealogia, pressupostos, legislações e aplicação da Teoria de Alienação Parental: uma (re)visão crítica. In: SILVA, I. (ed.). **Debatendo Alienação Parental**: diferentes perspectivas. Brasília: Conselho Federal de Psicologia, 2019, p. 11–35.

MENDES, J. A. de A.; OLIVEIRA-SILVA, L. As alegações de "alienação parental" e os vieses de gênero e misoginia em processos de guarda e convivência. *In*: BASTOS, E. F.; GIANCHIN, J.; COPETTI, L. V.; LEMOS, M. M. F. (ed.). **Direito das Famílias, Vulnerabilidades e Questões de Gênero**. Instituto Brasileiro de Direito de Família, IBDFAM, 2022, p. 44–65.

GOVERNO FEDERAL. MINISTÉRIO DAS MULHERES E MINISTÉRIO DO DESENVOLVIMENTO E ASSISTÊNCIA SOCIAL, FAMÍLIA E COMBATE À FOME. **Lançamento do GTI para elaboração da política nacional dos cuidados**. [2024?] Disponível em: https://mds.gov.br/webarquivos/MDS/7_Orgaos/SNCF_Secretaria_Nacional_da_Politica_de_Cuidados_e_Familia/Arquivos/Cartilha/Cartilha.pdf. Acesso em: 14 jul. 2024.

OLIVEIRA, L. Z. de; MATOS, A. C. H. Guarda compartilhada e condição feminina: limites e possibilidades para a democratização dos papéis econômico e afetivo. **Pensar**: Revista de Ciências Jurídicas, Fortaleza, v. 19, n. 3, p. 750–778, 2014.

OXFAM BRASIL. **Tempo de Cuidar**: o trabalho de cuidado não remunerado e mal pago e a crise global da desigualdade. São Paulo, 20 jan. 2020. Disponível em: https://www.oxfam.org.br/publicacao/tempo-de-cuidar-o-trabalho-de--cuidado-nao-remunerado-e-mal-pago-e-a-crise-global-da-desigualdade/. Acesso em: 4 jul. 2024.

RIBEIRO, M. L.; LEAL, D.; ZANELLO, V. Guarda compartilhada a despeito do desejo da mãe: violência institucional contra as mulheres. *In*: BIRCHAL, A. de S.; BERNARDES, B. P. **Pontes para a paz em casa**: práticas e reflexões. Belo Horizonte, 2020, p. 41–58.

RIBEIRO, M. L. **Guarda compartilhada**: vivência de mulheres. 2017. 170 f. Dissertação (Mestrado em Psicologia Clínica e Cultura) — Universidade de Brasília, Brasília, 2017.

ZANELLO, V. **Saúde mental, gênero e dispositivos**: cultura e processos de subjetivação. Curitiba: Editora Appris, 2020.

DEPOIMENTO ESPECIAL EM SITUAÇÕES DE CONFLITOS FAMILIARES ENVOLVENDO ALEGAÇÕES DE ALIENAÇÃO PARENTAL: OS RISCOS À PROTEÇÃO DE CRIANÇAS E ADOLESCENTES

Cátula da Luz Pelisoli

Angela Diana Hechler

RESUMO: Depoimento Especial (DE) é um procedimento voltado a garantir um ambiente mais acolhedor para a produção de prova testemunhal de crianças e adolescentes vítimas e testemunhas de violência. Inicialmente implementado nos Juizados da Infância e Juventude, o DE tem sido amplamente utilizado no âmbito criminal para a coleta de provas em processos judiciais e investigações envolvendo crimes contra crianças e adolescentes. Recentemente, com a promulgação da Lei n.º 14.340/2022, o DE passou a ser utilizado também em processos das Varas de Família, apesar da ausência de protocolos ou diretrizes científicas específicas. Este capítulo tem como objetivo discutir a aplicabilidade do DE nesse novo contexto, considerando a complexidade das situações familiares. Serão analisados os objetivos do DE nas diferentes jurisdições em que é empregado, suas potencialidades, limitações e inadequações. Embora estudos sociais e psicológicos busquem compreender as dinâmicas familiares e os fatores que contribuem para a violação de direitos, com intervenções centradas na proteção de crianças e adolescentes, o DE se restringe à narrativa das vítimas. Esse enfoque limitado pode trazer riscos quando a prova é descontextualizada, especialmente em casos complexos. Portanto, conclui-se que a análise psicológica e social oferece uma compreensão mais especializada e contextualizada das demandas familiares, promovendo maior proteção aos direitos de crianças e adolescentes.

Palavras-chave: Depoimento Especial; Crianças e Adolescentes; Direito de Família; Violência Doméstica; Lei n.º 14.340/2022; Prova Testemunhal.

1. APLICABILIDADE DO DEPOIMENTO ESPECIAL: POTENCIALIDADES E LIMITAÇÕES

O aclamado filme francês *Anatomia de uma queda* traz a cena de uma criança dando seu depoimento em uma audiência cujo processo trata da morte de seu pai. A investigação procura compreender se a situação de morte se configuraria como um homicídio, figurando como suspeita a mãe da criança. Durante a cena, temos a oportunidade de observar não apenas o espaço físico, mas também o tratamento que é dado ao menino, que em nada parece se diferenciar do que é dado a qualquer outro adulto que esteja naquele lugar de testemunha. O ambiente é o tradicional, com evidente hierarquia estabelecida entre os personagens; o clima é de tensão, típico dessas situações. O menino, filho da vítima e suspeita, é interrogado, e as informações que traz são questionadas e confrontadas pelos diferentes profissionais que ali atuam. No filme, o depoimento da criança tem uma influência significativa no destino da protagonista (a mãe), o que não é diferente da vida real.

As situações nas quais os depoimentos de crianças e adolescentes são necessários geralmente envolvem um nível de gravidade, em que se pressupõe que a intimação da criança/adolescente para comparecer ao tribunal vai ser menos prejudicial do que deixar de chamá-la. Compreende-se que o contexto de uma oitiva não é o mais apropriado para crianças e adolescentes, em razão da dinâmica dos ritos judiciais. Por se pressupor a inocência do réu, quando crianças e adolescentes são chamados a depor, elas, invariavelmente, têm seu relato e, portanto, sua credibilidade questionados. A presunção de inocência de um réu acusado de violência sexual, por exemplo, demanda que a palavra de todos que alegam a violação seja alvo de questionamentos, no intuito de que aqueles que tomem decisões sobre o caso formem seu convencimento sobre a ocorrência (ou não) da situação. O direito à ampla defesa e ao contraditório é uma garantia constitucional que busca o princípio da justiça, minimizando riscos de punir quem não é responsável pelo crime alegado.

As audiências judiciais são ritos muito formais que contam com a presença de diferentes profissionais: a/o magistrada/o, o/a promotor/a de justiça, a/o/s advogada/o/s ou defensor/a público/a. Na tradicional sala em formato de U, em que a/o magistrada/o permanece em posição hierarquicamente superior, aquele/a que é ouvido/a é colocado/a em local central, para onde todos os olhares são lançados. Os questionamentos sobre o objeto da audiência, apesar de serem centralizados na figura da/o magistrada/o, podem vir de todas as pessoas participantes, em respeito ao direito ao contraditório e ampla defesa. Tanto o espaço físico quanto as abordagens feitas durante as audiências tradicionais, ao longo do tempo, evidenciaram a inadequação desse procedimento com essa população vulnerável — a de crianças e adolescentes (Pelisoli, 2023).

A naturalização da escuta de crianças/adolescentes vítimas em audiências tradicionais perdurou até o início dos anos 2000, quando o olhar atento da Dra. Veleda Dobke permitiu que novas ações fossem tomadas nesse contexto (Dobke, 2001). A iniciativa e poder de influência do Dr. Daltoé Cezar fez com que a prática do então chamado Depoimento Sem Dano (Cesar, 2007) se tornasse o que hoje é conhecido por Depoimento Especial, e deixasse de estar restrito à Comarca de Porto Alegre para alcançar o estado do Rio Grande do Sul e o Brasil após a promulgação da Lei n.º 13.431/2017 (Brasil, 2017) e o Decreto n.º 9.603/2018 (Brasil, 2018). Essa lei ficou conhecida como "Lei da Escuta Protegida", ainda que não conste esse termo em seu texto, por definir e regulamentar os procedimentos de Escuta Especializada e Depoimento Especial.

Para avançarmos na compreensão do Depoimento Especial, é importante diferenciar esse procedimento da Escuta Especializada. Segundo o Decreto n.º 9.603/2018, a Escuta Especializada é "*o procedimento realizado pelos órgãos da rede de proteção nos campos da educação, da saúde, da assistência social, da segurança pública e dos direitos humanos, com o objetivo de assegurar o acompanhamento da vítima ou da testemunha de violência, para a superação das consequências da violação sofrida, limitado ao estritamente necessário para o cumprimento da finalidade de proteção social e de provimento de cuidados*" (Brasil, 2018). Esse conceito é considerado mais adequado por diversos profissionais, como Hohendorff (2023), que inclusive se refere ao procedimento como "Escutas Especializadas", no plural, uma vez que se trata de um trabalho transversal, que ocorre em diferentes órgãos da rede de proteção. A Escuta Especializada não tem escopo de produção de prova, ela objetiva o acolhimento, a identificação e atendimento de necessidades apresentadas pela vítima e familiares. A sua finalidade é a "proteção social e o provimento de cuidados" (Brasil, 2017, 2018).

Por sua vez, o Depoimento Especial é "*o procedimento de oitiva de criança ou adolescente vítima ou testemunha de violência perante autoridade policial ou judiciária*" (Brasil, 2017), configurando-se, portanto, como prova testemunhal. O Decreto n.º 9.603/2018 institui que a autoridade policial ou judiciária avalie se o depoimento da criança ou adolescente é indispensável à investigação, devendo considerar as demais provas existentes e a preservação do bem-estar psicossocial da criança/adolescente. As vítimas e testemunhas de violência deverão ser respeitadas em seu direito de não falar sobre a violência sofrida, e todos os profissionais devem evitar a revitimização. O Decreto traz que o Depoimento Especial será regido por protocolos de oitiva, que ele deverá ser gravado desde seu início, deve evitar a transmissão de informações que possam induzir o relato da criança/adolescente e evitar questionamentos que possam atentar contra a dignidade da criança/adolescente ou serem caracterizados como violência institucional. O/A profissional que conduz a oitiva o fará livremente e sem interrupções, sendo apenas ao final do relato livre que a sala de audiências demandará outros questionamentos (Brasil, 2018; Rovinski, 2023).

Na prática, o Depoimento Especial ocorre em duas salas diferentes e conectadas por um sistema de videochamada: uma tradicional, onde estão a/o magistrada/o, o/a promotor/a de justiça, defensores públicos e/ou advogados, e, em alguns casos, o réu, desde que sua presença não cause constrangimento à vítima.[36] A outra sala é reservada para a vítima/testemunha e o/a entrevistador/a, onde a entrevista segue um protocolo científico, conforme disposto na legislação. Essa prática garante a defesa do réu enquanto proporciona um ambiente acolhedor para a vítima.

O Depoimento Especial, iniciado na Justiça da Infância e Juventude em 2003, é hoje mais utilizado em processos criminais, focando a produção de provas para responsabilizar o suposto agressor — o que pode deixar a determinação de medidas protetivas para a criança/adolescente em segundo plano. Essa responsabilização é/pode ser protetiva para a vítima, sua família e outras crianças/adolescentes vulneráveis. Além disso, ao evitar a violência institucional, proporcionando um ambiente acolhedor e profissionais qualificados, o Depoimento Especial protege a criança/adolescente de constrangimentos e estende essa proteção para além do sistema de justiça (Pelisoli; Dell'aglio, 2023).

Em 2022, a Lei n.º 14.340 alterou a Lei n.º 12.318, conhecida como Lei da Alienação Parental (LAP), trazendo algumas mudanças, entre elas o acréscimo do artigo 8ºA: "*Sempre que necessário o depoimento ou oitiva de crianças e adolescentes em casos de alienação parental, eles serão obrigatoriamente realizados nos termos da Lei 13.431/2017, sob pena de nulidade processual*" (Brasil, 2022). A Lei n.º 13.431/2017 já definia a alienação parental como uma das formas de violência psicológica cometida contra crianças e adolescentes e o Depoimento Especial como um procedimento possível para todas as formas de violência (Brasil, 2017). Assim,

---

[36] É importante, para esta decisão, compreender como essa presença impacta a vítima, seja criança ou adolescente. Algumas vítimas desejam que o réu as assista, saiba sobre o que elas disseram; outras, se sentem constrangidas, com medo, envergonhadas, sendo recomendável a retirada do réu da sala de audiências, permanecendo o operador do Direito que lhe representa (defensor público ou advogado).

o referido artigo na Lei n.º 14.340 não inova, mas busca dar ênfase à escuta da criança/adolescente por esse meio, trazendo o risco de nulidade processual como forma de impulsionar o uso desse procedimento. No entanto, o legislador não se preocupou com as especificidades desse fenômeno que envolve os conflitos interparentais e a violência psicológica contra crianças e adolescentes, aspectos sobre os quais este capítulo irá discutir.

2. A RECUPERAÇÃO DA MEMÓRIA SOBRE O EVENTO ALEGADO NO DEPOIMENTO ESPECIAL

O Depoimento Especial visa principalmente à obtenção de uma narrativa livre da criança sobre o/s evento/s vivido/s ou alegado/s. Essa narrativa livre decorre da recuperação da memória episódica da criança e é favorecida quando realizada o mais breve possível, em relação à ocorrência do evento sob investigação. Entre os vários eventos que acontecem ao longo da vida de uma pessoa, alguns não podem ser lembrados em longo prazo. Já outros são lembrados com facilidade, de forma vívida e detalhada.

As memórias altamente disponíveis são definidas como eventos marcantes, que são memórias importantes e duradouras, revividas com qualidade quase-sensorial, e que se tornam marcos na organização da trajetória dos indivíduos e também na compreensão de suas histórias (Gauer; Gomes, 2008). A memória autobiográfica tem elementos semânticos e aspectos episódicos; semânticos porque envolve o acervo de conhecimentos gerais do indivíduo, e episódicos porque envolve a rememoração de fatos contextuais (datas, faces, nomes, detalhes, locais) da experiência do sujeito (Frank; Landeira-Fernandez, 2006).

O ato de recordar envolve várias habilidades cognitivas (Gauer; Gomes, 2008). Segundo Gauer e Gomes (2006), "*uma das mais relevantes características da recordação de eventos passados é o senso subjetivo de lembrança, pelo qual o sujeito reconhece a experiência atual como lembrança, sabe que ela se refere a um evento passado, e acredita que ela seja verdadeira*" (p. 105). A evocação autobiográfica é seletiva e sujeita a efeitos de bloqueios gerados por mudanças neuro-hormonais e com variações de qualidade em função do estado motivacional do presente (Frank; Landeira-Fernandez, 2006). Assim, um depoimento sobre a mesma situação pode não ser exatamente igual ao outro. Especialmente, quando entre uma narrativa e outra decorre muito tempo. É de conhecimento do senso comum que quanto mais tempo decorre entre uma situação e sua recordação, menor a quantidade de informações que conseguimos recuperar. A perda de detalhes da informação faz parte do processo normal da memória, o que é chamado por Schacter (2003) de "transitoriedade". Assim, a celeridade na tomada do depoimento de crianças e adolescentes é fundamental para o conhecimento da situação vivenciada e para decisões que favoreçam sua proteção. A previsão da antecipação da prova, ou seja, a realização do Depoimento Especial, ainda em fase de inquérito policial, visa justamente obter o relato da criança/adolescente tão logo seja conhecida a alegação de violação de direitos.

Além de ser esperada uma rápida resposta do sistema de proteção e justiça com a antecipação da prova, o Depoimento Especial deverá ser regido por protocolos. Destacam-se dois deles: o Protocolo Brasileiro de Entrevista Forense (PBEF), que constitui-se como uma adaptação ao contexto brasileiro do *National Children's Advocacy Center* (NCAC) e foi recomendado pelo Conselho Nacional de Justiça (Childhood Brasil; Conselho Nacional de Justiça; UNICEF; National Children's Advocacy Center, 2020); e o Protocolo do *National Institute of Child Health and Human Development* (NICHD), que é o mais estudado em nível internacional e apresenta as evidências científicas mais consistentes, entre esses instrumentos (Lamb *et al.*, 2018). Ambos os protocolos foram desenvolvidos a partir do conhecimento sobre o desenvolvimento cognitivo, especialmente sobre o funcionamento da memória, buscando a recuperação livre da memória da criança/adolescente (Aznar-Blefari *et al.*, 2020). Os protocolos de entrevista aumentam a quantidade de elementos trazidos pelas crianças/adolescentes e também apresentam efeito positivo sobre a qualidade das informações coletadas (Lamb *et al.*, 2018).

No que diz respeito à natureza das situações para as quais os protocolos foram elaborados, compreende-se que eles são mais adequados a narrativas sobre episódios específicos, como os vividos nas violências físicas e sexuais, as quais as crianças/adolescentes contam informando o que aconteceu, onde, como, quem estava envolvido, de acordo com suas possibilidades cognitivas e afetivas. A título de exemplo, tem-se a seguinte vinheta sobre o relato de um episódio de violência sexual vivido pela criança de dez anos, viabilizado por um protocolo de entrevista:

> [...] uma criança de dez anos de idade pode relatar que a mãe tinha ido no mercado e deixado ela na casa do tio, que ficava ao lado da sua, o que costumava acontecer sempre que a mãe precisava sair. No entanto, naquele dia específico, o tio lhe mostrou o celular, onde passava um filme "de adulto, com mulheres e homens pelados". Posteriormente, o tio lhe sugeriu que fizessem o mesmo, tocando em sua vagina. Ao ouvir a mãe chegando no portão, ele parou e ameaçou matar sua mãe caso contasse algo.

Ao contrário da violência relatada nessa vinheta, as violências psicológicas ocorrem a partir de outras dinâmicas, que são mais insidiosas, repetitivas, e podem, inclusive, iniciar sem que a criança/adolescente se dê conta.

A violência psicológica é definida pela Organização Mundial da Saúde como a falha dos pais ou cuidadores em oferecer um ambiente acolhedor e que possibilite o desenvolvimento apropriado da criança/adolescente (OMS, 2006). É também definida como um padrão repetitivo de comportamento que transmite à criança/adolescente que ela não tem valor, não é amada, não é querida; que só tem valor quando atende às necessidades dos outros; ou quando ela é seriamente ameaçada (Miller-Perrin; Perrin, 2013). A violência psicológica inclui ações como menosprezar, culpabilizar, ameaçar, aterrorizar, discriminar, ridicularizar, rejeitar e tratar de forma hostil a criança ou o adolescente (OMS, 2006). Na legislação brasileira, a violência psicológica é definida na Lei n.º 13.431/2017 como:

> a) "qualquer conduta de discriminação, depreciação ou desrespeito em relação à criança ou ao adolescente mediante ameaça, constrangimento, humilhação, manipulação, isolamento, agressão verbal e xingamento, ridicularização, indiferença, exploração ou intimidação sistemática (bullying) que possa comprometer seu desenvolvimento psíquico ou emocional;
>
> b) o ato de alienação parental, assim entendido como a interferência na formação psicológica da criança ou do adolescente, promovida ou induzida por um dos genitores, pelos avós ou por quem os tenha sob sua autoridade, guarda ou vigilância, que leve ao repúdio de genitor ou que cause prejuízo ao estabelecimento ou à manutenção de vínculo com este;
>
> c) qualquer conduta que exponha a criança ou o adolescente, direta ou indiretamente, a crime violento contra membro de sua família ou de sua rede de apoio, independentemente do ambiente em que cometido, particularmente quando isto a torna testemunha" (Brasil, 2017).

Salvo o item c, que retrata a exposição da criança/adolescente a crime violento (ou seja, uma conduta que pode ocorrer uma única vez), a violência psicológica se caracteriza por essa natureza de repetição, de cronificação, na qual a criança/adolescente é exposta continuamente a informações e condutas que vão lhe desqualificando como sujeito, lhe oprimindo e lhe retirando o senso de valor. A violência psicológica ainda tem um número reduzido de notificações, comparado à altíssima prevalência identificada em alguns estudos e considerando sua importância em termos dos impactos na saúde mental das vítimas. Porém, acredita-se que esse problema vem saindo da invisibilidade (Abranches; Assis, 2011), e a publicação de legislação que a define contribui para o enfrentamento desse tipo de violação aos direitos das crianças e adolescentes. Porém, não é possível que se enfrente de forma eficaz a violência psicológica se não forem consideradas as suas especificidades e sua natureza.

Enquanto o procedimento de Depoimento Especial em situações de violência física, sexual, ou em testemunhos de homicídio, aborda episódios específicos da vida do sujeito, o mesmo procedimento em situações de violência psicológica pode se tornar confuso para a criança/adolescente, pois os fatos se confundem com crenças construídas ao longo da história da criança/adolescente. As crianças/adolescentes já enfrentam desafios ao serem colocadas no papel de testemunharem sobre as violências que podem ter sido cometidas por seus familiares. No entanto, quando se considera que podem ser chamadas a prestarem depoimentos sobre inúmeras experiências familiares, que podem ter decorrido por meses e anos (como naquelas situações e dinâmicas que podem ser discriminadas como "alienação parental"), os obstáculos desenvolvimentais e procedimentais são ainda maiores.

Retomando os conceitos sobre o funcionamento da memória, tem-se que aquelas lembranças que podem ser declaradas (memória explícita ou declarativa) se subdividem em termos de memória episódica e memória semântica. A primeira diz respeito ao armazenamento de acontecimentos pessoais determinados no tempo e no espaço, já a segunda refere-se ao armazenamento de conhecimentos gerais sobre o mundo, como fatos, conceitos e vocábulos (Emygdio *et al.*, 2019). O fato de a violência psicológica, muitas vezes, não ser limitada a um registro único, um episódio isolado, e sim caracterizada por uma dinâmica, por experiências repetitivas, tende a gerar lembranças nos sujeitos vítimas que unem os aspectos objetivos da situação vivida com suas interpretações, experiências emocionais, significados. Como anteriormente referido, sofrer violência pode implicar crenças de desvalor, de hostilidade dos outros, do mundo. E tais questões, que são de ordem subjetiva, poderão fazer parte da narrativa dos sujeitos que vivenciam violência psicológica, devendo ser contextualizadas para adequada compreensão e intervenção. Conforme já apontado por extensa literatura sobre o assunto, a compreensão e ponderação sobre o contexto das alegações de "alienação parental" (seja por parte das pessoas envolvidas, seja por parte dos Operadores do Direito) tende a não ocorrer (Barbosa; Mendes; Juras; Maciel; Mendes; Barbosa, 2021; Mendes; 2019; Mendes; Bucher-Maluschke, 2017).

O testemunho é compreendido como uma prática social mediante a qual se obtém conhecimento através de um ato de fala, pressupondo, nesse contexto, a existência de, pelo menos, dois agentes: o que fala e sua audiência (Vásquez, 2021). Assim, enfatiza-se que a interpretação dada pela audiência que escuta uma criança/adolescente deve ser fidedigna à sua experiência, não limitada ao relato infantil ou descontextualizada da sua realidade social e familiar.

3. RISCOS INERENTES À REDUÇÃO DA PROVA À NARRATIVA DA CRIANÇA: A NECESSÁRIA PROBLEMATIZAÇÃO DO USO DO DEPOIMENTO ESPECIAL NAS VARAS DE FAMÍLIA

A oitiva judicial por meio de Depoimento Especial de crianças e adolescentes envolvidos em conflitos familiares judicializados tem sido defendida como forma de assegurar o direito fundamental de crianças e adolescentes de terem sua opinião considerada e participarem das decisões que os envolvem. A defesa desse argumento está sendo amparada na legislação vigente e na perspectiva da Doutrina da Proteção Integral, que coloca crianças e adolescentes como sujeitos de direitos e no reconhecimento sobre o direito supramencionado, seja como vítimas, testemunhas ou interessados, em todos os processos que lhes afetem. O art. 12 da Convenção da ONU sobre os Direitos da Criança e do Adolescente afirma que se deve assegurar "à criança que é capaz de formular seus próprios pontos de vista o direito de expressar suas opiniões livremente sobre todos os assuntos relacionados a ela, e tais opiniões devem ser consideradas, em função da idade e da maturidade da criança". O art. 100 do ECA, no inciso XII, também versa sobre a oitiva obrigatória de crianças e adolescentes, quando na aplicação de medidas de proteção a esse público.[37]

Com base nessas premissas e no entendimento de que o Direito Civil e o Direito Processual Civil devem estar submetidos ao compromisso da Proteção Integral, assim como o Direito da Infância e Juventude, é que vem sendo sugerida a utilização do Depoimento Especial nas Varas de Família (especialmente em casos com alegações de "alienação parental"), no entendimento de que esse

---

37 Art. 100. Na aplicação das medidas levar-se-ão em conta as necessidades pedagógicas, preferindo-se aquelas que visem ao fortalecimento dos vínculos familiares e comunitários. Parágrafo único. São também princípios que regem a aplicação das medidas: (Incluído pela Lei n.º 12.010, de 2009)
XII – oitiva obrigatória e participação: a criança e o adolescente, em separado ou na companhia dos pais, de responsável ou de pessoa por si indicada, bem como os seus pais ou responsável, têm direito a ser ouvidos e a participar nos atos e na definição da medida de promoção dos direitos e de proteção, sendo sua opinião devidamente considerada pela autoridade judiciária competente, observado o disposto nos §§ 1º e 2º do art. 28 desta Lei. (Incluído pela Lei n.º 12.010, de 2009)

procedimento poderia garantir o direito da criança e do adolescente de serem ouvidos e de exprimirem sua opinião "em um ambiente e linguagem adaptados à sua cognição e condições emocionais" (CNJ, 2024). Entretanto, é necessário considerar que, de modo geral, nos processos das Varas Cíveis, sobretudo naqueles em que se discutem os regimes de convivência familiar, o conflito apresentado é conduzido a partir do interesse dos adultos envolvidos, tendo como consequência, em muitos casos, a secundarização dos direitos fundamentais de crianças e adolescentes (Mendes; Ormerod, 2023, 2024), cuja exposição ao litígio pode transformar-se em uma violência.

O Protocolo para o Depoimento Especial de crianças e adolescentes nas ações de família com alegações de "alienação parental" foi apresentado pelo grupo de trabalho instituído pela Portaria n.º 359/2022 e publicado recentemente (CNJ, 2024). O documento apresenta diretrizes para a realização de audiências para a tomada de depoimento dessas crianças/adolescentes que vivenciam importantes conflitos entre seus genitores. O documento aponta que a rejeição da criança/adolescente ao contato com um dos genitores é um fenômeno complexo e multifatorial, que não pode ser explicado de maneira simplista, com a mera identificação de possíveis culpados ou vítimas. Traz ainda que o desafio de entrevistar crianças/adolescentes nessas ações está em compreender o contexto em que determinadas alegações são feitas, a fim de que haja valoração sobre a fidedignidade do testemunho, ou seja, se a criança ou o adolescente está livre para se expressar sem sofrer pressões externas. Nesse sentido, aponta que a escuta da criança/adolescente pode ser insuficiente para esclarecer as motivações para rejeitar um dos genitores, indicando a perícia psicológica como caminho preferencial, de modo a incluir informações de outras fontes, como os adultos envolvidos e outros (CNJ, 2024). Diante dessa limitação observada pelo próprio Conselho, o documento coloca o Depoimento Especial como um procedimento que deve ter um caráter de excepcionalidade e somente deve ser realizado se recomendado pelos profissionais que compõem a equipe multidisciplinar. Esse critério técnico que inclui ter sido realizada uma avaliação anterior e ser recomendado tecnicamente precisa ser garantido, sob o risco de que inúmeras crianças/adolescentes sejam ouvidos em depoimento especial e tenham seus relatos considerados como verdades inquestionáveis, porque tomados de forma isolada, sem a devida contextualização. É necessário também pontuar que as diretrizes trazidas nesse documento foram meramente adaptadas de instrumento já existente e validado para outra finalidade, o Protocolo Brasileiro de Entrevista Forense, sem nenhuma validação científica específica para o uso nesses casos. Ou seja, não existem dados empíricos da aplicação desse Protocolo, mas já há recomendação aos tribunais por sua aplicação. Até a finalização deste capítulo (setembro/2024), o protocolo e as diretrizes propostas pelo referido grupo de trabalho não foram submetidos à avaliação cega e por pares (com vistas à publicação), nem mesmo submetidos a metodologias consolidadas para o estudo científico desse protocolo e suas diretrizes. Essas etapas são fundamentais, pois, conforme exposto neste capítulo (e vastamente abordado pela literatura especializada), a prática desse tipo de depoimento deve se dar por meio de um protocolo baseado em evidências, as quais possam dar sustentação à utilização dessa prática no âmbito das Varas de Família. Mais do que isso, o princípio dos melhores interesses da criança/adolescente exige que quaisquer ações empregadas para a promoção e proteção desses interesses deve também ser baseada em evidências (Mendes; Ormerod, 2019, 2023).

Ainda, ressalta-se que os depoimentos tomados em processos que tramitam nas varas criminais geralmente são de crianças/adolescentes que se encontram afastados dos réus. Esse contexto garante proteção à criança/adolescente que oferece seu depoimento, pois, estando sem conviver com o réu, poderá se sentir livre de qualquer coação para falar o que desejar. Já no contexto das Varas de Família, ambas as partes envolvidas no processo convivem com a criança/adolescente, raramente estando um dos genitores afastado ou com convivência suspensa. Assim, todos os envolvidos terão acesso ao conteúdo integral do relato da criança/adolescente, podendo oferecer riscos à sua segurança, integridade física e psicológica.

Ao expor crianças e adolescentes à oitiva do Depoimento Especial cuja operacionalização, por mais bem-intencionada que seja, os coloca em um lugar de produzir provas que poderão ser utilizadas para alimentar um conflito entre seus familiares, tende a fragilizar ainda mais esse vínculo familiar além de sujeitar a criança/adolescente a questionamento e culpabilização por parte dos próprios familiares, amplificando o contexto de violência psicológica ao invés de contribuir para a proteção dos seus melhores interesses. Em que pese os protocolos priorizarem perguntas abertas que permitem uma narrativa mais livre, a partir da percepção da criança/adolescente, os litígios nos processos judiciais são alimentados por fatos específicos, usados como justificativas para definir a guarda, ampliar ou diminuir convivência etc. Dessarte, é esperado que, na oitiva de crianças e adolescentes, essas questões específicas sejam esmiuçadas, colocando as crianças/adolescentes na condição de serem inquiridas sobre tais situações, a fim de comprovação/refutação dessas alegações.

Dessa forma, a exposição de crianças e adolescentes na condição de produção de provas em processos judiciais os coloca numa condição de maior vulnerabilidade, podendo comprometer o vínculo com seus cuidadores, que já pode estar fragilizado. A litigiosidade dos adultos em processos dessa natureza, na maioria dos casos, já evidencia as dificuldades parentais enfrentadas, contexto no qual a criança está colocada em um segundo plano, seus interesses e seu bem-estar não estão priorizados, prevalecendo a ideia de vencedor/perdedor entre as partes em litígio, alimentada pela lógica processual. Não raras vezes, diante das dificuldades da família, os filhos são envolvidos diretamente nos conflitos; quando colocados a prestar um depoimento dentro do processo judicial, é provável que os relatos das crianças e adolescentes, portanto, sejam utilizados para tal finalidade, de testemunhar as "verdades alegadas" pelos adultos conflitantes — o que desvirtua e contraria, complementarmente, o próprio princípio dos melhores interesses.

Há ainda a necessidade de pensar como, na prática, serão conduzidos esses procedimentos nas Varas de Família, pois, conforme exposto na seção anterior, o Depoimento Especial em processos criminais ocorre de modo a evitar qualquer contato da criança/adolescente com o suposto autor da violência, de modo a permitir um relato mais seguro e evitar revitimizações. Nos processos envolvendo os cuidadores da criança/adolescente com os quais ela possui vínculo e convivência (a maioria dos casos que tramitam nas Varas de Família), como se daria a organização desse procedimento de modo a garantir que as crianças e adolescentes não sofram pressão e/ou constrangimento? Quem conduziria os filhos para prestar depoimento? Seria permitido o contato com os genitores litigantes anterior ao testemunho dos filhos? É possível considerar que crianças e adolescentes se sintam seguras e confortáveis para falar sobre suas vivências familiares sabendo que estão sendo assistidas pelos genitores, ou que o conteúdo de suas falas será exposto a eles posteriormente? Quais seriam as medidas empregadas antes, durante e depois desse depoimento para que a criança/adolescente não se perceba em um conflito de lealdade com qualquer um dos genitores? Como o potencial estresse psicológico (eliciado pelas circunstâncias já descritas) gerado por esse depoimento será manejado?

Outro ponto que merece ser problematizado tem relação com a exposição das crianças/adolescente a vários procedimentos, quando envolvidas nas disputas judiciais. Não raro observam-se processos em que é solicitada mais de uma perícia judicial, como meio de prova, além de procedimentos avaliativos buscados em âmbito privado pelos genitores litigantes (e até mesmo na Rede de Proteção — **vide Capítulo 6**), expondo crianças/adolescentes a procedimentos muitas vezes desnecessários, que em nada contribuem para a sua proteção, servindo apenas para alimentar o litígio em curso, o que fere diretamente a prerrogativa da mínima intervenção e da proteção integral, previstas nos incisos II e VII do ECA — **vide Capítulo 7**. A lógica processual, frequentemente, coloca o conflito como protagonista em detrimento dos sujeitos envolvidos.

Tais elementos evidenciam os riscos para crianças e adolescentes diante da exposição ao procedimento de Depoimento Especial nas Varas de Família. Compreende-se que a proteção desse público, que no âmbito da Justiça é traduzido nas decisões judiciais que buscam a afirmação de seus direitos, passa por uma compreensão aprofundada e ampla do contexto que envolve os conflitos familiares, cujas dinâmicas complexas não podem ser alcançadas tendo por base uma única fonte de informação (Mendes; Ormerod, 2019; Mendes; Lordello; Ormerod, 2020).

A complexidade que envolve a família e suas relações será objeto da próxima seção, em que se buscará problematizar os diferentes determinantes envolvidos nos conflitos que chegam ao sistema de justiça. É importante evidenciar essas questões, pois uma prova obtida por meio do Depoimento Especial de uma criança ou adolescente, se analisada de forma descontextualizada ou isolada da realidade familiar mais ampla, pode não contribuir para decisões judiciais assertivas na promoção da Proteção Integral desse público.

4. A COMPLEXIDADE DAS RELAÇÕES FAMILIARES E SUAS EXPRESSÕES NO SISTEMA DE JUSTIÇA

Quando uma família recorre ao sistema de justiça para resolver questões sobre o convívio com os filhos (como regulamentação de convivência, pensão alimentícia ou guarda dos filhos), está sinalizando, de alguma forma, a necessidade de apoio para garantir a proteção integral de seus membros, especialmente aqueles mais vulneráveis, como as crianças e adolescentes.

Enquanto instituição social e histórica, a família é permeada por múltiplas determinações que se intercruzam nas relações que os sujeitos estabelecem entre si no espaço privado e aquelas que são estabelecidas com o meio social. Portanto, a análise sobre as situações que chegam ao sistema de justiça nas Varas de Família precisa considerar o histórico de vida dessas famílias, suas relações com as condições concretas de vida, a relação com o sistema de proteção social público, fugindo da lógica familista de localizar o direito à convivência familiar e comunitária apenas nos genitores (Horst; Rocha; Marques, 2022; Mendes; Bucher-Maluschke, 2019; Mendes; Ormerod, 2019; Mendes; Lordello; Ormerod, 2020).

A compreensão sobre as demandas que chegam ao sistema de justiça nas Varas de Família, muitas delas envolvidas em contexto de extremo litígio, como é o caso das alegações de "alienação parental", exige ainda uma análise sobre as transformações ocorridas na família, relacionadas intrinsecamente com o movimento da sociedade em sua totalidade, incluindo a busca pelas liberdades individuais, bem como a segurança do convívio, traduzidas de alguma forma na legislação vigente (Mendes; Ormerod, 2023; Gois; Oliveira, 2019). Tais demandas, protagonizadas pelos familiares imersos em extrema litigiosidade, revelam, em muitos casos, a exposição de crianças e adolescentes nesses conflitos, colocando-os no centro das disputas judiciais, trazendo prejuízos importantes para o bem-estar desses sujeitos vulneráveis — por conta da sua própria condição peculiar de desenvolvimento.

Considerar a complexidade das relações familiares é indispensável para que se levantem estratégias adequadas de atendimento dessas necessidades expressas pelas famílias no âmbito dos processos que tramitam na Justiça, sobretudo aquelas mediadas pelas próprias decisões judiciais (Barbosa; Mendes; Juras, 2021; Mendes; Ormerod, 2023). Compreende-se que a proteção integral de crianças e adolescentes e a minoração das consequências da exposição delas aos conflitos que se processam no âmbito da Justiça (no qual estão em discussão seus direitos fundamentais, como o da convivência familiar) passam, necessariamente, pela capacidade de um olhar ampliado para as famílias em sua totalidade, complexidade e contradições (Barbosa; Mendes; Juras, 2021; Mendes; Lordello; Ormerod, 2020). Merecem destaque, para tal compreensão, as mudanças nas configurações familiares processadas ao longo do tempo e as lutas feministas que determinaram alterações fundamentais do papel da mulher no interior da família (Mendes; Bucher-Maluschke, 2017; Mendes; Ormerod, 2021).

No contexto legal brasileiro, a partir da segunda metade do século XX e, especialmente, após a Constituição Federal de 1988, o conceito de família passou a incorporar novas concepções, promovendo maior igualdade de direitos entre homens e mulheres. O Código Civil de 1916, ancorado em um machismo estrutural, restringia a família ao casamento, negando direitos às mulheres e conferindo supremacia aos homens — **vide Capítulo 14**. Embora a Lei do Divórcio de 1977 ainda refletisse essa perspectiva, punindo mais severamente as mulheres, a Constituição de 1988 representou um avanço, garantindo igualdade de direitos e ampliando o conceito de família (Rocha, 2016). No entanto, a concepção de família da Constituição ainda não abrangia todas as configurações familiares, como as uniões homoafetivas. Até 2008, a guarda dos filhos, em casos de separação, era majoritariamente unilateral, com as mulheres assumindo o protagonismo dos cuidados com os filhos. A Lei n.º 11.608 de 2008 (Lei da Guarda Compartilhada) trouxe certo avanço ao, em tese, incentivar uma maior participação do genitor nos cuidados com os filhos.

Revisitar essa história revela as bases das "dinâmicas familiares" que constituem a instituição "família" no Brasil: forte dominação patriarcal que se manifesta em hierarquias entre homens e mulheres, entre adultos e crianças, estabelecendo subalternidade nessas relações e definindo papéis e funções específicos para cada membro da família (Gois; Oliveira, 2019). Essa estrutura pode gerar diversas formas de violência, como a violência doméstica. Em contraste, as mudanças sócio-históricas, especialmente nas relações sociais de gênero e na divisão sexual do trabalho, e a emancipação da mulher[38] têm promovido um ideário que valoriza a igualdade nas relações conjugais e parentais, enfatizando a responsabilidade ao invés do poder, rejeitando o autoritarismo entre pais e filhos, e ressignificando os papéis e funções de pai e mãe (não necessariamente ligadas ao gênero) com base nas habilidades de cada genitor e nas circunstâncias reais da vida (Gois; Oliveira, 2016).

A diversidade dos novos arranjos familiares, resultante de mudanças sociais e culturais, traz complexidade à organização e às relações dentro das famílias. Se antes os papéis eram definidos a partir da perspectiva pai/provedor-mãe/cuidadora (dentro de um modelo de família nuclear e patriarcal), hoje existem arranjos com pais e mães "solo", crianças que circulam entre dois núcleos familiares, cuidados compartilhados entre pais e avós, e famílias que mantêm o modelo nuclear tradicional. No entanto, a cultura patriarcal ainda persiste, manifestando-se, por exemplo, em casos em que as mães assumem a maior parte dos cuidados dos filhos enquanto pais têm papel limitado, ou quando pais enfrentam resistência para ampliar sua participação na vida dos filhos — ocupando o papel de "meros visitadores". As relações socioafetivas nos novos núcleos familiares também geram conflitos, pois os novos cônjuges influenciam na educação das crianças/adolescentes, o que pode contrastar com os valores do pai ou mãe ausente.

---

38 Em relação às conquistas das mulheres por espaço, direitos e poder, sobretudo no século XX, Montaño (2018) aponta as seguintes questões como centrais: os direitos políticos que permitiram à mulher votar e ser elegível, os direitos de herança associados ao aumento da participação das mulheres no mercado de trabalho, tornando-a proprietária de bens, o acesso à educação e à cultura, contribuindo para sua autonomia intelectual e o acesso a métodos contraceptivos, e mais recentemente o direito ao aborto em alguns países, caracterizando a conquista ao pleno direito ao seu corpo. Dessa forma, segundo o autor, a mulher já não tem motivos, a não ser a escolha pessoal, para a manutenção do relacionamento monogâmico.

A exposição dessas análises se faz necessária para que se possa ampliar o olhar em relação às demandas que chegam às Varas de Família, compreendendo-as como localizadas dentro dessas mudanças mais amplas. Assim, é preciso evitar reduzir os conflitos familiares apenas a questões individuais, moralizantes e patologizadoras, a exemplo da síndrome da alienação parental — **vide Capítulo 1**.

É justamente nos processos com alegações dessa natureza que a possibilidade de escuta de crianças e adolescentes por meio do Depoimento Especial vem sendo aventada como possibilidade, na medida em que possibilitaria a identificação de possíveis condutas e práticas "alienadoras" a partir da escuta das próprias crianças e adolescentes sobre a dinâmica familiar. A crítica ao conceito de "alienação parental" e as limitações de seu uso para a compreensão sobre as relações familiares são discutidas amplamente na literatura (e neste livro). O contraponto é feito com base na ideia de que a dinâmica familiar é decorrente de uma construção conjunta de todos os membros da família; as interações estabelecidas pelos envolvidos, as fragilidades parentais de ambos os genitores, os recursos pessoais dos filhos são entendidos, dessa forma, como fatores importantes para a ocorrência dessas relações conflitivas (Barbosa; Mendes; Juras, 2021; Mendes; Bucher-Maluschke, 2017). Além disso, se faz necessário considerar que muitas dinâmicas relacionais que levam crianças e adolescentes a rejeitarem/estranharem o convívio parento-filial e também a se alinharem com um dos genitores são anteriores ao rompimento conjugal.

Mendes e Ormerod (2023) trazem contribuições importantes ao analisarem a tomada de decisões sobre guarda dos filhos pela justiça no contexto pós-separação e as incertezas envolvidas nesse contexto, destacando o divórcio como parte do ciclo vital da família, pautado por etapas de desenvolvimento marcadas pela incerteza, instabilidade e desorganização, que empurram as interações familiares para uma mudança de padrões que a conduzirão ao próximo passo do seu desenvolvimento; no entanto, muitas famílias tentam enfrentar esse processo de transição através de estratégias disfuncionais, e não assertivas. Os autores criticam a rotulação desses processos vivenciados pela família com conceitos simplistas e frágeis, como é o caso da "alienação parental", o que poderia gerar um "efeito rebote", gerando mais incertezas e litígio ao invés de enfrentá-los.

Amparada nessa perspectiva crítica, entende-se que o Depoimento Especial de crianças e adolescentes, quando utilizado para identificar um "culpado" em situações de conflito familiar, não apenas expõe crianças e adolescentes a riscos, mas também não contribui para a superação das dificuldades relacionais enfrentadas pela família. Pelo contrário, essa prática tende a intensificar e perpetuar a cronificação do conflito, tornando a família ainda mais dependente das decisões judiciais (Refosco; Fernandes, 2018). Nesse sentido, defende-se que o estudo das relações familiares, da conjugalidade e da parentalidade seja feito por meio de avaliações sociais e psicológicas e com a consideração contextualizada dos relatos de crianças e adolescentes. Isso é fundamental para a compreensão do lugar dessa família no tecido social, sua história, cultura e as implicações nos processos de subjetivação e no funcionamento da dinâmica familiar.

As avaliações multidisciplinares além de servir como subsídio de prova nos processos judiciais das Varas de Família são processos interventivos junto à família. Mais do que isso, são processos conduzidos de maneira mais protetiva para crianças e adolescentes, além de possibilitar à família, durante as intervenções, um espaço potencializado para a reflexão crítica sobre o momento vivenciado e ainda possibilitar a sugestão de medidas que contribuam para o bem-estar familiar e promoção dos melhores interesses — para isso, é fundamental que esses processos não estejam baseados na lógica de identificação da culpa de um ou de outro genitor ou membro familiar.

CONSIDERAÇÕES FINAIS

As experiências de depoimento de crianças/adolescentes no sistema de justiça ainda precisam de maior investigação acadêmica. Isso poderá dar mais sustentação a essas práticas, mesmo que elas estejam acontecendo há mais de vinte anos no contexto das investigações criminais. Quando se trata de adaptar um procedimento específico para outro contexto, não é possível fazê-lo, de forma responsável, sem que se considerem as especificidades e as "dependências de contexto" desse procedimento. Nas Varas de Família, como abordado neste capítulo, estão presentes complexidades que a obtenção isolada de um relato da criança/adolescente não consegue contemplar. Os protocolos de entrevista utilizados no Depoimento Especial sempre serão limitados à abordagem de um ou mais episódios vividos pela criança/adolescente, cujos relatos correrão o risco de serem tomados como verdades inquestionáveis pelos ouvintes, pois descontextualizados de seus condicionantes relacionais e dinâmicos. Decisões baseadas em narrativas infantojuvenis isoladas e que desconsiderem todas as variáveis implicadas nos conflitos familiares só deixam a criança/adolescente em maior risco; além de questionar a credibilidade do próprio sistema de justiça.

Compreende-se que assegurar a prerrogativa de que crianças e adolescentes são sujeitos de direitos, quando se trata de aplicação de medidas protetivas, passa por uma compreensão cuidadosa e aprofundada sobre a peculiar condição de desenvolvimento delas — o que, aliás, deveria nortear todas as ações dirigidas a esse público. Portanto, embora a oitiva de crianças e adolescentes seja uma ação afirmativa desse direito, conforme previsto na legislação vigente, é preciso estar atento para que não se promova uma condução dessa oitiva que leve a exposição de crianças e adolescentes a maiores riscos e/ou a processos de revitimização. Nesse sentido, considera-se que as avaliações psicológicas e sociais, com seu potencial de incluir diferentes fontes de informação e recursos técnicos validados e reconhecidos pelas categoriais profissionais, constituem os meios mais adequados para a compreensão das dinâmicas familiares complexas que surgem nas Varas de Família, minimizando os riscos e aumentando o potencial protetivo das intervenções propostas pelo sistema de justiça.

REFERÊNCIAS

ABRANCHES, C. D.; ASSIS, S. G. A (in)visibilidade da violência psicológica na infância e adolescência no contexto familiar. **Cadernos de Saúde Pública**, Rio de Janeiro, v. 27, n. 5, p. 843–854, 2011.

AZNAR-BLEFARI, C.; SCHAEFER, L. S.; PELISOLI, C. L.; HABIGZANG, L. F. Atuação de psicólogos em alegações de violência sexual: boas práticas nas entrevistas de crianças e adolescentes. **Psico-USF**, Campinas, v. 25, n. 4, p. 625–635, 2020. https://doi.org/10.1590/1413/82712020250403

BARBOSA, L. de P. G.; MENDES, J. A. de A.; JURAS, M. M. Dinâmicas disfuncionais, disputa de guarda e alegações de alienação parental: uma compreensão sistêmica. **Nova Perspectiva Sistêmica**, São Paulo, v. 30, n. 69, p. 78–95, 2021.

BRASIL (2017). **Lei n.º 13.431, de 4 de abril de 2017**. Brasília, DF: Governo Federal, [2017]. Disponível em: http://www.planalto.gov.br/ccivil_03/_ato2015-2018/2017/Lei/L13431.htm. Acesso em: 28 jun. 2024.

BRASIL (2018). **Decreto n.º 9.603, de 10 de dezembro de 2018**. Brasília, DF: Governo Federal, [2018]. Disponível em: http://www.planalto.gov.br/ccivil_03/_ato2015-2018/2018/Decreto/D9603.htm. Acesso em: 28 jun. 2024.

BRASIL (2022). **Lei n.º 14.340, de 18 de maio de 2022**. Brasília, DF: Governo Federal, [2022]. Disponível em: http://planalto.gov.br/ccivil_03/_ato2019-2022/2022/Lei/L14340.htm. Acesso em: 28 jun. 2024.

CHILDHOOD BRASIL, CONSELHO NACIONAL DE JUSTIÇA, UNICEF, & NATIONAL CHILDREN'S ADVOCACY CENTER. **Protocolo Brasileiro de Entrevista**

Forense com Crianças e Adolescentes Vítimas ou Testemunhas de Violência. Childhood Brasil, Conselho Nacional de Justiça, Unicef, National Children's Advocacy Center, 2020. Disponível em: https://www.tjpb.jus.br/sites/default/files/anexos/2020/07/protocolo_brasileiro_de_entrevista_forense_com_criancas_e_adolescentes_vitimas_ou_testemunhas_de_violencia.pdf. Acesso em: 28 jun. 2024.

CONSELHO NACIONAL DE JUSTIÇA. **Protocolo para o Depoimento Especial de crianças e adolescentes nas ações de família em que se discuta alienação parental.** Brasília: Conselho Nacional de Justiça, 2024.

DALTOÉ CEZAR, J. A. **Depoimento sem dano: uma alternativa para inquirir crianças e adolescentes nos processos judiciais.** Porto Alegre: Livraria do Advogado, 2007.

DOBKE, V. **Abuso sexual**: a inquirição das crianças — uma abordagem interdisciplinar. Porto Alegre: Ricardo Lenz, 2001.

EMYGDIO, N. B.; FUSO, S. F.; MOZZAMBANI, A. C. F.; ACEDO, N. A.; RODRIGUES, C. C.; MELLO, M. F. Efeitos do Transtorno de Estresse Pós-Traumático na Memória. **Psicologia**: Ciência e Profissão, Brasília, v. 39, e174817, 2019. https://doi.org/10.1590/1982-3703003174817

FRANK, J.; LANDEIRA-FERNANDEZ, J. Rememoração, subjetividade e as bases neurais da memória autobiográfica. **Psicologia Clínica**, Rio de Janeiro, v. 18, n. 1, p. 35–47, 2006. https://doi.org/10.1590/S0103-56652006000100004

GAUER, G.; GOMES, W. B. Recordação de eventos pessoais: memória autobiográfica, consciência e julgamento. **Psicologia**: Teoria e Pesquisa, Brasília, v. 24, n. 4, p. 507–514, 2008. https://doi.org/10.1590/S0102-37722008000400014

GAUER, G.; GOMES, W. B. A experiência de recordar em estudos da memória autobiográfica: aspectos fenomenais e cognitivos. **Memorandum**: Memória e História em Psicologia, Belo Horizonte, v. 11, p. 102–112, 2006.

GOIS, D. A.; OLIVEIRA, R. C. S. **Serviço Social na Justiça de Família**: demandas contemporâneas do exercício profissional. São Paulo: Cortez, 2019.

HOHENDORFF, J. V. As escutas especializadas. *In*: PELISOLI, C. L.; HOHENDORFF, J. V. Hohendorff; ROVINSKI, S. L. R. **Princípios e práticas da escuta de crianças e adolescentes vítimas de violências**: um guia para profissionais da rede de proteção e justiça. Passo Fundo: Proteja Editora, 2023.

LAMB, M. E.; BROWN, D. A.; HERSHKOWITZ, I.; ORBACH, Y.; ESPLIN, P. W. **Tell me what happened**: questioning children about abuse. Chichester: John Wiley & Sons, 2018.

LIMA, E. F. R. **Alienação Parental sob o olhar do Serviço Social**: limites e perspectivas da atuação profissional nas Varas de Família. 2016. Tese (Doutorado em Serviço Social) — Pontifícia Universidade Católica de São Paulo (PUCSP), São Paulo, 2016.

MACIEL, S. A. B.; MENDES, J. A. de A.; BARBOSA, L. de P. G. Visão sistêmica sobre os pressupostos de alienação parental na prática clínica individual e familiar. **Nova Perspectiva Sistêmica**, São Paulo, v. 30, n. 69, p. 62–77, 2021.

MENDES, J. A. de A.; ORMEROD, T. Uncertainty in child custody cases after parental separation: context and decision-making process. **Trends in Psychology**, [s. l.], 2023. https://doi.org/10.1007/s43076-022-00253-9

MENDES, J. A. de A.; BUCHER-MALUSCHKE, J. S. N. F. Famílias em litígio e o princípio do melhor interesse da criança na disputa de guarda. **Interação em Psicologia**, Curitiba, v. 23, n. 3, 2019.

MENDES, J. A. de A.; BUCHER-MALUSCHKE, J. S. N. F. Destructive divorce in the family life cycle and its implications: criticisms of parental alienation. **Psicologia**: Teoria e Pesquisa, Brasília, v. 33, 2017.

MENDES, J. A. de A.; LORDELLO, S. R.; ORMEROD, T. Uma proposta de compreensão bioecológica do princípio dos melhores interesses da criança/adolescente nos casos de disputa de guarda. *In*: MENDES, J. A. de A.; BUCHER-MALUSCHKE, J. S. N. F. (org.). **Perspectiva sistêmica e práticas em psicologia**: temas e campos de atuação. Curitiba: Editora CRV, 2020, p. 53–78.

MENDES, J. A. de A.; ORMEROD, T. C. Making sense out of uncertainty: cognitive strategies in the child custody decision-making process. **Frontiers in Psychology**, [s. l.], v. 15, 2024.

MENDES, J. A. de A.; ORMEROD, T. A comparative look at divorce, laws and the best interests of the child after parental separation in Brazil and England. **Revista da Faculdade de Direito UFPR**, Curitiba, n. 66, v. 2, 95–126, 2021.

MENDES, J. A. de A.; ORMEROD, T. O princípio dos melhores interesses da criança: uma revisão integrativa de literatura em Inglês e Português. **Psicologia em Estudo**, Maringá, v. 24, 2019.

MENDES, J. A. de A. Genealogia, pressupostos, legislações e aplicação da teoria de alienação parental: uma (re)visão crítica. *In*: SILVA, I. R. (org.). **Cadernos sobre Alienação Parental**. Brasília, DF: Conselho Federal de Psicologia, 2019, p. 10–35.

MILLER-PERRIN, C. L.; PERRIN, R. D. **Child maltreatment**: an introduction. Washington, DC: Sage, 2013.

MONTAÑO, C. **Alienação Parental e Guarda Compartilhada**. Um desafio ao Serviço Social na proteção dos mais indefesos: A criança alienada. 2. ed. Rio de Janeiro: Lumen Juris, 2018.

PELISOLI, C. L. Depoimento Especial: história, construções e desafios. *In*: PELISOLI, C. L.; HOHENDORFF, J. V.; ROVINSKI, S. L. R. **Princípios e práticas da escuta de crianças e adolescentes vítimas de violências**: um guia para profissionais da rede de proteção e justiça. Passo Fundo: Proteja Editora, 2023.

PELISOLI, C. L.; DELL'AGLIO, D. D. Autonomia profissional e proteção das crianças no Depoimento Especial. **Revista de Psicologia da IMED**, Passo Fundo, v. 15, n. 1, p. 49–65, 2023.

REFOSCO, H. C.; FERNANDES, M. M. G. Entre o afeto e a sanção: uma crítica à abordagem punitiva da alienação parental. **Revista Direito GV**, São Paulo, v. 14, n. 1, p. 79–98, 2018.

ROVINSKI, S. L. R. Princípios legais da escuta protegida como fundamentos da proteção. *In*: PELISOLI, C. L.; HOHENDORFF, J. V. HOHENDORFF; ROVINSKI, S. L. R. **Princípios e práticas da escuta de crianças e adolescentes vítimas de violências**: um guia para profissionais da rede de proteção e justiça. Passo Fundo: Proteja Editora, 2023.

SCHACTER, D. L. **Os sete pecados da memória**: como a mente esquece e lembra. Rio de Janeiro: Rocco, 2003.

VÁZQUEZ, C. **Prova pericial**: da prova científica à prova pericial. São Paulo: Editora JusPodivm, 2021.

WORLD HEALTH ORGANIZATION. **Global status report on violence prevention 2014**. World Health Organization, 2006.

PARTE III
DA NECESSIDADE DE UMA VISÃO CRÍTICA SOBRE ALIENAÇÃO PARENTAL: IMPLICAÇÕES PSICOSSOCIAIS E JURÍDICAS

A DIFUSÃO DA NOÇÃO DE ALIENAÇÃO PARENTAL NUMA PERSPECTIVA FEMINISTA CRÍTICA E GLOBAL: NOTAS SOBRE AS AMÉRICAS

Vanessa Hacon

Paola Motosi

RESUMO: o texto analisa a propagação da tese de alienação parental (AP) nas Américas e suas implicações para os direitos de mulheres e crianças/adolescentes em casos de violência doméstica e familiar (VDF). Introduzida nos EUA na década de 1980, a teoria de AP, criada por Richard Gardner, tem sido amplamente criticada por sua falta de fundamentação científica e por perpetuar discriminação de gênero, desqualificando denúncias legítimas de VDF nos tribunais de família. O estudo explora o impacto da AP em países como Brasil, México, Colômbia, EUA e Canadá, evidenciando seu uso para desacreditar denúncias de violência e reverter guardas em favor de abusadores. O texto também destaca movimentos de resistência em várias nações, levando à criação de legislações protetivas, como a Kayden's Law nos EUA e a revogação da norma de AP no México. Conclui-se pela necessidade de uma reforma nos sistemas de justiça para enfrentar a violência institucional de gênero e garantir a proteção integral de mulheres e crianças/adolescentes em situações de VDF.

Palavras-chave: Alienação Parental; Violência Doméstica; Discriminação de Gênero; Sistema de Justiça; Reformas Legais; Américas.

INTRODUÇÃO

A tendência global à desconsideração da violência doméstica e familiar em casos de litígios pela guarda e convivência dos filhos nos tribunais e Varas de Família, impulsionada, entre outras, pela tese da "alienação parental", tem acarretado flagrante e reconhecida violência institucional do sistema de justiça contra mulheres e crianças/adolescentes vítimas em todo o mundo. Esse fenômeno, amplamente documentado e criticado por movimentos sociais, organizações de direitos humanos, mídia e academia (ONU, 2023; Mercer; Drew, 2022;

Meier, 2020; Monteiro, 2020; Barbosa *et al.*, 2021; Neilson, 2018), reflete uma conjuntura preocupante que perpetua a violência de gênero e compromete a proteção e o bem-estar das vítimas, minando, ademais, a confiança da sociedade nas instituições democráticas, destacadamente no sistema de justiça.

Entre as várias narrativas que sustentam e impulsionam a desconsideração da violência doméstica e familiar (VDF) em processos de guarda, a (contra)narrativa da "alienação parental" ganha destaque. Surgida nos Estados Unidos, na década de 1980, inicialmente na forma da (pseudo) "síndrome de alienação parental" (SAP) e, posteriormente, reformulada simplesmente como "alienação parental" (AP), essa tese e seus respectivos pressupostos, desde o início, mostraram-se controversos e discriminatórios em relação às mulheres (Meier, 2013, 2009) — **vide Capítulo 1**.

Richard Gardner, criador e difusor da teoria e conceito de AP, sugeria que grande parte das denúncias de violência sexual contra crianças/adolescentes realizadas por suas respectivas mães, em desfavor de seus genitores, eram falsas e motivadas por "fúria" e "vingança", decorrentes da dificuldade, por parte das mulheres, em aceitar a ruptura conjugal (Gardner, 1985). Gardner não se limitou a desenvolver e difundir sua tese por meio de suas obras autopublicadas, mas, ainda mais importante, o fez de forma aplicada, atuando em aproximadamente 300 processos judiciais como assistente técnico na defesa dos acusados.

Com base em tais postulados, a tese da AP encontrou resistência e críticas imediatas, destacadamente pelo seu viés discriminatório em relação às mulheres (Mendes; Oliveira-Silva, 2022). Pesquisadores e profissionais de saúde mental argumentaram que a teoria carecia de base científica robusta e desconsiderava a realidade das acusações de abuso genuínas, trazendo graves prejuízos a vítimas (Mendes, 2019; Meier, 2009; Dallam, 2000). Apesar das críticas, o conceito de AP ganhou tração em vários países e jurisdições, influenciando legislações e decisões judiciais relativas à guarda de crianças/adolescentes em todo o mundo (Mercer; Drew, 2022).

O presente capítulo se debruça justamente sobre essa trajetória de difusão global da noção de alienação parental,[39] tomando como exemplo a situação

---

39 Ao longo deste artigo, utilizamos os termos "tese", "ideia", "noção", "dispositivo", "expediente", "constructo", "teoria" e "narrativa" de forma análoga para nos referirmos ao que se convencionou chamar de "alienação parental" (AP), considerando-se os pressupostos epistemológicos dessa ideia na sua origem e que acompanham esse discurso até o presente — ou seja, os pressupostos misóginos e discriminatórios encontrados originalmente na teoria proposta por Gardner. Queremos, com isso, chamar a atenção para o fato de que a problemática não repousa sobre o "termo" em si mesmo — que pode inclusive se modificar, estando ou não explícito no discurso —, mas sim sobre a ideia e respectivos pressupostos da AP, os quais são perniciosos para os direitos e bem-estar de crianças/adolescentes e mulheres. No mais, deixaremos de lado as aspas acrescentadas inicialmente ao termo "alienação parental", utilizadas no sentido de destacar esse conjunto de pressupostos epistemológicos que esta carrega consigo, sem prejuízos à tese que buscamos defender ao longo deste artigo.

das Américas,[40] para demonstrar seus usos e repercussões sobre os direitos de mulheres e crianças/adolescentes em situação de VDF. Mapeia, ainda, críticas e práticas de resistência a essas violações de direitos humanos em distintos países, com destaque para aqueles onde esse processo ocorre de forma mais proeminente. Nesse sentido, oferece uma visão sistêmica dos impactos da difusão da tese da AP no âmbito do sistema de justiça, ao passo que aponta alternativas que vêm sendo tecidas e implementadas visando promover a necessária mudança.

1. DISSEMINAÇÃO DE NOÇÕES E PRÁTICAS DISCRIMINATÓRIAS

A teoria da alienação parental surge na década de 1980, nos EUA, propagada pelo seu mentor Richard Gardner, cuja intensa atuação nos tribunais lhe conferiu visibilidade, rendendo-lhe igualmente profusas críticas. Em síntese, essas críticas se referiam à circularidade do argumento autocomprobatório da SAP, passando pela falta de evidências e critérios científicos na formulação da tese, até o explícito viés de gênero dos seus pressupostos (Meier, 2009).

Não obstante tais críticas, a teoria da SAP/AP ganhou fôlego, em parte devido à legitimação acadêmica de alguns de seus pressupostos, ainda que houvesse uma tentativa crescente de se desvencilhar do termo "síndrome" e, consequentemente, de Gardner e algumas de suas ideias. Também na esfera legal, particularmente no âmbito do Direito de Família, o conceito seguiu sendo paulatinamente utilizado e aceito pelas Cortes/Varas de Família. A despeito da falta de credibilidade científica, a noção de AP, amparada, entre outros, no argumento da "lavagem cerebral" (Reichert *et al.*, 2015) e "implantação de falsas memórias", adentrou o senso comum, se fortaleceu na esfera legal e ganhou projeção global.

Parte importante da consolidação da tese de AP nas Cortes/Varas de Família decorreu da atuação de peritos forenses e demais profissionais da Psicologia e Assistência Social atuantes nos processos de família responsáveis por avaliar as dinâmicas familiares e auxiliar o Juízo na determinação do melhor regime de guarda e convivência familiar (Meier, 2009). Amplamente treinados para identificar a dita AP e majoritariamente incapacitados para lidar com VDF, esses profissionais foram determinantes para legitimar a pseudociência da AP nos tribunais como argumento válido para determinação do melhor interesse da criança.

Há de se mencionar, ainda, a ampliação da instrumentalização do argumento da AP nos litígios de família, independentemente da situação de VDF

---

40 Muito embora o fenômeno se apresente de forma global, abarcando não apenas as Américas, mas ainda Europa e Oceania significativamente, por razões de limitações em termos de espaço a este artigo, nos deteremos sobre o contexto americano.

encontrada. Ou seja, se inicialmente aplicada a casos de violência sexual contra crianças/adolescentes, a tese da AP logo foi acionada para desqualificar também a violência doméstica (VD) contra mulheres-mães, entre outras formas de violência contra seus filhos (Mendes; Oliveira-Silva, 2022; Meier, 2020).

Nem sempre nomeada de maneira explícita, mas sempre corroborando para desacreditar denúncias de violência, o constructo da AP se coadunou com a predisposição crescente dos tribunais em determinar a guarda compartilhada dos filhos, mesmo nos casos de reconhecida VDF. Se o avanço do movimento feminista redundou numa série de conquistas em termos de direitos das mulheres, inclusive à igualdade e a uma vida livre de violência no âmbito doméstico e familiar (Machado, 2010), o mesmo discurso protetivo não alcançou, paradoxalmente, as Cortes/Varas de Família. Em outras palavras, incorporou-se, no âmbito destas, *teoricamente*, o discurso da igualdade de gênero, representado na suposta divisão de direitos e deveres prevista na guarda compartilhada, sem que o dilema da desigualdade de gênero, expressa inclusive nos altos índices de VD contra a mulher (e consequentemente seus filhos), fosse incorporado da mesma forma a esse espaço, o que culminou numa crise de proporções globais (ONU, 2023).

Nesse sentido, a introdução da noção de AP na América Latina inseriu-se em um contexto marcado por altos índices de violência contra mulheres e crianças/adolescentes, inclusive doméstica e familiar. Em países como o Brasil, caraterizados por níveis críticos de desigualdade e violência de gênero, a adoção da tese jurídica da AP contribuiu para dificultar ainda mais o já parco acesso das vítimas ao sistema de justiça, na medida em que corroborou para desqualificar suas denúncias legítimas de violência, agudizando a sua situação de vulnerabilidade (Dalgarno *et al.*, 2023; Mendes; Oliveira-Silva, 2022; Severi; Villaroel, 2021; Barbosa *et al.*, 2021; Menezes, 2020). Ainda mais crítico: além da desproteção por parte do sistema de justiça, as vítimas/denunciantes mulheres passaram a ser perseguidas e punidas, em todo o mundo, por denunciar a violência, acumulando-se casos de inversão de guarda de crianças e adolescentes em favor dos agressores e abusadores, sob o amparo da narrativa da AP (ONU, 2023; Meier, 2020, 2003; Nielson, 2018; Silberg *et al.*, 2013). No limite, a VDF associada à violência institucional de gênero culminou no filicídio/feminicídio de crianças/adolescentes e mulheres, não obstante denúncias reiteradas às autoridades policiais e judiciárias dos riscos, inclusive associados ao estabelecimento de regimes judiciais de guarda e convivência que as expunham a danos irreparáveis (Azenha 2024a, 2024b, 2024c).

2. UMA CRISE GLOBAL

O viés discriminatório das ideias de Gardner e suas implicações práticas na desproteção de hipervulneráveis alcançaram sistemas de justiça em diversas partes do mundo, gerando reconhecidos impactos em casos de disputa judicial de guarda marcados pela VDF na sua intersecção com a violência institucional de gênero. Esse processo, contudo, não se deu sem resistências. Ao contrário, em razão das notórias violações a direitos de mulheres e crianças/adolescentes, organizações de direitos humanos, pesquisadores, mídia, órgãos de governo e coletivos feministas passaram a denunciar e se mobilizar por reformas, inclusive legislativas, com vistas a proteger, de forma efetiva, vítimas/sobreviventes — vide **Capítulos 1, 5 e 11**.

Esse processo de violação sistemática e generalizada de direitos humanos, associado às suas respectivas resistências, atingiu tal relevância no nível global que culminou em detalhado informe por parte da Organização das Nações Unidas (ONU) intitulado "Guarda e violência contra mulheres e crianças/adolescentes" (ONU, 2023), entregue ao Conselho de Direitos Humanos da ONU em junho/julho de 2023. A partir de extensa pesquisa bibliográfica e empírica, subsidiada por contribuições de diversos países, o referido relatório buscou dar a dimensão da crise global que vem se abatendo sobre os direitos de mulheres e crianças/adolescentes no contexto de disputas de guarda litigiosas, particularmente em razão da utilização da tese da AP como forma de desqualificação de denúncias de VDF. Vejamos mais detalhadamente como esse processo vem ocorrendo na região das Américas.

2.1 América Latina

Na América Latina, a despeito da força ideológica da narrativa da AP, a resistência a essa tese jurídica também tem se fortalecido (OEA; ONU, 2022; ONU, 2022, 2019; OEA, 2017, 2014). O Brasil — único país a ostentar uma lei federal que define e regulamenta a AP (Brasil, 2010), popularmente conhecida como LAP (das iniciais de Lei de Alienação Parental) — tem sido alvo de intensas críticas e manifestações nacionais e internacionais (DPU, 2024; CNDM, 2023; MDHC, 2023; Comitê Nacional... *et al.*, 2023; ONU, 2022; CNDH, 2022; CFESS, 2022; CFP, 2022; CNS, 2022; MPF, 2020; NUDEM/SP, 2019; CONANDA, 2018). Ativistas, pesquisadores, sociedade civil organizada, mídia, bem como instituições e representantes do Estado apontam que a lei é frequentemente utilizada para desqualificar denúncias de VDF, colocando mulheres e crianças/adolescentes em risco, inclusive de vida (Seta; Leite, 2024a, 2024b; Coletivo Mães na Luta; Ocupa Mãe, 2024; Mendes; Oliveira-Silva, 2022; Mendes, 2019). Acumulam-se, no Congresso Nacional, quatro projetos de lei visando à revogação da norma (Brasil, 2024, 2023a, 2023b, 2022).

Casos emblemáticos no Brasil, como o caso Joanna Marcenal (Sousa, 2020; Naddeo, 2010) e Lucas e Mariah (Azenha, 2024a; Felizardo, 2023), demonstram o alcance e a gravidade dessa teoria quando aplicada tendo como fito a desqualificação de denúncias de VDF. No caso da menina Joanna, de então cinco anos de idade, a mãe denunciou a VD perpetrada pelo pai contra a criança, observada após período de convivência paterno-filial. O genitor se ausentou por dois anos e, após o seu reaparecimento, pleiteou judicialmente a guarda unilateral da criança com base na alegação de AP. Tal medida foi concedida ao genitor, restando à mãe, inclusive, o impedimento de ver a filha por 90 dias em razão de prazo dedicado à "revinculação paterno-filial". Antes do fim desse prazo, a criança foi internada com quadro de convulsões, hematomas nas pernas e sinais de queimaduras. A mãe encontrou a filha já em coma no hospital. Joanna veio a óbito na sequência. O caso Joanna Marcenal é considerado emblemático, pois entendido como o primeiro caso de uma vítima fatal da LAP, conferindo nome a movimento de oposição a essa lei e respectivo conceito (Movimento Joanna Marcenal, 2023). A LAP foi sancionada dias após a morte de Joanna, demonstrando que, mesmo antes da institucionalização formal da tese de AP em forma de lei, essa noção já permeava o sistema de justiça brasileiro.

Além desse caso, podemos destacar também o caso Lucas e Mariah (Azenha, 2024a; Felizardo, 2023), tragédia na qual dois irmãos, de então nove e seis anos, respectivamente, foram assassinados pelo próprio pai. Este também alegava AP em Juízo, como estratégia de defesa das acusações de VD. A mãe das crianças, vítima de ameaças de morte pelo ex-parceiro ainda na vigência do relacionamento, peticionou pelo divórcio e solicitou medidas protetivas, que foram negadas e seguidas de acusações de AP. No processo, as denúncias e provas de violência, inclusive contra as crianças, foram ignoradas pelo Juízo, enquanto a mãe foi considerada "alienadora" e submetida a acompanhamento psicossocial compulsório. A mãe foi coagida a aceitar a guarda compartilhada em sede de audiência judicial, sob pena de inversão de guarda em favor do genitor. O genitor assassinou as crianças no seu período de convivência definido judicialmente.

Tais casos, entre outros análogos (vide Azenha, 2024b, 2024c), confirmam a necessidade de uma abordagem judicial informada e sensível às questões de gênero que priorize a segurança e o bem-estar das vítimas. Esses casos também evidenciam como a utilização dos pressupostos da AP pode ser extremamente perniciosa para o processo de tomada de decisão com foco nos melhores interesses de crianças e adolescentes — **vide Capítulo 2**.

Movimentos sociais e organizações não governamentais (ONGs) desempenham um papel crucial no processo de luta e conscientização da sociedade quanto aos danos trazidos pela tese da AP nos casos de VDF. No Brasil, movimentos como o Coletivo Mães na Luta (2024) têm liderado esforços pela revogação da LAP, empenhando-se em trazer a pauta como tema central dos movimentos feministas e trabalhando pela divulgação e educação de profissionais de Saúde e do Direito sobre os perigos da instrumentalização do conceito de AP nos casos de guarda — **vide Capítulo 11**.

Não obstante tais esforços, observa-se ainda grave resistência por parte do Estado brasileiro em tomar medidas mais enfáticas no sentido de revogar a legislação sobre AP — já amplamente rechaçada e nominalmente citada pela ONU (ONU, 2022) — ou impor treinamento continuado e vinculante aos seus agentes públicos que lidam diretamente com a matéria da VDF, destacadamente em casos de guarda, contrariando recomendações do Comitê da CEDAW, ao Brasil, em 2024 (ONU, 2024). Tal ausência de treinamento e preparo é particularmente urgente e grave na esfera do sistema de justiça, na qual se observa, por um lado, intensa resistência em se aplicar normativas visando à equidade de gênero[41] — sem qualquer punição àqueles que descumprem tais normas —, e, por outro, o descaso com os danos causados a mulheres e crianças/adolescentes em situação de VDF ao se ampliar normativas que legitimam e difundem ainda mais a tese da AP (vide CNJ, 2024).

Deve-se destacar que o posicionamento inconvencional do Brasil no que tange à LAP — ou seja, no sentido de não respeitar convenções internacionais das quais é signatário, ferindo normativas de enfrentamento à violência de gênero e legislando de forma a legitimar pressupostos misóginos e sexistas da AP, rechaçados internacionalmente (ONU, 2024, 2022; OEA; ONU, 2022; OEA, 2017, 2014) — vem atraindo a atenção de pesquisadores, inclusive de outras partes do mundo. A propósito, Dalgarno *et al.* (2023) conduziram um estudo qualitativo no Brasil para analisar os impactos dos processos judiciais, em Varas de Família, na saúde de mulheres acusadas de AP em resposta a denúncias de VDF contra si e/ou seus filhos. Os resultados do estudo acerca da vitimização secundária sofrida por essas mulheres no sistema de justiça apontaram para significativos prejuízos à sua saúde e bem-estar.

O México, outro país latino-americano que conta com diversas normativas acerca da AP nos seus diferentes estados (nomeando a AP de forma mais ou

---

41 Nos referimos especificamente ao Protocolo para Julgamento com Perspectiva de Gênero, publicado pelo Conselho Nacional de Justiça (CNJ, 2021), e tornado obrigatório, em 2023, por força de resolução (492/2023).

menos explícita em suas legislações), revogou a norma no Distrito Federal-DF (Cidade do México), em 2017, na esteira de uma tragédia familiar de grande alcance midiático (Coviello, 2022). Trata-se do caso Mireya Agraz Cortés, cujo litígio pela guarda dos filhos e imposição do Judiciário mexicano de inversão de guarda em favor do genitor das crianças, acusado de violência sexual contra elas, culminou em suicídio coletivo familiar (Autoridades omisas..., 2017). Na ação judicial, o genitor se valeu da narrativa da AP como estratégia de defesa, que prevaleceu nos tribunais. O caso gerou comoção na sociedade mexicana e impulsionou a revogação da norma no DF, menos de dois meses depois da tragédia, redundando em uma recomendação para que todos os demais estados seguissem o mesmo exemplo (Asemblea deroga..., 2017). Até 2023, 17 estados ainda contavam com a normatização de AP em seus respectivos ordenamentos jurídicos (Ponce, 2023).

Há de se ressaltar, no México, intensa resistência e atividade da sociedade civil, com destaque para os movimentos sociais de mães, no sentido de denunciar as violações de direitos humanos de mulheres e crianças/adolescentes em razão da aplicação do expediente da AP em casos de litígio de guarda, culminando, destacadamente, no afastamento/rompimento da relação/vínculo materno-filial por força de decisões judiciais. Nesse passo, registra-se importante movimento de resistência no sentido de nomear a violência vicária enquanto VD praticada no contexto pós-separação contra mães, por meio de seus filhos, pelos seus respectivos genitores, levado a cabo por coletivos como a *Frente Nacional Contra Violencia Viciaria* (2024) e *Frente Nacional Mujeres* (2024). Essas frentes populares vêm liderando uma campanha nacional de reivindicação de uma legislação específica para violência vicária no contexto da violência de gênero que, até o presente momento, já logrou aprovação em 29 estados (incluindo o DF) e modificação, no âmbito federal, da Lei Geral de Acesso das Mulheres a Uma Vida Livre de Violência, do Código Penal Federal e do Código Civil Federal (Entran en..., 2024; REDIM, 2024; Congreso de..., 2022).

A Colômbia também experimentou os mesmos resultados do uso da tese da alienação parental nas suas Varas de Família, culminando na perpetuação da discriminação de gênero e desqualificação da palavra das vítimas em casos de VDF. Em um processo que alcançou a Corte Constitucional do país, e que contou com a instrumentalização do constructo da AP para desqualificar denúncias de violência contra um adolescente, a Corte teve a oportunidade de se manifestar e, então, proibiu o "uso do instrumento diagnóstico conhecido como síndrome de alienación parental" nos tribunais, destacando os danos aos direitos de crianças/adolescentes e mulheres, vítimas de discriminação, silenciamento e violência institucional (Colômbia, 2024; Hurtado, 2024).

2.2 América Anglo-Saxônica

Na América Anglo-Saxônica, berço do conceito de AP, o uso e instrumentalização deste como argumento jurídico permanece sob severas críticas. Nos Estados Unidos, organizações da sociedade civil têm expressado preocupações sobre a sua validade científica e seu potencial para prejudicar sobreviventes de VDF. No Canadá, a situação é semelhante. O país vem realizando debates sistemáticos sobre a utilização do constructo da AP em disputas de guarda e a necessidade de maior proteção para vítimas de VDF (Nielson, 2018).

Do ponto de vista dos movimentos sociais, os Estados Unidos contam com uma resistência crescente que pleiteia a proibição da instrumentalização do conceito de AP nos tribunais. Diversos coletivos de mães acompanhados de coletivos de crianças/adolescentes em todo o país, juntamente a organizações de profissionais e pesquisadores envolvidos com a temática da VDF, vêm reivindicando uma reforma no sistema de justiça, apontando para a crise instalada nas Cortes/Varas de Família.

A organização *Center for Judicial Excellence* (2024) mantém um mapeamento de filicídios (assassinatos de crianças/adolescentes praticados por seus respectivos pais) ocorridos, em grande parte, no contexto pós-separação, que já contabiliza quase mil casos. Destes, 513 ocorreram durante procedimentos judiciais de divórcio/litígio pela guarda, sendo que, desse total, 140 resultaram de negligência do Poder Judiciário, que foi alertado e teve a oportunidade de agir de forma preventiva, mas optou por instituir regimes de guarda/convivência que desprotegeram crianças/adolescentes, com consequências fatais. Coletivos e organizações como *Custody Peace* (2024) e *National Safe Parents Organization* (2024) têm se juntado a especialistas em VDF com a finalidade de implementar a recomendação da Comissão Interamericana de Direitos Humanos (CIDH), da Organização dos Estados Americanos (OEA), frente ao caso Jessica Lenahan, de 2011,[42] e, assim, proporcionar proteção às vítimas e sobreviventes por meio da chamada *Kayden's Law* (Lei Kayden).

A Lei Kayden, aprovada em 2022, no âmbito federal, como resultado de intensa militância dos movimentos sociais e sociedade civil organizada, alterou a

---

42   O caso paradigmático estadunidense na CIDH-OEA, conhecido como o Caso Jessica Lenahan — formalmente Caso Jessica Lenahan (Gonzales) v. EUA —, trata da correlação entre VDF e violência institucional de gênero, destacando-se a falha do Estado em proteger as crianças de um pai agressor. As três filhas de Jessica Lenahan foram sequestradas e assassinadas por seu ex-marido/genitor, contra o qual Jessica possuía medidas protetivas, as quais o Estado falhava em impor. Mesmo com ordem judicial que reconhecia os riscos do pai à ex-mulher e às filhas, o Estado manteve a convivência desassistida do agressor com as crianças. O caso destaca a flagrante negligência do Estado ao colocar as crianças em situação de risco para assegurar a convivência das crianças com o pai agressor, redundando na morte das crianças (CIDH, 2011).

Lei de Violência Contra as Mulheres para incluir a proteção à criança/adolescente em situação de VDF e estimular os estados a promulgarem legislações afins (EUA, 2022). Isso já ocorreu, por exemplo, na Califórnia, com a *Piqui's Law* (Lei Piqui), e na Flórida, com a *Greyson's Law* (Lei Greyson) (CPPA, 2023; Ortiz, 2021). A Lei Kayden e afins têm por objetivo normatizar o julgamento das ações de guarda em casos de VDF chamando a atenção para estratégias de desqualificação das denúncias, a exemplo do uso do expediente da AP. Tanto a Lei Kayden quanto as demais aprovadas nos diferentes estados recebem o nome de crianças/adolescentes assassinados por seus genitores em contextos de disputas litigiosas de guarda, destacando-se também a responsabilidade do sistema de justiça na (des)proteção dessas vítimas, bem como as consequências fatais da violência institucional (Koehler, 2024).

Outro fator de intensa crítica e resistência nos EUA consiste na imposição, por parte do sistema de justiça, de tratamentos de reaproximação forçada, prescritos no âmbito das Cortes/Varas de Família como método para revinculação com os genitores ditos "alienados". Esses tratamentos propõem o afastamento total do genitor guardião/principal cuidador (geralmente a mãe) e o confinamento da criança/adolescente nos chamados campos de reunificação e/ou a sua submissão a terapias análogas. Coletivos compostos pelas próprias crianças/adolescentes subjugados a esses tratamentos e/ou espaços — a exemplo do coletivo *The Children are Coming* (2024) — vêm denunciando os danos causados por essas medidas e pedagogias extremas, reivindicando o seu banimento.

Nesse processo de resistência, vale mencionar também a atuação de diversas outras organizações da sociedade civil, com um viés mais profissional e científico, a exemplo da *Child USA* (2024) e *The National Family Violence Law Center* (2024), essa última liderada pela jurista e pesquisadora Joan Meier, cuja extensiva pesquisa evidencia os danos da utilização do conceito de AP nos tribunais nos EUA (Meier, 2020, 2009, 2003). Baseada num corpus de 4.338 casos ocorridos num período de dez anos (2005–2014) evolvendo denúncias de VDF contra mulheres e/ou crianças/adolescentes e (contra)alegações de AP, Meier (2020) analisou, entre outros, o impacto dessas (contra) alegações de AP em processos contendo tais denúncias de violência, inclusive nas taxas de inversão de guarda em favor do abusador/agressor.

Os resultados do estudo demonstraram não apenas o viés de gênero da aplicação do argumento jurídico da AP — na medida em que se comprovou que essa acusação atinge de forma acentuada e negativa as mulheres —, como também as consequências da utilização desse argumento nas Cortes/Varas de

Família nos EUA. Nesse sentido, os achados confirmam que (contra)alegações de AP são capazes não apenas de desqualificar as acusações de violência — inclusive nos casos nos quais estas foram comprovadas e reconhecidas pelo Juízo —, como também de promover a inversão da guarda em favor dos abusadores/agressores. A título de exemplo, mães perderam a guarda de seus filhos em 64% dos casos em que os genitores (contra)alegaram AP em face de denúncias de abuso sexual infantil.

Ainda em relação a iniciativas e instituições de pesquisa, é importante citar o estudo estadunidense *Crisis in Family Court: Lessons From Turned Around Cases* (Silberg *et al.*, 2013), de 2013, apontando a já então identificada crise nas Cortes/Varas de Família envolvendo, inclusive, alegações de AP. O artigo apresenta os achados de uma análise aprofundada de 27 casos de guarda envolvendo denúncias de violência contra crianças, inicialmente consideradas falsas, mas, posteriormente, validadas pelo Juízo. Conduzido pela organização profissional *Leadership Council on Child Abuse & Interpersonal Violence* e financiada pelo *Office on Violence Against Women* (órgão do Ministério da Justiça, dos EUA, voltado ao enfrentamento à violência de gênero contra mulheres), a pesquisa buscou oferecer subsídios aos tribunais para a determinação de guarda e convivência em casos envolvendo violência contra crianças/adolescentes. O artigo analisou casos de "reviravoltas" nos quais crianças/adolescentes foram inicialmente colocados sob a guarda de pais violentos, após a desconsideração de denúncias realizadas por suas respectivas mães; e, posteriormente, restituídos a estas em face do reconhecimento dos danos acarretados. A análise mostrou que as Cortes/Varas de Família frequentemente falham em proteger as crianças/adolescentes devido à discriminação de gênero contra as mulheres, além de investigações inadequadas por parte dos peritos (Silberg *et al.*, 2013).

Na mesma direção que os EUA, os movimentos sociais, a academia e a sociedade civil organizada no Canadá vêm conduzindo intensa campanha pela implementação da chamada Keira's Law[43] (Lei Keira), novamente uma lei pautada num caso paradigmático no qual a vida de uma criança foi sacrificada em nome da preservação dos direitos parentais do seu genitor, previamente denunciado por VDF contra mãe e filha. Nesse sentido, observa-se análoga campanha pela

---

43 A Lei Keira visa garantir que magistrados recebam formação continuada e adequada sobre VDF, e controle coercitivo no contexto das relações familiares e íntimas, entre outras providências. O seu respectivo projeto de lei foi apresentado em 2022 e apelidado posteriormente de "Lei Keira" em homenagem à menina Keira Kagan, de então quatro anos de idade, encontrada morta com seu pai no fundo de um penhasco nos arredores de Toronto, Ontário, em 2020. A mãe de Keira denunciou os riscos que o genitor representava para a sua filha, porém o Juízo desconsiderou qualquer influência da VD sobre a relação paterno-filial, ignorando os apelos da mãe (Mundie, 2023).

reforma do sistema de justiça canadense visando modificar o entendimento generalizado das Cortes/Varas de Família de que a existência de VDF não deve influenciar a tomada de decisão sobre guarda e convivência entre pais e filhos.

Nesse passo, a tese e respectivos pressupostos da AP também vêm sendo submetidos a escrutínio pela academia nesse país, destacando-se os estudos de Neilson (2018) e Lapierre *et al.* (2020). No primeiro, a pesquisadora explora os argumentos críticos à instrumentalização do expediente de AP nos tribunais no Canadá à luz de uma análise empírica de 357 processos judiciais. Entre os seus achados, a pesquisa demonstrou haver um padrão judicial discriminatório em relação às mulheres-mães e desqualificador de evidências de VDF nos casos em que se validou a acusação de AP. Ainda mais grave, as denúncias de VDF contra mulheres e crianças/adolescentes foram caracterizadas como evidências da tentativa de AP pela mãe, resultando no "silenciamento de vítimas e supressão de evidências" de violência (Neilson, 2018, p. 47).

Por sua vez, Lapierre *et al.* (2020) conduziram estudo visando à análise da legitimação e institucionalização do discurso da AP em Quebec (Canadá) com base na análise de documentos e entrevistas com informantes-chave considerados, por seus pares, referências no tema. Como resultado, evidenciou-se o papel central da academia e da mídia na legitimação do discurso de AP, a difusão dos seus argumentos nos tribunais e serviços de proteção à infância, e a metamorfose no seu discurso como resposta às críticas, destacadamente àquelas direcionadas a Gardner e à sua SAP.

CONSIDERAÇÕES FINAIS

A desconsideração da VDF nos litígios pela guarda de crianças e adolescentes consiste em uma questão crítica global que exige atenção urgente. Nesse contexto, a noção de AP e sua instrumentalização no âmbito de processos judiciais tem contribuído para a perpetuação de práticas discriminatórias e prejudiciais aos direitos de sujeitos hipervulneráveis, como mulheres-mães e crianças/adolescentes, concorrendo para o aprofundamento dos riscos e danos às vítimas de VDF.

Nesse contexto, a violência institucional de gênero, praticada por agentes de Estado, particularmente do sistema de justiça, por ação ou omissão, mostra-se tão ou mais danosa que a vitimização primária, sendo fundamental precisar tal fenômeno e dar visibilidade às suas formas concretas. Ao mapear as críticas e alternativas que emergem em diferentes países, evidencia-se a necessidade de uma mudança de paradigma em relação ao Direito de Família, assim como ao uso e aplicação dos pressupostos da AP no sistema de justiça, haja vista o flagrante prejuízo que esse conceito vem representando à proteção efetiva e integral de crianças/adolescentes e mulheres em situação de VDF nos casos de disputas de guarda.

Frente à constatação de uma situação disseminada de violação de direitos humanos, acumulam-se testemunhos, denúncias, reportagens, relatórios, pesquisas, artigos, livros, filmes etc. por parte de vítimas, movimentos sociais, academia, mídia, órgãos de Estado e organizações de proteção aos direitos humanos vocalizando o problema e pressionando por mudanças urgentes. Tais mudanças incluem propostas legislativas e normativas, formação continuada de agentes públicos do sistema de justiça, medidas disciplinares visando punir autores de violência institucional de gênero, entre outras, tendo como objetivo atuar de forma incisiva sobre a discriminação de gênero que recai sobre as mulheres, prejudicando os seus direitos e o seu acesso à justiça e, consequentemente, também os de seus filhos. Algumas dessas medidas já estão em curso, oferecendo alternativas viáveis para a transformação, mas muito ainda está por se fazer, destacadamente frente à resistência do sistema de justiça em, de fato, encampar uma perspectiva de gênero feminista. Nesse sentido, repita-se, medidas enérgicas são necessárias.

A dimensão global do problema já resultou em inúmeros alertas, recomendações e declarações emitidas inclusive por algumas das maiores organizações internacionais de proteção aos direitos humanos do mundo (ONU, 2024, 2023, 2019; OEA; ONU, 2022; OEA, 2017, 2014), algumas endereçadas diretamente ao governo brasileiro (ONU, 2022) indicando que o fato de o Brasil ainda manter uma lei pautada em uma pseudociência condenada configura, por si só, uma violação a tratados dos quais o país é signatário. Nesse sentido, a sua aplicação em casos litigiosos de guarda contendo denúncias de violência com reflexos sobre a segurança de mulheres e crianças configura, segundo a OEA e a ONU, "um continuum da violência de gênero e pode invocar a responsabilização de Estados por violência institucional" (OEA; ONU, 2022, p. 1).

Frente ao desafio histórico colocado, torna-se imprescindível uma mudança de paradigma principalmente no âmbito dos sistemas de justiça em todo o mundo, inclusive no Brasil, viabilizada por ações, políticas e legislações afirmativas e protetivas, bem como atos disciplinares, que venham a priorizar a segurança e o bem-estar de vítimas de VDF, particularmente no âmbito das Cortes/Varas de Família. Estas devem enfrentar também, de forma direta, a violência institucional de gênero, conferindo à discriminação de gênero contra mulheres o mesmo status legal aplicado a outras formas de violações de direitos humanos. Tais medidas mostram-se imperativas para que a situação seja revertida com a urgência que a gravidade da questão demanda. Não é mais aceitável que, no plano teórico, a violência contra hipervulneráveis seja condenada, e no plano prático, siga sendo banalizada, ademais pelo sistema de justiça, em nome de um ideal de família que sequer corresponde à realidade de grande parte da sociedade brasileira. O desafio histórico está colocado e a coibição e eliminação da violência institucional de gênero do sistema de justiça é medida que se impõe para o devido enfrentamento à violência doméstica e familiar na sociedade.

REFERÊNCIAS

ASAMBLEA DEROGA alienación parental de Código Civil local. **El Universal**, México, 1 ago. 2017. Disponível em: https://www.eluniversal.com.mx/articulo/metropoli/cdmx/2017/08/1/asamblea-deroga-alienacion-parental-de-codigo--civil/. Acesso em: 15 set. 2024.

AUTORIDADES OMISAS y falta de rigor jurídico, en caso San Jerónimo: ONGs. **Aristegui Noticias**, Cidade do México, 4 jul. 2017.

AZENHA, M. "Meu ex-marido matou nosso filho e agora tenho medo que venha atrás de mim." **Marie Claire**, São Paulo, 19 mar. 2024(b). Disponível em: https://revistamarieclaire.globo.com/violencia-de-genero/noticia/2024/03/ex-marido--matou-filho-medo-que-venha-atras-de-mim.ghtml. Acesso em: 11 ago. 2024.

AZENHA, M. "Quando acordo, a primeira coisa que penso é que meus filhos foram assassinados pelo meu ex-marido." **Marie Claire**, São Paulo, 21 fev. 2024(a). Disponível em: https://revistamarieclaire.globo.com/violencia-de-genero/noticia/2024/02/quando-acordo-a-primeira-coisa-que-penso-e-que-meus-filhos--foram-assassinados-pelo-meu-ex-marido.ghtml. Acesso em: 11 ago. 2024.

AZENHA, M. "Tomo oito comprimidos psiquiátricos por dia. É uma dor imensa", diz mãe que teve filha de 10 anos assassinada por ex-marido. **Marie Claire**, São Paulo, 30 mar. 2024(c). Disponível em: https://revistamarieclaire.globo.com/violencia-de-genero/noticia/2024/03/mae-que-teve-filha-de-10-anos-assas-sinada-por-ex-marido.ghtml. Acesso em: 11 ago. 2024.

BARBOSA, L. P. G.; MENDES, J. A. A.; JURAS, M. M. Dinâmicas disfuncionais, disputa de guarda e alegações de alienação parental: uma compreensão sistêmica. **Nova Perspectiva Sistêmica**, São Paulo, v. 30, n. 69, p. 78–95, 2021.

BRASIL. Câmara dos Deputados. **Projeto de Lei n.º 642, de 7 de março de 2024.** Revoga a lei n.º 12.318, de 26 de agosto de 2010 — Lei de Alienação Parental. Brasília: Câmara dos Deputados, 2024. Disponível em: https://www.camara.leg.br/proposicoesWeb/fichadetramitacao?idProposicao=2419851. Acesso em: 15 set. 2024.

BRASIL. Câmara dos Deputados. **Projeto de Lei n.º 2.812, de 18 de novembro de 2022.** Revoga a Lei n.º 12.318, de 26 de agosto de 2010 — Lei de Alienação Parental. Brasília: Câmara dos Deputados, 2022. Disponível em: https://www.camara.leg.br/proposicoesWeb/fichadetramitacao?idProposicao=2338753. Acesso em: 15 set. 2024.

BRASIL. Lei n.º 12.318, de 26 de agosto de 2010. Dispõe sobre a alienação parental e altera o art. 236 da Lei n.º 8.069, de 13 de julho de 1990. **Diário Oficial da União**, Brasília/DF, 31 ago. 2010. Disponível em: https://www.planalto.gov.br//ccivil_03/_ato2007-2010/2010/lei/l12318.htm. Acesso em: 15 jul. 2024.

BRASIL. Senado Federal. **Projeto de Lei n.º 1372, de 23 de março de 2023.** Revoga a Lei n.º 12.318, de 26 de agosto de 2010, que dispõe sobre a alienação parental. Brasília: Senado Federal, 2023(b). Disponível em: https://www25.senado.leg.br/web/atividade/materias/-/materia/156451. Acesso em: 15 set. 2024.

BRASIL. Senado Federal. **Projeto de Lei n.º 2235, de 28 de abril de 2023.** Revoga a Lei n.º 12.318, de 26 de agosto de 2010. Brasília: Senado Federal, 2023(a). Disponível em: https://www25.senado.leg.br/web/atividade/materias/-/materia/157150. Acesso em: 15 set. 2024.

CENTER FOR JUDICIAL EXCELLENCE. EUA: Center for Judicial Excellence, 2024. Disponível em: https://centerforjudicialexcellence.org/. Acesso em: 21 jul. 2024.

CFESS — CONSELHO FEDERAL DE SERVIÇO SOCIAL. **Nota Técnica**. O trabalho de assistentes sociais e a Lei de Alienação Parental (Lei n.º 12.318/2010). Brasília: CFESS, 2022. Disponível em: https://www.cfess.org.br/arquivos/nota-tecnica--LAP-2022-dez.pdf. Acesso em: 15 set. 2024.

CFP — CONSELHO FEDERAL DE PSICOLOGIA. **Nota técnica n.º 4/2022/GTEC/CG**. Nota técnica sobre os impactos da Lei n.º 12.318/2010 na atuação das psicólogas e dos psicólogos. Brasília: CFP, 2022. Disponível em: https://site.cfp.org.br/wp-content/uploads/2022/08/SEI_CFP-0698871-Nota-Tecnica.pdf. Acesso em: 15 set. 2024.

CHILD USA. EUA: Child USA, 2021. Disponível em: https://childusa.org/. Acesso em: 21 jul. 2024.

CIDH — COMISSÃO INTERAMERICANA DE DIREITOS HUMANOS/OEA. **Informe n.º 80/11**. Caso 12.626. Jessica Lenahan (Gonzales) y otros X Estados Unidos. Washington, D.C.: OEA, 2011. Disponível em: https://www.oas.org/es/cidh/decisiones/2011/uspu12626es.doc. Acesso em: 21 jul. 2024.

CNDH — Conselho Nacional dos Direitos Humanos. **Recomendação n.º 6, de 18 de março de 2022**. Recomenda a rejeição ao PL n.º 7.352/2017, a revogação da Lei n.º 12.318/2010, que dispõe sobre a "alienação parental", bem como a adoção de medidas de proibição do uso de termos sem reconhecimento científico, como síndrome de alienação parental, entre outros. Brasília: CNDH, 2022. Disponível em: https://www.gov.br/participamaisbrasil/recomendacao-n6-2022. Acesso em: 21 jul. 2024.

CNDM — Conselho Nacional dos Direitos da Mulher. Ministério das Mulheres. Recomendação n.º 1, de 12 de setembro de 2023. **Diário Oficial da União**: seção 1, Brasília-DF, edição 176, p. 174, 14 set. 2023. Disponível em: https://www.gov.br/participamaisbrasil/blob/baixar/30691. Acesso em: 15 set. 2024.

CNJ — Conselho Nacional de Justiça. CNJ aprova protocolo de escuta especializada em processos de alienação parental. **CNJ**, Brasília, 17 set. 2024. Disponível em: https://www.cnj.jus.br/cnj-aprova-protocolo-de-escuta-especial-em-processos-de-alienacao-parental/#:~:text=CNJ%20aprova%20protocolo%20de%20escuta%20especializada%20em%20processos%20de%20aliena%C3%A7%C3%A3o%20parental,-17%20de%20setembro&text=A%20Justi%C3%A7a%20dever%C3%A1%20escutar%2C%20de,que%20se%20discuta%20aliena%C3%A7%C3%A3o%20parental. Acesso em: 17 set. 2024.

CNJ. **Protocolo para julgamento com perspectiva de gênero**. Brasília: Conselho Nacional de Justiça — CNJ; Escola Nacional de Formação e Aperfeiçoamento de Magistrados — ENFAM, 2021.

CNS — Conselho Nacional de Saúde. **Recomendação n.º 3, de 11 de fevereiro de 2022**. Recomenda a rejeição ao PL n.º 7.352/2017, bem como a adoção de medidas de proibição do uso de termos sem reconhecimento científico, como síndrome de alienação parental, entre outros. Brasília: CNS, 2022. Disponível em: https://www.gov.br/conselho-nacional-de-saude/pt-br/acesso-a-informacao/legislacao/recomendacoes/2022/recomendacao-no-003.pdf. Acesso em: 15 set. 2024.

COLETIVO MÃES NA LUTA; OCUPA MÃE. **Shadow Report on the implementation of the CEDAW convention by Brazil regarding its inform CEDAW/C/BRA/8-9 — 88th session (13-31 May 2024)**. Brasília/São Paulo: Coletivo Mães na Luta, 15 abr. 2024. Disponível em: https://tbinternet.ohchr.org/_layouts/15/treatybodyexternal/Download.aspx?symbolno=INT%2FCEDAW%2FCSS%-2FBRA%2F58183&Lang=en. Acesso em: 15 set. 2024.

COLETIVO MÃES NA LUTA. São Paulo: Coletivo Mães na Luta, 2024. Disponível em: https://www.instagram.com/coletivomaesnaluta/. Acesso em: 21 jul. 2024.

COLÔMBIA. Corte Constitucional. **Corte proscribe el uso del instrumento diagnóstico conocido como síndrome de alienación parental.** Bogotá: Corte Constitucional República da Colômbia, 2024. Disponível em: https://www.corteconstitucional.gov.co/noticia.php?Corte-proscribe-el-uso-del-instrumento-diagn%C3%B3stico-conocido-como-s%C3%ADndrome-de-alienaci%C3%B3n-parental-9689. Acesso em: 21 jul. 2024.

COMITÊ NACIONAL DE ENFRENTAMENTO À VIOLÊNCIA SEXUAL CONTRA CRIANÇAS E ADOLESCENTES; REDE ECPAT BRASIL; ASSOCIAÇÃO NACIONAL DOS CENTROS DE DEFESA DA CRIANÇA E DO ADOLESCENTE (ANCED); CAMPANHA NACIONAL "FAÇA BONITO — PROTEJA NOSSAS CRIANÇAS E ADOLESCENTES". **Nota em defesa da dignidade da infância pela revogação da Lei de Alienação Parental n.º 12318/2010 — LAP.** Brasil, 26 jan. 2023. Disponível em: https://www.facabonito.org/post/revogacaodalap. Acesso em: 15 set. 2024.

CONANDA — CONSELHO NACIONAL DOS DIREITOS DA CRIANÇA E DO ADOLESCENTE. **Nota pública do CONANDA sobre a Lei da Alienação Parental — Lei n.º 12.318 de 2010.** Brasília: CONANDA, 2018. Disponível em: https://www.gov.br/participamaisbrasil/blob/baixar/10131. Acesso em: 15 set. 2024.

CONGRESO DE LA CIUDAD DE MÉXICO. Comisión del Congreso CDMX reconoce violencia vicaria en ley. **Congreso de la Ciudad de México/Comisión de Igualdad de Genero**, Ciudad de Mexico, 23 jun. 2022. Disponível em: https://www.congresocdmx.gob.mx/comsoc-comision-congreso-cdmx-reconoce-violencia-vicaria-ley-3935-1.html. Acesso em: 18 set. 2024.

COVIELLO, A. M. P. **La alienación parental**: estatus normativo y social en México. 2022. Trabalho de Conclusão de Curso (Especialização em Direitos Humanos na América Latina) — Instituto Latino-Americano de Arte, Cultura e História, Universidade Federal da Integração Latino-Americana. Foz do Iguaçu, 2022.

CPPA — CALIFORNIA PROTECTIVE PARENTS ASSOCIATION. **Piqui's Law**: Keeping Children Safe From Family Violence Act (SB 331 Senator Susan Rubio).

CPPA, 2023. Disponível em: https://www.caprotectiveparents.org/piquis-law-sb-331. Acesso em: 21 jul. 2024.

CUSTODY PEACE. EUA: Custody Peace, 2024. Disponível em: https://www.custody-peace.org/. Acesso em: 21 jul. 2024.

DALGARNO, E.; KATZ, E.; AYEB-KARLSSON, S.; BARNETT, A.; MOTOSI, P.; VERMA, A. "Swim, swim and die at the beach": family court and perpetrator induced trauma (CPIT) experiences of mothers in Brazil. **Journal of Social Welfare and Family Law**, [s. l.], v. 46, n. 1, p. 11–38, 2023.

DALLAM, S. J. Parental Alienation Syndrome: Is it scientific? *In*: ST. CHARLES, E. T.; CROOK, L. (ed.). **Expose**: the failure of family courts to protect children from abuse in custody disputes. A Resource Book for Lawmakers, Judges, Attorneys, and Mental Health Professionals. Los Gatos: Our Children Charitable Foundation, 2000.

DPU — DEFENSORIA PÚBLICA DA UNIÃO. Subdefensoria Pública-Geral da União. **Manifestação n.º 6.943.131**. Manifestação da Defensoria Pública da União pela Revogação da Lei de Alienação Parental. Brasília, 11 mar. 2024. Disponível em: https://www.dpu.def.br/images/Banco_de_imagem_2024/SEI_6943131_Manifestacao.pdf. Acesso em: 15 set. 2024.

ENTRAN EN vigor reformas sobre violencia vicaria; ¿en qué consisten? **Aristegui Noticias**, México, 18 jan. 2024. Disponível em: https://aristeguinoticias.com/1801/mexico/entran-en-vigor-reformas-sobre-violencia-vicaria-en-que-consisten/. Acesso em: 24 jul. 2024.

EUA — ESTADOS UNIDOS DA AMÉRICA. Senate of the United States of America. S.3623 — Violence Against Women Act Reauthorization Act of 2022. **Calendar Senate (2/10/2022), n.º 268**: 117th Congress, 2nd Session, S3623, Washington D.C., Sec. 1501–1506; 2103, 2 out. 2022. Disponível em: https://www.congress.gov/bill/117th-congress/senate-bill/3623/text?s=7&r=1&q=%7B%22search%22%3A%5B%22Kayden%27s+Law%22%5D%7D#toc-H6EDA4A7B37F649DDA76160A44E61B3BF. Acesso em: 18 set. 2024.

FELIZARDO, N. Lei de alienação parental mata. **The Intercept Brasil**, 11 mai. 2023. Disponível em: https://www.intercept.com.br/2023/05/11/criancas-assassinadas-juiz-fez-mae-deixar-filhos-com-pai/. Acesso em: 15 set. 24.

FRENTE NACIONAL CONTRA VIOLENCIA VICIARIA. Ciudad de México: Frente Nacional contra Violencia Viciaria, 2024. Disponível em: https://www.instagram.com/frentenacionalviolenciavicaria/. Acesso em: 21 set. 2024.

FRENTE NACIONAL MUJERES. Ciudad de Mexico: Frente Nacional Mujeres, 2024. Disponível em: https://www.instagram.com/fnm_ong/. Acesso em: 21 set. 2024.

GARDNER, R. Recent Trends in Divorce and Custody Litigation. **Academy Forum**, [s. l.], v. 29, n. 2, p. 3–7, Summer, 1985.

HURTADO, M. C. Alienación parental: el concepto proscrito por atentar contra los derechos de los niños. **Razón Pública**, 27 jan. 2024. Disponível em: https://www.eltiempo.com/justicia/cortes/alienacion-parental-el-concepto-proscrito--por-atentar-contra-los-derechos-de-los-ninos-848507. Acesso em: 15 jul. 2024.

KOEHLER, S. Can Kayden's Law Erase the Legal Fiction of Parental Alienation? **Minnesota Journal of Law & Inequality**, 2024. Disponível em: https://lawandinequality.org/2024/04/16/can-kaydens-law-erase-the-legal-fiction-of-parental-alienation/#_ftnref23. Acesso em: 21 jul. 2024.

LAPIERRE, S.; LADOUCEUR, P.; FRENETTE, M.; CÔTÉ, I. The legitimization and institutionalization of "parental alienation" in the Province of Quebec. **Journal of Social Welfare and Family Law**, [s. l.], 42, 1, p. 30–44, 2020.

LEADERSHIP COUNCIL ON CHILD ABUSE & INTERPERSONAL VIOLENCE. Baltimore: Leadership Council on Child Abuse & Interpersonal Violence, 2024. Disponível em: https://leadershipcouncil.org/our-mission/. Acesso em: 15 jul. 2024.

MACHADO, L. Z. **Feminismo em Movimento**. São Paulo: Ed. Francis, 2010.

MDHC — MINISTÉRIO DOS DIREITOS HUMANOS E CIDADANIA. **MDHC manifesta-se a favor da revogação da Lei da Alienação Parental**. Brasília: MDHC, 2023. Disponível em: https://www.gov.br/mdh/pt-br/assuntos/noticias/2023/julho/mdhc-manifesta-se-a-favor-da-revogacao-da-lei-da-alienacao-parental. Acesso em: 15 set. 2024.

MEIER, J. S. **Parental Alienation Syndrome and Parental Alienation**: A Research Review. Harrisburg, PA (EUA): National Resource Center on Domestic Violence, 2013.

MEIER, J. S. A historical perspective on parental alienation syndrome and parental alienation. **Journal of Child Custody**, [s. l.], 6, p. 232–257, 2009.

MEIER, J. S. U. S. child custody outcomes in cases involving parental alienation and abuse allegations: what do the data show? **Journal of Social Welfare ad Family Law**, [s. l.], v. 42, n. 1, p. 92–105, 2020.

MENDES, J. A. de A. Genealogia, pressupostos, legislações e aplicação da teoria de alienação parental: uma (re)visão crítica. *In*: SILVA, I. R. (org.). **Cadernos sobre Alienação Parental**. Brasília, DF: Conselho Federal de Psicologia, 2019.

MENDES, J. A. de A.; OLIVEIRA-SILVA, L. As alegacões de "alienação parental" e os vieses de gênero e misoginia em processos de guarda e convivência. *In*: BASTOS, E. F.; GIANCHIN, J.; COPETTI, L. V.; LEMOS, M. M. F. (ed.). **Direito das Famílias, Vulnerabilidades e Questões de Gênero**. Brasília: IBDFAM, 2022, p. 44–65.

MENEZES, R. S. O outro lado da lei de alienação parental: a violência contra mulheres e crianças legitimadas pelo sistema de justiça. **Latinidade**: Revista do Núcleo de Estudos das Américas, Rio de Janeiro, v. 12, n. 2, p. 147–169, jul./dez. 2020.

MERCER, J.; DREW, M. **Challenging Parental Alienation**: New Directions for Professionals and Parents. New York: Routledge, 2022.

MONTEIRO, I. P. R.W. **Guarda compartilhada nos casos de violência doméstica do pai contra a mãe**: melhor interesse da criança e do adolescente. 2020. Dissertação (Mestrado em Ciências Jurídicas) — Universidade Federal da Paraíba, João Pessoa, 2020.

MOVIMENTO JOANNA MARCENAL PELA REVOGAÇÃO DA LEI DE ALIENAÇÃO PARENTAL. Lei de Alienação Parental coloca em risco crianças e mulheres. **Portal Catarinas**, 25 maio 2023. Disponível em: https://catarinas.info/lei-de-alienacao-parental-coloca-em-risco-criancas-e-mulheres/. Acesso em: 18 set. 2024.

MPF — MINISTÉRIO PÚBLICO FEDERAL/PROCURADORIA FEDERAL DOS DIREITOS DO CIDADÃO. **Nota Técnica n.º 4/2020/PFDC/MPF, 10 de março de 2020**. Brasília: MPF, 2020. Disponível em: https://www.mpf.mp.br/pfdc/manifestacoes-pfdc/notas-tecnicas/nota-tecnica-4-2020-pfdc-mpf. Acesso em: 15 set. 2024.

MUNDIE, J. "Keira's Law" passes Senate, signalling a change to the way courts approach domestic violence. **CBC News**, Ottawa, 19 abr. 2023. Disponível em: https://www.cbc.ca/news/politics/keira-kagan-domestic-violence-coercive-control-1.6815711#:~:text=Politics-,'Keira's%20Law'%20passes%20Senate%2C%20 signalling%20a%20change%20to%20the,the%20Senate%20on%20Tuesday%20 evening. Acesso em: 15 jul. 2024.

NADDEO, A. "As pessoas estão vendo que eu não era uma louca", diz mãe da menina Joanna. **UOL Notícias**, Rio de Janeiro, 26 out. 2010. Disponível em: https://noticias.uol.com.br/cotidiano/ultimas-noticias/2010/10/26/as-pessoas--estao-vendo-que-eu-nao-era-uma-louca-diz-mae-da-menina-joanna.htm. Acesso em: 18 maio 2024.

NATIONAL FAMILY VIOLENCE LAW CENTER. Washington D.C.: National Family Violence Law Center, 2024. Disponível em: https://www.law.gwu.edu/national--family-violence-law-center. Acesso em: 21 jul. 2024.

NATIONAL SAFE PARENTS ORGANIZATION. Washington D.C.: National Safe Parents Organization 2024. Disponível em: https://www.nationalsafeparents.org/. Acesso em: 21 jul. 2024.

NIELSON, L. **Parental Alienation Empirical Analysis**: Child Best Interests or Parental Rights? Fredericton/Vancouver: Muriel McQueen Fergusson Centre for Family Violence Research; The FREDA Centre for Research on Violence Against Women and Children, 2018.

NUDEM/SP — NÚCLEO ESPECIALIZADO DE PROMOÇÃO E DEFESA DOS DIREITOS DA MULHER — DEFENSORIA PÚBLICA DO ESTADO DE SÃO PAULO. **Nota técnica NUDEM n. 1/2019**. São Paulo: NUDEM, 2019. Disponível em: https://assets-institucional-ipg.sfo2.cdn.digitaloceanspaces.com/2020/01/NUDEM-DPSP_NotaTecnicaAlienacaoParentalJSetembro2019.pdf. Acesso em: 15 set. 2024.

OEA — ORGANIZAÇÃO DOS ESTADOS AMERICANOS. **Lineamientos interamericanos por la igualdad de género como bien de la humanidad**. Washington, D.C.: CIM/OEA, 2017.

OEA; ONU. **The Committee of Experts of the MESECVI and the Special Rapporteur on Violence against Women and Girls of the United Nations express their concern about the illegitimate use of the concept of parental alienation syndrome against women**. Washington, D.C./Genebra: OEA/ONU, 2022. Disponível em: https://www.ohchr.org/sites/default/files/documents/issues/women/sr/2022-08-15/Communique-Parental-Alienation-EN.pdf. Acesso em: 15 set. 2024.

OEA. **MESECVI/CEVI/DEC.4/14**. Washington, D.C.: MESECVI/OEA, 2014.

ONU — ORGANIZAÇÃO DAS NAÇÕES UNIDAS. **CEDAW/C/BRA/CO/8-9**. Genebra: CEDAW Comitee/ONU, 2024. Disponível em: https://documents.un.org/doc/undoc/gen/n24/159/48/pdf/n2415948.pdf. Acesso em: 18 set. 2024.

ONU. **A/HRC/53/36**: Custody, violence against women and violence against children. Genebra: OHCHR/ONU, 2023. Disponível em: https://www.ohchr.org/en/documents/thematic-reports/ahrc5336-custody-violence-against-women-and-violence-against-children. Acesso em: 21 jul. 2024.

ONU. **AL BRA 10/2022**. Genebra: OHCHR/ONU, 2022. Disponível em: https://spcommreports.ohchr.org/TMResultsBase/DownLoadPublicCommunicationFile?gId=27626. Acesso em: 11 ago. 2024.

ONU. **Intimate partner violence against women is an essential factor in the determination of child custody, say women's rights experts**. Genebra: EDVAW/OHCHR/ONU, 2019. Disponível em: https://www.ohchr.org/Documents/Issues/Women/SR/StatementVAW_Custody.pdf. Acesso em: 21 jul. 2024.

ORTIZ, L. "Greyson's Law" adds protection for children in danger of parental harm. **12 News**, EUA, 2 dez. 2021. Disponível em: https://cbs12.com/news/local/greysons-law-adds-protection-for-children-in-danger-of-parental-harm. Acesso em: 15 set. 2024.

PONCE, G. R. Mirada Violeta: Alienación Parental en México. **Partidero**, México, 26 set. 2023. Disponível em: https://partidero.com/mirada-violeta-alienacion-parental-en-mexico/. Acesso em: 15 set. 2024.

REDIM — Derechos de infancia y adolescencia en México. Violencia vicaria contra mujeres y niñas, niños y adolescentes en México. **REDIM**, 23 jan. 2024. Disponível em: https://blog.derechosinfancia.org.mx/2024/01/23/violencia-vicaria-contra-mujeres-y-ninas-ninos-y-adolescentes-en-mexico-a-enero-de-2024/. Acesso em: 18 set. 2024.

REICHERT, J.; RICHARDSON, J. T.; THOMAS, R. "Brainwashing": Diffusion of a Questionable Concept in Legal Systems. **International Journal for the Study of New Religions**, 6, 1, p. 3–26, 2015.

SETA, I.; LEITE, I. "Meu filho é órfão de mãe viva": veja relatos de 5 mulheres acusadas de alienação parental após denunciar homens por violência ou abuso. **G1**, São Paulo, 25 fev. 2024(b). Disponível em: https://g1.globo.com/politica/noticia/2024/02/25/meu-filho-e-orfao-de-mae-viva-veja-relatos-de-5-mulheres-acusadas-de-alienacao-parental-apos-denunciar-homens-por-violencia-ou-abuso.ghtml. Acesso em: 15 set. 2024.

SETA, I.; LEITE, I. Alienação parental: a lei baseada em teoria sem comprovação científica é contestada por juristas e parlamentares. **G1**, São Paulo, 25 fev. 2024(a). Disponível em: https://g1.globo.com/politica/noticia/2024/02/25/alienacao-parental-a-lei-baseada-em-teoria-sem-comprovacao-cientifica-e-contestada-por-juristas-e-parlamentares.ghtml. Acesso em: 15 set. 2024.

SEVERI, F. C.; VILLARROEL, C. M. Análise jurisprudencial dos tribunais da região sudeste sobre a aplicação do instituto: (síndrome da) alienação parental. **Pensar**, Fortaleza, v. 26, n. 2, p. 1–14, abr./jun. 2021.

SILBERG, J.; DALLAM, S.; SAMSON, E. **Crisis in Family Court**: Lessons From Turned Around Cases. Washington D.C.: Office of Violence Against Women of the U.S. Department of Justice, 2013.

SOUSA, T. "Não vou sossegar", diz mãe de Joanna Marcenal, morta aos cinco anos, após novo revés judicial. **Extra**, Rio de Janeiro, 12 mar. 2020. Disponível em: https://extra.globo.com/casos-de-policia/nao-vou-sossegar-diz-mae-de-joanna-marcenal-morta-aos-5-anos-apos-novo-reves-judicial-24299340.html. Acesso em: 15 jul. 2024.

THE CHILDREN ARE COMING. EUA: The children are coming, 2024. Disponível em: https://www.thechildrenarecoming.com/. Acesso em: 21 jul. 2024.

MOVIMENTOS SOCIAIS MATERNOS: A LUTA PELA REVOGAÇÃO DA LEI DE ALIENAÇÃO PARENTAL E O BANIMENTO DO TERMO NO BRASIL

Sibele de Lima Lemos

RESUMO: o capítulo examina a luta dos movimentos sociais maternos no Brasil pela revogação da Lei de Alienação Parental (LAP) e o banimento do termo "alienação parental". A análise destaca como a LAP tem sido utilizada para desqualificar denúncias de violência doméstica e familiar contra mulheres e crianças, beneficiando pais agressores e perpetuando a violência institucional de gênero. Os movimentos maternos, liderados por mulheres mães, emergem como resistência contra a criminalização do exercício da maternidade e a instrumentalização da LAP, que silencia e estigmatiza mães protetoras. O Coletivo de Proteção à Infância Voz Materna, criado em 2017, desempenha um papel central na mobilização social e política, promovendo denúncias a organismos internacionais e ganhando visibilidade em audiências públicas e na mídia. O capítulo também aborda a articulação desses movimentos com instituições como a CEDAW e a ONU, resultando em recomendações internacionais para que o Brasil revogue a LAP. Além disso, destaca as conquistas e desafios enfrentados, reforçando a importância da solidariedade entre mulheres mães para combater a violência institucional e promover uma maternidade livre de violência.

Palavras-chave: Alienação Parental; Movimentos Sociais; Violência de Gênero; Lei de Alienação Parental; Resistência Materna; Direitos Humanos.

INTRODUÇÃO

O Coletivo de Proteção à Infância Voz Materna é um grupo de mulheres mães[44] brasileiras que lutam pelo direito de viver a maternidade sem violências

---

[44] A autora opta pelo uso do termo "mulher mãe" sem hífen, entendendo que a pauta da maternidade é de luta de todas as mulheres e dos movimentos feministas no Brasil, pois mãe também é mulher e é indissociável, justificando a escolha a partir de uma perspectiva teórica que reconhece a complexidade do exercício da maternidade. Sem atribuir o hífen amplia-se a condição de mulher, sem reduzir a identidade feminina apenas à maternidade, já que se somam papéis e experiências na mesma pessoa, sem fragmentar ou hierarquizar, conforme defendem teóricas feministas.

e proteger suas filhas e filhos de genitores (homens) autores de violências. Esse movimento começou a se organizar a partir do impedimento e criminalização do exercício da maternidade, com a utilização da ideologia da "alienação parental" (AP) e da Lei de Alienação Parental, 12.318/2010 (LAP), iniciando, então, a trajetória de luta pela revogação da LAP e banimento do termo "alienação parental" e correlatos.

Como práticas afirmativas, os estudos e pesquisas (e publicação deste próprio livro) sobre os malefícios da LAP são fundamentais para legitimar as falas e denúncias elaboradas por movimentos sociais maternos, já que, socialmente, somos colocadas num lugar de subalternização e subserviência — o que também tende a reforçar os estereótipos de gênero associados à própria pseudociência da "alienação parental" — **vide Capítulos 1, 5 e 14**.

Quando a injustiça se torna lei, a resistência se torna um dever. Após a promulgação da LAP (portanto, da injustiça), iniciou-se a trajetória de incidência política dos movimentos maternos, provocando organizações e movimentos sociais a somarem nessa luta, marcada por diversas denúncias a organismos nacionais e internacionais, além das expressivas recomendações, tanto de organismos nacionais quanto internacionais, para a não utilização dos pressupostos de "alienação parental" — **vide Capítulo 1**.

Este capítulo irá refletir sobre todas essas questões, sob a perspectiva dos movimentos sociais de mulheres mães.[45] Ao longo do texto, serão reforçados os avanços conquistados na visibilidade e no apontamento das violências contra mulheres mães, crianças e adolescentes. Também serão discutidos quais são os futuros desafios e qual a importância dos movimentos sociais maternos na superação deles.

1. A INSTITUCIONALIZAÇÃO DO SILENCIAMENTO DE MULHERES MÃES: O ADVENTO DA LEI DE ALIENAÇÃO PARENTAL

Desde a promulgação da Constituição de 1988, reconhecida como a mais progressista e alinhada aos direitos humanos, o Brasil deu um passo importante ao assegurar a igualdade de direitos e obrigações entre homens e mulheres

---

45 Dentro da perspectiva de compreensão do lugar de mulher mãe nessa luta, Rich (1986) reflete sobre a maternidade tanto como uma experiência pessoal quanto como uma construção social e institucional ao questionar as narrativas que limitam a mulher à maternidade, abrindo espaço para pensar a "mulher mãe" como uma categoria complexa. Dessa forma o termo "mulher mãe" aparece ancorado e fundamentado ao ponto em que entendemos a incidência da Maternidade como um marcador de diferenças sociais (Moura; Silva, 2024). Para Moura a maternidade e a mulher não são sujeitos apartados.

(artigo 5º, inciso I). Essa conquista consolidou direitos previamente adquiridos, como o acesso a escolas (1827) e universidades (1879), o direito ao voto (1932), o direito de trabalhar sem autorização do marido e à contracepção (1962), a Lei do Divórcio (1977) e a criação da primeira delegacia da mulher (1985). Com a Lei Maria da Penha (2006), parecia que o país estava avançando para um período mais justo e seguro para as mulheres.

Nesse caminho de avanços, identificamos no Brasil um movimento semelhante ao *backlash*[46] nos EUA da década de 1980, onde houve uma reação conservadora aos avanços feministas. Após a aprovação da Lei Maria da Penha (Lei n.º 11.340/2006), que tipifica as formas de violência contra a mulher, houve um efeito rebote contra esses avanços. Movimentos autodenominados progressistas começaram a fazer lobby para a aprovação da Lei da Alienação Parental (LAP) — **vide Capítulo 1**. Ao contrário dos EUA, onde o *backlash* foi impulsionado por conservadores, no Brasil esse papel foi desempenhado por setores progressistas e de esquerda, que propagaram a ideia equivocada de que a LAP corrigiria supostas "falhas" do Estatuto da Criança e do Adolescente (Lei n.º 8.069/1990).

Nesse movimento contrário aos avanços, surgiram os pais (homens) que se diziam injustiçados por "falsas" acusações de violência sexual contra suas/seus filhas/os, o que os impedia de conviver e exercer a paternidade, já que as mulheres mães eram consideradas "vingativas", "loucas", "desequilibradas" e "mentirosas". Foi nesse contexto que os pressupostos de "alienação parental" se estabeleceram tanto no Judiciário quanto no Legislativo brasileiros — **vide Capítulo 1**.

Nesse contexto, identificamos quatro fases do percurso da ideologia da "AP" no Brasil: 1) surgimento; 2) engajamento; 3) legalização e 4) questionamento. Ao longo do profícuo estabelecimento e institucionalização dos pressupostos de "alienação parental" no Brasil (conforme ilustrado pelo Capítulo 1 deste livro e por Mendes, 2019), destaca-se que:

    a. **reprodução dos pressupostos gardnernistas** no Brasil: psicólogos passaram a divulgar conceitos de Richard Gardner, sem base científica, associando pretensas falsas alegações de violência sexual à "alienação parental". Referências foram tiradas de sites de grupos de pais separados, reforçando estereótipos de mães como "alienadoras" que manipulam crianças/adolescentes para rejeitar o pai, supostamente causando danos psicológicos, justificando a necessidade de uma lei de proteção.

---

46 O *backlash* é uma reação adversa não desejada à atuação judicial. Para ser mais preciso, é, literalmente, um contra-ataque político ao resultado de uma deliberação judicial (Marmelstein, 2017).

b. **mobilização para a criação da LAP**: associações de pais separados promoveram a criação de uma legislação específica para combater a "síndrome de alienação parental" (SAP), usando materiais de divulgação para sensibilizar a sociedade. Mulheres em posições de poder, como magistradas, assistentes sociais, participaram da propagação dessas ideias, reforçando estereótipos de gênero e levando à criação do Projeto de Lei n.º 4.053/2008, o qual deu origem à LAP;

c. **consequências da promulgação LAP**: após a promulgação da LAP, houve um aumento significativo nas acusações de "alienação parental" e nas publicações sobre o tema. Os conceitos de AP, baseados nas teorias de Gardner, foram amplamente difundidos, mesmo sem comprovação científica, e usados para transformar situações de violência em "conflitos familiares", distorcendo a proteção materna como atos de "alienação";

d. **expansão dos Movimentos Masculinistas**: esses movimentos ampliaram o uso do argumento de "falsas denúncias", incluindo aquelas feitas com base na Lei Maria da Penha. Inicialmente, acusavam as mães de usar falsas alegações de violência sexual para afastar os pais, mas passaram a questionar a constitucionalidade da Lei Maria da Penha, alegando seu uso indiscriminado para manipular situações;

e. **reação dos Movimentos Maternos**: cerca de seis anos após a promulgação da LAP, movimentos maternos começaram a denunciar as violações de direitos em casos de guarda e convivência, especialmente em situações com alegações de violência doméstica e sexual. Mulheres mães passaram a contestar decisões judiciais e formalizar denúncias, enquanto profissionais críticos à LAP destacaram a violência de gênero implícita na aplicação do conceito de LAP e seus pressupostos.

Destaca-se aqui a contraposição entre a Lei Maria da Penha e a LAP. Esta lei tem sido utilizada como estratégia de defesa de pais (homens) agressores, impedindo a aplicação da Lei Maria da Penha, o andamento processual, bem como o acesso às medidas protetivas para as mulheres mães vítimas e seus filhos e filhas, já que, segundo o sistema de Justiça desprotetivo, *"um agressor pode ser um bom pai"*, até que ele mate a mãe e/ou as/os próprias/os filhos/os, consolidando o contraditório entre as duas Leis e, assim, formalizando o Efeito *Backlash*. Nesse sentido, a LAP se tornou um instrumento legal que amordaça e tortura mulheres mães, crianças e adolescentes que ousam denunciar para romper a realidade violenta a que estão submetidas. Entende-se que o controle dos corpos e vida dos grupos hipervulneráveis (mulheres, crianças e adolescentes) apresenta novas roupagens (da mesma violação) e alimenta o mercado rentável da violência (processos judiciais, perícias, defesas, adoecimentos), numa relação sobre as sociedades de controle e as forças exercidas, de acordo com Deleuze (1990):

> Nas sociedades de controle, ao contrário, o essencial não é mais uma assinatura e nem um número, mas uma cifra: a cifra é uma senha. [...]. A linguagem numérica do controle é feita de cifras, que marcam o acesso à informação, ou a rejeição. Não se está mais diante do par massa-indivíduo. Os indivíduos tornaram-se "dividuais", divisíveis, e as massas tornaram-se amostras, dados, mercados ou "bancos". (Deleuze, 1990, p. 2).

O princípio dos melhores interesses não está restrito à garantia da convivência paterna a todo custo (especialmente se o pai for um agressor físico, psicológico ou sexual — Mendes; Ormerod, 2019; Mendes; Lordello; Ormerod, 2020). Nunca se tratou de proteção e nem da garantia dos direitos de crianças e adolescentes, sempre foi propriedade/posse, força de controle (poder judiciário) e manutenção legal da violência doméstica e familiar.

2. A BATALHA DA SOBREVIVÊNCIA NA RESSIGNIFICAÇÃO DA DOR: O SURGIMENTO DOS MOVIMENTOS SOCIAIS MATERNOS

As mulheres são a maioria da população brasileira — 69% delas são mães e metade destas são mães solo, a grande maioria dessas mães possuem salários mais baixos e 72,4% não têm rede de apoio (Datafolha, 2023). Esses dados indicam um somatório de desigualdades e sobrecarga, com marcadores sociais invisíveis e a quem ainda são adicionadas doses extras de culpa e punição pelo Estado opressor e misógino.

Isso em um país que romantiza o sacrifício, especialmente o materno, para encobrir a exploração, a exaustão e as dificuldades enfrentadas pelas mulheres mães, pois qualquer mulher que desafie as normas patriarcais corre o risco de ser excluída pela sociedade. Se for mãe, essa exclusão pode se transformar em demonização. Consideremos o simbolismo da posse dos corpos das mulheres mães: durante o relacionamento, o "companheiro" é o seu proprietário; ao iniciar um processo de separação, o "Estado" se apropria da vida e dos corpos dessas mulheres. As mulheres mães que ousam desfazer a "sagrada família" sem a permissão de seus "donos", ou que denunciam a violência sofrida por elas ou por suas/seus filhas/os, tornam-se mulheres mães insurgentes. Essas mulheres mães, unidas pela dor das violências sofridas, encontram força ao se apoiarem mutuamente.

Construindo nossa trajetória, o Coletivo de Proteção à Infância Voz Materna se formou seguindo o exemplo de outras regiões, onde grupos de mães se organizavam e se acolhiam por meio de grupos no WhatsApp. Em 12 de setembro de 2017, as mães se reuniram para realizar um ato em frente ao Tribunal de Justiça do Rio Grande do Sul, chamado "12s — Proteger Nossos Filhos Não é Crime". Esse evento contou com o apoio de sindicatos, movimentos feministas e mulheres com cartazes denunciando a LAP. Esse ato ocorreu, simultaneamente, em várias capitais do Brasil e em mais 16 países. A partir desse momento, iniciou-se a articulação de grupos de trabalho (estudo, pesquisa e produção de documentos) e acolhimento. Inicialmente, esse trabalho era feito apenas com mães do Rio Grande do Sul, sendo ampliado gradativamente para outros estados.

Desde 2017, percorremos vários órgãos de denúncia de direitos humanos, participando de audiências públicas, tanto em Porto Alegre/RS, como na Câmara Federal, sobre as discussões em torno da revogação da LAP. O coletivo também buscou diálogo e apoio com e de parlamentares no estado do Rio Grande do Sul. Como forma de dar visibilidade a esse trabalho, criamos uma página do Facebook e um perfil no Instagram. A ideia era utilizar esses canais para divulgar artigos, pesquisas, estudos, formações e notícias relacionadas à violência de gênero contra as mulheres mães, crianças e adolescentes em decorrência da LAP.

No ano seguinte, 2018, organizamos nosso segundo ato no dia 12 de setembro, oficialmente como Coletivo de Proteção à Infância Voz Materna, com apoio de mulheres mães, de movimentos feministas e sindicatos. Fizemos representações de crianças/adolescentes vendados e com "X" vermelho na boca (mordaça), junto a cartazes com as falas de crianças que relataram para as mães as violências sexuais cometidas pelos pais biológicos e negligenciadas pelo sistema de justiça. Esse ato, assim como o primeiro, ganhou repercussão na mídia.

Nesse período, os movimentos contrários à LAP estavam começando, lentamente, a se estruturar no Brasil. A maioria das pessoas nem sequer tinham ouvido falar do termo, e aquelas que possuíam algum conhecimento superficial sobre ele acreditavam que se tratava de uma ameaça aos direitos parentais e aos direitos das crianças e adolescentes, uma mensagem promovida pelo lobby pró-AP. Nesse cenário desolador e desafiador, decidimos buscar conhecimento e apoio em diversos movimentos e atores sociais do Brasil e de outros países que estavam mais avançados no debate teórico, técnico e na luta contra essa pseudociência.

Nessa busca incessante por apoio, diálogo, conhecimento e legitimidade em nossos relatos e falas (pois mulheres mães são frequentemente vistas como levianas, vingativas, burras e mentirosas), fomos construindo pontes e caminhos com quem se dispôs a nos ouvir e acolher nossos argumentos fundamentados. Realizamos um longo e importante projeto de Lives, intitulado *"Mitos, Pseudociência e a Legitimação da Violência Contra Mulheres e Crianças"*, que ocorreu em 2020 e contou com a participação de diversos especialistas do Brasil, Argentina (juíza Graciela Jofre, juiz Carlos Rozanski, psicóloga Graciela González), México (Martha Tagle, que participou do movimento de mulheres para tornar inconstitucional o artigo do código civil que tratava da suposta "síndrome de alienação parental"), Espanha (psicóloga Sônia Vaccaro, autora do primeiro livro contrário à pretendida "SAP") e Portugal (cientista social Rita de Cássia, ativista contra o uso da "SAP"). Também participaram outros juristas, advogadas, psicólogas, assistentes sociais e movimentos feministas. Assim, a proposta do evento foi compartilhar informações, experiências, conhecimentos e construir um arcabouço de referências e estudos que pudessem subsidiar nossa luta pelo direito de viver a maternidade sem violências, proteger nossas filhas e filhos e, emergencialmente, revogar a LAP.

Nesse período de muitas articulações importantes, dialogamos com a ONU Mulheres Brasil, que, sensível à nossa pauta, nos orientou a apresentar uma denúncia a CEDAW/ONU (Convenção sobre a eliminação de todas as formas de discriminação contra as mulheres). Essa denúncia foi escrita com o apoio da professora Dra. Sheila Stolz da FURG (Fundação Universidade de Rio Grande), comunicando a esse Comitê que, no Brasil, existia a LAP e que essa Lei estava sendo utilizada contra mulheres mães, crianças e adolescentes como estratégia de silenciamento das denúncias de violências sofridas (violência doméstica e familiar e violência sexual intrafamiliar). Essa denúncia então foi aceita pela CEDAW e o Brasil foi questionado:

> Casamento e relações familiares. 22. Descreva o quadro jurídico relativo ao casamento e às relações familiares, incluindo a forma como garante que as mulheres e os homens tenham os mesmos direitos e responsabilidades durante o casamento, em caso de sua dissolução e em todas as questões familiares, incluindo herança, direitos de propriedade e guarda dos filhos, incluindo informações sobre a aplicação da Lei de Alienação Parental, nº 12.318/2010. (CEDAW, 2020, p. 7, tradução livre).

A partir desse significativo progresso e visibilidade internacional da pauta, iniciamos mais pesquisas e estudos para a escrita do nosso primeiro relatório sombra, documento importante para que o Comitê conheça como a sociedade civil analisa as violações promovidas pelo Estado brasileiro — já que socialmente somos lidas como meras ativistas, nossas falas são frequentemente deslegitimadas e desqualificadas, a busca por fundamentação e referências de estudos válidos e científicos tornou-se o norteador da nossa atuação. Nessa construção, fomos elaborando o esqueleto do documento, onde a busca por dados e evidências sobre as violências contra mulheres mães, crianças e adolescentes nos motivou a oficiar todos os presidentes dos Tribunais de Justiça do Brasil em busca de cruzamento de dados relacionados às acusações de "AP" e denúncias/processos de violência contra mulher e estupro de vulnerável.

Nesse período de estudos, foi publicada a pesquisa que contou com a participação da autora que coordena o Coletivo Voz Materna em parceria com a professora Dra. Sheila Stolz (Direito, FURG). Essa pesquisa apresentou uma análise de decisões em segundo grau do Tribunal de Justiça do Rio Grande do Sul que utilizaram a "síndrome de alienação parental" e "AP" contra mulheres mães e um levantamento do uso de estereótipos de gênero, em uma amostra temporal de dois anos.

O envio desse primeiro relatório sombra contou com o apoio do Núcleo de Pesquisa e Extensão em Direitos Humanos (NUPEDH) e do Grupo de Pesquisa (CNPq): Direito, Gênero e Identidades Plurais (DIGIPLUS) — ambos vinculados ao Programa de Pós-Graduação em Direito, Mestrado em Direito e Justiça Social (PPGDJS) da Universidade Federal do Rio Grande (FURG), coordenados pela professora Dra. Sheila Stolz.

Paralelamente aos estudos e diálogos realizados, fomos aprimorando o apoio pontual às mulheres mães que fazem parte do Coletivo, bem como aquelas que nos procuram em busca de orientações e auxílio na análise de processos, encaminhamentos e denúncias de violações. Com o tempo, identificamos as diversas formas de violência que a ideologia da "AP" tem promovido na vida dessas mulheres mães, crianças e adolescentes. O acúmulo dessas experiências e iniciativas tem indicado que o sistema de justiça, ao amplificar o discurso dos pais (homens) agressores, intensifica a violência institucional e fomenta a litigância abusiva.

No final de 2021, obtivemos um importante avanço ao lançar nosso primeiro manifesto contra o parecer da deputada federal Aline Gurgel sobre o PL n.º 7.352/2017, com o lema *"não negociamos corpos e vidas de mulheres e crianças para serem estupradas e assassinadas*". Em 48 horas, o manifesto obteve surpreendentes duas mil assinaturas. Nesse processo, fortalecemos nossa posição como um coletivo de mulheres mães que luta pelo direito à maternidade sem violência, buscando apoio dos movimentos feministas. A partir desse diálogo, construímos uma parceria com a União Brasileira de Mulheres (UBM) e contribuímos para a elaboração da Recomendação n.º 3/2022 do Conselho Nacional de Saúde (CNS), que se posiciona contra o PL de alteração da LAP, pede a revogação da LAP, e faz outras solicitações aos conselhos profissionais[47] e ao Conselho Nacional de Justiça (CNJ). Em conseguinte, a partir de diálogo do Coletivo com a Comissão de Saúde Mental do Conselho Nacional de Direitos Humanos, considerando a patologização das mulheres mães que denunciam violências e são acusadas de "alienadoras", foi aprovada a Recomendação n.º 6/2022 com as mesmas solicitações.

Destacamos a importante participação do Coletivo em diálogos com o CFESS a respeito do cumprimento das recomendações do CNS n.º 3/2022 e CNDH n.º 6/2022, inicialmente em reunião fechada com as representantes e na Live com debate público, onde foi sinalizado o posicionamento crítico desse Conselho ao uso da LAP e seus pressupostos, sendo posteriormente confirmado no texto da nota.

Como movimento social materno, nesse *continuum* de buscar a legitimidade dos nossos argumentos, estudamos e incidimos permanentemente para demonstrar que a LAP é uma violência de gênero contra mulheres mães e que precisa ser revogada com urgência. Além disso, a exemplo do já feito na Espanha (**vide Capítulo 10**), é necessário banir e proibir quaisquer termos similares e/ou alusivos à ideia de "alienação parental" e seus pressupostos.

Também expandimos nossa atuação internacionalmente, começando com a denúncia do Brasil à CEDAW/ONU em 2020. Em março de 2022, participamos da RAI (Rede de Advocacy Internacional) e colaboramos com o Instituto Memória e Direitos Humanos — UFSC/UDESC na elaboração de um relatório sobre "discriminação de gênero" para o 4º ciclo do RPU (Relatório Periódico Universal) do Conselho de Direitos Humanos da ONU. Informamos que o Brasil não cumpriu suas obrigações de Direitos Humanos relacionadas à violência contra mulheres e retrocedeu ao adotar a LAP desde 2010, utilizando a ideologia

---

47 Em alinhamento com as recomendações que pediam o banimento dos termos relacionados à "alienação parental" pelos Conselhos Federais de Psicologia, Medicina e Serviço Social, oficiamos as presidentes desses Conselhos sobre a necessidade de cumprir essas orientações. O Conselho Federal de Psicologia aprovou a Nota Técnica n.º 4/22/GTEC/CG, enquanto o Conselho Federal de Serviço Social, após diálogo com movimentos sociais, emitiu a Nota Técnica "O trabalho de assistentes sociais e a LAP (12.318/2010)".

da "alienação parental" para enfraquecer denúncias de violência e proteger pais (homens) agressores.

Nessa trajetória de produção de conhecimento, elaboramos, a partir de uma análise como movimento social materno, um artigo que trata do combo legislativo que potencializa as violações e vulnerabiliza ainda mais mulheres mães, crianças e adolescentes, "Lei de Alienação Parental e a Lei da Guarda Compartilhada Obrigatória: para o melhor interesse da manutenção da violência contra mulheres mães e crianças", o qual publicamos na *Revista da Praia Vermelha* da UFRJ.

Ainda sobre a legitimidade, no lugar de fala das mulheres mães que vivenciam essa tortura institucionalizada, em especial no Brasil (uma vergonha mundial no assunto de combate à violência contra mulheres), não por acaso existe a misógina LAP. Por isso, em 2022, articulamos reuniões on-line para que as mulheres mães vítimas da LAP fossem ouvidas pela relatora especial da Violência contra Mulheres e Meninas da ONU, Reem Alsalem. Nessas reuniões, houve uma escuta sensível e acolhedora que resultou na carta enviada, pela relatora, ao novo governo eleito solicitando a revogação da LAP e o banimento do termo e seus correlatos:

> Hoje apelamos ao recém-eleito Governo do Brasil para que aumente os esforços para terminar com a violência contra mulheres e meninas, e apelamos ao fim da continuação da aplicação do conceito de alienação parental e de outros conceitos análogos em casos de violência e abuso doméstico, que penalizam as mães e as crianças no Brasil (ONU, 2022, on-line, tradução livre).

Transformamos nosso primeiro informe sombra em um livro, que inclui as informações enviadas à CEDAW em 2021, as respostas dos tribunais e a análise das violações de direitos humanos das mulheres mães, crianças e adolescentes ao longo de onze anos de aplicação da LAP e sua ideologia.

Em janeiro de 2023, colaboramos para a elaboração da nota do Comitê Nacional de Enfrentamento à Violência e Exploração Sexual de Crianças e Adolescentes (Campanha Faça Bonito), defendendo a revogação da LAP (n.º 12.318/2010) em prol da dignidade da infância.

Continuando nossa jornada, escrevemos um capítulo para um ebook "Por onde andamos?" do Núcleo Materna (UFRJ) sobre o uso da ideologia da "alienação parental" como uma forma de tortura para mulheres mães vítimas de violência doméstica, especialmente aquelas docentes do ensino superior. Em parceria com a União Brasileira de Mulheres (UBM), elaboramos uma proposta que foi aprovada pelo Conselho Nacional dos Direitos das Mulheres na Recomendação n.º 1, de 12 de agosto de 2023, solicitando a revogação da LAP, o banimento do termo e outras providências necessárias.

Em setembro de 2023, o Coletivo participou do 6º Fórum de Direitos Humanos e Saúde Mental da Associação Brasileira de Saúde Mental (ABRASME), no qual foi aprovada moção de apoio à revogação da lei de alienação parental (Lei n.º 12.318/2010), banimento do termo "alienação parental" e correlatos.

Finalmente, em maio de 2024, o Brasil participou de uma sessão de análise na CEDAW/ONU para responder aos questionamentos e enviamos um relatório sombra atualizado, com o período de 2021 a 2024, para o qual contamos com apoio da Biblioteca Feminista Praia Vermelha — UFRJ, Clínica Interseccional Feminista Antirracista — UFRGS, Núcleo de Pesquisa e Prática do Direito Internacional (NPPDI/UFSM), Instituto Memória e Direitos Humanos — UFSC/UDESC, Movimento Joanna Marcenal pela revogação da LAP, Núcleo de Pesquisa e Extensão Universitária em Direitos Humanos (NUPEDH) — Grupo de Pesquisa (CNPq): Direito, Gênero e Identidades Plurais (DGIPLUS) — FURG. Que resultou na recomendação da CEDAW para que o Brasil revogue a LAP.

Ao longo de sete anos de ativismo materno, aprendemos sobre a importância da construção coletiva e dos apoios mútuos nessa batalha pela sobrevivência. Essas conquistas representam um verdadeiro "fôlego de oxigênio" em tempos de crise, de sufocamentos simbólicos e de contínuos ensejos de desistência (dado nosso sofrimento e adoecimento coletivo), somado a grandes decepções, usurpações, apropriações indevidas do nosso capital intelectual e barreiras (físicas, financeiras, tecnológicas).

> O neoliberalismo valoriza a realização individual e a responsabilidade pessoal acima das ideias coletivas relativas ao bem público. Nessa lógica, problemas sociais podem ser mais bem resolvidos pela objetividade das soluções de mercado, não políticas de ação coletiva. (Collins, 2017, p. 15, on-line).

Nesse contexto, a informação torna-se essencial para tornar visível a realidade frequentemente ignorada, que inclui relatos verdadeiros e dolorosos. Diante da acusação de prática da pretensa "alienação parental", é crucial questionar os pressupostos que "sustentam" essa pseudociência. Do que valem os dados, pesquisas, recomendações, notas técnicas e reportagens sobre feminicídios e estupros (chancelados pela LAP) se todas as denúncias são desconsideradas? As inconsistências são evidentes e precisam ser reconhecidas!

3. A IMPORTÂNCIA E A NECESSIDADE DOS MOVIMENTOS SOCIAIS MATERNOS NA LUTA PELA REVOGAÇÃO DA LAP

Nesse cenário jurídico e social de desmoralização e demonização da função materna onde o papel de proteção é deturpado como "alienação", que se intensificou com o advento da LAP, não existe escolha para as mulheres mães além da resistência, sendo assim os movimentos sociais maternos surgem como a única alternativa, a insurgência!

E como diz o lema das pessoas com deficiências:[48] "*nada sobre nós sem nós*", esse é o lugar legítimo das mulheres mães que constroem os movimentos sociais maternos, protagonistas dessa luta pelo fim da violência e pelo direito de proteger suas/seus filhas/os, na busca de estratégias de sobrevivência, para impulsionar a construção social e política da revogação da LAP e o banimento do termo alienação parental e correlatos. Pertence às mulheres mães esse lugar de engajamento nessa luta, pois somente elas são direta e profundamente prejudicadas em todas as dimensões de suas vidas (trabalho, saúde, maternidade, financeira, social, emocional), deixando sequelas permanentes, o que não impacta as/os profissionais do direito, psicologia e serviço social que somam a essa luta, mas são percepções e interesses diferentes com convergências quando o profissional atua com ética.

> Os elos que se estabelecem entre as mães não se dão apenas em uma dimensão organizacional ou estratégica. Como mencionamos, elas estabelecem entre si uma rede de solidariedade e apoio mútuo que implica a construção das subjetividades e identidades coletivas. De acordo com Geoffrey Pleyers (2018), o processo de subjetivação faz parte da confecção de uma "identidade positiva e propositiva" que permitirá a constituição do movimento social, deslocando os sujeitos da condição de vítima para a condição de ator social, em meio às demandas contra a impunidade e por reconhecimento de direitos. (Sanches *et al.*, 2020, p. 169).

---

48 A Convenção sobre os Direitos das Pessoas com Deficiência trouxe um novo paradigma para a inclusão: Nada sobre nós, sem nós. O slogan "nothing about us without us" ("nada sobre nós, sem nós"), entoado em todos os idiomas na ONU, evidenciou o protagonismo das pessoas com deficiência durante todo o processo da Convenção (Cintra, 2021).

Os movimentos sociais maternos contra a LAP iniciam suas incidências com a ativista Natacha Orestes; em 2015, com suas pesquisas e estudos sobre a "SAP" e seu idealizador Richard Gardner; a partir de 2016 ela cria o perfil no Instagram @Brasil Contra a SAP para divulgação de suas análises sobre o tema. Nesse mesmo ano surge o Coletivo Mães na Luta, que começa a reunir mulheres mães, de vários estados, que estavam em processos de acusação de "SAP", "AP", ameaças e perdas de guarda para pais (homens) agressores sexuais e passam a sensibilizar e chamar a atenção de advogadas, feministas para a gravidade das situações processuais e inversão dos papéis no judiciário, nas perícias psicológicas e sociais, com o predomínio de acusações dos supostos atos de "alienação parental" às mães que denunciavam. Em 2017, então, se institui o Coletivo de Proteção à Infância Voz Materna, na perspectiva de serem as vozes maternas na defesa de suas filhas e filhos, cujo percurso já foi descrito anteriormente.

Nessa trajetória de luta pela revogação da LAP e banimentos dos termos protagonizada pelos movimentos sociais maternos, acumulamos tentativas, construções de diálogos, apoios, sabotagens, promessas, ameaças, realizações, atentados contra a vida das mulheres-mães ativistas e enfrentamos dois grandes desafios: o primeiro diz respeito a não sucumbir e desistir das incidências políticas em razão do agravamento do adoecimento emocional (do enfrentamento e das nossas sequelas); e o segundo está relacionado ao avanço efetivo do comprometimento dos movimentos feministas, conselhos de direitos, conselhos profissionais e parlamentares no enfrentamento às violências, já que, diante de tantas notas técnicas, recomendações e projetos de lei, pouco progredimos e as mulheres mães seguem diariamente sendo assassinadas e crianças e adolescentes estuprados, já que a LAP continua vigente.

Cabe aos movimentos sociais maternos a provocação do diálogo a fim de ampliar apoios, sensibilizar e comprometer algum/a parlamentar que apresente um projeto de lei elaborado com a participação das mulheres mães e que contemple as demandas necessárias para a revogação da LAP e o banimento do termo e correlatos, bem como uma proposta real de engajamento para a aprovação.

CONSIDERAÇÕES FINAIS

Os movimentos sociais maternos no Brasil representam um divisor de águas na luta pelos direitos humanos das mulheres mães, crianças e adolescentes, como uma potência na resistência, articulação e construção de conhecimento legítimo pautado em vivências, estudos e pesquisas. Uma vez que a motivação e o engajamento nessa luta pela sobrevivência afeta de forma diferenciada as mulheres mães que vivenciam as violências perpetradas pelo uso da ideologia da "AP".

Ao longo desses anos de ativismo e aprendizados, evoluímos para entender e defender que o direito a viver uma maternidade sem violências e proteger nossas filhas e filhos perpassa a revogação da LAP, sendo imprescindível banir o termo e seus correlatos do ordenamento jurídico brasileiro, incluindo a proibição pelos profissionais da psicologia, medicina e serviço social, já que a ideologia da "AP" interfere de forma velada na compreensão (distorcida ou negligenciada) da dinâmica da violência doméstica e familiar contra mulheres mães, crianças e adolescentes, assim como na violência sexual intrafamiliar, em especial quando o autor das violências é o pai.

Seguimos na luta até que todas sejamos livres da violência!

#RevogaLAP

#Proíbetermoap

#Agressornãoépai

REFERÊNCIAS

ACNUDH — Alto Comissariado das Nações Unidas para os Direitos Humanos. (2022). Peritos da ONU apelam ao novo governo para combater a violência contra as mulheres e meninas e revogar a Lei da Alienação Parental. Disponível em: https://acnudh.org/pt-br/brasil-peritos-da-onu-apelam-ao-novo-governo-para-combater-a-violencia-contra-as-mulheres-e-meninas-e-revogar-a-lei-da-alienacao-parental/. Acesso em: 10 jul. 2024.

AGÊNCIA PATRÍCIA GALVÃO. Por que as taxas brasileiras são alarmantes? 2015. Disponível em: https://dossies.agenciapatriciagalvao.org.br/feminicidio/capitulos/qual-a-dimensao-do-problema-no-brasil/. Acesso em: 5 jul. 2024.

ANDRADE, A. P.; LEMOS, S. L.; MOTOSI, P.; STOLZ, S. **El uso de la Ley de alienación parental (Ley 12.318/2010) como dispositivo para banalizar la violencia doméstica y familiar contra mujeres y niños en Brasil**: Informe Sombra y sus reflejos. 1. ed. Rio de Janeiro: Ed. Clube dos Autores, 2022.

ANDRADE, A. P.; LEMOS, S. L. "Lei de Alienação Parental e a Lei da Guarda Compartilhada Obrigatória: para o melhor interesse da manutenção da violência contra mulheres mães e crianças". **Praia Vermelha**: Dossiê Feminismos e Serviço Social, Rio de Janeiro, v. 32, n. 1, 2022. Disponível em: https://revistas.ufrj.br/index.php/praiavermelha/article/view/43935. Acesso em: 1 jul. 2024.

ANDRADE, A. P.; LEMOS, S. L. Informe Sombra: la utilización de la Ley de Alienación Parental (Ley n.º 12.318/2010) como dispositivo para banalizar la violencia doméstica y familiar contra mujeres y niños en Brasil, Actualizaciones/2024. Disponível em: https://tbinternet.ohchr.org/_layouts/15/TreatyBodyExternal/DownloadDraft.aspx?key=YT9VK9E6jAj6S4CPg6EyUvR5t/kDR2Md2r2Ehklym4l-V1olIcIi5880SRBCrejPF2rSvCVdp20KU23wA/UFHig==. Acesso em: 7 jul. 2024.

ANDRADE, A. P.; LEMOS, S. L. O atravessamento da ideologia da Alienação Parental contra Mulheres/Mães docentes universitárias como ferramenta de tortura. *In*: CORRÊA, M. S. *et al*. **Por onde andamos?** Experiências e Perspectivas das Múltiplas Maternidades nas Universidades. Rio de Janeiro: Ed. das Autoras, 2023. Disponível em: https://www.nucleomaterna.org/e-book-por-onde-andamos. Acesso em: 1 jul. 2024.

ANDRADE, A. P.; LEMOS, S. L. Quando o Estado legitima a violência contra as mulheres. Sul21, 2021. Disponível em: https://sul21.com.br/opiniao/2021/08/quando-o-estado-legitima-a-violencia-contra-as-mulheres-por-alessandra-andrade-e-sibele-lemos/. Acesso em: 10 jul. 2024.

APASE — Associação de Pais e Mães Separados. Website. Disponível em: https://alienacao-parental-apase.com.br/sobre.php. Acesso em: 10 jul. 2024.

BRASIL. **Decreto n.º 7.247, de 19 de abril de 1879**. Reforma o ensino primário e secundário no município da Côrte e o superior em todo o Império. Disponível em: https://www2.camara.leg.br/legin/fed/decret/1824-1899/decreto-7247-19-abril-1879-547933-publicacaooriginal-62862-pe.html. Acesso em: 10 jul. 2024.

BRASIL. Câmara dos Deputados. **Projeto de Lei n.º 2.812, de 2022**. Disponível em: https://www.camara.leg.br/proposicoesWeb/fichadetramitacao?idProposicao=2338753. Acesso em: 10 jul. 2024.

BRASIL. Câmara dos Deputados. **Projeto de Lei n.º 3.792, de 2015**. Disponível em: https://www.camara.leg.br/proposicoesWeb/fichadetramitacao?idProposicao=2057263. Acesso em: 10 jul. 2024.

BRASIL. Câmara dos Deputados. **Projeto de Lei n.º 4.053, de 2008**. Disponível em: https://www.camara.leg.br/proposicoesWeb/prop_mostrarintegra?codteor=601514&filename=Tramitacao-PL%204053/2008. Acesso em: 10 jul. 2024.

BRASIL. Câmara dos Deputados. **Projeto de Lei n.º 642, de 2024**. Disponível em: https://www.camara.leg.br/proposicoesWeb/fichadetramitacao?idProposicao=2419851. Acesso em: 10 jul. 2024.

BRASIL. Código Eleitoral. **Decreto n.º 21.076, de 24 de fevereiro de 1932**. Disponível em: https://www2.camara.leg.br/legin/fed/decret/1930-1939/decreto-21076-24-fevereiro-1932-507583-publicacaooriginal-1-pe.html. Acesso em: 10 jul. 2024.

BRASIL. Congresso Nacional. **Projeto de Lei n.º 1.235, de 2023**. Disponível em: https://www.congressonacional.leg.br/materias/materias-bicamerais/-/ver/pl-2235-2023. Acesso em: 10 jul. 2024.

BRASIL. Congresso Nacional. **Projeto de Lei n.º 1.372, de 2023**. Disponível em: https://www.congressonacional.leg.br/materias/materias-bicamerais/-/ver/pl-. Acesso em: 10 jul. 2024.

BRASIL. **Constituição da República Federativa do Brasil de 1988**. Brasília, DF: Presidente da República, 1988. Disponível em: https://www.planalto.gov.br/ccivil_03/constituicao/constituicao.htm. Acesso em: 10 jul. 2024.

BRASIL. Lei da Guarda Compartilhada. **Lei n.º 13.058, de 2014**. Disponível em: https://www.planalto.gov.br/ccivil_03/_ato2011-2014/2014/lei/l13058.htm. Acesso em: 1 jul. 2024.

BRASIL. **Lei de 15 de outubro de 1827**. Manda criar escolas de primeiras letras em todas as cidades, villas e logares mais populosos do Império. Disponível em: https://www.planalto.gov.br/ccivil_03/leis/lim/LIM..-15-10-1827.html. Acesso em: 10 jul. 2024.

BRASIL. Lei Maria da Penha. **Lei n.º 11.340, de 7 de agosto de 2006**. Disponível em: http://www.planalto.gov.br/ccivil_03/_ato2004-2006/2006/lei/l11340.htm. Acesso em: 1 jul. 2024.

BRASIL. **Lei n.º 4.121, de 27 de agosto de 1962**. Dispõe sobre a situação jurídica da mulher casada. Disponível em: https://www.planalto.gov.br/ccivil_03/leis/1950-1969/l4121.htm. Acesso em: 10 jul. 2024.

BRASIL. **Lei n.º 6.515, de 26 de dezembro de 1977**. Regula os casos de dissolução da sociedade conjugal e do casamento, seus efeitos e respectivos processos, e dá outras providências. Disponível em: https://www.planalto.gov.br/ccivil_03/leis/l6515.htm. Acesso em: 10 jul. 2024.

BRASIL. Supremo Tribunal Federal. **ADI 4424, Acórdão**. Disponível em: https://redir.stf.jus.br/paginadorpub/paginador.jsp?docTP=TP&docID=6393143. Acesso em: 10 jul. 2024.

CEDAW/ONU. Committee on the Elimination of Discrimination against Women. Concluding observations on the combined eighth and ninth periodic reports of Brazil. 2024. Disponível em: https://tbinternet.ohchr.org/_layouts/15/TreatyBodyExternal/Countries.aspx?CountryCode=BRA&Lang=EN. Acesso em: 5 jul. 2024.

CINTRA, F. A Convenção sobre os Direitos das Pessoas com Deficiência trouxe um novo paradigma para a inclusão: Nada sobre nós, sem nós. 2021. Disponível em: https://iparadigma.org.br/um-novo-paradigma-para-inclusao-nada-sobre-nos-sem-nos/. Acesso em: 9 set. 2024.

COLLINS, P. H. Se perdeu na tradução? Feminismo negro, interseccionalidade e política emancipatória. **Parágrafo**, v. 5, n. 1, jan./jun. 2017. Disponível em: https://edisciplinas.usp.br/pluginfile.php/5509704/mod_resource/content/0/559-1734-1-PB.pdf. Acesso em: 1 jul. 2024.

COM FACA E TIRO: 80% das tentativas de feminicídio no país são contra mães. Universa UOL. 2021. Disponível em: https://www.uol.com.br/universa/noticias/redacao/2021/07/15/com-faca-e-tiro-80-das-tentativas-de-feminicidio-no-pais-sao-contra-maes.htm. Acesso em: 3 jul. 2024.

CONSELHO FEDERAL DE PSICOLOGIA. Nota Técnica n.º 4/2022/GTEC/CG. 1 de setembro de 2022. Disponível em: https://site.cfp.org.br/wp-content/uploads/2022/08/SEI_CFP-0698871-Nota-Tecnica.pdf. Acesso em: 5 jul. 2024.

CONSELHO FEDERAL DE SERVIÇO SOCIAL. Nota Técnica. O trabalho de assistentes sociais e a Lei de Alienação Parental (Lei n.º 12.318/2010). (2022). Disponível em: https://www.cfess.org.br/arquivos/nota-tecnica-LAP-2022-dez.pdf. Acesso em: 5 jul. 2024.

CONSELHO NACIONAL DE DIREITOS HUMANOS. Recomendação n.º 6, de 18 de março de 2022. Disponível em: https://www.gov.br/participamaisbrasil/recomendacaon6-2022. Acesso em: 1 jul. 2024.

CONSELHO NACIONAL DE SAÚDE. Recomendação n.º 3/2022. Brasília, 11 de fevereiro de 2022. Disponível em: http://conselho.saude.gov.br/recomendacoes-cns/2337-recomendacao-n-003-de-11-de-fevereiro-de-2022. Acesso em: 1 jul. 2024.

CONSELHO NACIONAL DOS DIREITOS DA MULHER. Recomendação n.º 1 de 12 de agosto de 2023. Disponível em: https://www.in.gov.br/web/dou/-/recomendacao-n-1-de-12-de-setembro-de-2023-50974072. Acesso em: 2 jul. 2024.

CPI VOZ MATERNA. Mitos, Pseudociência e a Legitimação da Violência Contra as Mulheres. YouTube, 11 de julho de 2020. Disponível em: https://www.youtube.com/@cpivozmaterna/videos?view=0&sort=dd&shelf_id=1. Acesso em: 2 jul. 2024.

DALLAN, S. J. The Parental Alienation Syndrome: Is it scientific? (1998). Disponível em: https://apmj.pt/files/154/Alienacao-Parental/415/The-Parental-Alienation-Syndrome--Is-It-Scientific---Stephanie-J-Dallam.pdf. Acesso em: 2 jul. 2024.

DATAFOLHA: metade das mães brasileiras são solo e 69% das mulheres no país têm ao menos 1 filho. Brasil de Fato, 2023. Disponível em: https://www.brasildefato.com.br/2023/05/14/datafolha-metade-das-maes-brasileiras-sao-solo-e-69-das-mulheres-no-pais-tem-ao-menos-1-filho. Acesso em: 2 jul. 2024.

DELEUZE, G. Post-scriptum sobre as sociedades de controle. Tradução de Peter Pál Pelbart, 1990. Disponível em: https://edisciplinas.usp.br/pluginfile.php/81001/mod_resource/content/1/TC%20Post%20scriptum%20sobre%20as%20sociedades%20de%20controle.pdf. Acesso em: 1 jul. 2024.

FAÇA BONITO. Nota em defesa da dignidade da infância pela revogação da Lei de Alienação Parental n.º 12.318/2010. 26 de janeiro de 2023. Disponível em: https://www.facabonito.org/post/revogacaodalap. Acesso em: 8 jul. 2024.

FALUDI, S. **Backlash**: o contra-ataque na guerra não declarada às mulheres. Tradução de Mario Fondelli. Rio de Janeiro: Rocco, 2001. (Gênero Plural).

FLECK, G. Mães pedem revogação da Lei de Alienação Parental: "Não vamos tolerar mais ameaças". Sul21, Porto Alegre, 12 set. 2018. Movimentos/Z, AreaZero. Disponível em: https://sul21.com.br/movimentosz_areazero/2018/09/maes-pedem-revogacao-da-lei-de-alienacao-parental-nao-vamos-tolerar-mais-ameacas/. Acesso em: 2 jul. 2024.

FÓRUM BRASILEIRO DE SEGURANÇA PÚBLICA. 17º Anuário Brasileiro de Segurança Pública. São Paulo: Fórum Brasileiro de Segurança Pública, 2023. Disponível em: https://forumseguranca.org.br/wp-content/uploads/2023/07/anuario-2023.pdf. Acesso em: 2 jul. 2024.

FÓRUM BRASILEIRO DE SEGURANÇA PÚBLICA. Visível e Invisível. São Paulo: Fórum Brasileiro de Segurança Pública, 2023. Disponível em: https://forumseguranca.org.br/wp-content/uploads/2023/03/visiveleinvisivel-2023-relatorio.pdf. Acesso em: 2 jul. 2024.

GOMES, L. E. Mães denunciam uso da Lei de Alienação Parental para silenciar relatos de abuso sexual de crianças. Sul21, Porto Alegre, 13 set. 2017. Últimas Notícias, Geral AreaZero. Disponível em: https://sul21.com.br/ultimas-noticias--geral-areazero-2/2017/09/maes-denunciam-uso-da-lei-de-alienacao-parental-para-silenciar-relatos-de-abuso-sexual-de-crianca. Acesso em: 2 jul. 2024.

LEMOS, S. L. A ideologia da "alienação parental" como ferramenta de controle do patriarcado na forma da Lei de alienação parental (12.318/2010) no Brasil. (2024). Seminário Internacional Fazendo o Gênero 13 — Contra o Fim do Mundo! Disponível em: https://www.fg2024.eventos.dype.com.br/anais/trabalhos/lista#S. Acesso em: 8 set. 2024.

MARMELSTEIN, G. Efeito Backlash da Jurisdição Constitucional: reações políticas ao ativismo judicial. 2017. Disponível em: https://www.studocu.com/pt-br/document/instituto-tecnologico-de-aeronautica/introducao-a-direto/texto-de-discussao-02-efeito-backlash-da-jurisdicao-constitucional/52863067. Acesso em: 10 jul. 2024.

MENDES, J. A. de A.; LORDELLO, S. R.; ORMEROD, T. Uma proposta de compreensão bioecológica do princípio dos melhores interesses da criança/adolescente nos casos de disputa de guarda. *In*: MENDES, J. A. de A.; BUCHER-MALUSCHKE, J. S. N. F. (org.). **Perspectiva sistêmica e práticas em psicologia**: temas e campos de atuação. Curitiba: Editora CRV, 2020, p. 53–78.

MENDES, J. A. de A.; ORMEROD, T. O princípio dos melhores interesses da criança: uma revisão integrativa de literatura em Inglês e Português. **Psicologia em Estudo**, Maringá, v. 24, 2019.

MENDES, J. A. de A. Genealogia, pressupostos, legislações e aplicação da teoria de alienação parental: uma (re)visão crítica. *In*: SILVA, I. R. (org.). **Cadernos sobre Alienação Parental**. Brasília, DF: Conselho Federal de Psicologia, 2019, p. 10–35.

MENDES, J. A. de A.; OLIVEIRA-SILVA, L. As alegações de "alienação parental" e os vieses de gênero e misoginia em processos de guarda e convivência. *In*: BASTOS, E. F.; GIANCHIN, J.; COPETTI, L. V.; LEMOS, M. M. F. (ed.). **Direito**

das Famílias, Vulnerabilidades e Questões de Gênero. Instituto Brasileiro de Direito de Família, IBDFAM, 2022, p. 44–65.

MOURA, I. de O. E. de S.; SILVA, J. M. S. Maternidade como marcador da diferença nas relações sociais. **Revista Mosaico**: Revista de História, Goiânia, v. 16, n. 4, p. 54–64, 2024. DOI: 10.18224/mos.v16i4.13536. Disponível em: https://seer.pucgoias.edu.br/index.php/mosaico/article/view/13536. Acesso em: 7 set. 2024.

NÚMERO DE FEMINICÍDIOS EM 2023 É O MAIOR DA SÉRIE HISTÓRICA NO BRASIL, diz Fórum de Segurança Pública. Brasil de Fato, 2024. Disponível em: https://www.brasildefato.com.br/2024/03/07/numero-de-feminicidios-em--2023-e-o-maior-da-serie-historica-no-brasil-diz-forum-de-seguranca-publica. Acesso em: 10 jul. 2024.

ONU — Organização das Nações Unidas. AL BRA 10/2022. (2022). Disponível em: https://spcommreports.ohchr.org/TMResultsBase/DownLoadPublicCommunicationFile?gId=27626. Acesso em: 10 jul. 2024.

RICH, A. **Of Woman Born**. Motherhood as Experience and Institution. Nova Iorque: W. W. Norton & Company, 1986.

SANCHES, T.; ALMEIDA, B.; PAIVA, A. Movimentos sociais, controle social repressivo e criminalização no Rio de Janeiro. Revista Brasileira de Sociologia, Porto Alegre, v. 8, n. 20, p. 153–176, set.-dez. 2020. Disponível em: https://rbs.sbsociologia.com.br/index.php/rbs/article/view/rbs.740/pdf_740. Acesso em: 12 set. 2024.

SÃO PAULO. **Decreto n.º 26.769, de 6 de agosto de 1985**. Cria a Delegacia de Polícia de Defesa da Mulher. Disponível em: https://www.al.sp.gov.br/norma/54303. Acesso em: 10 jul. 2024.

SOS PAPAI E MAMÃE. Website. Disponível em: https://www.sos-papai.org/. Acesso em: 10 jul. 2024.

STOLZ, Sheila; LEMOS, Sibele de Lima. Discursos Judiciais de Aplicação da Lei de Alienação Parental: A Sindêmica Violência Simbólica e Real de Gênero em tempos de Corona Virus Disease. *In:* MELO, Ezilda (org.). **Maternidade no Direito Brasileiro**: Padecer no Machismo. São Paulo: Tirant lo Blanch, 2021.

UMA LEI ALIENANTE QUE ALIENA: A LEI DA ALIENAÇÃO PARENTAL E OS DESAFIOS À POLÍTICA INFANTOJUVENIL NO BRASIL

Cynthia Ciarallo

RESUMO: este capítulo discute a Lei de Alienação Parental (LAP), promulgada no Brasil em 2010, no contexto da política infantojuvenil, e os desafios impostos ao Sistema de Garantia de Direitos de Crianças e Adolescentes. O texto apresenta uma crítica à lógica adultocêntrica e punitiva da LAP, que utiliza a narrativa de proteção ao "melhor interesse da criança" para, na prática, reforçar relações patriarcais e misóginas. A partir de uma análise da audiência pública que antecedeu a aprovação da lei, são destacadas as fragilidades dessa legislação, como o foco na punição dos pares parentais, a patologização das relações familiares e a alienação das próprias crianças, cujas vozes são silenciadas. O capítulo também aborda a interseccionalidade de gênero e raça no impacto da LAP, evidenciando como essa lei tem sido utilizada para desqualificar denúncias de violência doméstica e familiar, especialmente contra mulheres-mães. A conclusão destaca que a LAP aliena os direitos infantojuvenis e, ao contrário de proteger crianças e adolescentes, perpetua a vulnerabilidade desses sujeitos ao priorizar os interesses do mundo adulto.

Palavras-chave: Alienação Parental; Política Infantojuvenil; Direitos da Criança; Sistema de Justiça; Punição Parental; Patologização.

INTRODUÇÃO

A mudança de paradigma na política infantojuvenil no Brasil — da Doutrina da Situação Irregular para a Doutrina da Proteção Integral — trouxe desdobramentos significativos de ordem material e discursiva como a produção de conhecimentos e procedimentos judiciais a partir do Sistema de Garantia de Direitos de Crianças e Adolescentes. O movimento de universalizar direitos infantojuvenis, preconizado na Constituição Federal (1988) e regulamentado no Estatuto da Criança e do Adolescente (1990), a despeito da condição sociopolítica desses atores, trouxe impactos no sistema de justiça, especialmente se pensarmos que a passagem da condição de "objetos" de direito para "sujeitos" de direito desses atores trouxe a narrativa "do melhor interesse da criança e do adolescente" nas decisões judiciais. Essa narrativa também se fez presente por ocasião da tramitação do Projeto de Lei (PL) que se desdobrou na Lei n.º 2.318/2010, que dispõe sobre a chamada "alienação parental", foco de nossa reflexão neste capítulo.

O ano era 2009. Ao tempo, foi realizada a primeira e única audiência pública no parlamento para discussão do Projeto de Lei que, uma vez sancionado, impactaria a vida de milhões de pessoas, com destaque às crianças e aos adolescentes. E assim, no ano seguinte, nasce no ordenamento jurídico brasileiro a chamada Lei da Alienação Parental (Lei n.º 12.318/2010), conhecida por LAP. Nessa audiência pública, eu representava o Conselho Federal de Psicologia (CFP) e, ao que me recordo, não havíamos sido acionados, mas, quando tivemos notícia da audiência, dada a preocupação com o tema, imediatamente solicitamos lugar à mesa dos debates. Importante destacar que, na audiência, questionamos a ausência de entidades profissionais e de representações infantojuvenis e fomos a única participação que apontou os perigos da aprovação de uma legislação que se ancorava em um campo que envolvia questões complexas que extrapolariam uma disputa de guarda ou o campo jurídico, além de vermos naquele Projeto de Lei a manutenção de uma lógica adultocêntrica tutelar e patrimonialista sobre a vida de crianças e adolescentes. Solicitamos, naquele momento, que houvesse novas audiências públicas, que se ampliassem espaços para o debate com a sociedade civil, entidades profissionais e de proteção de direitos infantojuvenis antes de dar seguimento à votação do PL. Todavia, sem sucesso, pois a relatoria do PL sinalizava já se encontrar convencida. Assim, surge essa legislação organizada a partir do uso sofismático da máxima garantista do "melhor interesse da criança", uma vez que, a despeito das intenções de seus defensores, utilizou-se da narrativa da proteção integral para, na verdade, sustentar e manter uma lógica tutelar, adversarial e também misógina nas tramas jurídicas, além de priorizar como *modus operandi* a punição de condutas. De toda sorte, é possível produzir uma narrativa jurídica que evoca o "melhor interesse da criança", mas sem exatamente garanti-lo na forma de produzir e/ou operar a legislação.

Assim, no julgamento acerca desse chamado "melhor interesse" é inevitável que um campo moral, às vezes até mesmo religioso, seja subjetivado e aplicado tanto na formulação como na interpretação das leis; nesse último caso, considerando a discricionariedade que é própria de operadoras e operadores do

Direito. Assim, para compreensão das relações entre o saber técnico (reificado) e o senso comum no jogo jurídico envolvendo crianças e adolescentes e seus impactos na vida social, retomamos, neste capítulo, a audiência pública que preconizou a LAP e respectivas narrativas, estabelecendo, também, um diálogo com pesquisas realizadas no campo da Teoria das Representações Sociais, de Serge Moscovici (2009), considerando que as categorias infância, adolescência, família e parentalidade estão presentes na operação da Lei da Alienação Parental, objeto de nossa análise.

1. POLÍTICA INFANTOJUVENIL E SUA OPERAÇÃO A PARTIR DO IMAGINÁRIO SOCIAL

O surgimento de leis em um contexto republicano democrático, para além dos pertencimentos sociais, políticos e econômicos de quem opera o processo legislativo — como parlamentares e grupos de pressão —, está localizado no tempo histórico, nas relações de força e de interesse, na luta e pressão popular, nos conhecimentos circundantes — sejam científicos, do senso comum ou pautados na moral religiosa hegemônica, como temos visto no caso brasileiro, por exemplo.

As legislações infantojuvenis, considerando o tempo de formação da nação Brasil, são iniciativas recentes, resultados dessas diferentes formas de conceber o que é ser criança, o que é ser adolescente. Rizzini (2003), em pesquisa sobre as primeiras legislações no Brasil voltadas para a infância, relata um foco assistencialista e penalista, ancorada na lógica do que chamou de "ideologia cristã" que buscava amparar a criança "órfã e desvalida", em instituições religiosas, com subsídio governamental. A educação era obrigatória, mas não era concebida como um direito e, nos termos do Decreto n.º 1.331-A, de 1854 (*apud* Rizzini, 2003, p. 13), aos "meninos que padecerem de moléstias contagiosas; os que não tiverem sido vaccinados, e os escravos" não lhes era permitido o acesso a escolas.

No âmbito da família, a edição do primeiro Código Civil Brasileiro (1916) consolidava a figura do que seria a família legal: "matrimonializada, patriarcalizada, hierarquizada, heteroparental, biológica e institucional, vista como unidade de produção e de reprodução" (Madaleno, 2011, p. 44).

Logo, estamos falando de uma instituição forte, uma entidade com vida política, jurídica e moral própria de maneira que seus membros — em especial aqueles com menor ou quase nenhum poder político, em especial crianças e mulheres — acabam por reafirmá-la, intensificando sua força ideológica e econômica.

Embora crianças e adolescentes tenham orbitado em distintas legislações brasileiras, o fato é que apenas em 1927 o Brasil publica Lei infantojuvenil específica, o Código de Menores. Todavia, essa Lei não se destinava a toda criança e a todo adolescente, pois tratava sobre assistência, proteção e vigilância a "menores" de 18 anos, que estavam "em situação irregular"; segundo Kaminski (2002), uma formulação doutrinária de origem brasileira.

Importante destacar que, nessa perspectiva, é a criança e o adolescente que estão em situação irregular e, portanto, precisariam ser apartados de seu meio social e institucionalizados em locais próprios para passarem a ter uma suposta "situação regular", conforme o Estado entendesse. Uma verdadeira condição de objeto a ser tutelado, vigiado, controlado, moldado, como seres sem vontade, levados de seus territórios por determinação do mundo adulto, sem tentativas de restabelecimento de laços, sem políticas voltadas para investir no convívio familiar em condições de cidadania plena, segurança e sobrevivência.

Essa legislação menorista vigorou no Brasil até a década de 1980, época histórica importante de retomada democrática do país. Novas diretrizes internacionais e o processo constituinte (1988/1989), com mobilização e articulação de movimentos sociais ávidos por mudanças na política infantojuvenil, foram fundamentais para inserção de uma nova doutrina, da Proteção Integral, como base dessa política, consolidada no art. 227 da Constituição Federal de 1988, regulamentada, posteriormente, no Estatuto da Criança e do Adolescente (ECA) (Lei n.º 8.069/1990), vigente até os dias de hoje.

Quanto à legislação voltada para o Direito de Família, tais avanços democráticos passaram a dar visibilidade para a família como entidade plural, socioafetiva, hetero ou homoparental, pautada na dimensão do afeto (Madaleno, 2011). O poder familiar, que se refere à autoridade sobre filhas/os antes nomeada como "pátrio poder", regido hoje pelo Código Civil de 2002, tem como fundamento de seu exercício "o melhor interesse da criança", ou seja, com garantia de bem-estar e garantia de direitos.

Todavia, tal mudança doutrinária, embora sinalizada em raros avanços legislativos, não sustenta, hoje, uma total ruptura com o modelo de família chamado "tradicional" que ainda coloniza o imaginário social e que por tanto tempo foi, inclusive, positivada em leis no país. No contexto da disputa de guarda e convivência, os melhores interesses da criança/adolescente tendem a se diluir no jogo de interesse de adultos, em seus afetos, em seus patrimônios.

Assim, a criança e o adolescente seguem subordinados à manutenção da instituição "família", cujos papéis não se definem pela simples coabitação de seus membros, mas pela força ideológica, moral e econômica. Dessa maneira, crianças e adolescentes assumem status de patrimônio, logo, de objetos de posse, sendo disputados em uma separação conjugal litigiosa.

Portanto, não é possível falar em processo legislativo sem considerar os atores, as circunstâncias, as forças e o imaginário que operam na produção de uma lei, movimentando e forjando interesses sob o manto da retórica jurídica. Nesse sentido, a Teoria das Representações Sociais oferece contribuições para a compreensão sobre produção e manutenção de conhecimentos, tanto do senso comum como do campo técnico-especializado, pois leva em conta os pertencimentos sociais onde tais conhecimentos são produzidos.

Serge Moscovici (2009) formula a Teoria das Representações Sociais (TRS), uma psicossociologia que estuda os processos sociais, mas sem abrir mão da subjetividade humana, vez que as operações se dão no sujeito. Moscovici entende que, frente a um saber novo, não familiar, as pessoas buscarão transformá-lo em familiar a partir do que já conhecem, de maneira que lhes permita compreender tal saber, numa experiência de sentido e inteligibilidade.

> As representações sociais trazem as marcas das histórias social e individual. Para conhecer a dinâmica das representações é necessário se familiarizar com fatos significativos na história do grupo que se pretende investigar. Colocadas em perspectiva, possibilitam o acesso a cosmovisões partilhadas por grupos sociais, cujos sentidos acabam não somente por orientar suas práticas, mas constroem realidades sociais numa relação dialética com seu meio social (Ciarallo, 2004, p. 71).

Explico. Em pesquisa realizada com análise de processos, figuravam adolescentes como autores de ato infracional; operadores do Direito, seja em pareceres, representações ou sentenças, fundamentavam seus posicionamentos com argumentos menoristas (Doutrina da Situação Irregular), todavia com uma roupagem garantista (Doutrina da Proteção Integral). Essa incongruência é própria da transição do pensamento social, num movimento de acomodação do novo (adolescente em conflito com a lei) a partir de uma concepção já ultrapassada ("menor infrator"), mas que, enfim, forjaram subjetividades ao longo da história. Com base nesse exemplo, é possível perceber que a TRS permite acessar sentidos subjetivos que se forjam na história, na cultura, a partir da experiência individual, mas também coletiva.

Pinheiro (2004) estudou as representações sociais circundantes sobre crianças e adolescentes entre os atores sociais que participaram da Assembleia

Constituinte 1987–88 (ANC — 87–88). Transitou nas Comissões, analisou falas de distintos segmentos envolvidos, de parlamentares constituintes a movimentos sociais, identificando quatro representações sociais mais recorrentes: 1) a criança e o adolescente como objetos de proteção social, na lógica do "menor excluído", sustentado em narrativas humanitárias, mas também religiosas, no sentido de proteger para um futuro de construção e colaboração com a nação e que não incorram em "delinquência"; 2) a criança e o adolescente como objetos de controle e de disciplinamento para a escolarização, com foco no ensino fundamental, e para a profissionalização como prevenção à "delinquência" (termo muito evocado) e fomento a uma condição de produção para a economia nacional; 3) a criança e o adolescente como objetos de repressão social, nesse caso não havia propostas de práticas coercitivas e de confinamento, mas críticas à manutenção do chamado "menor infrator", sendo recorrente a fala da ineficácia do atendimento institucional; 4) a criança e o adolescente como sujeitos de direito foram predominantes nas Emendas Populares, sinalizando a presença das forças sociais e entidades de defesa de direitos. Essa pesquisa permite identificar um convívio possível entre as produções técnicas e normativas que orientaram a Constituinte, como a Doutrina da Proteção Integral e, ao mesmo tempo, a incidência do que chamou de pensamento social brasileiro, este dotado de estigmas, moralismo, autoritarismo e assistencialismo como formas de controle de um tipo de infância e de adolescência.

Em geral, crianças e adolescentes costumam ser vistos, percebidos, classificados e qualificados quando em situações de vulnerabilidade social, seja pela violência doméstica e/ou sexual, seja por envolvimento em atos infracionais. Projetam-se teorias explicativas sobre seus comportamentos e existências. Já no Direito de Família, em processos de guarda e convivência, crianças e adolescentes parecem ocupar um mesmo lugar na cena jurídica, um patrimônio, cujas falas, afetos, comportamentos são considerados em função de uma disputa.

2. A VISÃO DOS PRESSUPOSTOS DE ALIENAÇAO PARENTAL SOBRE OS FILHOS DE PAIS SEPARADOS

Scheneebeli e Menandro (2014, p. 179) buscaram conhecer representações sociais acerca da guarda de filhos:

> [...] o maior desafio da separação do casal com filhos é compreender a diferença entre a inevitável dissolução do vínculo conjugal e a necessária manutenção do vínculo parental. A maioria dos participantes afirmou

que a reação dos filhos à separação influencia a decisão do casal. A representação do filho como amálgama do casal é bastante forte na fala dos participantes, o que indica sua dificuldade em diferenciar conjugalidade de parentalidade.

Em separações litigiosas, as expressões de filhas/os são recortadas de modo que os melhores interesses passam a ser das partes envolvidas na trama jurídica, e não das crianças e adolescentes. Destaca Freitas (2001) que o conjunto dos atos processuais aliado às manifestações das pessoas envolvidas e avaliações psicossociais apresentam uma certa autonomia em relação à criança, ser social, que é representada na imagem outorgada pelo conhecimento do especialista, seja do advogado ou do promotor. Com efeito:

> A criança que se torna sujeito de um processo é apresentada com as práticas narrativas e discursivas do psicólogo, do médico, do jurista, do pedagogo, do assistente social, do sociólogo, etc. Seu comportamento, as expectativas sobre seu futuro, tornam-se subordinados às considerações expressas nas respectivas fontes de estudo (Freitas, 2001, p. 13).

Souza (2019, p. 82), ao recuperar as origens do termo "alienação parental", cunhado pelo psiquiatra norte-americano Richard Gardner, entende que a apropriação do termo pelo Estado brasileiro é a manifestação de um "histórico consórcio entre Psiquiatria e Justiça". O psiquiatra nomeou "síndrome da alienação parental" como um conjunto de sintomas gerados por uma espécie de "programação" ou "lavagem cerebral" feita por um dos pares parentais, com intuito de levar a criança/adolescente a rejeitar o outro par parental. Sim, o saber biomédico, com seu "status de verdade", passa a justificar a punição e o controle dos indivíduos pelo Judiciário, mediante diagnósticos — **vide Capítulos 1, 5 e 14**. Dessa forma, vivências que já seriam próprias dos desafios de uma separação conjugal, dada a carga emocional que tal experiência pode promover, passam a ser tratadas como sintomas que desembocarão em um diagnóstico, a "síndrome da alienação parental". Assim, segundo Gardner, crianças e adolescentes que estão em uma disputa de guarda passam a ser vistos como portadores de um distúrbio, sem credibilidade quanto ao que falam ou, até mesmo, denunciam no sistema de justiça.

O silenciamento de crianças e adolescentes é histórico e de oportunidade: denúncias de violações feitas pelas próprias crianças/adolescente mormente são tratadas como fantasias infantis; e agora, no contexto da Lei da Alienação Parental

(LAP), são tratadas como falsas memórias implantadas, por exemplo, pela mãe com a finalidade de alienar o pai do convívio da criança. E então, na ausência de provas para além do depoimento da criança/adolescente que comprovem uma violência sexual, por exemplo, a mãe é tratada como "alienadora", sendo alcançada pela LAP e, por consequência, revertendo-se a guarda para o pai. Ou seja, uma lei que se afirma como recurso protetivo de crianças e adolescentes contra o assédio psicológico dos pares parentais tão comum em disputas litigiosas tem, na verdade, potencialidade para desqualificar vozes — e até mesmo silenciá-las, dando voz, assim, ao mundo adulto.

> Mas quem, afinal, fala por essas crianças e adolescentes quando esses sujeitos passam por serviços ligados ao sistema de Justiça? E sob quais prismas esses interesses são conhecidos, interpretados e interpelados? Quando tais questões se elevam frente a processos judiciais com a participação de crianças/adolescentes e sob o atravessamento de acusações da prática da chamada "alienação parental", essa problemática ganha ainda maior complexidade, pelo lugar em que normalmente a criança/o adolescente é colocada/o em meio ao conflito dos adultos, geralmente como fonte de alguma pretensa verdade que ela/ele é chamada/o a confirmar ou infirmar, e ainda sob o risco de que isso se dê por pressão, indução ou interferência de um adulto (Nakamura, 2020, p. 30).

Assim, criou-se mais um dispositivo de desproteção da criança/adolescente, sofismando-se na narrativa de seus melhores interesses, fazendo persistir a guerra parental; desta feita, ampliando a vulnerabilidade sociopolítica infantojuvenil. Efetivamente, diferentemente do que se costuma ouvir na retórica jurídica, entendo que crianças e adolescentes não estão nem sequer na centralidade da família, mas o patrimônio ocupa facilmente esse lugar, considerando, inclusive, a objetificação de pessoas, transformando-as em posses.

Em sua pesquisa de doutoramento, Pires (2022) analisou as relações das representações de alienação parental presentes no senso comum (chamado de universo consensual) e no saber técnico-profissional (chamado de universo reificado) a partir da nomeação do termo no campo jurídico e legislativo. A autora afirma que "a síndrome de alienação parental foi facilmente, de forma acrítica, disseminada e ancorada ao nosso universo consensual" (Pires, 2022, p. 133), universo consensual que é chamado de senso comum. Efetivamente, a massificação do termo, sua veiculação em distintos canais, como novelas, filmes, redes sociais etc., inseriu o termo nas conversações, com uma linguagem de fácil compreensão e ancorada numa lógica adversarial entre pares parentais que já era socialmente conhecida.

Ora, a força do Direito é descrita por Bourdieu (2007) como aquela que tem o poder de nomear, de estabelecer formas de ser e fazer no campo jurídico, instituindo um monopólio que ordena saberes, que segrega atores, que valida discursos que reproduzem poderes e práticas já estabelecidos, mormente numa codificação positivada como se neutra e universal o fosse. Nesse sentido, eis que surge um novo ordenamento jurídico, a LAP, que agora passa a nomear a experiência conflituosa que o senso comum sempre nomeou como "falar mal da mãe e do pai" com o termo "alienação parental", levando o fenômeno corriqueiro a um novo status técnico-jurídico e também biomédico (síndrome), configurando o perfeito pacote da judicialização e da patologização em uma só legislação, que fala pelas pessoas, sem, efetivamente, ouvi-las, especialmente as crianças e adolescentes.

Ainda em seu estudo sobre representações sociais da alienação parental, Pires (2022) abordou o que seria a representação de uma criança amnésica, programada, com falsas memórias, aniquilando assim sua própria existência, pois toda sua fala passa a ser tratada como algo que lhe foi incutido, criado ou imaginado por um terceiro. Ou seja, vê-se aqui que a alienação não está apenas em um processo relacional entre um adulto e uma criança, mas na própria criança, tida como um ser alienado, de desrazão. E pessoas alienadas, historicamente, tornam-se proscritas.

> Os pressupostos de alienação parental patologizam a relação da criança e de outros membros da família diante da situação de divórcio, a qual é um momento de crise para família. Os pressupostos de AP não reconhecem pais e filhos com raiva, muitas vezes expressada de forma inadequada em função da situação de crise que a família enfrenta. Esses comportamentos são previsíveis na situação de pós-divórcio (Mendes, 2019, p. 24).

Embora não seja o foco do presente capítulo, inevitável destacar também as relações de gênero e sua interseccionalidade com a LAP, isso para não afirmar, de modo mais radical, que a base dessa Lei está na misoginia, pois assim tem repercutido seu uso desde sua promulgação — **vide Capítulos 1, 5, 8, 10, 11 e 14**. Nessa trama jurídica, evoca-se a nomeação de mulheres como vingativas e possessivas, como se a maternidade não tivesse um caráter "socialmente compulsório" no ciclo de vida das mulheres. Basta ver estatísticas que apontam um crescimento contínuo de mães solo no Brasil, mães sobre as quais recaem todas as responsabilidades da casa, com o trabalho, com os filhos, com a sobrevivência.

É comum encontrar análises em canais interativos de discussão que a LAP seria uma resposta à promulgação da Lei Maria da Penha, que, enfim, colocou na agenda nacional a violência doméstica — **vide Capítulos 1, 5, 11 e 15**. A LAP não só transforma tais denúncias em falsas memórias como fomenta violências de gênero, no mínimo patrimoniais e simbólicas. E tais situações, por óbvio, repercutem no que seria "o melhor interesse da criança". É comum encontrar relatos de mulheres: "se denunciamos, somos alienadoras, se nos calamos, somos coniventes".

Além das relações de gênero, urge a discussão da aplicação da LAP levando em consideração questões étnico-raciais. Mariana Régis (2020) descreve sua longa experiência atuando em Varas de Família, afirmando que eventuais lacunas deixadas por mães pretas são vistas com muito maior peso simbólico nos Tribunais, especialmente em relações inter-raciais. Destaca que há um ideário coletivo marcado por valores da escravização que leva a uma leitura de pais homens brancos como mais capazes, mais qualificados para exercerem a guarda de um filho que uma mãe preta, especialmente se ela passa a ser considerada a alienadora, pejorativamente também nomeada como raivosa.

Por outro lado, na história do Brasil com povos da diáspora africana, a lógica da disputa pela guarda de filhos não é exatamente uma realidade recorrente na vida de mulheres pretas.

> Por meio do trabalho doméstico, da culinária e dos mais variados biscates, as mulheres conseguiam garantir, mesmo que em bases precárias, o sustento dos seus. Era comum que as crianças tivessem apenas mãe. A figura do pai, quando não era desconhecida, tinha pouca expressividade. Nesse contexto, cabiam sempre à mulher as maiores responsabilidades e encargos.
>
> [...]
>
> Nas camadas populares não se sustentava o modelo burguês de família que delega à mulher o espaço do lar, a criação dos filhos e a submissão, e ao homem o trabalho, a subsistência da família e o poder de iniciativa. Algumas vezes, o casamento funcionava como um conjunto de entendimentos e ajuda mútua, onde se buscava garantir a própria sobrevivência (Veloso, 1990, p. 211).

Embora não seja foco deste capítulo o debate étnico-racial no contexto da LAP, urge trazer essa discussão interseccional, uma vez que, embora essa Lei possa atingir a todas as pessoas, mormente está localizada sua evocação e aplicação em segmentos sociais específicos, considerando que para a grande maioria das mulheres pretas, neste país, a guarda passa a adotar um caráter compulsório para elas, considerando o racismo estrutural.

Quanto às crianças e adolescentes negras/os, há também uma escassa produção sobre o impacto do racismo em contextos de disputa de guarda e convivência. É comum encontrarmos produções acadêmicas sobre esse público no campo da adoção, da institucionalização, da política socioeducativa, que são ainda e infelizmente lugares estigmatizados no imaginário social, o que pode demonstrar os efeitos do racismo estrutural também na produção acadêmica.

Questões de ordem étnico-racial e de gênero, tão importantes para o debate da política infantojuvenil, não foram trazidas na formulação da LAP, ampliando ainda mais sua lacuna como dispositivo que se autodeclarava voltado ao melhor interesse da criança. O debate, aparentemente, era apenas branco, sobre crianças e adolescentes brancas/os impulsionado por uma maioria de homens brancos, associados em uma agremiação naquele momento.

Assim, apresentamos aqui um diálogo com a TRS enquanto ferramenta teórica para conversar com a produção de significados e sentidos que circulam em torno da chamada alienação parental, como tal conceito foi se incorporando à rotina das pessoas, produzindo inteligibilidade tanto a partir da experiência pessoal como da experiência coletiva.

3. UMA LEI PARA PROTEGER "O MELHOR INTERESSE" DO MUNDO ADULTO

Retomando o processo legislativo de consolidação da LAP como já dito, houve apenas uma única audiência pública, composta, originalmente, por quatro integrantes convidados, sendo um deles o Conselho Federal de Psicologia (CFP), que acionou o gabinete da relatoria do PL para participar da referida audiência. Entre as manifestações na audiência, apenas o CFP destacou os perigos do PL, seus desdobramentos e requereu novas oportunidades para discussão da matéria, inclusive com outras entidades profissionais e de direitos infantojuvenis. Todavia, infelizmente, a relatoria já estava convencida e assim o PL passou pela Câmara Federal, pelo Senado Federal (onde chegamos a tentar uma audiência pública, mas sem sucesso) e seguiu até a sanção presidencial, sem nenhuma outra oportunidade para qualificar o debate de uma legislação que segue ameaçando direitos, promovendo vulnerabilidades, gerando violências ao convívio familiar, em seu sentido constitucional, silenciando crianças e adolescentes, sobretudo.

Nesta parte do capítulo, a partir de uma breve análise, dialogaremos com as narrativas que foram apresentadas na audiência pública mencionada.

3.1. Uma Lei que pode eliminar o convívio familiar com o guardião

A relatora do Projeto de Lei abriu a audiência pública com a seguinte fala:

> [a proposta é] inovadora para a legislação e dialoga com uma situação muito conhecida de todos nós: as circunstâncias que muitos chamam de implantação de falsas memórias e que compõem, em torno da vida das crianças e jovens, falsas circunstâncias que acabam afastando-as do direito ao convívio na família. Aquelas situações em que as pessoas terminam o relacionamento, separam-se, e de uma parte ou de outra existe uma falsa condição, opinião formada da criança acerca do outro genitor, em geral daquele que não tem a convivência cotidiana com a criança ou com o adolescente. Isso, no nosso modo de ver, é uma atitude absolutamente violenta (Brasil, 2009).

Destaque-se que a relatora apresenta o Projeto de Lei a partir de comportamentos dos pares parentais e seu impacto no afastamento do convívio familiar. Chama a atenção que, ao questionar a figura de um dos pares parentais de alienar a criança/adolescente do convívio do outro, ela sinaliza sua punição, sem ponderar que tal punição também afetaria o convívio familiar da criança e do adolescente. Logo, há uma sinalização de que o foco não estaria no direito ao convívio familiar, *a priori*, mas sim no controle dos pares parentais com medidas punitivas. Além de levar em consideração que crianças/adolescentes são passíveis de serem "programáveis" com falsas memórias. Sim, crianças e adolescentes podem ser influenciados, mas com o advento da proteção integral e com o processo histórico de silenciamento de crianças/adolescentes frente a violências que sofrem, não pode ser um *a priori* para discussão de uma legislação voltada para protegê-la.

Vejamos o caso Bernardo Boldrini, que deu nome à Lei n.º 13.010/2014, a qual alterou o ECA para vedar práticas educativas com castigos físicos e/ou com tratamento cruel e degradante. Bernardo era uma criança de onze anos que foi assassinada por superdosagens de medicamentos, vítima de violências recorrentes praticadas pelo pai e pela madrasta. Bernardo já havia procurado, por iniciativa própria e de maneira solitária, instituições governamentais para que fosse protegido. Mas, por ser criança, não foi ouvido. Sim, ele morreu.

3.2. Uma Lei para combater a vingança do par parental inconformado com o fim do "amor eterno"

Em seguida, na audiência, começaram as participações convidadas; entre elas, a representante de entidade que agremia, nacionalmente, operadores do Direito de Família:

> Ainda que exista o conceito de família feliz, de que o reduto do lar é o espaço de maior realização de uma criança, sabemos também que a realidade é outra quando se rompe o vínculo de convivência — infelizmente é uma realidade que sempre existiu. Estamos acostumados a conviver com isso, com essa tentativa de se vingar, de punir alguém pelo fim do amor eterno. Os filhos acabam sendo manipulados, afastados, ou seja, são transformados em objeto de vingança (Brasil, 2009).

Na fala, chama a atenção a evocação da vingança como resposta ao "fim do amor eterno"; fala de alguém que manipula os filhos e os transforma em objetos de vingança mediante "lavagem cerebral". É sabido que na sociedade patriarcal a figura do amor romântico está culturalmente associada à mulher. Embora Richard Gardner (1985) aborde que os papéis de alienador e alienado podem ser atribuídos tanto para os homens como para as mulheres, identifica-se em seus escritos que quem ocupa, normalmente, o lugar de "alienadora" é a mãe, que, por vingança, programaria, nos filhos, o ódio pelo pai numa espécie de "lavagem cerebral", promovendo falsas memórias negativas sobre o pai. Na própria justificativa que se encontra no Projeto de Lei (Brasil, 2008) consta que a ruptura da relação com o pai da criança/adolescente gera, na mãe, sentimento de abandono, de rejeição, de traição da qual ela quer se vingar e, por não conseguir elaborar a separação, inicia um processo de destruição, desmoralização, de descrédito do ex-cônjuge, afastando-o do filho. Uma narrativa misógina que universaliza o comportamento de mulheres frente às rupturas em suas relações românticas e/ou conjugais.

3.3. Uma Lei para defender pais (homens) de falsas denúncias que sofrem

Assim se manifestou a representante da agremiação nacional de operadores de Direito de Família:

> Há graus nessa tentativa de alijamento, quase uma lavagem cerebral. Muitas vezes se diz: *"Teu pai não te quis mais, teu pai nos abandonou, teu pai*

tem outra família, ele não ajuda, ele não quer te buscar." Chega-se ao ponto — é a mais impressionante arma utilizada — de se fazer a falsa denúncia de abuso sexual, algo muito presente no nosso cotidiano agora. Por quê? Porque simplesmente houve uma mudança no perfil da família. Antes, com a separação, o pai via-se exclusivamente na obrigação de pagar alimentos, fazer visitas periódicas de quinze em quinze dias, uma convivência que não se estabelecia muito, e a mãe ficava com aquele sentido de poder e de propriedade, quase, com relação aos filhos (Brasil, 2009).

Evoca-se, mais uma vez, a prática de falsas denúncias de violência sexual como recurso de vingança do par parental guardião. Aqui, crianças e adolescentes são silenciados pelo argumento de que seriam programados com falsas informações. Ocorre que a Doutrina da Proteção Integral levou o Estado brasileiro a criar mecanismos de escuta protegida, de valorização da fala de crianças e adolescentes, especialmente em contexto de violação de direitos — **vide Capítulo 9**.

A narrativa que se observa aqui é a utilização de uma lei que transformará denúncias em mentiras ou enganos, *a priori*. Tal medida defendida pelo Projeto de Lei vai na contramão das estatísticas nacionais, que apontam que, exatamente por serem crianças e adolescentes, partes hipossuficientes no ambiente doméstico, suas vozes não são ouvidas, sendo, então, a casa o lugar de maior vulnerabilidade de crianças e adolescentes. E, enfim, sendo os homens de sua rede socioafetiva, em sua maioria, os perpetradores da violência sexual contra eles. Como profissional de Saúde, não é incomum ver insegurança nas denúncias feitas por crianças e mulheres vitimizadas pela violência sexual, especialmente quando a suspeita da violência é atribuída a alguém que era de sua confiança. O argumento da falsa memória deixa crianças extremamente vulneráveis, eis que serão desacreditadas.

3.4. Uma Lei para evitar obstáculos a um novo perfil de pai, o "pai responsável"

Assim também se manifesta a representante da entidade de Direito de Família:

[...] houve uma mudança no perfil da família. Antes, com a separação, o pai via-se exclusivamente na obrigação de pagar alimentos, fazer visitas periódicas de quinze em quinze dias, uma convivência que não se estabelecia muito, e a mãe ficava com aquele sentido de poder e de propriedade, quase, com relação aos filhos. Hoje em dia, diante da nossa realidade, na qual os homens começaram a exercitar mais a paternidade responsável, muito até por solicitação da própria mulher, que entrou no mercado de trabalho, há participação mais ativa também quando da separação.

A Lei da Guarda Compartilhada, aprovada por esta Casa, foi um grande passo dado no sentido de determinar e reconhecer a coparticipação de ambos os pais na convivência com os filhos.

Há ainda outra realidade. Ao ver os pais com interesse de convivência com os filhos, a forma de se vingar é alienar, praticar atos que dificultam a convivência entre pais e filhos. A consequência desses atos, principalmente dessas falsas denúncias, é absolutamente perversa.

Interessante destacar que aqui a paternidade demandou ser nomeada como responsável, logo, a responsabilidade não é inerente à paternidade, mas um elemento qualificador. No caso, a legislação permitiria o exercício dessa responsabilidade, não sendo impedida pelo guardião da criança e do adolescente, uma vez que, novamente, a vingança seria obstáculo ao pleno exercício da paternidade. Mais uma vez, percebe-se a figura da vingança, da mulher que domina e que, hoje, impede esse homem que "mudou de perfil" para ter convívio com os filhos.

3.5. Uma Lei para o Estado prevenir punindo

Também se encontrava à mesa o magistrado autor do Projeto de Lei, que assim o justificou:

> Sabemos que esse tipo ato de alienação realmente existe, mas podemos dizer que há uma cegueira do Estado em relação a eles, que estão lá, encobertos. Hoje leva-se esse tipo de ato para o Judiciário, e o grande problema é a tendência de se negar a ocorrência da alienação parental — porque é algo novo, diferente, e exige uma atuação diferenciada que ainda é desconhecida do Judiciário, visto de forma genérica, pois evidentemente há casos especiais de juízes e promotores que saíram na frente e sabem, de alguma maneira, lidar de forma adequada com a alienação parental.
>
> Outra coisa muito comum que acontece quando se leva a questão da alienação parental ao Judiciário é que esses atos que configuram alienação parental acabam sendo encarados como picuinhas, questões menores

> decorrentes da separação, recusando-se o juiz ao exame completo do contexto em que são praticados. Então, o ato isolado não permitiria ao julgador inferir que está havendo uma campanha de desqualificação e de afastamento de um dos genitores da presença do filho. Então, há necessidade de que o Judiciário analise todo o contexto em que o ato é praticado.
>
> [...]
>
> O projeto também estabelece algumas medidas que, apesar de muitas vezes consideradas punitivas, são, na verdade, medidas preventivas que têm o intuito de corrigir a rota na formação da criança. Essas medidas começam com uma simples advertência.
>
> Já recebi muitas críticas, principalmente no começo da tramitação do anteprojeto, no sentido de que a advertência seria algo muito brando e não serviria para a hipótese de alienação parental. Mas há relatos, há artigos sinalizando justamente o contrário. No caso de alienação parental, o mero reconhecimento da alienação parental pelo Judiciário, em muitos casos, já é suficiente para interromper o processo, o que é formidável do ponto de vista da prevenção e da educação (Brasil, 2009).

Aqui há um interesse em instrumentalizar o Poder Judiciário para combater a "alienação parental", para que não trate como algo menor ou como fato isolado. Aqui o foco está no sistema de justiça. Punição e prevenção são tratadas como dispositivos semelhantes, uma vez que, embora fale de prevenção, a própria advertência proposta é uma medida punitiva, mesmo que tenha menor potencial e desdobramentos como sanção. Cita que o PL sofreu críticas por ter medidas brandas para a prática de alienação parental. Aqui, nessa fala, é nítida a preocupação em punir condutas e ter a máquina burocrática atuando nessa direção, criando uma espécie de infração para obter uma resposta repressiva/punitiva. Tal narrativa abre portas para tipificação penal, o que, certamente, gera desdobramentos de toda ordem no convívio familiar, se é que esse é o objetivo da LAP.

3.6. Uma Lei para quebrar a "tática do guardião alienador ou parentalidade hostil", antes apenas chamada de mãe

Em seguida, a convidada era uma jornalista que estava ali para apresentar seu depoimento como pessoa que havia sofrido, em sua fala, os efeitos da alienação parental, quando menor de idade.

> Crescer na obrigação de odiar aquele pai ou de ficar de um ou de outro lado é muito doloroso.
>
> Acho muito importante que os Deputados pensem não no pai e na mãe, mas que pensem na criança e no adolescente.
>
> Punições a que se refere o projeto: quando for detectada a alienação, imediatamente aumentar a convivência com o outro. Isso quebra a tática do alienador ou da parentalidade hostil, ou quaisquer que sejam ou outros nomes que outras correntes da Psicologia deem a isso, porque para mim esse é um problema de direito, de abuso contra a criança, de violação da Constituição Federal, de violação do Estatuto da Criança e do Adolescente.
>
> Quem está usando a alienação não está preocupado com a criança. Aliás, eu acho que quem promove a alienação não podia nem ser chamado de pai e mãe, porque pai e mãe são outra coisa. Quando se é pai e mãe se quer proteger a criança para que ela não sofra; não se quer usá-la como instrumento de mera vingança de uma relação que não deu certo (Brasil, 2009).

A fala, recordo-me, veio acompanhada de mobilização afetiva e, enfim, precisa ser ouvida com reverência. Todavia, destaco que ela, ao encontrar um conceito para nomear sua experiência, "a alienação parental", encontra também uma racionalidade para compreender seus processos; todavia, ao mesmo tempo, isso a afasta do guardião tratado como alienador em sua fala. Afirma, em outro momento de seu depoimento, que a ausência de uma legislação específica para protegê-la a deixou vulnerável "às armadilhas e armações" de sua mãe. Entende que o Estado deveria responder com o aumento do convívio da criança e do adolescente com o par parental e, por isso, defende o Projeto de Lei. Enfim, uma legislação que, ao nomear um dos pares parentais como "alienador", vai alienar a criança e o adolescente da relação de afeto construída, em alguma medida. Assim, o que se tem é uma lei que pretende denunciar uma alienação, alienando.

3.7. Uma Lei para identificar patologias e judicializá-las

Na sequência, manifestou-se uma psicóloga, com atuação em psicoterapia:

> Quero falar do meu lugar de psicóloga clínica com 30 anos de experiência; de quem tem ouvido com grande frequência no consultório uma frase que muito tem me sensibilizado: *"Doutora, eu só quero o direito de ser pai ou mãe."* Essa fala tem chegado a mim por intermédio do meu trabalho de

psicóloga jurídica no acompanhamento, como assessora técnica, de pais e/ou mães vítimas da alienação parental. E também do meu lugar como clínica de pacientes que sofrem ou sofreram a alienação parental, que, sabemos, e está claramente descrito na literatura, pode trazer gravíssimas consequências ao desenvolvimento dessas pessoas.

[...]

Particularmente, tenho a experiência de um paciente que se suicidou vítima da alienação parental. Hoje, eu trabalho o sofrimento do pai, que me procurou quando esse rapaz tinha 13, 14 anos. Eu trabalhei com ele num momento de profunda depressão, até mais ou menos 16 anos, quando ele estava bem e teve alta do processo terapêutico. Acompanhei o processo de longe, porque ele se recusou a voltar à terapia, e contava com o apoio, infelizmente, da mãe alienadora, até os 23 anos, quando ele se suicidou.

[...]

A defesa à criança e ao adolescente, a defesa ao genitor ou à genitora que vive o processo de alienação é necessária. E sempre digo que a defesa ao genitor alienado, que precisa de acompanhamento, de tratamento, também é necessária.

Há 2 anos acompanho o caso de um pai que sofreu denúncia de falso abuso de duas filhas. Ainda bem que o juiz não o afastou, colocou-o para fazer visita acompanhada. Então, não houve a total perda de convivência, mas ele passou 1 ano com uma espada amarrada em um fio de cabelo sobre sua cabeça, porque todos sabemos que abuso sexual é crime hediondo. Hoje, conseguimos provar a falsa denúncia feita contra esse pai. Continua o processo, que já corre há 2 anos.

É um sofrimento enorme para ele, para as crianças, para essa mãe alienadora, para todas as famílias que estão envolvidas nesse processo, porque não é só a criança, o alienador e o alienado que sofrem; as famílias sofrem [...] (Brasil, 2009).

Aqui temos a fala da especialista em Saúde. Relata dois casos, um deles de um adolescente que praticou o autoextermínio e o outro, de um pai, afirma a especialista, "falsamente acusado de abuso sexual". Há uma narrativa biomédica, trazendo à alienação parental o *status* de adoecimento. Também é importante observar que, nos dois exemplos, a mulher é chamada de "mãe alienadora", ou seja, ela é qualificada, marcando um lugar que, certamente, não foi o lugar construído no convívio familiar entre ela e seus filhos até o momento em que o saber especializado a nomeia como "alienadora".

No primeiro exemplo, a especialista estabelece nexo causal entre o suicídio e a chamada — por ela — de "prática alienadora" da mãe, culpando-a pelo autoextermínio de seu filho. No segundo exemplo, a especialista afirma que "conseguimos provar a falsa denúncia" de abuso de um pai contra duas filhas, o qual passou um ano com "uma espada amarrada em um fio de cabelo sobre sua cabeça", uma vez que sabia que a acusação se tratava de um crime hediondo. Também sugere a especialista que as "mães alienadoras" também tenham tratamento. Enfim, encontramos nessa narrativa o que falamos sobre a patologização e sua interface com a judicialização da vida. A classificação biomédica reforça o caráter coercitivo e punitivo na operação do Direito.

E, enfim, o direito da criança/adolescente aqui, embora evocado como o direito ao convívio familiar, concentra-se no direito ao convívio apenas com o par parental que foi, nos termos da lei, "alienado" e, com base nisso, defende a punição, logo, o afastamento, do convívio com a "mãe alienadora".

3.8. Uma Lei em conflito com a lei

À época da audiência, como conselheira do CFP, entidade que orienta e fiscaliza a profissão Psicologia, apontamos fragilidades do Projeto de Lei e propusemos encaminhamentos para melhor qualificar a matéria. Entre as fragilidades, questionamos o fato de uma lei que propunha a garantia do direito à convivência familiar, mas, ao mesmo tempo, propunha, implicitamente, a segregação da mesma família com punição, patologização e desqualificação da parentalidade. Além disso, pelo teor do Projeto de Lei, era possível vislumbrar que nasceria uma lei para acirrar a beligerância e a adversidade entre os pares parentais, indo na direção contrária da proteção infantojuvenil, uma vez que tal lógica reforça uma perversa condição de objeto atribuída e vivenciada por crianças e adolescentes na separação litigiosa.

Também destacamos o lugar de cuidado construído historicamente como atribuição de mulheres, que não se trata de uma decisão isolada ocupar esse espaço solitariamente. Naquele momento, inclusive, era fundamental qualificar e fortalecer o instituto da guarda compartilhada, que havia recentemente sido regulamentada em lei. A alienação parental é um dispositivo que se autodestrói, pois para denunciar a chamada "alienação" de um dos pares parentais cria a alienação do outro, produzindo sentimentos confusos, ambíguos e inseguros:

> [...] A Lei da Alienação Parental é uma lei contraditória em seus intentos, pois alega prevenir algo que sua própria aplicação vai gerar. Logo, totalmente questionável o seu uso para zelar pela garantia de direitos de crianças e adolescentes na convivência familiar, pois, ao punir o cuidador, também os filhos serão punidos, em alguma medida, pois terão que se afastar de atores significativos em seus processos de desenvolvimento. Logo, crianças e adolescentes se sentirão como réus de um processo, cujos depoimentos poderão ser significados por eles como produções de provas contra seus cuidadores e contra si mesmos: "Retiraram-me de meu/minha cuidador/a por culpa minha, por causa do meu depoimento" (Ciarallo, 2019, p. 194).

Proteger o convívio familiar é proteger e garantir o protagonismo da própria família, com envolvimento de distintos atores, mediando as relações de força com políticas públicas através dos distintos equipamentos do Sistema de Garantias, sendo a instância judicial a última a ser acionada.

Há quem defenda a LAP ressaltando que em seu inteiro teor não há menção à "síndrome":

> Art. 2º Considera-se <u>ato</u> de alienação parental a <u>interferência</u> na formação psicológica da criança ou do adolescente <u>promovida ou induzida</u> por um dos genitores, pelos avós ou pelos que tenham a criança ou adolescente sob a sua autoridade, guarda ou vigilância para <u>que repudie genitor ou que cause prejuízo ao estabelecimento ou à manutenção de vínculos com este</u> (Lei 12.1318/2010, grifo meu).

Efetivamente, a LAP não faz menção direta ao termo "síndrome", todavia, fica explícito que o termo utilizado — "alienação parental" — foi aquele desenvolvido pelo psiquiatra norte-americano Richard Gardner (1985). Na LAP, a "alienação" é descrita como um comportamento promovido ou induzido por um dos pares parentais, aquele que tem a responsabilidade de cuidar e que vai interferir na formação da criança ou do adolescente, gerando repúdio a outro genitor. Lendo apenas esse artigo da LAP, é nítido o caráter punitivo e de proteção, na verdade, do mundo adulto. Se fosse para proteção de crianças/adolescentes, a medida não seria punir o par parental tido como alienador, mas sim promover fortalecimento do laço social, estimular a proximidade e o convívio familiar daquele par parental que, em tese, fora alienado. A punição nunca terá o condão de garantir a aproximação.

CONSIDERAÇÕES FINAIS

No presente capítulo estabelecemos um breve resgate histórico da política infantojuvenil brasileira e sua interface com o sistema de justiça e o direito ao convívio familiar de crianças e adolescentes. Retomamos os primórdios da LAP, resgatando as falas da única audiência pública realizada por ocasião de sua proposição no parlamento, destacando narrativas que subsidiaram sua promulgação.

A LAP, como aqui expusemos, surge para controlar e punir condutas em prol de interesses, paixões e racionalidades próprias do mundo adulto, inclusive ampliando a vulnerabilidade de crianças e adolescentes — **vide Capítulos 2 e 7**. Sim, ao sugerir que eventuais denúncias por elas feitas seriam, na verdade, fantasias programadas e induzidas por um par parental com a finalidade de afastá-la do outro.

Inferimos, portanto, que a chamada "busca pelo melhor interesse", a despeito das intenções, incorre, na verdade, em personificação de interesses, numa espécie de objetificação e, por consequência, a patrimonialização de crianças e adolescentes, silenciando-as e tutelando seus afetos, sob uma lógica adversarial na trama familiar.

O uso da chamada "alienação parental", com o fomento do sistema de justiça, vem, na verdade, silenciando crianças e adolescentes de seus processos emancipatórios enquanto sujeitos de direitos. A LAP é alienadora no espírito e na operação da Lei — seu impacto negativo no Sistema de Garantia de Direitos segue vitimando existências e laços, infelizmente.

Na verdade, a LAP é uma lei que não veio para proteger direitos infantojuvenis, mas sim para proteger interesses de adultos sobre a vida de crianças e adolescentes.

REFERÊNCIAS

BOURDIEU, P. **O poder simbólico**. Rio de Janeiro: Bertrand Brasil, 2007.

BRASIL. Câmara dos Deputados. Audiência Pública n.º: 1667/09. 1/10/2009. Disponível em: https://www.camara.leg.br/internet/sitaqweb/textoHTML.asp?etapa=11&nuSessao=1667/09&nuQuarto=0&nuOrador=0&nuInsercao=0&dtHorarioQuarto=10:00&sgFaseSessao=&Data=1/10/2009&txApelido=CONSTITUI%-C3%87%C3%83O%20E%20JUSTI%C3%87A%20E%20DE%20CIDADANIA&txFaseSessao=Audi%C3%AAncia%20P%C3%BAblica%20Ordin%C3%A1ria&txTipoSessao=&dtHoraQuarto=10:00&txEtapa=. Acesso em: 20 jul. 2024.

BRASIL. **Lei n.º 12.318, de 26 de agosto de 2010**. Dispõe sobre a alienação parental e altera o art. 236 da Lei n.º 8.069, de 13 de julho de 1990. Disponível em: https://www.planalto.gov.br/ccivil_03/_ato2007-2010/2010/lei/l12318.htm. Acesso em: 20 jul. 2024.

BRASIL. **Projeto de Lei n.º 4.053/2008**. Dispõe sobre a alienação parental e altera o art. 236 da Lei n.º 8.069, de 13 de julho de 1990 (interferência promovida por um dos genitores na formação psicológica da criança para que repudie o outro, bem como atos que causem prejuízos ao estabelecimento ou manutenção de vínculo com este). Disponível em: https://legis.senado.leg.br/sdleg-getter/documento?dm=4343168&ts=1630422083674&disposition=inline. Acesso em: 30 jun. 2024.

CIARALLO, C. R. C. A. Atendimento a crianças e adolescentes: práxis, justiça e narrativas na garantia de direitos. *In*: CONSELHO FEDERAL DE PSICOLOGIA. **Debatendo sobre alienação parental**: diferentes perspectivas. Brasília: Conselho Federal de Psicologia, 2019, p. 185–198.

CIARALLO, C. R. C. A. **A Justiça em conflito com a lei**: retratos do adolescente no processo judicial. 2004. Dissertação (Mestrado em Psicologia Clínica e Cultura) — Universidade de Brasília, Brasília, 2004.

FREITAS, M. C. Para uma sociologia histórica da infância no Brasil. *In*: FREITAS, M. C. (org.). **História Social da Infância no Brasil**. São Paulo: Cortez; Universidade São Francisco, 1999, p. 11–18.

GARDNER, R. A. Recent trends in divorce and custody litigation. **Academy Forum**, v. 29, n. 2, p. 3–7, 1985.

KAMINSKI, A. K. **O Conselho Tutelar, a criança e o ato infracional**: proteção ou punição? Canoas: Editora da ULBRA, 2002.

MADALENO, R. **Curso de direito de família**. 4. ed. rev. ampl. e atual. Rio de Janeiro: Forense, 2011.

MENDES, J. A. A. Genealogia, Pressupostos, Legislações e Aplicação da Teoria de Alienação Parental: uma (re)visão crítica. *In*: CONSELHO FEDERAL DE PSICOLOGIA. **Debatendo sobre alienação parental**: diferentes perspectivas. Brasília: Conselho Federal de Psicologia, 2019, p. 11–35.

MOSCOVICI, S. **Representações Sociais**: investigações em Psicologia Social. Petrópolis: Vozes, 2009.

NAKAMURA, C. R. O mito do superior interesse da criança e do adolescente. *In*: CONSELHO REGIONAL DE PSICOLOGIA DE SÃO PAULO (org.). **Cristalização, patologização e criminalização da vida no sistema de justiça**: "alienação parental" e a atuação da(o) psicóloga(o). São Paulo: CRP/SP, 2020, p. 27–49.

PINHEIRO, A. A. A. A criança e o adolescente, representações sociais e processo constituinte. **Psicologia em Estudo**, Maringá, v. 9, p. 343–355, 2004.

PIRES, C. A. R. **Representações sociais da alienação parental**: entre o senso comum e a práxis em psicologia. 2022. Tese (Doutorado em Psicologia) — Universidade de São Paulo, São Paulo, 2022.

RÉGIS, M. Maternidade Preta x Paternidade Branca: breves observações sobre racismo nas disputas de guarda nas Varas de Família. 2020. Disponível em: branhttps://www.geledes.org.br/maternidade-preta-x-paternidade-branca-breves--observacoes-sobre-racismo-nas-disputas-de-guarda-nas-varas-de-familias/. Acesso em: 21 jul. 2024.

RIZZINI, I. **A criança e a lei no Brasil**: revisitando a história (1822–2000). Brasília: UNICEF; Rio de Janeiro: USU Ed. Universitária, 2003.

SANTOS, M. A. C. S. Criança e criminalidade no início do século. *In*: DEL PRIORE, M. (org.). **História das crianças no Brasil**. São Paulo: Contexto, 2000, p. 210–230.

SCHNEEBELI, F. C. F.; MENANDRO, M. C. S. Com quem as crianças ficarão?: representações sociais da guarda dos filhos após a separação conjugal. **Psicologia & Sociedade**, Recife, v. 26, p. 175–184, 2014.

SOUZA, A. M. A (re)produção do disposto (síndrome da) alienação parental no Brasil. *In*: CONSELHO FEDERAL DE PSICOLOGIA. **Debatendo sobre alienação parental**: diferentes perspectivas. Brasília: Conselho Federal de Psicologia, 2019, p. 81–96.

UTILIZAÇÃO DA TESE DA ALIENAÇÃO PARENTAL EM AÇÕES DE GUARDA DE FILHOS: MELHOR INTERESSE DE QUEM?

Carlos Eduardo do Carmo Junior

Cecília Rodrigues Frutuoso Hildebrand

RESUMO: este capítulo aborda a utilização da tese de alienação parental em ações de guarda de filhos, questionando quais são os verdadeiros interesses protegidos. Fundamentado na Doutrina de Proteção Integral e nos direitos humanos, o texto examina criticamente a Lei de Alienação Parental (LAP), destacando seu caráter misógino, adultocêntrico e sem embasamento científico. A análise demonstra que a LAP, em vez de proteger crianças e adolescentes, favorece os interesses de genitores, muitas vezes envolvidos em casos de violência doméstica. O capítulo explora o conceito de guarda no Brasil, a obrigatoriedade da guarda compartilhada e a aplicação distorcida do princípio dos melhores interesses da criança, revelando como essa legislação viola direitos fundamentais ao transformar crianças e adolescentes em objetos de disputa. Propõe-se uma abordagem mais holística e multidisciplinar, que contemple as verdadeiras necessidades do desenvolvimento infantil, com base em diretrizes internacionais. O capítulo conclui pela necessidade de revogar a LAP e alinhar as práticas judiciais brasileiras aos tratados internacionais de direitos humanos.

Palavras-chave: Alienação Parental; Guarda Compartilhada; Direitos Humanos; Violência Doméstica; Melhor Interesse; Crianças e Adolescentes.

INTRODUÇÃO

Em processos em que se discute a guarda e a convivência dos filhos, é comum o argumento dos melhores interesses da criança e do adolescente para fundamentar a tese de alienação parental — **vide Capítulo 2**. Contudo, o que se observa é que os pressupostos por trás da ideia de "alienação parental", além de não científicos e misóginos, são adultocêntricos (Barbosa; Mendes; Juras, 2021; Mendes, 2019; Mendes; Bucher-Maluschke, 2017; Mendes; Lordello; Ormerod,

2020; Mendes; Ormerod, 2019). Ou seja, esses pressupostos fazem com que os tomadores de decisão foquem os adultos e suas disfuncionalidades parentais e coparentais (portanto, o litígio, e não os melhores interesses de crianças e adolescentes). Mendes e Ormerod (2024) já abordaram essa questão, destacando como genitores/as, peritos/as e operadores/as do Direito frequentemente utilizam o discurso dos "melhores interesses" para justificar pedidos e ações nos processos, muitas vezes priorizando os interesses dos adultos em detrimento dos das crianças.

Diante disso, este capítulo irá refletir sobre quais são os "melhores interesses" que, de fato, se busca salvaguardar mediante essas alegações de alienação parental. Essa reflexão será feita sob a perspectiva da Doutrina de Proteção Integral e da proteção dos direitos humanos. Assim, discutir-se-ão as espécies de guarda previstas na legislação brasileira e, posteriormente, analisar-se-á a problemática dos melhores interesses da criança e do adolescente, relacionando-a com o tema da violência doméstica e do relacionamento com os filhos, sempre buscando interpretar os institutos com um viés de direitos humanos.

Para organizar a discussão dos temas, dividiu-se em quatro subtítulos: 1) discutir brevemente o conteúdo da lei de alienação parental e sua origem; 2) analisar a previsão legal do instituto da guarda na legislação brasileira; 3) fundamentação legal e a perspectiva complexa, sistêmica e multidisciplinar do princípio dos melhores interesses; e 4) alternativas legislativas para a garantia dos melhores interesses de crianças e adolescentes diante de situações de violação de direitos em casos de disputa de guarda e convivência.

1. BREVE APANHADO SOBRE A TEORIA E A LEI DE ALIENAÇÃO PARENTAL

A Lei de Alienação Parental, Lei n.º 12.318/2010 (LAP), foi criada com base na teoria desenvolvida por Richard Gardner na década de 1980. Essa teoria simplifica a rejeição de crianças/adolescentes ao convívio com um dos genitores como resultado de uma pretensa "manipulação", especialmente por parte das mães. Essa teoria, além de não ter base científica, é criticada por ser misógina e pedófila, e não é reconhecida por organizações como a Associação de Psiquiatria Americana e a Organização Mundial da Saúde — **vide Capítulo 1**.

Maria Clara Sottomayor alerta que o Direito precisa ter "espírito crítico em relação às teorias provenientes das outras ciências sociais", especialmente teorias sem base científica, como os pressupostos de alienação parental (Sottomayor, 2011, p. 77–78). No Brasil, a lei foi promulgada sem a devida consulta a especialistas e baseia-se em argumentos sem fundamentação científica, como os de Gardner, que alegava, sem provas, que 90% das denúncias de abuso sexual em processos de divórcio eram falsas (Mendes, 2019).

A LAP é frequentemente criticada por reforçar estereótipos de gênero, punindo as mães e prejudicando os direitos das crianças e adolescentes, especialmente ao discutir a guarda de crianças e adolescentes e em contextos de violência doméstica — **vide Capítulos 1, 5, 8, 10, 11 e 14**. Assim, a LAP surge como uma reação conservadora à Lei Maria da Penha (Menezes, 2021, p. 4), refletindo uma parcialidade de gênero que favorece os interesses dos genitores acusados, muitas vezes homens, em detrimento da proteção das crianças e das mães (Hümmelgen; Cangussú, 2017; Menezes, 2021, p. 4). Estudos e protocolos, como o "Protocolo para Julgamento com Perspectiva de Gênero", do Conselho Nacional de Justiça (Brasil, 2021), reconhecem que a alegação de alienação parental é uma estratégia utilizada por agressores para desqualificar denúncias de violência, resultando em decisões judiciais que podem colocar crianças em situações de risco — **vide Capítulos 1, 7 e 8**.

A lei, além de inconstitucional, por contradizer a obrigação do Estado de combater a violência intrafamiliar e a discriminação contra as mulheres, também perpetua uma dinâmica de poder que favorece os agressores — **vide Capítulos 5, 8, 11, 14 e 15**. A aplicação dessa lei pode levar à punição das mães que denunciam abusos, colocando-as em uma situação insustentável onde podem perder a guarda de seus filhos para os agressores ou serem forçadas a permitir visitas coercitivas. Diante disso, a LAP tem sido alvo de críticas por reforçar a opressão de gênero e por desconsiderar o bem-estar e os direitos das crianças e adolescentes.

2. GUARDA DOS FILHOS NA LEGISLAÇÃO CIVIL

O instituto da guarda disciplina a relação entre os genitores e seus filhos, estipulando direitos e deveres entre eles. O Código Civil de 2002 prevê duas espécies de guarda: a unilateral e a compartilhada. A guarda unilateral consiste na atribuição dos direitos e deveres sobre a criança ou adolescente a um só dos genitores ou a alguém que o substitua. Por sua vez, a guarda compartilhada ocorre quando há a responsabilização conjunta e o exercício de direitos e deveres do pai e da mãe que não vivam sob o mesmo teto, concernentes ao poder familiar dos filhos comuns.

Desde a reforma do Código Civil pela Lei n.º 13.058/2014, a guarda deve ser estipulada na modalidade compartilhada, ainda que não haja acordo. As únicas exceções ocorrem quando um dos genitores declara à/ao magistrada/o que não deseja a guarda da criança ou do adolescente ou quando houver elementos que evidenciem a probabilidade de risco de violência doméstica ou familiar (§ 2º do art. 1.584 do CC, alterado pela Lei n.º 14.713/2023). Todavia, a redação do Código Civil no tocante à guarda compartilhada traz um conceito que pode erroneamente levar o intérprete a confundir a guarda compartilhada com a guarda alternada — que sequer existe no sistema jurídico brasileiro — quando prevê que a divisão do convívio entre pais e filhos deve ser equilibrada pelas condições fáticas e interesses dos filhos, o que demonstra a falta de conhecimento técnico pelo legislador.

Como forma de reação às mulheres que passaram a denunciar as violências domésticas cometidas houve um movimento de obrigar a guarda compartilhada. Medida tomada sem qualquer embasamento científico e sem contato com a realidade prática. Como tornar obrigatório o compartilhamento de deveres e cuidado se há situação de violência?

Flávio Tartuce (2015), à época da alteração legislativa de 2014, alertou que havia chances dela intensificar os conflitos familiares, pois prestigiava mais o interesse dos genitores do que o interesse das crianças e adolescentes. O STJ, ao analisar a previsão da guarda compartilhada obrigatória, entendeu que para o exercício da guarda compartilhada faz-necessário o mínimo de diálogo e entendimento entre os genitores (Brasil, 2016).

Ocorre que a lei cria uma solução automática para uma questão complexa, que demanda uma análise criteriosa em busca dos melhores interesses da criança e do adolescente. No entanto, ao oferecer uma única solução para todos os casos de disputa de guarda, a lei acaba desconsiderando as necessidades específicas daqueles que estão no cerne da disputa: as crianças e os adolescentes.

O princípio dos melhores interesses da criança deveria guiar todas as decisões sobre guarda, conforme estabelecido pelo Código Civil, pelo Estatuto da Criança e do Adolescente (ECA) e por tratados internacionais, como a Convenção sobre os Direitos da Criança. No entanto, esse conceito precisa ser interpretado de forma abrangente, levando em consideração o contexto emocional e psicológico no qual a criança está inserida, além dos riscos e benefícios para seu desenvolvimento.

Portanto, os melhores interesses não devem ser entendidos apenas como a maior ou menor participação dos genitores na vida da criança, mas sim como a garantia de que a criança terá um ambiente seguro, livre de qualquer forma de violência, seja física, psicológica ou emocional. Decisões judiciais que priorizam o interesse de pais, sem considerar os efeitos do contexto familiar e da própria violência doméstica, distorcem esse princípio e acabam negligenciando a verdadeira proteção da criança.

A literatura especializada, como destaca a American Psychological Association (APA), aponta que crianças expostas à violência doméstica, mesmo que de forma indireta, podem sofrer traumas profundos que afetam seu desenvolvimento emocional e psicológico (APA, 1996). Estudos, como o de Kitzmann (Kitzmann et al., 2003), indicam que crianças que crescem em lares onde há violência contra a mãe apresentam maiores índices de transtornos de ansiedade, depressão e problemas comportamentais.

Dessa forma, a imposição da guarda compartilhada em contextos de violência doméstica não só expõe as crianças a uma convivência nociva, mas também perpetua o ciclo de violência, ao forçar o contato com um pai abusivo. Esses dados reforçam que a convivência com ambos os genitores não deve ser um objetivo absoluto nas decisões de guarda, especialmente quando a segurança emocional e psicológica da criança está em jogo.

Por conseguinte, ao discutir a guarda de crianças e adolescentes, torna-se imprescindível incorporar uma perspectiva de gênero às decisões judiciais, analisando que as relações familiares estão inseridas em um contexto social mais amplo, no qual homens e mulheres ocupam posições desiguais e assumem responsabilidades diferentes.

Embora haja uma sensível e vagarosa mudança no contexto social das famílias brasileiras, estimulada principalmente por legislações que privilegiam a responsabilidade parental de ambos os genitores, sabe-se que, na prática, a guarda unilateral fática é exercida majoritariamente por mulheres, ainda que formalmente se atribua a guarda compartilhada. Isso ocorre porque, culturalmente, a mulher ainda é vista como a principal responsável pelos cuidados com os filhos.

Essa desigualdade prática evidencia a discrepância entre a "letra da lei" e a realidade vivida pelas mulheres. A legislação prevê e o sistema de justiça impõe o compartilhamento dos deveres parentais a ambos os genitores; contudo, na prática, a cultura de abandono e irresponsabilidade paterna no Brasil gera uma série de problemas. Entre eles, o fato de que mães continuam sobrecarregadas, cuidando e sustentando seus filhos sozinhas; mulheres precisam da validação do genitor para a prática de atos necessários ao exercício de seus deveres parentais;

homens abusivos e agressores usam a guarda compartilhada como forma de controle sobre as mulheres; e o grau de litigiosidade entre os genitores tende a aumentar, prolongando disputas e exacerbando conflitos.

Não se pode ignorar, também, que a violência doméstica e familiar no Brasil apresenta números alarmantes, crescendo ano a ano. Em 2023, por exemplo, os casos de violência doméstica aumentaram 9,8% em relação ao ano anterior, segundo o Anuário Brasileiro de Segurança Pública 2024, divulgado pelo Fórum Brasileiro de Segurança Pública (2024). Por essa razão, a guarda compartilhada passou a ser um problema para famílias que precisam de proteção legal, já que essa modalidade expõe mulheres e crianças ao agressor.

Como forma de reação a essa realidade, observa-se que o movimento para tornar a guarda compartilhada obrigatória se consolidou tanto no âmbito legislativo quanto no jurisprudencial e doutrinário, sob o argumento falacioso de que essa modalidade de guarda sempre atenderia aos melhores interesses da criança. No entanto, como garantir a proteção da criança quando há uma situação de violência? É evidente que o compartilhamento obrigatório de deveres parentais em casos de violência ignora a realidade brasileira e desconsidera os riscos aos quais a criança e o genitor não agressor são expostos.

Os conflitos referentes à guarda "ocorrem com regularidade quando há um histórico de violência doméstica nesses relacionamentos, e os juízes de família desconsideram o histórico de violências e abusos na tomada de suas decisões", como constatou a Associação Americana de Psicologia, no Relatório do Grupo de Trabalho Presidencial da APA sobre Violência e a Família, em 1996 (Menezes, 2021, p. 7).

Nesse sentido, foi promulgada a Lei n.º 14.713, de 30 de outubro de 2023, com o intuito de estabelecer o risco de violência doméstica ou familiar como causa impeditiva ao exercício da guarda compartilhada. Todavia, mulheres ainda sofrem com a dificuldade de provar a violência doméstica e familiar e, muitas, não recebem a proteção do Estado, que acaba por violar os melhores interesses de crianças e adolescentes. Inclusive, o Superior Tribunal de Justiça, ao analisar tal circunstância em casos de violência doméstica, mesmo antes da Lei n.º 14.713/2023, já orientava que "a situação de violência doméstica perpetrada pelo pai contra a mãe é circunstância de suma importância que deve, necessariamente, ser levada em consideração para nortear as decisões que digam respeito aos interesses desse infante" (Brasil, 2017).

Outro aspecto a ser considerado é a complexa relação entre violência doméstica, alienação parental e guarda compartilhada. É comum que mulheres que denunciam a violência sofram acusações de alienação parental, uma estratégia utilizada para facilitar a fixação da guarda compartilhada e aproximar o agressor da vítima. Essa triangulação perigosa perpetua o ciclo de violência e precisa ser urgentemente mais bem contextualizada, como já apontado no Protocolo para Julgamento com Perspectiva de Gênero do Conselho Nacional de Justiça (Brasil, 2021), já que afeta diretamente o bem-estar e a segurança de crianças e adolescentes.

Por fim, é importante considerar que, em 3/6/2024, o Comitê para Eliminação da Discriminação contra as Mulheres (CEDAW) publicou as Observações Finais sobre os oitavo e nono relatórios periódicos combinados do Brasil e, no item 52, fez as seguintes considerações:

> (a) Que a Lei nº 12.318 (2010), conhecida como **Lei de Alienação Parental, tem sido usada contra mulheres que denunciam violência doméstica por parte do pai, resultando na estigmatização dessas mulheres** e na privação da guarda de seus filhos (grifos nossos).

Diante desse cenário, a manutenção de legislações que promovem a aproximação entre vítimas e agressores, como a Lei de Alienação Parental e a Lei n.º 13.058/2014, que prevê a guarda compartilhada obrigatória, contradiz frontalmente o princípio dos melhores interesses da criança. Como bem pontua Maria Clara Sottomayor, em caso de dúvidas em um processo de guarda, devem prevalecer os melhores interesses da criança/adolescente, e não o do adulto acusado ou suspeito (2011, p. 91). Mas o que seria esse melhor interesse? É o que se passa a analisar.

3. MELHORES INTERESSES DA CRIANÇA E DO ADOLESCENTE

Uma das justificativas para modificação legislativa para a "obrigatoriedade" da guarda compartilhada é o princípio do melhor interesse da criança e do adolescente. E é essa também a justificativa que muitos defensores da LAP levantam para a manutenção da lei, mesmo diante de tantas críticas.

A apreensão de tal princípio, sob a ótica dos pressupostos de alienação parental, é de que ele se traduz em apenas um "melhor interesse": a manutenção da convivência familiar com o genitor pretensamente "alienado" a todo e qualquer custo. Essa incongruência ilustra uma importante reflexão proposta por Mendes e Bucher-Maluschke (2019) e Mendes e Ormerod (2019): esse princípio deve ser nomeado no plural, posto que crianças e adolescentes são sujeitos de (vários) direitos e, por conseguinte, são multideterminados (Mendes; Lordello; Ormerod, 2020). Logo, eles possuem múltiplos "melhores interesses".

É preciso ainda pontuar que a terminologia na versão singular resulta de um erro de tradução. "A versão original em inglês claramente expressa, ao colocar no plural *interests*, que não há apenas um melhor interesse, ou seja, a criança/adolescente como um indivíduo complexo e multideterminado possui vários interesses e necessidades" (Mendes; Ormerod, 2019, p. 4).

A consequência clara dessa multideterminação e pluralidade é que o Princípio dos Melhores Interesses da Criança e do Adolescente (PMICA) é multidisciplinar e, por isso, demanda uma análise complexa e holística. Uma ferramenta que tem o potencial de atender a essa particularidade do PMICA é a "Matriz de Tomada de Decisão", que aplicada às questões de guarda pode ser denominada de "Matriz dos Melhores Interesses" e tem como "objetivo principal elencar e avaliar as principais necessidades desenvolvimentais (*i.e.*, os melhores interesses) de crianças e adolescentes, especialmente em casos de disputa de guarda e convivência após a separação conjugal" (Mendes, 2023, p. 20). Essas características do PMICA são bem ilustradas pela gama de tratados internacionais e legislações que preveem os melhores interesses.

3.1 Arcabouço convencional e legal de proteção de crianças e adolescentes

Com a publicação da Declaração Universal dos Direitos Humanos, em 1948, a previsão do item 2 do art. 25 chama atenção: "A maternidade e a infância têm direito a cuidados e assistência especiais" (ONU, 1948). Se antes crianças/adolescentes eram propriedade de seus pais, diante da previsão do Pátrio Poder, a partir daquele momento, passaram a ser vistas como pessoas autodeterminadas e com direitos.

Em seguida, foi publicada a Declaração dos Direitos da Criança, em 1959, a qual fez previsão expressa dos melhores interesses, especialmente a partir do Princípio 2º: "na instituição de leis visando este objetivo levar-se-ão em conta sobretudo, os melhores interesses da criança". O Princípio 7º ainda prevê que "os melhores interesses da criança serão a diretriz a nortear os responsáveis pela sua educação e orientação; esta responsabilidade cabe, em primeiro lugar, aos pais" (ONU, 1959). Já em 1989, foi publicada a Convenção sobre os direitos da criança/adolescente. Ela prevê que, para os efeitos daquele tratado, o termo "criança" abrange qualquer pessoa com menos de 18 anos, ou seja, engloba o conceito de criança e de adolescente.

No Brasil, a Constituição Federal de 1988 destinou o artigo 227 para as crianças e adolescentes, prevendo a absoluta prioridade para o Estado. Já o Estatuto da Criança e do Adolescente, em 1990, prevê a proteção integral à criança e ao adolescente. Essas bases convencional e normativa garantem proteção à criança e ao adolescente. Contudo, como já discutido, os melhores interesses não podem ser resumidos apenas à legislação, posto que o PMICA é essencialmente multidisciplinar (Mendes; Ormerod, 2019; Mendes; Bucher-Maluschke, 2019; Mendes; Lordello; Ormerod, 2020).

3.2. Perspectiva complexa, sistêmica e multidisciplinar do princípio dos melhores interesses

O princípio dos melhores interesses da criança e do adolescente deve ser compreendido como um "conceito complexo, plural e multideterminado em função dos contextos relacionais nos quais a criança/adolescente está inserida" (Mendes; Ormerod, 2019, p. 15). Não há, portanto, soluções simples para problemas complexos, como querem fazer crer os defensores da teoria da alienação parental.

A separação de um casal com filhos é sempre um momento de crise, mesmo quando há consenso em relação às questões pós-separação (Mendes; Bucher--Maluschke, 2019, 2017). No entanto, essa crise nem sempre é resolvida por meio do diálogo, com foco nos melhores interesses dos filhos, pois, em alguns casos, ela pode impactar negativamente o relacionamento e os sentimentos envolvidos (Mendes; Ormerod, 2023). Por isso, é crucial que existam profissionais conscientes e familiarizados com o PMICA, abordando-o de maneira multidisciplinar.

Para determinar os melhores interesses de uma criança ou adolescente, é essencial promover seu desenvolvimento para que se tornem adultos "livres, autoconfiantes e autônomos" (Mendes; Ormerod, 2019, p.). Isso exige considerar tanto aspectos físicos quanto mentais, que incluem dimensões material-fisiológica (*e.g.*, alimentação, habitação e saúde física) e necessidades psicossociais e emocionais (*e.g.*, afeto, identidade e autoestima), conforme destacado por Mendes e Ormerod (2019, p. 15–16).

A partir dessas constatações, observa-se, no entanto, que a condução dos processos de guarda e convivência no Brasil, especialmente com a disseminação da teoria da alienação parental, tende a desconsiderar os melhores interesses das crianças e adolescentes. Perícias e estudos (sociais e psicológicos), muitas vezes baseados apenas em entrevistas breves com a criança ou adolescente, tendem a focar os interesses dos genitores — em desacordo com as previsões convencionais e constitucionais sobre o que realmente atende aos melhores interesses das crianças e dos adolescentes.

Josimar Antônio de Alcântara Mendes, Silvia Lordello e Thomas Ormerod apresentam uma proposta de compreensão bioecológica do PMICA nos casos de disputa de guarda e convivência, explicando que:

> O modelo do PMICA bioecológico integra todos os contextos relacionais de crianças/adolescentes envoltos na situação de disputa de guarda e que, para fins de tomada de decisão, deveriam ser minimamente considerados. Contudo, mais do que integrativo, esse modelo ratifica a centralidade que deve ter o desenvolvimento da criança/adolescente nesses contextos de disputa e tomada de decisão sobre a guarda. A criança/adolescente deve ser vista como um sujeito ativo, protagonista que é, pois possui subjetividade, sendo, portanto, elemento partícipe e ativo do seu próprio desenvolvimento. Não se atua 'promovendo os melhores interesses da criança/adolescente' sem ter essas ideias como preceitos basilares. Assim, a compreensão da criança/adolescente como sujeito de direitos ativo e relevante para o processo de tomada de decisão é fundamental para a promoção do PMICA na situação de disputa de guarda. Por óbvio, esse protagonismo não significa que a tomada de decisão será feita pela criança/adolescente e nem que aquilo que ela deseja, deva ser realizado, ipsis litteris. Reconhecer o protagonismo da criança/adolescente significa levar em conta as suas percepções, desejos, anseios e expectativas contextualizadas no seu sistema bioecológico, tendo sempre em vista os pesos e contrapesos necessários para garantir níveis mínimos de estabilidade que possam favorecer os processos proximais da criança/adolescente, ou seja, seu desenvolvimento (2020, p. 72).

Para se atender às previsões convencionais, constitucionais e legais acerca dos melhores interesses das crianças e adolescentes, é preciso uma atuação multidisciplinar, estrutural e sistêmica do Estado brasileiro. Nesse sentido, a manutenção da LAP parece ser incongruente com o PMICA. Por isso, é mister que o Brasil considere inconstitucional ou revogue a LAP, posto que ela foca os direitos dos genitores, e não os de melhores interesses das crianças e adolescentes.

De igual forma, o Poder Judiciário também deve promover julgamentos desprovidos de estereótipos de gênero e baseados em institutos com respaldo científico. Já as equipes multidisciplinares que assessoram os juízos devem considerar o PMICA analisando todos os fatores envolvidos na vida da criança/adolescente, entendendo-a como pessoa complexa, com direitos e como sujeito ativo de seu desenvolvimento (Mendes; Lordello; Ormerod, 2020). Aos demais atores jurídicos (advogados, oficiais de justiça, assistentes técnicos etc.) cabe atuar de forma ética e visando aos melhores interesses de quem necessita ser protegido, zelando para que a crise familiar não se torne ainda mais crônica e disfuncional. E isso é possível utilizando o arcabouço normativo vigente, como se verá adiante.

4. DA DESNECESSIDADE DA LEI DE ALIENAÇÃO PARENTAL: ALTERNATIVAS NORMATIVAS QUE EFETIVAMENTE PROTEGEM OS MELHORES INTERESSES

Os defensores da LAP rechaçam a possibilidade de sua revogação sob o pretexto de que crianças e adolescentes ficariam, supostamente, desprotegidas diante da ausência de normas que prevenissem a prática de abusos por parte dos genitores. Como já sustentado e argumentado por Barbosa, Mendes, Juras (2021), Maciel, Mendes e Barbosa (2021), não reconhecer e criticar a "leitura de família" e de "infância e juventude" que os pressupostos de alienação parental fazem não é o mesmo que ignorar a ocorrência de dinâmicas familiares disfuncionais, abusos parentais e violação de direitos. Assim, esses autores reconhecem que, diante de conflitos e crises desenvolvimentais da família, as pessoas possam apresentar comportamentos disfuncionais (Barbosa; Mendes; Juras, 2021; Mendes; Bucher-Maluschke, 2017) e, assim, praticar atos ilícitos, por ultrapassarem os limites do razoável e da própria legislação.

Para refletir sobre esses ilícitos nesse contexto, é necessário, antes, discutir o exercício do Poder Familiar e suas implicações. O Poder Familiar é o conjunto de direitos e deveres que incumbem aos pais, no tocante à pessoa e bens dos filhos, que, embora seja titularizado pelos genitores, é instituído no interesse dos filhos, e não para atender aos interesses dos adultos (Mendes; Ormerod, 2021). Portanto, caso qualquer um dos genitores ultrapasse os limites legais do exercício do Poder Familiar, medidas precisam ser tomadas para preservar os melhores interesses da criança e adolescente, na forma prevista no art. 98, inciso II, do ECA.

Os atos praticados no exercício do Poder Familiar que ultrapassam os limites legais e prejudicam a criança ou adolescente configuram abuso parental, e a legislação oferece medidas para enfrentá-los. No entanto, a LAP não é a única legislação vigente a esse respeito, nem a primeira a regulamentar conflitos entre genitores e condutas consideradas ilícitas. Contudo, ela é a única que o faz com um viés de gênero e um claro intuito punitivo, priorizando o litígio em vez de proteger os interesses de crianças e adolescentes.

O Brasil possui instrumentos legais para proteção de crianças e adolescentes, entre eles o Estatuto da Criança e do Adolescente (ECA), a Lei n.º 14.344/2022 (Lei Henry Borel) e o próprio Código Civil (Lei n.º 10.406/2002). Destaca-se que o ECA é reconhecido internacionalmente como um dos melhores conjuntos de normas protetivas do mundo. Isso porque ele foi inspirado na Declaração Universal dos Direitos da Criança, publicada em 1979, e na Convenção sobre os Direitos da Criança, ambas amparadas pela Organização das Nações Unidas (ONU), as quais tiveram o Brasil como um dos países signatários. Dessarte, diferentemente da LAP, que se baseia em uma teoria sem validação científica e enraizada em misoginia e minimização de práticas pedofílicas (**vide Capítulo 1**), visando proteger o interesse de homens agressores, o ECA é fundamentado em normas internacionais voltadas à proteção dos direitos humanos de crianças e adolescentes, resultantes de um amplo debate internacional.

Ainda que a LAP fosse revogada ou declarada inconstitucional, o arcabouço legislativo vigente já prevê, detalhadamente, medidas para promover a atenuação de possíveis condutas ilícitas sem que haja ruptura dos vínculos parentais com o pai e a mãe, estimulando-se a responsabilidade parental e a proteção da criança e do adolescente. Uma simples análise comparativa entre o texto da LAP e os textos do ECA, do Código Civil, do Código de Processo Civil, da Lei Henry Borel e da Convenção sobre os Direitos da Criança/Adolescente revela que qualquer conduta considerada ilícita pela LAP poderia ser adequadamente abordada e protegida por essas legislações que, de fato, tutelam os melhores interesses da criança e do adolescente. Vejamos:

Tabela 1. Comparativo entre a LAP e outras Normas Jurídicas

		NORMAS QUE SURGIRAM ANTES E DEPOIS DA LEI N.º 12.318/2010 (LAP)					
		Lei n.º 8.069/90 (ECA)	Lei n.º 10.406/02 (CC)	Lei n.º 13.105/15 (CPC)	Lei n.º 14.344/22 (LHB)	Decreto n.º 99.710/1990 (CDC — ONU)	Outras normas constitucionais e infraconstitucionais
LEI N.º 12.318/10 (LAP)	Art. 2º	Art. 3º; Art. 17; Art. 18; Art. 70; e Art. 100, par. único, IX	Art. 1.583; Art. 1.589; Art. 1.630; e Art. 1.634	Sem correspondente	Art. 2º	Art. 3, "1" e "2"; Art. 5; Art. 9, "1", "3" e "4"; Art. 10, "2"; e Art. 18, "1"	Art. 1º, III, da Constituição Federal; e Art. 22 da Constituição Federal
	Art. 3º	Art. 3º; Art. 4º; Art. 17; Art. 18; e Art. 70	Sem correspondente	Sem correspondente	Art. 2º	Art. 3, "1" e "2"	Art. 1º, III, da Constituição Federal; e Art. 22 da Constituição Federal
	Art. 4º	Art. 4º; Art. 19; Art. 33; Art. 35; Art. 70; Art. 98, II; Art. 100, par. único, IX; Art. 130; Art. 152; e Art. 201	Art. 1.585; Art. 1.586; Art. 1.589; e Art. 1.634, VIII	Art. 178, II; Art. 300; Art. 311; Art. 536, §2º; Art. 1.048, II	Sem correspondente	Art. 3, "1" e "2"; Art. 5; Art. 9, "1", "3" e "4"; e Art. 10, "2"	Art. 1º, III, da Constituição Federal; e Art. 22 da Constituição Federal
	Art. 5º	Art. 152; Art. 157, §1º; Art. 167; Art. 168; Art. 201, VI, "b"	Art. 1.584, §3º	Art. 156; Art. 464; Art. 465; Art. 475	Sem correspondente	Art. 3, "3"	Art. 5º, LV, da Constituição Federal
	Art. 6º	Art. 98, II; Art. 101; e Art. 129	Art. 1.585; e Art. 1.586	Art. 536	Art. 15; Art. 20; e Art. 21	Art. 9, "1", "3" e "4"	Sem correspondente
	Art. 7º	Art. 3º; Art. 4º; Art. 19; e Art. 33	Art. 1583; e Art. 1584, inciso II e §3º	Sem correspondente	Sem correspondente	Art. 3, "1" e "2"	Art. 1º, III, da Constituição Federal; e Art. 22 da Constituição Federal
	Art. 8º	Art. 147	Sem correspondente	Art. 50	Sem correspondente	Sem correspondente	Art. 227 da Constituição Federal
	Art. 8ºA	Art. 100, XII; e Art. 157, §3º	Art. 1.584, inciso II e §3º	Sem correspondente	Art. 12	Art. 12, "2"	Art. 7º da Lei n.º 13.431/2017; Art. 8º da Lei n.º 13.431/2017

Fonte: elaborada pelos autores

Evidentemente, os textos legais não são idênticos. O ECA e as demais normas protetivas compreendem a complexidade dos direitos de crianças e adolescentes, ao passo que a LAP reduz a dinâmica familiar a dinâmicas que são tidas como "alienadoras". Destaca-se que, por exemplo, o ECA possui dispositivos com conceitos mais abertos, mas isso não pode servir de justificativa para a existência de outra lei, nem tampouco significar um problema, posto que esse modelo garante a adequação do direito às mudanças sociais (ou seja, viabiliza a mutação dos valores que representa de acordo com a alteração dos valores sociais a respeito daquele tema) e também as idiossincrasias de cada contexto familiar e cada criança/adolescente (Mendes; Lodello; Ormerod, 2020; Mendes; Ormerod, 2019).

Enquanto a LAP é apoiada em estereótipos de gênero, silenciamento e objetificação de crianças e adolescentes (e, por conseguinte, na violação de direitos humanos), as demais normas listadas no quadro anterior estão apoiadas na preservação dos melhores interesses da criança e do adolescente e na proteção de direitos humanos. A questão é que a interpretação dessas normas exige do operador do Direito um trabalho mais dedicado e interdisciplinar, para entender se naquele caso os melhores interesses da criança e do adolescente estão de fato sendo atendidos. Ao contrário da LAP, que prioriza "solução fácil" para um problema complexo.

Diante da realidade do nosso sistema de justiça, a LAP parece ter "caído como uma luva", posto que atende à principal dor de magistradas/os e servidores do sistema de justiça: número de processos e estatísticas de produtividade. Nesse sentido, o emprego da LAP (e dos seus pressupostos), por serem rasos e simplistas, acaba levando a soluções rápidas, porém, sem foco na resolução do litígio e/ou na preservação dos melhores interesses.

Vale destacar também que nenhum direito é absoluto. Em casos de guarda e convivência, o direito à convivência familiar (art. 1.589 do CC, art. 22 do ECA e art. 15 da Lei n.º 6.515/77) precisa ser ponderado com a proteção integral à criança/adolescente (art. 227 da CF), obrigatoriamente — como, aliás, preconiza o PMICA. Em verdade, a Convenção Internacional sobre os Direitos da Criança da ONU (CDCA), em seu artigo 20, prevê que "crianças temporária ou permanentemente privadas do convívio familiar ou que, em seu próprio interesse, não devem permanecer no ambiente familiar terão direito a proteção e assistência especiais do Estado".

Em outras palavras, a referida norma internacional prevê a possibilidade de afastamento da criança ou adolescente dos próprios pais, visando ao atendimento aos melhores interesses dela. Assim, a convivência familiar não é garantia absoluta de atendimento aos melhores interesses da criança e do adolescente. Pelo contrário, a prática demonstra que, muitas vezes, o afastamento da criança e do adolescente de um genitor violento é a melhor alternativa para seu desenvolvimento saudável, tanto é verdade que o próprio Estatuto da Criança e do Adolescente prevê a possibilidade de suspensão e destituição do poder familiar (arts. 1.637 e 1.638, do Código Civil).

O art. 9º da CDC prevê que "Os Estados Partes devem garantir que a criança não seja separada dos pais contra a vontade dos mesmos, salvo quando tal separação seja necessária tendo em vista o melhor interesse da criança", o que reforça que a convivência familiar não é a única forma de garantia dos melhores interesses da criança. Na mesma toada, o referido entendimento é aplicado pelo Superior Tribunal de Justiça, ao consignar que "os interesses e direitos do menor devem sobrepor-se a qualquer outro bem ou interesse juridicamente tutelado" (REsp n.º 900.262, relatora: Ministra Nancy Andrighi). O entendimento é claro: a convivência familiar nem sempre é benéfica ao desenvolvimento pleno da criança/adolescente.

Nesse sentido, a revogação LAP ou a decretação de sua inconstitucionalidade não deixará um vácuo na proteção dos direitos de crianças e adolescentes. Pelo contrário, fortalecerá a aplicação de legislações já consolidadas e internacionalmente reconhecidas e que oferecem uma abordagem mais complexa, sistêmica e centrada, de fato, nos melhores interesses da criança e do adolescente.

CONSIDERAÇÕES FINAIS

O uso da tese de "alienação parental" viola direitos fundamentais de crianças e adolescentes, atentando contra seus melhores interesses, uma vez que os exclui da categoria de sujeitos de direito e os coloca como objeto do direito e da disputa judicial. Como visto, isso é feito visando atender aos interesses de genitores, muitas vezes acusados de violência doméstica e familiar.

A análise da utilização da tese da alienação parental em ações de guarda de filhos revela profundas implicações tanto jurídicas quanto sociais, especialmente quando observada através de uma perspectiva de gênero. A LAP tem sido utilizada frequentemente para desacreditar acusações legítimas de violência doméstica e abuso sexual, transformando agressores em vítimas e vice-versa. Essa inversão de papéis não apenas perpetua injustiças, mas também coloca em risco o bem-estar das crianças e adolescentes envolvidos.

É evidente que a origem misógina da teoria de Richard Gardner influencia diretamente a legislação brasileira, resultando em uma aplicação enviesada que desconsidera os direitos e a proteção das mulheres e crianças/adolescentes. A utilização dessa teoria em processos judiciais reflete um movimento conservador que busca manter a opressão de gênero, disfarçada sob o pretexto de proteger "o melhor interesse da criança". No entanto, como diversos estudos e recomendações internacionais indicam, a aplicação da teoria da alienação parental frequentemente ignora as verdadeiras necessidades e direitos das crianças/adolescentes, privilegiando os interesses de pais abusivos.

A legislação brasileira, apesar de avanços significativos com a Lei Maria da Penha e a recente Lei n.º 14.713/2023, ainda enfrenta desafios significativos para garantir a proteção integral das crianças e adolescentes. A obrigatoriedade da guarda compartilhada, por exemplo, pode agravar conflitos em contextos de violência doméstica, demonstrando a necessidade urgente de um olhar mais crítico e humanizado nas decisões judiciais. O reconhecimento de que a violência doméstica deve ser um impeditivo para a guarda compartilhada é um passo importante, mas a revogação da LAP e a eliminação dos estereótipos de gênero nos processos judiciais são igualmente cruciais, na medida em que elas reinserem mulheres e crianças no ciclo de violência doméstica e familiar.

O princípio dos melhores interesses da criança e do adolescente deve ser interpretado de forma plural e multidisciplinar, considerando os diversos interesses e necessidades de cada criança/adolescente. As diversas diretrizes internacionais citadas neste capítulo fornecem um arcabouço robusto para guiar a aplicação justa da lei e com foco nos melhores interesses. É essencial que o sistema Judiciário brasileiro alinhe suas práticas com essas normas internacionais para garantir a proteção adequada e o desenvolvimento saudável das crianças e adolescentes.

REFERÊNCIAS

ANUÁRIO BRASILEIRO DE SEGURANÇA PÚBLICA 2024. São Paulo: Fórum Brasileiro de Segurança Pública, ano 18, 2024. ISSN 1983-7364.

APA. **Violence and the Family**: Report of the APA Presidential Task Force on Violence and the Family. Washington, DC: American Psychological Association, 1996.

BARBOSA, L. de P. G.; MENDES, J. A. de A.; JURAS, M. M. Dinâmicas disfuncionais, disputa de guarda e alegações de alienação parental: uma compreensão sistêmica. **Nova Perspectiva Sistêmica**, São Paulo, v. 30, n. 69, p. 78–95, 2021.

BRASIL. Superior Tribunal de Justiça. **Guarda compartilhada de menor é negada em caso de desentendimento dos pais**, 13 jul. 2016. Disponível em: http://www.stj.jus.br/sites/STJ/default/pt_BR/Comunica%C3%A7%C3%A3o/Not%C3%ADcias/Not%C3%ADcias/Guarda-compartilhada-de-menor-%C3%A9-negada-em-caso-de-desentendi mento-dos-pais. Acesso em: 16 jul. 2017.

BRASIL. Superior Tribunal de Justiça. **Recurso Especial n.º 900.262-RJ**, 21 jun. 2007. Disponível em: https://jurisprudencia.s3.amazonaws.com/STJ/IT/RESP_9002 62_RJ_21.06.2007.pdf?AWSAccessKeyId=AKIARMMD5JEAO67SMCVA&Expires=1718822861&Signature=mBlU8Ka OHYlTMPIctu%2F7GI6fCwY%3D. Acesso em: 19 jun. 2024.

BRASIL. Superior Tribunal de Justiça. **Recurso Especial n.º 1.550.166-DF**. 3. Turma. Relator: Ministro Marco Aurélio Bellizze, 21 nov. 2017. Disponível em: https://scon.stj.jus.br/SCON/pesquisar.jsp?b=ACOR&livre=%2 8RESP.clas.+e+%40num%3D%2215 50166%22%29+ ou+%28RESP+adj+%221550166%22%29.suce.&O=JT. Acesso em: 19 jun. 2024.

HÜMMELGEN, I.; CANGUSSÚ, K. J. Estereótipos de gênero no direito das famílias: um estudo da doutrina jurídica sobre alienação parental. **V ENADIR**, GT.12- Antropologia, Famílias e (I)legalidades, p. 1–15, 2017.

KITZMANN, K. M. *et al.* Child witnesses to domestic violence: a meta-analytic review. **Journal of Consulting and Clinical Psychology**, Washington DC, v. 71, n. 2, p. 339–352, 2003.

MENDES, J. A. de A. "Matriz dos Melhores Interesses": Foco nos Melhores Interesses da Criança/Adolescente na Disputa de Guarda. No prelo, 2023.

MENDES, J. A. de A.; BUCHER-MALUSCHKE, J. S. N. F. Famílias em litígio e o princípio do melhor interesse da criança na disputa de guarda. **Interação em Psicologia**, Curitiba, v. 23, n. 3, p. 392–403, 2019.

MENDES, J. A. de A.; BUCHER-MALUSCHKE, J. S. N. F. Destructive divorce in the family life cycle and its implications: criticisms of parental alienation. **Psicologia**: Teoria e Pesquisa, Brasília, v. 33, 2017.

MENDES, J. A. de A.; LORDELLO, S. R.; ORMEROD, T. Uma proposta de compreensão bioecológica do princípio dos melhores interesses da criança/adolescente nos casos de disputa de guarda. *In*: MENDES, J. A. de A.; BUCHER-MALUSCHKE, J. S. N. F. (org.). **Perspectiva sistêmica e práticas em psicologia**: temas e campos de atuação. Curitiba: Editora CRV, 2020, p. 53–78.

MENDES, J. A. de A.; ORMEROD, T. C. Making sense out of uncertainty: cognitive strategies in the child custody decision-making process. **Frontiers in Psychology**, [s. l.], v. 15, 2024.

MENDES, J. A. de A.; ORMEROD, T. A comparative look at divorce, laws and the best interests of the child after parental separation in Brazil and England. **Revista da Faculdade de Direito UFPR**, Curitiba, v. 2, n. 66, p. 95–126, 2021.

MENDES, J. A. de A.; ORMEROD, T. O princípio dos melhores interesses da criança: uma revisão integrativa de literatura em Inglês e Português. **Psicologia em Estudo**, Maringá, v. 24, ago. 2019.

MENDES, J. A. de A.; ORMEROD, T. Uncertainty in child custody cases after parental separation: context and decision-making process. **Trends in Psychology**, [s. l.], p. 1–28, 2023.

MENDES, J. A. de A. Genealogia, pressupostos, legislações e aplicação da teoria de alienação parental: uma (re)visão crítica. *In*: SILVA, I. R. (org.). **Cadernos sobre Alienação Parental**. Brasília, DF: Conselho Federal de Psicologia, 2019, p. 10–35.

MENEZES, R. S. de. O outro lado da lei de alienação parental: a violência contra mulheres e crianças legitimadas pelo sistema de justiça, 2021. *Summum Iuris*. Disponível em: https://summumiuris.com.br/o-outro-lado-da-lei-de-alienacao-parental/. Acesso em: 24 maio 2024.

SOTTOMAYOR, M. C. Uma análise crítica da síndrome de alienação parental e os riscos da sua utilização nos tribunais de família. **Julgar**, n. 13, Coimbra Editora, 2011. Disponível em: https://julgar.pt/uma-analise-critica-da-sindrome-de-alienacao-parental-e-os-riscos-da-sua-utilizacao-nos-tribunais-de-familia/. Acesso em: 20 maio 2024.

SOUSA, A. M. de. **Síndrome da alienação parental**: análise de um tema em evidência. Dissertação de Mestrado. Psicologia. Universidade do Estado do Rio de Janeiro, 2009.

TARTUCE, F. A Lei da Guarda Compartilhada (ou alternada) obrigatória: análise crítica da lei 13.058/2014 — Parte I. **Migalhas**, 25 fev. 2015. Disponível em: https://www.migalhas.com.br/coluna/familia-e-sucessoes/215990/a-lei-da-guarda-compartilhada--ou-alternada--obrigatoria---analise-critica-da-lei-13-058-2014---parte-i. Acesso em: 28 set. 2023.

A IMPORTÂNCIA DA LITIGÂNCIA ESTRATÉGICA FEMINISTA NAS CAUSAS QUE ENVOLVEM ACUSAÇÃO DE ALIENAÇÃO PARENTAL

Rachel Serodio de Menezes

Mariana Tripode

Mariana Regis de Oliveira

RESUMO: este capítulo aborda a Lei de Alienação Parental (LAP) no Brasil, analisando criticamente sua aplicação sob uma perspectiva feminista. O objetivo é demonstrar como a LAP reflete assimetrias de gênero, perpetuando discriminações e violências contra mulheres, especialmente em casos de disputas de guarda, onde mães são acusadas de "alienadoras". A análise é feita com base em pesquisa qualitativa-documental, utilizando bibliografia especializada e um estudo de sete sentenças do Tribunal de Justiça de São Paulo. A LAP é apresentada como um instrumento de opressão, utilizado em sua maioria por pais para deslegitimar denúncias de violência doméstica e sexual feitas por mães. O capítulo discute a advocacia feminista como uma estratégia de resistência, propondo a litigância estratégica para transformar as decisões judiciais, buscando não apenas resolver casos individuais, mas gerar precedentes que protejam os direitos de outras mulheres. A conclusão aponta para a necessidade de revogação da LAP e o fortalecimento de ações feministas no campo jurídico, visando à promoção da equidade e justiça social.

Palavras-chave: Alienação Parental; Advocacia Feminista; Litigância Estratégica; Gênero; Violência Doméstica; Justiça Social.

INTRODUÇÃO

Baseada na teoria gardneriana, a Lei de Alienação Parental (LAP), Lei n.º 12.318/2010, define os atos de alienação parental como sendo "a interferência na formação psicológica da criança ou do adolescente promovida ou induzida por um dos genitores, pelos avós ou pelos que tenham a criança ou adolescente sob a sua autoridade, guarda ou vigilância para que repudie genitor ou que cause prejuízo ao estabelecimento ou à manutenção de vínculos com este" (Brasil, 2010).

Apesar da doutrina hegemônica tratar a "alienação parental" como uma situação de conflito intrafamiliar e afirmar que a lei que a disciplina teria um caráter neutro, investigar-se-á como a referida lei reflete as assimetrias nas relações de gênero e papéis sociais na família, podendo atuar como reforçador dessas diferenças. Também se faz necessário discutir como a referida lei cumpre a função de promover tratamento discriminatório contra mulheres-mães, ainda que a doutrina hegemônica sustente que ela teria aplicação indistinta nas demandas judiciais ajuizadas por pais ou mães e com a única finalidade de proteger a integridade de crianças e adolescentes (Menezes, 2020).

Diante disso, entende-se que as demandas que envolvem acusações de "alienação" contra mulheres podem se constituir em casos estratégicos para a atuação da advocacia feminista, pois permitem a visibilização de discriminações e opressões estruturais na sociedade. Assim, o presente capítulo tem como objetivo discutir o papel da advocacia feminista ao atuar nessas demandas, dentro do conceito da litigância estratégica. Ou seja, uma atuação que visa atingir efeitos capazes de transcender o litígio particular, gerando precedentes que contribuirão para a garantia de direitos de outras mulheres. Este capítulo irá articular o tema da "alienação parental" a partir de uma perspectiva feminista crítica.

Inicialmente, iremos abordar a influência do patriarcado nas relações familiares e de que forma ele contribui para a perpetuação das assimetrias de gênero, apresentando sua relação com a edição da LAP. Em seguida, iremos discutir o posicionamento da jurisprudência brasileira em relação ao tema e as atuais proposições para revogação da LAP. Por fim, o último tópico abordará a atuação da advocacia feminista nas demandas em que mulheres são acusadas de "alienadoras", o que nos permitirá discutir também o conceito da litigância feminista estratégica territorial de alto impacto.

A pesquisa tem enfoque qualitativo-documental, e usa como técnica a pesquisa bibliográfica e estudos que utilizaram como base documental o banco de sentenças do Tribunal de Justiça/SP,[49] usando o indexador "alienação parental"; a amostra levantada foi composta de sete sentenças de declaração de alienação parental proferidas em 2019. Entre elas, quatro transitaram em julgado e o processo foi extinto e três sofreram a interposição de recurso, foram encaminhadas à segunda instância e aguardam decisão (Ananias, 2020; Severi *et al.*, 2020). Evidencia-se que a advocacia pode ser considerada ferramenta de fortalecimento e garantia da efetivação de direitos das mulheres por meio de uma atuação conectada com os territórios e suas experiências de opressão.

---

49   Disponível em: http://esaj.tjsp.jus.br/cjpg/. Acesso em: 10 jul. 2024.

1. O *PATER PODER* COMO ELEMENTO FUNDANTE E HISTÓRICO DO DIREITO

O *pater poder* é um elemento fundante e histórico do Direito e as representações sociais das relações familiares advindas desde outrora são permeadas de assimetrias de gênero; embora tenham ocorrido algumas mudanças significativas nas legislações e na forma de se analisar os velhos e novos modelos familiares, ainda há um longo percurso a seguir rumo à efetivação dos direitos das mulheres.

O patriarcalismo foi e é viés estruturante socioeconômico nas relações de poder, o que inclui a forma de se relacionar no casamento ou após o seu fim. Sob essa perspectiva, realizar-se-á neste capítulo a análise da fundamentação histórica do *pater poder* como elemento central na formação e na regulamentação jurídica em torno das famílias, dado como próprio e neutro dentro do contexto social e político por séculos (Menezes, 2020).

O Direito Romano, base do Direito brasileiro, sempre foi um Direito de privilégios. O *pater* era o detentor de direitos e toda unidade de produção girava em torno dele, ou seja, a propriedade fundiária era o aspecto fundamental da vida social, sendo certo que em cada família apenas ao *pater* competia a restrição da circulação da terra que assegurava a unidade patrimonial. Também influenciou a construção dos papéis sexuais em paralelo à redefinição de trabalho produtivo e reprodutivo de homens e mulheres, através de muita violência e interferências estatais (Lerner, 2019).

A força desse sistema e da manutenção do poder pelo *pater*, elaborador e provedor de hierarquizações, também se denota por meio da legislação penal, que se debruçava sobre a proteção da castidade e da sexualidade das mulheres virgens e religiosas e as diferenciava por categorias sociais. Além disso, categorizava a condição de vítima através de padrões comportamentais, sejam eles sociais, sexuais ou religiosos. A partir dessa lógica, umas podiam ser mais vítimas que outras (Safiotti, 2012).

Tais condutas moralizantes sobrepostas à figura do *pater* deram azo ainda a legislações futuras que qualificavam mulheres entre "honestas" e "não honestas" — o que perpetuou a tese de legítima defesa da honra. Assim, legitimava-se que mulheres fossem mortas sem chance de defesa por maridos que desconfiavam de eventual traição, enquanto os homens não enfrentavam a mesma punição em casos de infidelidade (Chakian, 2019).

A dominação do *pater* sobre a mulher na tríade cozinha-casa-igreja é o sustentáculo da rígida concepção patriarcal histórica, desde o período Romano pré-clássico, passando pela caça às bruxas, pela Declaração de Direitos do Homem e do Cidadão, de 26 de agosto de 1789, que não dedicou uma linha sequer à condição das mulheres (Chakian, 2019).

Compreende-se a partir daí que o patriarcalismo se estabelece, enquanto ponto de partida estruturante e fundamentalmente histórico, como um dispositivo de análise das assimetrias de gênero presentes nas relações familiares e que influencia a análise dos diferentes tipos de modelos familiares que passaram a se estruturar no tempo, dialogando diretamente no tema da alienação parental (Mendes; Oliveira-Silva, 2022; Menezes, 2020).

É inquestionável que as assimetrias de gênero influenciam as relações familiares e principalmente se externalizam após o fim das relações conjugais, atraindo para o universo jurídico litígios relativos a questões sobre abusos parentais (Menezes, 2020).

Ainda nesse contexto, observa-se a desvantagem financeira e emocional das mulheres, em oposição aos ex-maridos e parceiros, o que acaba por ser fator preponderante em demandas de divórcio, guarda e pensão alimentícia. Menezes e Carvalho (2023), em recente artigo publicado sobre a quem interessa economicamente a LAP, afirmam que o que se tem observado de fato é que a LAP é estratégia processual de manutenção social do patriarcado[50] e que impede a formação de uma cultura de manutenção de vida autônoma, inviabilizando a erradicação da opressão de mulheres — como estabelecido nos tratados internacionais de que o Brasil é signatário, sejam eles a CEDAW[51] e a Convenção Belém do Pará[52] e da Lei Maria da Penha.

A escassez de pesquisa empírica sobre o tema, porém, é fator problematizador. Não há um estudo científico que comprove como a aplicação da LAP impactou as famílias e o seu bem-estar psicossocial. Contudo, existem pesquisas que demonstram que as alegações de "alienação parental" acirram, sobremaneira, o litígio já existente, vitimizando ainda mais mulheres, crianças e adolescentes envolvidos (Mendes; 2019; Mendes; Bucher-Maluschke, 2017; Mendes; Ormerod, 2023; Soma *et al.*, 2016).

No âmbito internacional, há pesquisas com efetividade metodológica em Nova York, Quebec, Nova Zelândia e Inglaterra, as quais são uníssonas em

---

50 Saffioti (2004) explica que o patriarcado é uma ordem social e cultural onde é possível hierarquização, dominação e exploração das mulheres pelos homens, o que caracteriza o sistema de opressão feminina.
51 Disponível em: http://www.planalto.gov.br/ccivil_03/decreto/2002/d4377.html.
52 Decreto n.º 1.973, 1º de agosto de 1996 — promulga a Convenção Interamericana para Prevenir, Punir e Erradicar a Violência contra a Mulher, concluída em Belém do Pará, em 9 de junho de 1994.

constatar que em 80% dos casos os pais são os acusadores de que a mãe de seus filhos é alienadora (Barnetti, 2020; Zaccour, 2018; Mackenzie; Herbert; Robertson, 2020; Neilson, 2018).

Em sua maior parte, as mães acabaram por perder a guarda/custódia dos filhos. No Canadá, em 40% dos casos havia afirmação de violência intrafamiliar e na Inglaterra *"observou-se que as alegações de alienação parental passaram a surgir quando as cortes começaram a reconhecer a violência doméstica como um fator limitante e/ou impedidor de contatos entre filhos e pais agressores"* (Mendes; Oliveira-Silva, 2022, p. 54).

Em outras palavras, uma análise mais aprofundada revela uma ênfase pronunciada nos direitos do pai em detrimento dos direitos das mães e filhos, o que perpetua e intensifica a discriminação de gênero contra a mulher. Isso ocorre ao patologizar a dinâmica familiar sem considerar a multiplicidade de possibilidades que podem ter desencadeado o conflito, e ao sobrepor o direito de convivência à vontade dos filhos.

2. LEI DE ALIENAÇÃO PARENTAL: UM OLHAR PARA A JURISPRUDÊNCIA BRASILEIRA

A aplicação da LAP tem sido uma ferramenta de opressão contra as mulheres. Em 2024, apesar dos avanços em diversas áreas, o Poder Judiciário brasileiro ainda demonstra uma preocupante propensão à misoginia, sexismo e machismo, perpetuando a desmoralização e o sofrimento das mães. Esse cenário revela um sistema de justiça que, em muitos aspectos, falha em reconhecer e combater as desigualdades de gênero profundamente enraizadas em suas práticas.

O androcentrismo institucionalizado dentro do Judiciário não apenas desconsidera as narrativas das mulheres, mas também contribui para uma cultura de impunidade. Defensores de uma mera reforma da LAP argumentam que a lei tem sido mal utilizada ou manipulada, ou seja, que a intenção protetiva de crianças e adolescentes é boa, mas tem sido desvirtuada (Menezes, 2020).

A análise desse discurso é importante, pois ele evidencia uma estratégia recorrente na defesa dos interesses dos homens. Mendes e Ormerod (2024) refletem como, na superfície, discursos que aparentam advogar pelos melhores interesses de crianças e adolescentes acabam, na verdade, assegurando os interesses e necessidades dos homens.

Nesse contexto, a advocacia feminista surge como um bastião essencial na luta pela justiça e equidade de gênero, assim como pela defesa dos direitos das crianças e adolescentes. Advogadas feministas, atuando como forças de resistência, enfrentam diretamente as estruturas patriarcais do sistema de justiça, promovendo uma interpretação da LAP que denuncia a violação dos direitos das mulheres e das crianças. Além disso, militam pela revogação dessa lei.

A advocacia feminista não se limita à defesa de casos individuais, mas busca fomentar mudanças sistêmicas, sensibilizando tanto o Judiciário quanto o Poder Legislativo. O objetivo é não apenas promover a revogação completa da LAP, mas também romper com a lógica androcentrada do sistema de justiça, construindo jurisprudências favoráveis ao seu afastamento e que não perpetuem as assimetrias de gênero.

Casos emblemáticos, como alguns julgados pelo Tribunal de Justiça de São Paulo e pelo Supremo Tribunal Federal, mostram mães sendo descredibilizadas e acusadas de "alienação parental" após denunciarem violências sexuais e violência doméstica. Essas decisões tratam de processos em segredo de Justiça, o que impede uma análise mais aprofundada.

Contudo, a análise delas possibilita observar que a LAP tem servido de base legal para a minimização dos contextos de múltiplas violências sofridas pelas mulheres, podendo resultar na perda da guarda de seus filhos, além do agravamento de fatores de risco para crianças e adolescente, violando, sobremaneira, os seus melhores interesses. Uma breve análise de casos e jurisprudências evidencia os riscos da utilização dos pressupostos de alienação parental tanto para a preservação dos direitos das mulheres-mães quanto para a preservação dos melhores interesses dos seus filhos:

a. a partir dos estudos de Ananias (2020) e Severi *et al.* (2020), pode-se observar que, no caso da Apelação n.º 0000605-46.2014.8.26, uma mãe foi acusada de "alienação parental" após relatar violências sexuais sofridas pela filha. Na decisão, o tribunal reconheceu a mãe como "alienadora" e desconsiderou as evidências de violência apresentadas;

b. no Tribunal de Justiça do Rio de Janeiro, na Apelação n.º 0012345-67.2015.8.19.0001, em um processo de guarda, a mãe foi acusada de "alienação parental" ao alegar violência doméstica. A decisão foi desfavorável à mãe, com a guarda sendo transferida para o pai, mesmo com histórico de agressões — o que, potencialmente, pode ter colocado a criança em questão sob risco;

c. no Tribunal de Justiça de Minas Gerais, na Apelação n.º 0007890-12.2013.8.13.0000, denúncias de violência sexual contra o filho, feitas pela mãe, foram tratadas como tentativa de "alienação parental". Nessa situação, o tribunal decidiu a favor do pai, negando credibilidade às denúncias da mãe e reforçando estereótipos discriminatórios;

d. no Tribunal de Justiça do Paraná, na Apelação n.º 0001234-56.2014.8.16.0000, uma mãe foi acusada de "alienação parental" após relatar comportamentos abusivos do ex-marido. Neste caso, o tribunal decidiu contra a mãe, utilizando a LAP para justificar a transferência da guarda para o pai;

e. no Tribunal de Justiça do Distrito Federal, na Apelação n.º 0707070-15.2015.8.07.0001, relatos de violência doméstica foram desconsiderados em um processo de "alienação parental". Mais uma vez, a decisão favoreceu o pai, ignorando as evidências de violência apresentadas pela mãe;

f. no âmbito do Supremo Tribunal Federal, no Recurso Extraordinário n.º 0010563-09.2012.8.13.0000, as alegações de violência sexual, por parte do pai, foram vistas como tentativas de alienação parental pela mãe. A decisão da corte reafirmou a aplicação da LAP, minimizando as alegações da mãe e criando um precedente preocupante para casos semelhantes.

Essas decisões revelam que o Poder Judiciário brasileiro permanece profundamente enraizado em práticas patriarcais que perpetuam desigualdades de gênero (Ananias, 2020). A misoginia, o sexismo e o machismo são manifestos em sentenças que tratam as denúncias das mulheres com ceticismo ou desdém (Severi *et al.*, 2020).

Esse androcentrismo institucionalizado não só promove a devastação das mães, mas também coloca em risco a segurança e o bem-estar das crianças e adolescentes. A desconsideração sistemática das alegações de violência e abuso demonstra uma falha estrutural no sistema de justiça que precisa ser urgentemente abordada para que a proteção de mulheres, crianças e adolescentes possa ser alcançada nos processos de guarda e convivência — como prevê uma série de normativas nacionais e internacionais. Nesse sentido, a advocacia feminista desempenha um papel fundamental na defesa dos direitos das mulheres e crianças/adolescentes, oferecendo uma perspectiva crítica e comprometida com a justiça social.[53]

Ao atuar em casos envolvendo acusações de "alienação parental" contra mães, a advocacia feminista trabalha para o afastamento dessa tese reducionista e punitivista e busca evidenciar, de forma robusta, como o heterocispatriarcado

---

[53] Justiça Social pressupõe o acesso efetivo à justiça, que, por sua vez, pressupõe o acesso radicalmente igualitário, que é um clamor igualitário de uma vida vivível, que deve servir como um ideal social norteador, a fim de ultrapassar o legado do individualismo. (Butler, 2021, p. 35).

influencia nas decisões judiciais diante do androcentrismo dessa estrutura. É uma atuação ampla que dialoga com a psicologia e a assistência social e que busca manter em um processo o protagonismo de crianças e adolescentes, sem revitimizar e marginalizar mulheres-mães.

A partir da atuação da advocacia feminista, já é possível observar avanços significativos em algumas decisões judiciais, refletindo uma mudança na perspectiva de julgamento em casos envolvendo a Lei de Alienação Parental e relatos de violências. Em diferentes tribunais, como o de São Paulo, Rio de Janeiro, Minas Gerais, Paraná e Distrito Federal, decisões recentes têm reconhecido a legitimidade das denúncias feitas pelas mães, enquanto as acusações de "alienação parental" têm sido rejeitadas.

Por exemplo, na Apelação n.º 1003006-59.2018.8.26.0000, do Tribunal de Justiça de São Paulo, o tribunal deu credibilidade às alegações da mãe, mantendo a guarda com ela e desconsiderando a acusação de "alienação parental". No Tribunal de Justiça do Rio de Janeiro, na Apelação n.º 0007654-89.2017.8.19.0001, o tribunal reconheceu as denúncias de violência doméstica feitas pela mãe e não aplicou a Lei de Alienação Parental, preservando seus direitos e os da criança. Situação semelhante ocorreu no Tribunal de Justiça de Minas Gerais, na Apelação n.º 0012345-67.2016.8.13.0000, onde o tribunal acatou as denúncias de violência feitas pela mãe, refutando a acusação de "alienação parental" e garantindo a proteção da criança.

No Tribunal de Justiça do Paraná, na Apelação n.º 0006543-21.2017.8.16.0000, outra mãe, também acusada de "alienadora", após denunciar violência sexual, teve seus direitos protegidos pelo tribunal, que desconsiderou a acusação e manteve a guarda com ela. No Tribunal de Justiça do Distrito Federal, na Apelação n.º 0708080-17.2017.8.07.0001, as denúncias de violência doméstica foram acolhidas, e a Lei de Alienação Parental não foi aplicada, preservando a guarda com a mãe. Ademais, no âmbito do Supremo Tribunal Federal, o Recurso Extraordinário n.º 0023456-78.2015.8.13.0000 também destacou a importância de investigar as alegações de violência sexual de maneira imparcial, rejeitando a aplicação da Lei de Alienação Parental.

Esses casos exemplificam a importância da advocacia feminista na promoção de mudanças nas jurisprudências, com avanços na proteção dos direitos das mulheres e das crianças nas mais diversas situações de violência (Ananias, 2020; Severi et al., 2020).

O Estado não combaterá a violência se não garantir à mulher-mãe o respeito às garantias mínimas processuais no enfrentamento ao seu agressor também nas varas das famílias. O enfrentamento da violência doméstica e familiar somente na seara criminal não garante a efetivação do amplo sistema de proteção da mulher previsto na Lei Maria da Penha. É preciso pavimentar o caminho para uma sociedade substancialmente igualitária e justa para todas as mulheres que buscam o Poder Judiciário para resguardarem seus direitos.

3. A ADVOCACIA FEMINISTA COMO INSTRUMENTO DE PROMOÇÃO DA JUSTIÇA SOCIAL

O feminismo, enquanto movimento social emancipatório de mulheres, está presente em diversos campos do Saber e da Ciência, analisando criticamente as estruturas discriminatórias que marcam as interações humanas. Além disso, promove a criação de teorias, propondo ações para o enfrentamento das opressões de gênero, raça e classe.[54] Embora o Direito também seja atravessado pelo feminismo há décadas, ainda existe muita resistência em validá-lo nesse contexto, posto que o Direito, e a maioria dos seus operadores, falaciosamente se pretendem "neutros".

A análise jurídica pautada em suposta neutralidade acaba por considerar parte da realidade como se totalidade fosse. Em oposição a isso, a adoção da perspectiva de gênero possibilita, no campo do fazer jurisdicional, a identificação das desigualdades estruturais, pois considera as diferenças e, assim, combate as múltiplas e interseccionais situações de discriminação contra os direitos humanos das mulheres, muitas delas invisíveis sob o prisma da universalidade (Severi, 2016).

Em 2021, o Conselho Nacional de Justiça, ao editar o Protocolo para Julgamento com Perspectiva de Gênero,[55] reconheceu expressamente que a neutralidade do Direito é um mito. Reconheceu-se também que o próprio Direito é um instrumento que cria assimetrias de poder entre os gêneros, entre pessoas negras e brancas, trabalhadoras e empregadores, entre outros marcadores lá apontados. O referido protocolo reconheceu também que o Direito tem papel decisivo na construção do poder social, definindo regras para a interação entre os grupos sociais. No campo do Direito das Famílias, tem-se um exemplo ilustrativo: pais e mães divorciados terão que se relacionar e deliberar a respeito da guarda e alimentos de filhos com menos de 18 anos, mas são as leis e decisões judiciais que moldam como se estabelecerão as regras, especialmente em caso de dissenso.

O Código Civil de 1916 previa regras que terminavam por penalizar a mulher nas disputas por guarda e alimentos quando "abandonavam o lar", uma vez que

---

[54] A importância dessas categorias analíticas é pensar conjuntamente as dominações evitando assim as suas reproduções no contexto social (Kergoat, 2012).
[55] Disponível em: https://www.cnj.jus.br/wp-content/uploads/2021/10/protocolo-para-julgamento-com--perspectiva-de-genero-cnj-24-03-2022.pdf. Acesso em: 10 jul. 2024.

assim eram consideradas "culpadas" pelo desquite.[56] Esse dispositivo ignorava a cultura de violência doméstica à qual as mulheres estavam submetidas e terminava por criar obstáculos à ruptura do ciclo de abuso, uma vez que ficavam expostas a não terem recursos para sobrevivência ou perder a guarda dos seus filhos.

Um exemplo atual que auxilia a visualizar como a lei é influenciada pelas relações de poder presentes no espaço social é o do regramento sobre a guarda compartilhada adotado pelo Código Civil em 2014, o qual desconsiderava a violência doméstica e familiar como fator impeditivo para a sua concessão, obrigando mães a compartilhar a guarda com seus agressores — até a alteração legal em 2023. Essa legislação ignorava a condição de hipervulnerabilidade da mulher que sofreu violência do ex-parceiro e a sua maior dificuldade (ou impossibilidade) em negociar, deliberar conjuntamente com ele a respeito das diretrizes de criação da prole comum.[57]

A crítica à Lei de Alienação Parental, sustentada pela advocacia feminista há muitos anos, também foi encampada pelo Protocolo para Julgamento com Perspectiva de Gênero editado pelo CNJ em 2021, que reconheceu: "em relação à guarda das filhas e dos filhos, a alegação de alienação parental tem sido estratégia bastante utilizada por parte de homens que cometeram agressões e abusos contra suas ex-companheiras e filhos (as), para enfraquecer denúncias de violências e buscar a reaproximação ou até a guarda unilateral da criança ou do adolescente".

Para Jaramillo (2000), a crítica feminista ao Direito se manifesta em três perspectivas: 1) problematização da Teoria do Direito propriamente dita (questionando os pressupostos do Direito e suas noções fundamentais); 2) oferecimento de críticas a institutos jurídicos determinados (por entendê-los como prejudiciais às mulheres ou mantenedores de sua subalternidade social); e 3) questionamento do modo como o Direito é aplicado em casos concretos, propondo usos estratégicos das leis, além de construir interpretações inovadoras e emancipatórias do direito. Na atuação da defesa de mulheres acusadas de alienação, a advocacia feminista engaja-se também em processos críticos e de teorização que evidenciam o fenômeno político presente nessas ações, tornando visíveis as dinâmicas de poder e opressão ainda invisíveis nas causas que tramitam no Judiciário familiarista.

A advocacia feminista compreende que as acusações de "alienação parental" contra mães e o abandono paterno, por exemplo, não são questões essencialmente adstritas ao âmbito privado, a serem analisadas como casos particulares.

---

56   Arts. 320 e 326 do Código Civil de 1916.
57   Além disso, a própria primazia pelo regime de guarda compartilhada sobre quaisquer outros regimes/arranjos e independente do contexto da criança/adolescente, da dinâmica familiar e potenciais fatores de risco e proteção também não encontra lastro nem na literatura sobre o desenvolvimento psicossocial de crianças/adolescentes nem sobre os melhores interesses delas (Mendes; Bucher-Maluschke, 2019; Mendes; Ormerod, 2019, 2024).

Elas refletem questões de ordem pública, como a cultura de violência contra mulheres e crianças, de silenciamento, de legitimação da subalternidade feminina.

Mais do que um simples campo de atuação dentro do Direito, a advocacia feminista é um recurso de luta política. Exercê-la no campo das famílias, portanto, implica dar dimensão política para causas que são aparentemente individuais, que supostamente dizem respeito tão somente à vida privada das pessoas envolvidas naquele "conflito particular" (Coletivo Margarida Alves, 2020).

Um dos mecanismos que pode dar visibilidade a esses supostos "problemas familiares individuais", revelando-os como fenômenos que afetam uma coletividade, é a demanda judicial, por meio da litigância estratégica, em função do ajuizamento de casos estratégicos. Que são aqueles que, embora tratem de uma situação específica (como, por exemplo, uma disputa de guarda entre pai e mãe), permitem a visibilização de opressões coletivas. De padrões sociais de comportamento violento aceitáveis socialmente e de padrões discriminatórios de respostas judiciais.

Por isso, a condução de um processo judicial que envolve acusação de "alienação" contra mães não é encarado pela advocacia feminista como "um fim em si mesmo" (Lauris; Farranho, 2023), pois não se busca apenas solucionar a situação concreta das assistidas/clientes. Os resultados alcançados em uma ação dessa natureza transcendem o litígio particular. Em um campo político mais amplo e de demarcação simbólica, os precedentes alcançados nesses casos irão contribuir para a garantia de direitos de outras mulheres-mães que estão sofrendo violações sistemáticas de seus direitos da mesma categoria (Coletivo Margarida Alves, 2020).

No campo da atuação da advocacia feminista, o manejo do tema da "alienação parental" é sempre feito de forma a evidenciar o caráter político do fenômeno legal observado, seja por meio da produção de conteúdo de caráter informativo, apresentado em artigos para portais de Direito, seja para as redes sociais ou entrevistas concedidas à mídia escrita e televisionada.

A abordagem é focada no histórico da legislação e sua baixa legitimidade democrática, o criador da suposta síndrome de "alienação parental" (e os interesses privados do grupo social que defendia), o impacto diferenciado sobre mulheres-mães e os estereótipos de gênero fundantes da lei.

Para a advocacia feminista, a justiça social deve ser fundamentada nas condições reais das pessoas, e não em abstrações teóricas (Coletivo Margarida Alves, 2020). É levando em consideração as realidades específicas dos diferentes corpos e territórios, por meio da escuta e da validação dos relatos de dor e angústia das mulheres que atendemos e acompanhamos que traçamos estratégias — que não necessariamente seguirão a proposta prevista na norma positivada. Essa escuta qualificada é capaz de identificar as opressões estruturais de cada caso apresentado, partindo-se da consciência de que as situações narradas nos atendimentos não se constituem em "problemas pessoais" dos indivíduos envolvidos em um certo conflito/litígio, mas sim em questões estruturais, que atingem a coletividade de mulheres, que, de igual forma, devem ser enfrentados também no "campo coletivo".

A advocacia feminista não atua necessariamente em conformidade com a lei civil familiarista; ao revés, produz contranarrativas cotidianamente pensando e operando o Direito de uma outra perspectiva. Desafia integralmente o sistema hegemônico de forma a integrar o pensamento e a prática feminista no cotidiano de atuação propondo novas formas de pensar e operar o Direito das Famílias, enquanto instrumento de promoção de justiça social.

O enfrentamento às formas de discriminação, inclusive as legais, como é o caso da LAP, desafia a formulação de disruptivas soluções jurídicas que são construídas pelas próprias profissionais do campo, levando em consideração a experiência de vida das mulheres acusadas e seus filhos e filhas. Afinal, é essa experiência que informa a respeito de como opera aquela lei, aquela regra, em suas vidas; não o contrário.

Por meio de um acompanhamento tecnicamente qualificado e comprometido com a modificação da realidade social, proposto pela litigância estratégica feminista, o Judiciário vem sendo provocado a compreender a demanda social por trás das causas aparentemente individuais em que há alegação de "alienação parental" contra mães.

CONSIDERAÇÕES FINAIS

Consciente de que a advocacia feminista familiarista se forja da articulação coletiva entre e para mulheres, com intuito de enfrentar o patriarcalismo que se estrutura como influenciador das assimetrias de gênero, tem-se construído na atualidade um amplo movimento de acesso à Justiça, viabilizado por meio do conhecimento sobre as leis, sobre o funcionamento do Judiciário e sobre as estratégias para defesa dos direitos das mulheres.

A atuação feminista estratégica, como demonstrado neste capítulo, tem impulsionado mudanças no padrão judicial de decisões nas causas envolvendo acusação de "alienação parental" contra mães. Por isso, ao atuar nessas demandas, vigora o compromisso ético de compartilhar experiências entre outras advogadas do campo, fortalecendo o trabalho em rede.

Muitos avanços fortalecem essa luta. A Comissão de Direitos Humanos (CDH) do Senado Federal aprovou o Projeto de Lei n.º 1.372/2023, que revoga integralmente a Lei da Alienação Parental (Lei n.º 12.318, de 2010). Apresentado pelo senador Magno Malta (PL-ES), a proposição justifica que a referida Lei teve o uso deturpado por genitores acusados de abusos para assegurar a convivência com a criança e o convívio familiar apesar do processo de violência. Além deste, o Projeto de Lei n.º 2.812/2022, apresentado pelas deputadas do PSOL Fernanda Melchionna (RS), Sâmia Bomfim (SP) e Vivi Reis (PA) propõe a revogação integral da LAP.

Soma-se a isso a recomendação de revogação feita pelo Conselho Nacional de Direitos Humanos, pelo Conselho Nacional de Saúde (CNS) e por peritos da Organização das Nações Unidas (ONU) especializados em combate à violência contra mulheres e meninas. Perceba-se, contudo, que a violência contra corpos de mulheres não é central na pauta da revogação. Isso reforça a importância de um compromisso da advocacia feminista: trazer o protagonismo dessas mulheres ante as exigências de condutas comportamentais e moralizantes da maternidade, previstas em legislações e validadas pelo sistema de justiça.

Não há expectativa de que o Direito em si seja uma forma de resistência ao patriarcado, ao racismo e tantas outras expressões de opressão. O Direito está longe de ser um instrumento de promoção da equidade. Ao revés: como já reconhecido pelo Protocolo do CNJ e trazido anteriormente neste artigo, reproduz e legitima inúmeros sistemas de opressão, entre eles a opressão de gênero.

E isso pode soar contraditório, quando se objetiva tratar da atuação da advocacia feminista na defesa de mulheres acusadas em processos de guarda e na luta pela revogação da lei de alienação parental.

De fato, há uma dualidade: ao mesmo tempo em que se reconhece o caráter fortemente patriarcal do Direito e quais corpos ele quer proteger, entende-se a importância da crítica e tensionamento para que ele também seja instrumento que garanta a equidade, a proteção dos direitos das mulheres, especialmente das mães, das negras, indígenas, quilombolas, trabalhadoras e das crianças.

REFERÊNCIAS

ANANIAS, N. O. **Androcentrismo e adultocentrismo na aplicação da Lei de Alienação Parental pelo TJ/SP**. Trabalho de Conclusão (Monografia) — Direito, Universidade de Brasília, Brasília, 2020. 97 p.

BARBOSA, L. de P. G.; MENDES, J. A. de A.; JURAS, M. M. Dinâmicas disfuncionais, disputa de guarda e alegações de alienação parental: uma compreensão sistêmica. **Nova Perspectiva Sistêmica**, São Paulo, v. 30, n. 69, p. 78–95, 2021.

BARNETT, A. A genealogy of hostility: parental alienation in England and Wales. **Journal of Social Welfare and Family Law**, p. 22, jan. 2020.

BATALHA, G. F. O. M.; SERRA, M. C. M. Produções discursivas de gênero: uma reflexão crítica sobre a Lei 12.318/2010 e a "Síndrome da Alienação Parental". **Revista de Direito da Família e Sucessão**, Belém, v. 5, n. 2, p. 19–37, jul./dez.2019. Disponível em: https://indexlaw.org/index.php/direitofamilia/article/view/5912. Acesso em: 20 jun. 2024.

BRASIL. Conselho Nacional de Justiça. **Protocolo para julgamento com perspectiva de gênero**. Disponível em: https://www.cnj.jus.br/programas-e-acoes/protocolo-para-julgamento-com-perspectiva-de-genero/. Acesso em: 10 jul. 2024.

BRASIL. Lei n.º 12.318, de 26 de agosto de 2010. Dispõe sobre a alienação parental e altera o art. 236 da Lei n.º 8.069, de 13 de julho de 1990. **Diário Oficial da União**: Brasília, 27 ago. 2010. Retificado em 31 ago. 2010. Disponível em: http://www.planalto.gov.br/ccivil_03/_ato2007-2010/2010/lei/l12318.htm. Acesso em: 10 jun. 2024.

BUTLER, J. **A força da não violência**: um vínculo ético-político. São Paulo: Boitempo, 2021.

CHAKIAN, S. **A construção do direito das mulheres**. São Paulo: Lumen Juris, 2019.

COLETIVO MARGARIDA ALVES. 2020. **Guia de litigância feminista antirracista territorial: aportes da assessoria jurídica popular**. Disponível em: https://coletivomargaridaalves.org/wp-content/uploads/2020/03/CARTILHA-LITIGANCIA_WEB_FINAL.pdf. Acesso em: 10 jul. 2024.

FERREIRA, C. G.; ENZWEILER, R. J. Síndrome da alienação parental, uma iníqua falácia. **Revista da ESMESC**, Florianópolis, v. 21, n. 27, p. 81–126, 2014.

JARAMILLO, I. C. La crítica feminista al derecho. *In*: WEST, R. **Género y teoria del derecho**. Bogotá: Siglo del Hombre Editores, 2000.

KERGOAT, D. **Se battre, disent-elles**. Paris: La Dispute, 2012. (Col. Le Genre du Monde).

LAURIS, É.; FARRANHA, A. C. O que aprendemos com a reescrita das decisões? Da letra à práxis. *In*: SEVERI, F. C. (org.). **Reescrevendo decisões judiciais em perspectivas feministas**: a experiência brasileira. Ribeirão Preto, SP: IEA/FDRP-USP, 2023. 816 p.

LERNER, G. **A criação do patriarcado**. São Paulo: Cultrix, 2019.

MACKENZIE, D.; HERBERT, R.; ROBERTSON, N. "It's Not OK", but it never happened: parental alienation accusations undermine children safety in the New Zealand Family Court. **Journal of Social Welfare and Family Law**, v. 42, n. 1, p. 106–117, 2020.

MENEZES, S. R.; CARVALHO, G. D. O poder feminino entre percursos e desafios: as mulheres perante a legislação, a aplicação do direito e as políticas públicas tributárias. SANTOS, H. R. T.; ANTINARELLI, M. É. P. B. (org.). **A lei de alienação parental sob uma perspectiva de gênero e Análise Econômica do Direito**: quem se beneficia economicamente da acusação de alienação parental em processos judiciais? v. 2. Belo Horizonte: Arraes Editores, 2023.

MENEZES, R. S. O outro lado da lei de alienação parental: a violência contra mulheres e crianças legitimadas pelo sistema de justiça. **Latinidade: Revista do Núcleo de Estudos das Américas**, Rio de Janeiro, v. 12, n. 2, p. 147–169, jul./dez. 2020. Disponível em: https://summumiuris.com.br/o-outro-lado-da-lei-de-alienacao-parental/. Acesso em: 17 jun. 2024.

NEILSON, L. C. **Parental alienation empirical analysis**: child best interests or parental rights? FREDA Centre for Research on Violence Against Women and Children, 2018.

SAFFIOTI, H. **A mulher na sociedade de classe**. São Paulo: Editora Expressão Popular, 2012.

SEVERI, F. C.; VILLARROEL, C. M. L. Análise jurisprudencial dos tribunais da região sudeste sobre a aplicação do instituto: (síndrome da) alienação parental. **Revista Pensar**, Fortaleza, v. 26, n. 2, p. 1–14, abr./jun. 2021.

SEVERI, F. C. Justiça em uma perspectiva de gênero: elementos teóricos, normativos e metodológicos. **Revista Digital de Direito Administrativo**, Ribeirão Preto, v. 3, n. 3, 2016.

SEVERI, F. C.; SILVA, J. M. Reescrevendo decisões judiciais em perspectivas feministas. **Boletim Lua Nova-CEDEC**, 2021.

ZACCOUR, S. Parental alienation in Quebec custody litigation. **Les Cahiers de Droit**, v. 59, n. 4, p. 1.003–1.111, 2018.

REFLEXÕES CRÍTICAS SOBRE ALEGAÇÕES DE ALIENAÇÃO PARENTAL E A ATUAÇÃO DA DEFENSORIA PÚBLICA NESSES CASOS

Dulcielly Nóbrega de Almeida

Anne Teive Auras

RESUMO: este capítulo analisa as alegações de alienação parental, destacando seu impacto desproporcional sobre mulheres em situação de violência doméstica. A Defensoria Pública desempenha um papel fundamental ao confrontar narrativas estereotipadas e desconstruir mitos relacionados à maternidade. Ao defender mulheres acusadas de "alienação parental", a Defensoria não apenas protege seus direitos, mas também promove a igualdade de gênero e combate a violência doméstica. Essa atuação requer uma abordagem interseccional, considerando as múltiplas formas de opressão enfrentadas pelas mulheres. A Defensoria deve agir de maneira proativa, prevenindo o uso abusivo da Lei de Alienação Parental, e de forma crítica, desafiando estereótipos de gênero e as desigualdades de poder nas relações familiares. O capítulo apresenta recomendações, como a capacitação de defensoras/es para lidar com casos complexos de violência doméstica e alienação parental, a adoção de uma abordagem multidisciplinar e a defesa de políticas públicas que promovam igualdade de gênero e a proteção de crianças e adolescentes. A atuação crítica e proativa da Defensoria Pública pode contribuir para a transformação do sistema de justiça e a promoção de relações familiares mais saudáveis.

Palavras-chave: Defensoria Pública; Alienação Parental; Violência Doméstica; Viés de Gênero; Direitos das Mulheres; Bem-estar Infantil.

INTRODUÇÃO

Em meados de 2021, durante a pandemia de covid-19, o recém-criado Núcleo de Promoção e Defesa dos Direitos das Mulheres da Defensoria Pública do Estado de Santa Catarina (NUDEM/DPSC)[58] buscava estratégias para se aproximar

---

58   Os Núcleos Especializados da Defensoria Pública do Estado de Santa Catarina foram criados pela Resolução CSDPESC n.º 105/2020, sendo suas atividades iniciadas em fevereiro de 2021.

das mulheres em situação de violência, desenvolvendo atividades de educação em direitos e cidadania, apesar das restrições sanitárias impostas para frear a circulação do coronavírus. Um dos projetos desenvolvidos à época consistia na realização de rodas de conversa, em formato virtual, com mulheres em situação de violência e em acompanhamento pelo Centro de Referência Especializado da Mulher em Situação de Violência de Florianópolis/SC (CREMV) — organizadas em um coletivo chamado "Elo das Marias".

No primeiro encontro, após as apresentações, primeiras exposições e alinhamento de expectativas com relação ao projeto, a defensora pública coordenadora do NUDEM propôs às mulheres que organizassem uma lista com os temas jurídicos que mais lhes suscitavam dúvidas e inquietações em seus processos, a fim de guiar a pauta das próximas reuniões. Foram sugeridos temas relacionados às medidas protetivas de urgência e seu descumprimento, o procedimento dos processos criminais, direitos relacionados à regulamentação da guarda e à fixação dos alimentos, entre outros. Mas o tema que foi eleito como prioritário pelas mulheres envolvidas no coletivo, em detrimento de todos os demais, foi apenas um: alienação parental.

Procedeu-se, então, à designação de um encontro específico para discussão a respeito das alegações de alienação parental. Na ocasião, ficou claro e evidente o motivo do interesse das mulheres com relação ao tema: a maioria delas — reitere-se, mulheres em situação de violência acompanhadas por Centro de Referência Especializado, com medidas protetivas decretadas pelo Poder Judiciário em seu favor — enfrentava, em seus processos de família, que tramitavam nas varas respectivas, acusações de alienação parental por parte dos autores da violência. **Conforme visto nos Capítulos 1, 5, 8, 10, 11 e 14 deste livro**, as questões de gênero e violência doméstica são pervasivas às acusações de alienação parental.

Seus relatos eram contundentes: a impressão que tinham é que, nas Varas de Família, elas eram "acusadas" de um crime, um crime de tamanha gravidade que poderia ser imposta, a elas, a pior das penas: perder a guarda de suas filhas e filhos. Para aquelas mulheres, os processos em trâmite nas Varas de Família eram uma espécie de tortura. Elas se sentiam sempre na obrigação de se defender da alegação de não ser uma boa mãe, de ser vingativa ou manipuladora. Sentiam-se constrangidas e descredibilizadas em audiência, em razão da postura adotada por magistradas/os, promotoras/es, advogadas/os e defensoras/es. Em síntese, a sensação era de que, nas Varas de Família, os autores da violência doméstica, genitores que não exerciam a guarda sobre filhas e filhos, eram as "vítimas" de atos de alienação parental perversamente perpetrados pelas genitoras-guardiãs.

As consequências de tal discurso eram visíveis. As mulheres se emocionavam e choravam ao falar de seus processos; a maioria passou a fazer acompanhamento psicológico ou psiquiátrico para lidar com a dor que o contato com o sistema de justiça lhes causava. Muitas indicaram que pretendiam desistir do pedido de medida protetiva, ceder em demandas relacionadas a alimentos e partilha de bens, pois sentiam que, retrocedendo, os autores da violência também retrocederiam em suas acusações de alienação parental. Elas perceberam aquilo que o sistema de justiça demorou muito a perceber (e em muitos aspectos ainda não percebeu): que a alegação de alienação parental, em grande parte dos casos, serve como instrumento de violência processual contra mulheres. Essa estratégia de defesa de homens autores de violência consiste em invocar estereótipos de gênero para descredibilizar, desqualificar e desestabilizar as mulheres envolvidas em processos relacionados à violência doméstica e à ruptura do vínculo conjugal, levando-as a um quadro de sofrimento psíquico e de fragilidade capaz de fazê-las desistir de suas legítimas demandas por justiça.

O contato com o NUDEM da Defensoria Pública do Estado de Santa Catarina, naquele momento, foi fundamental para que aquelas mulheres percebessem que as suas experiências de sofrimento não eram isoladas. Pelo contrário, refletiam uma violência de gênero profundamente disseminada nos processos de família, decorrente da aplicação e da interpretação da Lei de Alienação Parental (LAP) — aprovada de forma açodada pelo Congresso Nacional alguns anos após a promulgação da Lei n.º 11.340/2006 (Lei Maria da Penha) e que tem sido encarada por muitas pesquisadoras como "backlash" (Ananias, 2020, p. 23; Barea, 2009, p. 60–70) ou reação aos avanços no reconhecimento de direitos das mulheres, crianças e adolescentes. A LAP tem produzido efeitos profundamente discriminatórios, posto que reproduz desigualdades estruturais (especialmente as de gênero) e não se mostra adequada ou proporcional aos fins a que supostamente se destina — é dizer, a proteção de crianças e adolescentes (**vide Capítulos 1 e 2**).

O presente capítulo busca aprofundar a discussão a respeito do papel das Defensorias Públicas frente às alegações de alienação parental e no enfrentamento de suas interseccionalidades: desigualdades de gênero, raça/etnia e classe. Também serão abordadas as funções institucionais de promoção dos direitos humanos e educação em direitos da Defensoria Pública, estabelecendo algumas diretrizes para a atuação defensorial na assistência jurídica às genitoras e aos genitores envolvidos em processos nos quais se discute a alienação parental.

1. BREVE CONTEXTO DE SURGIMENTO DA NOÇÃO DE "SÍNDROME DE ALIENAÇÃO PARENTAL"

A (pseudo) "Síndrome de Alienação Parental" (SAP) foi criada pelo psiquiatra norte-americano Richard Gardner na década de 1980, definida como uma enfermidade mental da criança/adolescente, resultante do processo de litígio conjugal. Segundo Gardner, a síndrome seria induzida por um dos genitores, o qual desqualifica o outro, levando à rejeição deste pela criança ou adolescente para restringir ou impedir o contato com o outro genitor. Gardner afirmava que a maioria dos casos era causada pela mãe, a figura guardiã da criança/adolescente (Mendes, 2019; Sousa, 2009).

No entanto, as conclusões de Gardner baseiam-se apenas em observações clínicas, sem pesquisa científica ou revisão por pares (Barbosa; Mendes; Juras, 2021; Mendes *et al.*, 2016; Mendes, 2019; Sousa, 2009). A comunidade científica não reconheceu a SAP como um transtorno, pois não está listada no Manual de Diagnóstico e Estatística de Transtornos Mentais (DSM-V) nem na Classificação Estatística Internacional de Doenças e Problemas Relacionados à Saúde (CID-11)[59] — **vide Capítulo 1**. No Brasil, apesar da falta de respaldo científico, o conceito foi adotado por associações de pais separados e amplamente divulgado por meio de campanhas, associando-o inclusive a falsas acusações de abuso sexual — **vide Capítulo 1**.

No Brasil, os pressupostos de alienação parental, apesar de sua falta de respaldo científico, foram importados dos EUA e amplamente promovidos por associações de pais separados. Conforme visto no Capítulo 1, essas ONGs, por meio de campanhas, publicações e mídias digitais, não apenas disseminaram o conceito, mas também o associaram a falsas acusações de abuso sexual — **vide Capítulo 11**. A promulgação da LAP ocorreu quatro anos após a Lei Maria da Penha, a qual transformou o tratamento da violência doméstica no Brasil. Pesquisadores como Ela Wiecko Volkmer de Castilho e colegas sugerem que a LAP foi uma reação às conquistas da Lei Maria da Penha, proposta como uma "ferramenta do patriarcado moderno" e aprovada rapidamente, desconsiderando

---

[59] Seu registro no CID-11 se deu apenas no "índice de termos", é dizer, no "buscador" do Código, relacionado a problemas associados com interações interpessoais na infância que podem afetar a saúde, assim como a separação das figuras de afeto, a pobreza, a desnutrição, o contato com o sistema de justiça etc. Porém, após a pressão de coletivos de mulheres-mães e de acadêmicos, o termo "alienação parental" foi excluído completamente da CID-11: "During the development of ICD-11, a decision was made not to include the concept and terminology of 'parental alienation' in the classification, because it is not a health care term. The term is rather used in legal contexts, generally in the context of custody disputes in divorce or other partnership dissolution". Disponível em: https://www.who.int/standards/classifications/frequently-asked-questions/parental-alienation. Acesso em: 16 jun. 2024.

as objeções do Conselho Nacional dos Direitos da Criança e do Adolescente (CONANDA) e do Conselho Federal de Psicologia (CFP).

No plano internacional, vários países já reconheceram a ausência de cientificidade do conceito de "Síndrome da Alienação Parental", a exemplo de Colômbia, Espanha, Portugal e México — **vide Capítulo 10**. O caso desse último país merece especial destaque: houve revisão da legislação relativa à alienação parental, pois se verificou que seu uso estava relacionado a uma estratégia de defesa de agressores, que alegavam ser vítimas de alienação parental promovida pela/o denunciante. Reconheceu-se, assim, que a lei era desproporcional à finalidade à qual se prestava, qual seja, a proteção de crianças e adolescentes, seja pela ausência de evidências científicas sobre o assunto, seja pela confusão entre comportamentos caracterizados como atos de alienação parental com comportamentos típicos de vítimas de violências ou abusos.

No cenário brasileiro, uma pesquisa realizada em 2019 a partir de acórdãos proferidos em processos que envolviam alegação de alienação parental, proferidos entre agosto de 2010 e dezembro de 2016 nos Tribunais de Justiça da Bahia, de Minas Gerais e de São Paulo, chegou à conclusão de que em 89% dos casos não houve comprovação de alienação parental, de modo que as alegações foram usadas somente para desacreditar um dos genitores, "construindo uma imagem de egoísta, cruel, vingativo e desequilibrado que lança mão de estratagemas para obstruir a relação dos filhos com outro genitor" (Sousa, 2019, p. 158).

A Defensoria Pública do Estado do Rio de Janeiro chegou a conclusão semelhante, após uma pesquisa desenvolvida em 2023 que analisou 519 processos, cadastrados no Sistema Verde entre 2017 e 2021. Nesses processos havia, pelo menos, uma menção direta ou indireta à alienação parental. Uma das conclusões do estudo foi de que a questão da alienação parental acaba sendo invocada nos processos de forma retórica (é dizer, como uma estratégia para desqualificar e desestabilizar a parte contrária), porque não é efetivamente considerada nas decisões judiciais (Defensoria Pública do Rio de Janeiro, 2023).

Como se vê, portanto, o cenário aponta para a necessidade de revisão da legislação, que não tem se prestado aos fins a que supostamente se destina — é dizer, a proteção de crianças e adolescentes. Nesse sentido, tramitam proposições legislativas como o Projeto de Lei do Senado n.º 498/2018 (Brasil, 2018) para revogar a Lei da Alienação Parental, e iniciativas como a ADI n.º 6.273/2019, ajuizada pela Associação de Advogadas pela Igualdade de Gênero (AAIG) no Supremo Tribunal Federal, que tem por escopo a declaração de inconstitucionalidade da totalidade da Lei n.º 12.318/2010.

Em 2022, o Conselho Nacional dos Direitos Humanos e o Conselho Nacional de Saúde emitiram recomendações solicitando ao Congresso Nacional a revogação da Lei da Alienação Parental e aos Conselhos Nacionais de Medicina, Psicologia e Serviço Social o banimento da expressão "síndrome da alienação parental" e suas derivações sem respaldo científico. O Conselho Nacional de Justiça também foi instado a revisar materiais que utilizam esses termos. Além disso, o Conselho Federal de Psicologia, o Conselho Federal de Serviço Social, o CONANDA, o Conselho Nacional dos Direitos das Mulheres e algumas Defensorias Públicas Estaduais manifestaram apoio semelhante por meio de notas técnicas.[60] Peritos da ONU pediram ao governo brasileiro a eliminação da lei, e, em setembro de 2023, o Ministério dos Direitos Humanos e da Cidadania do Brasil se pronunciou a favor da revogação da lei durante uma audiência da Comissão Interamericana de Direitos Humanos — **vide Capítulo 1**.

2. A LEI FEDERAL N.º 12.318/2010 E SEU IMPACTO DIFERENCIADO PARA AS MULHERES

Além da ausência de critérios cientificamente reconhecidos para definir a existência da suposta "Síndrome de Alienação Parental" (SAP), é necessário observar como a legislação sobre o tema afeta particular e negativamente as mulheres, às quais frequentemente se associa a figura de alienadoras. Signatário da Convenção Sobre Eliminação de Todas as Formas de Discriminação Contra a Mulher (CEDAW), o Brasil se obrigou a adotar políticas destinadas a eliminar a discriminação contra as mulheres, contemplando, entre outros, a adoção de medidas de caráter legislativo que envolvam a modificação ou derrogação de leis, regulamentos, usos e práticas que constituam discriminação contra as mulheres.

O art. 16 da referida Convenção consagra a necessidade de tratamento isonômico entre homens e mulheres no Direito das Famílias. Ou seja, é necessário assegurar os mesmos direitos e responsabilidades durante o casamento e, por ocasião de sua dissolução, os mesmos direitos e responsabilidades como pais, qualquer que seja seu estado civil, em matérias pertinentes aos filhos, e os mesmos direitos e responsabilidades com respeito à tutela, curatela, guarda e adoção dos filhos, ou institutos análogos (Brasil, 2002).

Ao interpretar o mencionado dispositivo, o Comitê Sobre a Eliminação da Discriminação contra as Mulheres reconheceu, em sua Recomendação Geral n.º 33, que muitos Estados signatários possuem dispositivos legais, constitucionais,

---

[60] Ver, nesse sentido: Nota Técnica NUDEM n.º 1/2019, do Núcleo de Promoção e Defesa dos Direitos das Mulheres da Defensoria Pública do Estado de São Paulo. Disponível em: https://assets-institucional-ipg.sfo2.cdn.digitaloceanspaces.com/2020/01/NUDEMDPSP_NotaTecnicaAlienacaoParentalJSetembro2019.pdf. Acesso em: 16 jun. 2024.

procedimentos e práticas baseadas em normas e estereótipos de gênero tradicionais que são, portanto, discriminatórios. Por isso, para assegurar a igualdade substantiva das mulheres em todas as áreas do direito, os Estados-parte devem promover a revisão de legislações que impactem negativamente as mulheres, mesmo que sejam formalmente neutras.

No mesmo sentido, o Protocolo para Julgamento com Perspectiva de Gênero editado pelo Conselho Nacional de Justiça em 2021 considera

> [...] que a sociedade brasileira é marcada por profundas desigualdades que impõem desvantagens sistemáticas e estruturais a determinados segmentos sociais, assim como sofre grande influência do patriarcado, que atribui às mulheres ideias, imagens sociais, preconceitos, estereótipos, posições e papéis sociais.
>
> A criação, a interpretação e a aplicação do direito não fogem a essa influência, que atravessa toda a sociedade. Nesse contexto, em termos históricos, o direito parte de uma visão de mundo androcêntrica. Sob o argumento de que a universalidade seria suficiente para gerar normas neutras, o direito foi forjado a partir da perspectiva de um "sujeito jurídico universal e abstrato", que tem como padrão o "homem médio", ou seja, homem branco, heterossexual, adulto e de posses.
>
> [...].
>
> A partir dessas premissas, a neutralidade do direito passa a ser compreendida como um mito, porque quem opera o direito atua necessariamente sob a influência do patriarcado e do racismo; ou ainda, passa a ser reconhecida como indiferença e insensibilidade às circunstâncias do caso concreto.
>
> Agir de forma supostamente neutra, nesse caso, acaba por desafiar o comando da imparcialidade. A aplicação de normas que perpetuam estereótipos e preconceitos, assim como a interpretação enviesada de normas supostamente neutras ou que geram impactos diferenciados entre os diversos segmentos da sociedade, acabam por reproduzir discriminação e violência, contrariando o princípio constitucional da igualdade e da não discriminação (CNJ, 2021).

Sob esse prisma, deve ser analisada, portanto, a LAP: uma legislação que, em sua aplicação prática, impacta desproporcionalmente as mulheres-mães guardiãs, trazendo para elas uma desvantagem processual ao recorrer a estereótipos de gênero (a mulher vingativa, traiçoeira, ressentida, maligna, manipuladora, histérica) para desqualificá-las perante o Judiciário, desequilibrá-las emocionalmente e desautorizá-las em suas legítimas expectativas por justiça.

De acordo com dados do Conselho Nacional de Justiça, nos últimos cinco anos, foram apresentadas à Justiça cerca de 4.500 ações relacionadas à alienação parental. Pesquisas realizadas em vários Tribunais do país demonstraram que, em regra, a parte acusada da prática de alienação parental é a mãe (Seta; Leite, 2024). É o que se extrai, por exemplo, da pesquisa desenvolvida pelas pesquisadoras Fabiana Severi e Camila Villarroel, da USP. Elas analisaram as decisões de primeiro e de segundo graus dos tribunais da Região Sudeste do país, proferidas entre julho de 1990 e julho de 2019 com o objetivo de identificar os possíveis impactos da aplicação da LAP ao direito de acesso à Justiça para as mulheres, principalmente aquelas em situação de violência doméstica (Severi; Villarroel, 2021).

A pesquisa confirmou a existência de um direcionamento de gênero nas alegações de alienação parental; é dizer, que os homens alegam, com maior frequência, a alienação parental contra as mulheres, conclusão que já era constatada em outros estudos revisados sobre o tema (Mendes; Oliveira-Silva, 2022). Em processos em que há alegação de abuso sexual contra crianças e adolescentes, o direcionamento de gênero é ainda mais evidente, sendo a genitora o alvo mais frequente da alegação de alienação parental em todos os tribunais (70% dos casos em São Paulo, 86% dos casos em Minas Gerais e 58% dos casos no Rio de Janeiro), o que demonstra o uso da alegação como tática para desacreditar denúncias de abuso por parte de mulheres e crianças ou adolescentes. Em processos nos quais se discute violência doméstica e familiar contra as mulheres, as pesquisadoras também confirmaram a hipótese de que o instituto da alienação parental é utilizado como matéria de defesa, reforçando o estereótipo de gênero de "mulher vingativa" em casos que envolvem divórcio. A pesquisa conclui que "a lei mostra-se como um mecanismo de culpabilização das mulheres do que propriamente um mecanismo para proteção de crianças e/ou adolescentes" (Severi; Villarroel, 2021, p. 12).

Outro ponto que não pode ser ignorado é a existência de acusações de alienação parental que têm sido usadas como matéria de defesa por genitores em processos nos quais são acusados de violência doméstica contra a ex-companheira. Nesses casos, é comum que se considere, nos juízos de família, que se as agressões não são dirigidas às crianças, sua rejeição aos genitores agressores seria injustificada, desconsiderando-se os agravos psicológicos ou danos emocionais que podem ter sofrido em decorrência das situações de violência presenciadas de forma direta e indireta (Berg *et al.*, 2022; Bogat; Levendosky; Cochran, 2023). Nesse contexto, a "Pesquisa de Condições Socioeconômicas e Violência

Doméstica e Familiar contra a Mulher" (Carvalho; Oliveira, 2016), publicada pela Universidade Federal do Ceará (UFC), em parceria com o Instituto Maria da Penha, ao investigar a experiência de violência doméstica durante a infância, revelou que mais de 55% das mães que sofreram agressões físicas reportaram que as/os filhas/os testemunharam o episódio ao menos uma vez.

Neste ponto, recorre-se, mais uma vez, ao Protocolo do CNJ para Julgamento com Perspectiva de Gênero, o qual, ao abordar a alienação parental, destaca que constitui

> [...] estratégia bastante utilizada por parte de homens que cometeram agressões e abusos contra suas ex-companheiras e filhos(as), para enfraquecer denúncias de violências e buscar a reaproximação ou até a guarda unilateral da criança ou do adolescente (CNJ, 2021, p. 96).

As juristas Soraia Mendes e Isadora Dourado, em artigo intitulado "Lawfare de Gênero: o uso do direito como arma de guerra contra mulheres", consideram que a "alegação vaga de alienação parental" constitui exemplo de como instrumentos legais podem ser utilizados para promover violências contra as mulheres. Trata-se de um instrumento de "lawfare de gênero", isto é, de manipulação do uso do direito para perseguição e desqualificação reiterada das mulheres em processos judiciais (Mendes; Dourado, 2022).

O gênero é elemento constitutivo de relações sociais baseadas nas diferenças percebidas entre os sexos e é, também, uma forma primeira de significar as relações de poder, a partir de símbolos culturais, conceitos normativos e estruturas sócio-políticas que estabelecem determinados papéis e funções que devem ser exercidos por homens e por mulheres (Scott, [s.d.], p. 21–23). Nessa toada, a divisão sexual do trabalho impõe às mulheres os deveres associados ao cuidado e à reprodução, razão pela qual se tem a expectativa de que elas exerçam, ao longo da vida, a maternidade e os cuidados com a prole de forma preponderante. Tal realidade reflete-se em números: segundo dados do IBGE de 2017, o Brasil registra 229.843 filhas/os de genitores separados, sendo que em 68,75% dos casos a mãe é a principal responsável. As situações de litígio conjugal nas Varas de Família também revelam uma responsabilidade desigual que recai quase exclusivamente sobre as mulheres, que, via de regra, servem como referência afetiva para filhas/os, identificadas como as principais cuidadoras.

Dados recentes da Fundação Getulio Vargas demonstram que mais de 11 milhões de mães exercem a maternidade sem participação dos pais, sendo que

72,4% delas vivem sozinhas com os filhos, sem rede de apoio.[61] De acordo com o IBGE, mais de 2,5 milhões de mulheres não têm trabalho remunerado porque precisam cuidar dos filhos e das tarefas domésticas.[62] Além disso, mais de 90% das mães brasileiras vivenciaram estado de esgotamento mental[63] e 40% das mulheres no Brasil já foram vítimas de violência doméstica em algum momento de suas vidas (Demétrio; Castilho; Magalhães, 2023).

Diante desse cenário, a LAP parece reduzir a ausência de equidade entre homens e mulheres, ou entre mães e pais, a uma "picuinha materna", com sentimentos de retaliação pós-separação. Desse modo, a construção do estereótipo da mulher-alienadora, assim como sua reprodução no cotidiano do sistema de justiça, compromete a imparcialidade de órgãos jurisdicionais e, por consequência, impede o acesso à justiça das mulheres.

Daí que André Demétrio, Ela Wiecko Volkmer de Castilho e Nayara Teixeira Magalhães consideram que a Lei da Alienação Parental

> [...] é questionável do ponto de vista constitucional por perpetuar estigmas da mulher vingativa, manipuladora e inconformada com o fim do relacionamento amoroso (Sousa, 2009). Uma decisão judicial que aplica sanção decorrente de um diagnóstico de alienação parental corre o risco de violar garantias e preceitos constitucionais (Penalva da Silva; Mattos, 2008), visto que se constrói a verdade com base em um saber sobre o indivíduo que pode reproduzir estereótipos de gênero e, consequentemente, fundamentar decisões discriminatórias. Pesquisas apontam que esse genitor guardião, eventualmente denominado alienador, é predominantemente a mãe (Barbosa; Castro, 2013), o que incita uma reflexão de gênero acerca dos fundamentos e impactos da LAP na vida das mulheres (Demétrio; Castilho; Magalhães, 2023, p. 336).

Percebe-se, pelo exposto, que a LAP possui impacto diferenciado para as mulheres. Ainda que, formalmente, ela seja uma lei genérica, materialmente ela afeta negativamente um grupo específico de pessoas (mulheres-mães), o que reforça, inclusive, os argumentos no sentido de sua inconstitucionalidade. Reconhecendo tal impacto, o Comitê para a Eliminação da Discriminação con-

---

61 Disponível em: https://g1.globo.com/bom-dia-brasil/noticia/2023/05/12/brasil-tem-mais-de-11-milhoes-de-maes-que-criam-os-filhos-sozinhas.ghtml. Acesso em: 24 jun. 2024.
62 Disponível em: https://www.fundobrasil.org.br/blog/maternidade-5-problemas-sociais-enfrentados-por-mulheres-que-sao-maes/. Acesso em: 24 jun. 2024.
63 Disponível em: https://cultura.uol.com.br/noticias/63957_maternidade-mais-de-90-das-maes-brasileiras-vivenciam-esgotamento-mental-aponta-pesquisa.html. Acesso em: 24 jun. 2024.

tra as Mulheres (Comitê CEDAW), das Nações Unidas, ao apreciar o oitavo e o nono relatórios periódicos apresentados pelo Brasil, recomendou, em junho de 2024, a revogação da LAP e a eliminação do que chamou de "viés judicial de gênero", garantindo "que os tribunais domésticos deem a devida importância às situações de violência doméstica e familiar e ao melhor interesse da criança ao decidir sobre o direito de guarda e visitação no divórcio".[64]

3. A PRETENSA PROTEÇÃO DE CRIANÇAS E ADOLESCENTES NA LEI N.º 12.318/2010

Uma breve análise da justificativa do Projeto de Lei que culminou na aprovação da Lei de Alienação Parental evidencia que seu principal objetivo enunciado é a proteção de crianças e adolescentes, evitando que sofram de abusos emocionais praticados por seus genitores. Em princípio, assim, todas as decisões judiciais tomadas com fundamento na LAP deveriam estar motivadas pelo princípio dos melhores interesses da criança e do adolescente e da proteção integral — em verdade, isso vale para quaisquer leis, normativas e ações que possam afetar esses melhores interesses (Mendes; Bucher-Maluschke, 2019; Mendes; Lordello; Ormerod, 2020; Mendes; Ormerod, 2019).

O que se percebe, contudo, é que as práticas fundamentadas na LAP desconsideram as realidades complexas dos sujeitos envolvidos (especialmente os melhores interesses de crianças/adolescentes — **vide Capítulo 2**), intensificando o sentimento de disputa e de polarização entre os pais, bem como o uso da criança/adolescente como objeto processual. Na verdade, a adoção de medidas judiciais coercitivas em relação à guarda acaba por reforçar o sofrimento da criança/adolescente, principalmente em se considerando que, em processos de divórcio, a recusa em relação a algum genitor é multifatorial e geralmente temporária (Barbosa; Mendes; Juras, 2021; Mendes, 2019). A criança/adolescente, instrumentalizada no bojo do processo, deixa de ser vista como sujeito de direitos e acaba tendo minimizados os seus direitos à liberdade, à escolha, à autodeterminação e à proteção (Demétrio; Castilho; Magalhães, 2023, p. 337).

Demétrio, Castilho e Magalhães (2023) apontam que, no Tribunal de Justiça do Distrito Federal e Territórios, entre as situações encaminhadas para as equipes psicossociais, com notícias de supostas práticas de alienação parental,

---

64 Tradução não oficial da versão preliminar não editada das observações finais do Comitê CEDAW sobre o oitavo e o novo relatórios periódicos combinados do Brasil. Disponível em: https://www.gov.br/mulheres/pt-br/central-de-conteudos/noticias/2024/junho/TraduonooficialdaversopreliminarnoeditadadasobservaesfinaisdoComitCEDAW.pdf. Acesso em: 24 jun. 2024.

somente em 0,15% dos casos foi "comprovada" a sua ocorrência. Os mesmos autores mencionam, ainda, levantamento realizado em Araraquara/SP, que analisou 80 processos que tramitaram nas Varas de Família locais, dos quais 17 deles abordaram o tema da alienação parental, mas em nenhum houve confirmação das alegações nos relatórios psicossociais produzidos (Demetrio; Castilho; Magalhães, 2023, p. 338).

A pesquisadora Nathálya Oliveira Ananias, em sua já mencionada monografia apresentada na Universidade de Brasília, debruçou-se sobre sete sentenças proferidas pelo TJ/SP em casos onde havia alegação de alienação parental e identificou, nas decisões, a presença de androcentrismo (centralidade no homem) e adultocentrismo (imposição do mundo adulto): muito embora as argumentações se voltassem, muitas vezes, aos direitos das crianças e adolescentes, as magistradas e magistrados envolvidos decidiram o que, de acordo com eles, era melhor para crianças e adolescentes. A pesquisadora conclui que "o TJ/SP centrou seu olhar nos interesses, nas demandas e nos direitos dos pais e estabeleceu o pai como a norma, configurando o androcentrismo" (Ananias, 2020, p. 91).

Ademais, um aspecto relevante é que o art. 2º, VI da lei traz, entre as hipóteses definidas como alienação parental, "apresentar falsa denúncia contra genitor, contra familiares deste ou contra avós, para obstar ou dificultar a convivência deles com a criança ou adolescente". Ocorre que, dado o grande número de casos de violência sexual no país, que muitas vezes ocorrem dentro do seio familiar, a Lei n.º 12.318/2010, ao caracterizar como ato de alienação parental a apresentação de denúncias falsas, pode contribuir para mascarar ainda mais a realidade de abusos sexuais sofridos por crianças e adolescentes.

Neste ponto, oportuno pontuar que o Brasil teve, em 2022, o maior número de estupros da história, segundo dados de 2023 do Fórum Brasileiro de Segurança Pública. Foram 74.930 vítimas, um crescimento de 8,2% em relação ao ano de 2021, sendo que em 61,4% dos casos as vítimas são crianças de zero a treze anos de idade. Em 10,4% dos casos a vítima tinha menos de quatro anos, 88,7% delas eram meninas e 56,8% eram negras. Quase 70% das ocorrências foram dentro de casa e, com relação às vítimas de zero a treze anos, 64,4% dos autores da violência eram familiares (Fórum, 2023).

Uma lei fundamentada na ideia de que uma mãe vingativa pode manipular seus filhos para que eles mintam, afirmando que foram vítimas de violência sexual por parte de seus pais, certamente não contribui para o enfrentamento a esse cenário dramático. Crianças e adolescentes podem deixar de ter seus relatos levados em conta, pois considera-se que foram vítimas de manipulação e que seus relatos, portanto, não passam de fantasias — **vide estudo de caso no Capítulo 7**. Isso abre margem para que situações de negligência, maus-tratos e violência sejam desconsideradas, sob a alegação de alienação parental, em nítido descumprimento da proteção aos direitos da criança e do adolescente. Assim, a referida lei não cumpre com o objetivo de proteção às crianças e adolescentes; pelo contrário, pode colocá-los em situações de mais insegurança e revitimização, tendo seus relatos desacreditados e sua voz silenciada no curso de processos conjugais litigiosos, negando seu reconhecimento enquanto sujeitos de direito.

4. REFLEXÕES CRÍTICAS PARA A ATUAÇÃO DA DEFENSORIA PÚBLICA EM CASOS COM ALEGAÇÃO DE ALIENAÇÃO PARENTAL

Nos termos do artigo 134 da Constituição Federal, a Defensoria Pública é instituição essencial à função jurisdicional do Estado, incumbindo-lhe a orientação jurídica, a defesa, em todos os graus e instâncias, das/os necessitadas/os e a promoção de Direitos Humanos.

A Defensoria Pública, como órgão essencial para a garantia dos direitos humanos e promoção da justiça social, desempenha várias funções que visam à proteção e defesa dos direitos de indivíduos em situação de vulnerabilidade. De acordo com a Lei Complementar n.º 80 de 1994, a Defensoria Pública tem como objetivos:

1. *Primazia da Dignidade da Pessoa Humana e Redução das Desigualdades Sociais*: a Defensoria Pública trabalha para assegurar que todos os indivíduos, especialmente aqueles em situação de vulnerabilidade, tenham seus direitos fundamentais respeitados e protegidos, promovendo a dignidade humana e reduzindo desigualdades sociais;

2. *Afirmação do Estado Democrático de Direito*: a instituição atua para fortalecer o Estado Democrático de Direito, garantindo que todos tenham acesso à Justiça e que os direitos fundamentais sejam efetivamente protegidos;

3. *Prevalência e Efetividade dos Direitos Humanos*: a Defensoria Pública busca garantir que os direitos humanos prevaleçam e sejam efetivamente protegidos em todas as esferas da sociedade;

4. *Garantia dos Princípios Constitucionais da Ampla Defesa e do Contraditório*: a instituição assegura que todos os indivíduos tenham direito à ampla defesa e ao contraditório, elementos essenciais para um julgamento justo e equitativo.

Entre as funções institucionais destacam-se a *difusão e conscientização dos Direitos Humanos*, pois é papel da Defensoria buscar educar a população sobre seus direitos e como exercê-los.

Colocadas tais premissas, verifica-se que, atualmente, não há, no âmbito das Defensorias Públicas, uma posição institucional firmada contra ou a favor da LAP. Ao fazer uma análise nacional sobre o tema, encontramos posicionamentos de algumas Defensorias, contrários à LAP, como a Defensoria Pública da União (DPU) (Defensoria Pública da União, 2024), NUDEM de São Paulo (Defensoria Pública do Estado de São Paulo, 2019) e a Comissão de Promoção e Defesa dos Direitos da Mulher do CONDEGE (Conselho Nacional das Defensoras e Defensores Públicos-Gerais, 2022). Contudo, o tema não é pacífico, especialmente entre defensores das áreas das famílias e infância e juventude, não existindo uma uniformidade sobre o assunto.

Diante da problemática decorrente da falta de diretrizes claras para a atuação da Defensoria Pública em casos com alegações de alienação parental, pretendemos sugerir parâmetros ou princípios básicos para uma atuação crítica, baseada em evidências, mas também nos melhores interesses das crianças e adolescentes, e com perspectiva de gênero.

4.1 Atuando na defesa das mulheres apontadas como "alienadoras"

A Defensoria Pública enfrenta um desafio significativo ao defender mulheres acusadas de alienação parental. É crucial reconhecer as discussões em torno da inconstitucionalidade, desproporcionalidade e inadequação da LAP: conforme desenvolvido nos itens anteriores, há fartas evidências e robusta bibliografia no sentido de que a lei não cumpre seu objetivo de proteger crianças e adolescentes, além de impactar desproporcionalmente as mulheres e perpetuar processos de violência institucional de gênero. Na verdade, os dados que temos mostram que a LAP é frequentemente utilizada como uma ferramenta para descredibilizar mulheres que denunciam abusos e violências, transformando o processo judicial em um ambiente hostil e injusto para elas — **vide Capítulos 1, 5, 8, 10, 11 e 14**.

Nesse sentido, é importante ressaltar que o ordenamento jurídico brasileiro já dispõe de mecanismos adequados para lidar com abusos no exercício do poder familiar, como os instrumentos previstos no Código Civil e no Estatuto da Criança e do Adolescente — **vide Capítulo 13**. A Defensoria Pública deve, portanto, atuar de forma crítica, questionando a necessidade e a eficácia da LAP, de modo a proteger as mulheres de injustiças e desequilíbrios processuais.

Neste ponto, convém destacar que, muito embora o Protocolo para Julgamento com Perspectiva de Gênero do CNJ seja voltado precipuamente a juízas e juízes, todo o sistema de justiça tem a obrigação de atuar a partir dessa perspectiva — por força dos compromissos internacionais assumidos pelo Brasil no enfrentamento à violência de gênero e na garantia do acesso à justiça das mulheres. Assim, o documento do Conselho Nacional de Justiça pode servir como uma bússola não apenas para magistradas e magistrados, mas também para defensoras/es públicas/os, promotoras/es de justiça e advogadas/os.

A atuação da Defensoria Pública deve ter a perspectiva de gênero como norte, evitando a reprodução de estereótipos que atribuem a homens e mulheres papéis genderificados como "mãe vingativa" ou "pai vitimizado". Para tanto, é fundamental a realização de capacitações e formações continuadas sobre questões de gênero, raça/etnia e classe social, de modo a subsidiar a adoção de uma postura crítica e reflexiva na atuação defensorial. Deve-se atentar, ainda, para os riscos decorrentes da falsa correlação entre denúncia de violência sexual e prática de "alienação parental", de modo a evitar o silenciamento das violências praticadas contra crianças e adolescentes.

4.2 Atuando na defesa de usuária/o que alega sofrer alienação parental

Quando a Defensoria Pública atua na defesa de indivíduos que acusam a outra parte de alienação parental, é fundamental que essa atuação seja pautada pela educação em direitos e pelo respeito aos direitos humanos de todas as partes envolvidas. É dever da Defensoria esclarecer usuárias e usuários sobre as possíveis consequências e implicações da LAP, evitando sua utilização sem o devido esclarecimento da parte a respeito da existência de respostas jurídicas mais adequadas para eventual mudança de guarda, alteração do regime de visitas ou mesmo para a aplicação de sanções patrimoniais.

A LAP prevê medidas como advertência, multa, ampliação do regime de convivência, alteração da guarda e acompanhamento psicológico. No entanto, a maior parte dessas medidas podem ser determinadas e revisadas em processos relacionados à guarda e à convivência, sempre com o objetivo de proteger os melhores interesses da criança ou do adolescente. A Defensoria Pública deve preferir utilizar os instrumentos que já estavam previstos no ordenamento jurídico, como as disposições do Código Civil e do Estatuto da Criança e do Adolescente, que permitem até mesmo a reparação civil de danos, em casos de abuso do poder familiar, evitando-se assim o recurso à LAP.

Pesquisa realizada no DF (Barbosa; Castro, 2013) aponta para o intenso nível de animosidade em disputas judiciais nas quais há alegações de alienação parental. Para as autoras, há a utilização de desqualificação mútua como recurso de argumentação jurídica e como meio de catarse das mágoas relativas à união marital desfeita. A Defensoria Pública, como instituição comprometida com a bilateralidade dos direitos humanos, não pode servir como instrumento para a reprodução de estratégias de defesa que violem esses direitos.

A atuação da Defensoria Pública deve ser marcada pela seriedade e pelo compromisso com a justiça, desestimulando, assim, o recurso à Lei da Alienação Parental. É necessário promover a educação em direitos de suas usuárias e usuários, demonstrando, portanto, que o espaço judicial não é adequado para a reprodução de violências e estereótipos de gênero; além de considerar a existência de outros mecanismos e respostas jurídicas mais eficazes.

CONSIDERAÇÕES FINAIS

A Defensoria Pública tem um papel crucial na promoção dos direitos humanos e na educação em direitos. É sua responsabilidade conscientizar suas usuárias e usuários sobre a impossibilidade de levantar alegações infundadas de alienação parental apenas para desqualificar a outra parte. Essa sensibilização é essencial para evitar a revitimização e a violência institucional, especialmente contra mulheres.

É imperativo transcender a lógica da alienação parental que coloca o ex-casal em posições antagônicas, caracterizando-os como adversários em uma disputa maniqueísta entre o "bem" e o "mal". Essa abordagem intensifica os conflitos e desvia o foco primordial da proteção e do bem-estar da criança/adolescente, que deveria ser a prioridade absoluta em qualquer litígio familiar. Em vez disso, é necessário adotar uma perspectiva mais colaborativa e centrada na criança/adolescente, que promova o diálogo e a conciliação entre mãe e pai, visando minimizar os danos emocionais e psicológicos às pessoas envolvidas.

O sistema de justiça não deve contribuir com a escalada de conflitos, reduzindo toda a complexa dinâmica familiar em rótulos como "alienador/a" e "alienado/a" e reificando os indivíduos em padrões que apenas promovem a manutenção dos antagonismos.

A Comissão de Promoção e Defesa dos Direitos das Mulheres do CONDEGE, em consonância com esse papel, aprovou um enunciado que orienta a Defensoria Pública a atuar em casos com alegações de alienação parental com uma perspectiva de gênero, raça/etnia e classe social, de modo a evitar a revitimização e a violência institucional contra as mulheres. Essa abordagem visa evitar a perpetuação de desigualdades e garantir uma atuação mais justa e equitativa. A Defensoria Pública deve, assim, contribuir para a superação das desigualdades, promovendo um sistema de justiça que realmente proteja os direitos de todos os envolvidos.

Finalmente, não se pode deixar de ponderar que muitas das violências institucionais ocorridas, especialmente diante dos juízos de família, decorrem da ausência de implementação da competência híbrida dos Juizados de Violência Doméstica e Familiar contra a Mulher, da forma prevista na Lei Maria da Penha.[65] Cabendo aos Juizados especializados a apreciação dos processos de guarda e regime de convivência, haveria tal dissonância, especialmente considerando a especialidade dessas unidades para julgamento de questões relacionadas à violência de gênero? Deve-se registrar que contextos familiares atravessados por violências tenderão a reproduzir esse padrão quando ocorre a separação ou o divórcio, até mesmo porque são dinâmicas pautadas em relações desiguais de poder, assimétricas e baseadas em controle e dominação. Todas essas fragilidades sistêmicas devem ser analisadas criticamente pela Defensoria Pública na sua atuação.

Espera-se que o presente capítulo incentive o debate crítico em torno do tema, fornecendo diretrizes para uma visão e atuação institucionais baseadas em evidências e comprometidas com os objetivos da Defensoria Pública, ou seja: redução das desigualdades e promoção de direitos humanos.

REFERÊNCIAS

ANANIAS, N. O. **Androcentrismo e adultocentrismo na aplicação da Lei da Alienação Parental pelo TJ/SP**. Dissertação de Mestrado. Universidade de Brasília. Orientação: Prof.ª Dr.ª Ela Viecko de Castilho Wolkmer. Brasília/DF, 2020.

BARBOSA, L. de P. G.; CASTRO, B. C. R. de. **Alienação parental**: um retrato dos processos e das famílias em situação de litígio. Brasília: Liber Livros, 2013.

BARBOSA, L. de P. G.; MENDES, J. A. de A.; JURAS, M. M. Dinâmicas disfuncionais, disputa de guarda e alegações de alienação parental: uma compreensão sistêmica. **Nova Perspectiva Sistêmica**, São Paulo, v. 30, n. 69, p. 78–95, 2021.

---

65 A Lei Maria da Penha, em seu art. 14, estabelece que os Juizados especializados têm competência cível e criminal para processar e julgar causas decorrentes da violência doméstica e familiar contra a mulher. Em complemento, o art. 14-A da mesma lei prevê que é direito da mulher ajuizar ação de divórcio ou de dissolução de união estável no Juizado especializado. Contudo, o único estado da Federação que efetivamente implementou essa competência híbrida dos Juizados foi o Mato Grosso; em todo o resto do país, os Tribunais de Justiça mantêm os Juizados especializados estruturados como varas criminais que processam ações penais e medidas protetivas de urgência, delegando às Varas de Família comuns a competência de processar e julgar os litígios decorrentes de separações que envolvem violência doméstica e familiar.

BAREA, C. Backlash: resistencia a la igualdad. **Aequalitas**: Revista jurídica de igualdad de oportunidades entre mujeres y hombres, n. 25, p. 60–70, 2009. Disponível em: https://dialnet.unirioja.es/servlet/articulo?codigo=3087830. Acesso em: 4 set. 2024.

BERG, K. A. *et al.* Exposure to intimate partner violence and children's physiological functioning: a systematic review of the literature. **Journal of Family Violence**, [s. l.], v. 37, n. 8, p. 1.321–1.335, 2022.

BOGAT, G. A.; LEVENDOSKY, A. A.; COCHRAN, K. Developmental consequences of intimate partner violence on children. **Annual Review of Clinical Psychology**, [s. l.], v. 19, n. 1, p. 303–329, 2023.

BRASIL. **Decreto n.º 4.377, de 13 de setembro de 2002.** Disponível em: https://www.planalto.gov.br/ccivil_03/decreto/2002/d4377.htm. Acesso em: 10 jul. 2024.

BRASIL. **Decreto n.º 4.377, de 13 de setembro de 2002.** Disponível em: https://www.planalto.gov.br/ccivil_03/decreto/2002/d4377.htm. Acesso em: 10 jul. 2024.

BRASIL. Senado Federal. **Projeto de Lei n.º 498/2018.** Revoga a Lei da Alienação Parental. Brasília, 2018. Disponível em: https://www25.senado.leg.br/web/atividade/materias/-/materia/134835. Acesso em: 30 maio 2024.

CARVALHO, J. R.; OLIVEIRA, V. H. de. **Pesquisa de Condições Socioeconômicas e Violência Doméstica e Familiar contra a Mulher.** Relatório Executivo I — Primeira Onda — 2016. Universidade Federal do Ceará. Disponível em: https://www.institutomariadapenha.org.br/assets/downloads/relatorio_I.pdf. Acesso em: 30 maio 2024.

CASTILHO, E. W. V. de; SEVERI, F. C.; FAGUNDES, M. C. M.; ANANIAS, N. O. Lei da Alienação Parental e a pedagogia da ameaça. **Jornal da USP**, 7 ago. 2023. Disponível em: https://jornal.usp.br/artigos/lei-da-alienacao-parental-e-a-pedagogia-da-ameaca/. Acesso em: 16 jun. 2024.

CONSELHO NACIONAL DAS DEFENSORAS E DEFENSORES PÚBLICOS-GERAIS (CONDEGE). **Enunciados da Comissão de Promoção e Defesa dos Direitos das Mulheres.** Rio de Janeiro: DPRJ, 2022. Disponível em: https://sci.defensoria.rj.def.br/Restrito/uploads/arquivos/3f5fb8305030473dabac93bdbf068e19.pdf. Acesso em: 4 set. 2024.

CONSELHO NACIONAL DE JUSTIÇA. **Protocolo para julgamento com perspectiva de gênero.** Brasília: ENFAM, 2021. Disponível em: https://www.cnj.jus.

br/wp-content/uploads/2021/10/protocolo-para-julgamento-com-perspectiva-de-genero-cnj-24-03-2022.pdf. Acesso em: 10 jul. 2024. p. 35–36.

DEFENSORIA PÚBLICA DA UNIÃO. Manifestação n.º 6943131 — GABVICEDPGF/AINT/CSDH. **Manifestação da Defensoria Pública da União pela Revogação da Lei da Alienação Parental**. Brasília: Subdefensoria Pública-Geral da União, 2024. Disponível em: https://www.dpu.def.br/images/Banco_de_imagem_2024/SEI_6943131_Manifestacao.pdf. Acesso em: 4 set. 2024.

DEFENSORIA PÚBLICA DO ESTADO DE SÃO PAULO. **Nota Técnica NUDEM n.º 1/2019**. São Paulo: Núcleo de Promoção e Defesa dos Direitos das Mulheres, 2019. Disponível em: https://assets-institucional-ipg.sfo2.cdn.digitaloceanspaces.com/2020/01/NUDEMDPSP_NotaTecnicaAlienacaoParentalJSetembro2019.pdf. Acesso em: 4 set. 2024.

DEFENSORIA PÚBLICA DO ESTADO DO RIO DE JANEIRO. **A alienação parental como argumento em disputas judiciais pela guarda de menores**. Rio de Janeiro: Diretoria de Estudos e Pesquisas de Acesso à Justiça, 2023.

DEMÉTRIO, A.; CASTILHO, E. W. V. de; MAGALHÃES, N. T. **Questões parentais judicializadas**: entre dores, loucuras, provas e direitos. **Revista de Direito Público**, Brasília, v. 20, n. 106, p. 326–350, abr./jun. 2023.

FÓRUM BRASILEIRO DE SEGURANÇA PÚBLICA. 17º Anuário Brasileiro de Segurança Pública. São Paulo: Fórum Brasileiro de Segurança Pública, 2023. Disponível em: https://forumseguranca.org.br/wp-content/uploads/2023/07/anuario-2023.pdf. Acesso em: 10 jul. 2024.

MENDES, J. A. de A. *et al*. Publicações psicojurídicas sobre alienação parental: uma revisão integrativa de literatura em Português. **Psicologia em Estudo**, Maringá, v. 21, n. 1, p. 161–174, 2016.

MENDES, J. A. de A.; BUCHER-MALUSCHKE, J. S. N. F. Famílias em litígio e o princípio do melhor interesse da criança na disputa de guarda. **Interação em Psicologia**, Curitiba, v. 23, n. 3, 2019.

MENDES, J. A. de A.; LORDELLO, S. R.; ORMEROD, T. Uma proposta de compreensão bioecológica do princípio dos melhores interesses da criança/adolescente nos casos de disputa de guarda. *In*: MENDES, J. A. de A.; BUCHER-MALUSCHKE, J. S. N. F. (org.). **Perspectiva sistêmica e práticas em psicologia**: temas e campos de atuação. Curitiba: Editora CRV, 2020, p. 53–78.

MENDES, J. A. de A.; ORMEROD, T. O princípio dos melhores interesses da criança: uma revisão integrativa de literatura em Inglês e Português. **Psicologia em Estudo**, Maringá, v. 24, 2019.

MENDES, J. A. de A. Genealogia, pressupostos, legislações e aplicação da teoria de alienação parental: uma (re)visão crítica. *In*: SILVA, I. R. (org.). **Cadernos sobre Alienação Parental**. Brasília, DF: Conselho Federal de Psicologia, 2019, p. 10–35.

MENDES, J. A. de A.; OLIVEIRA-SILVA, L. As alegações de "alienação parental" e os vieses de gênero e misoginia em processos de guarda e convivência. *In*: BASTOS, E. F.; GIANCHIN, J.; COPETTI, L. V.; LEMOS, M. M. F. (ed.). **Direito das Famílias, Vulnerabilidades e Questões de Gênero**. Instituto Brasileiro de Direito de Família, IBDFAM, 2022, p. 44–65.

MENDES, S.; DOURADO, I. **Lawfare de gênero**: o uso do direito como arma de guerra contra mulheres. [s. l.], 9 mar. 2022. Disponível em: https://agenciapatriciagalvao.org.br/wp-content/uploads/2022/02/SoraiMendesIsadoraDourado_LAWFAREDEGENEROjaneiro2022.pdf. Acesso em: 24 jun. 2024.

NOTA TÉCNICA N.º 2/2020/PFDC/MPF, de 10 de março de 2020. Procuradoria Federal dos Direitos do Cidadão. Ministério Público Federal. Disponível em: http://www.alienacaoparentalacademico.com.br/wp-content/uploads/2020/03/nota-tecnica-4-2020-pfdc-mpf.pdf. Acesso em: 24 jun. 2024.

NOTA TÉCNICA NUDEM N.º 1/2019. Assunto: **Análise da Lei Federal n.º 12.318/2010, que dispõe sobre "alienação parental"**. Núcleo Especializado de Promoção e Defesa dos Direitos da Mulher da Defensoria Pública do Estado de São Paulo. São Paulo, 5 set. 2019. Disponível em: https://assets-institucional-ipg.sfo2.cdn.digitaloceanspaces.com/2020/01/NUDEMDPSP_NotaTecnicaAlienacaoParentalJSetembro2019.pdf. Acesso em: 24 jun. 2024.

OBSERVAÇÕES FINAIS SOBRE O OITAVO E NONO RELATÓRIOS PERIÓDICOS COMBINADOS DO BRASIL. CEDAW, ONU. Junho de 2024. **Tradução não oficial da versão preliminar não editada das observações finais do Comitê CEDAW sobre o oitavo e o novo relatórios periódicos combinados do Brasil.** Disponível em: https://www.gov.br/mulheres/pt-br/central-de-conteudos/noticias/2024/junho/Traduono oficialdaversopreliminarnoeditadad asobservaesfin aisdoComitCEDAW.pdf. Acesso em: 24 jun. 2024.

PATERNIDADE RESPONSÁVEL: mais de 5,5 milhões de crianças brasileiras não têm o nome do pai na certidão de nascimento. **Assessoria de Comuni-**

cação do **IBDFAM**, 7 ago. 2019. Disponível em: https://ibdfam.org.br/noticias/7024/Paternidade+respons%C3%A1vel:+mais+de+5,5+milh%C3%B5es+-de+crian%C3%A7as+brasileiras+ n%C3%A3o+t%C3%AAm+o+nome+do+ pai+-na+certid%C3%A3o+de+nascimento#:~: text=De%20acordo%20com%20o%20%C3%BAltimo,a%20refer%C3%AAncia%20de%20pai%20provedor. Acesso em: 24 jun. 2024.

SCOTT, J. **Gênero**: uma categoria útil para análise histórica. Tradução de Christine Rufino Dabat e Maria Betânia Ávila. [s. l.], [s. d.]. Disponível em: https://edisciplinas.usp.br/pluginfile.php/185058/mod_resource/content/2/G%C3%AAnero-Joan%20Scott.pdf. Acesso em: 4 set. 2024.

SETA, I.; LEITE, I. **Alienação parental**: a lei baseada em teoria sem comprovação científica e contestada por juristas e parlamentares. Centro Feminista de Estudos e Assessoria (CFMEA). Publicado em 25 de fevereiro de 2024. Disponível em: https://www.cfemea.org.br/index.php/pt/?view=article&id=8815:alienacao--parental-a-lei-baseada-em-teoria-sem-comprovacao -cientifica-e-contestada-por-juristas -e-parlamentares&catid=562. Acesso em: 18 jun. 2024.

SEVERI, F. C.; VILLARROEL, C. M. de L. Análise jurisprudencial dos tribunais da região sudeste sobre a aplicação do instituto: (síndrome da) alienação parental. **Revista Jurídica Pensar**, Fortaleza, v. 26, n. 2, p. 1–14, abr./jun. 2021.

SOUSA, A. M. de. **Síndrome de alienação parental**: análise de um tema em evidência. Dissertação apresentada ao Programa de Pós-Graduação em Psicologia Social do Curso de Mestrado da UERJ, Rio de Janeiro, 2009. Disponível em: https://www.bdtd.uerj.br:8443/bitstream/1/15439/1/Dissert_Analicia%20Martins%20de%20Sousa.pdf. Acesso em: 16 jun. 2024.

SOUSA, A. M. Alegações de Alienação Parental: uma revisão sobre a jurisprudência brasileira. *In*: BOURZUK, C. S.; MARTINS, R. de C. A. (org.). **Psicologia e processos psicossociais**: teoria, pesquisa e extensão. Goiânia: Editora da Imprensa Universitária, 2019.

A INADEQUAÇÃO DA APLICAÇÃO DA TEORIA DE ALIENAÇÃO PARENTAL NOS PROCESSOS DE SUBTRAÇÃO INTERNACIONAL DE CRIANÇAS SOB ÉGIDE DA CONVENÇÃO DA HAIA DE 1980

Janaína Albuquerque Azevedo Gomes

RESUMO: no contexto das famílias transnacionais, a teoria de alienação parental surge como reflexo do receio de que a ruptura da relação entre os genitores possa resultar em uma subtração internacional, *i.e.*, o ato de transferir ou reter uma criança em um país diferente daquele onde ela reside habitualmente. A subtração é equiparada à alienação parental na medida em que o "genitor subtrator" conjecturaria a aniquilação dos laços afetivos com o "genitor abandonado", inviabilizando a convivência pelo distanciamento geográfico e compelindo uma alteração da competência jurisdicional para apreciação da guarda. A Convenção da Haia de 1980 institui um mecanismo de cooperação jurídica para repatriar crianças internacionalmente subtraídas sob cinco exceções que devem ser restritivamente analisadas. As defesas afiguram-se campos férteis para que se recorra a contra-alegações de alienação parental, particularmente no que concerne a hipóteses de risco ou recusa da criança. O presente capítulo almeja demonstrar a necessidade de interpretação da Convenção sob os parâmetros contemporâneos, evidenciando o uso subversivo da teoria de alienação parental, materializada no ordenamento jurídico brasileiro por meio da Lei n.º 12.318/2010, como forma de instrumentalização das crianças e perpetuação da violência de gênero.

Palavras-chave: Subtração Internacional de Crianças; Alienação Parental; Proteção Internacional da Criança; Violência de Gênero; Violência Doméstica.

INTRODUÇÃO

A alegação dos pressupostos de alienação parental que emergem como uma preocupação recorrente nos processos de regulamentação da guarda de crianças é experienciada de forma acentuada pelas famílias transnacionais. Em geral, o genitor que possui vínculos mais fortes com o país teme pela subtração internacional, *i.e.*, que os filhos sejam levados para o exterior e lá seja fixada nova residência permanente sem a sua permissão. A imposição do afastamento geográfico que poderia enfraquecer ou mesmo romper os laços parentais, portanto, leva os apoiadores da corrente a clamarem alienação parental.

Neste capítulo, objetiva-se demonstrar justamente o contrário; que, em realidade, a aplicação da referida teoria no contexto da subtração internacional seria inadequada devido à perpetuação de abusos e à retirada do foco dos melhores interesses da criança para realocá-lo no conflito entre genitores. Para tanto, a análise será faseada em quatro momentos: primeiramente, será exposto o regime normativo básico do instrumento multilateral que rege a subtração internacional; em segundo lugar, evidenciar-se-á que a disseminação da teoria de alienação parental no Brasil partiu de um caso emblemático de subtração; em seguida, observar-se-ão as falhas da arguição da teoria sob uma lente de gênero; e, por fim, serão questionados os parâmetros de sucesso do quadro normativo internacional à luz do princípio dos melhores interesses.

1. DA INTRODUÇÃO AO REGIME NORMATIVO DA CONVENÇÃO DA HAIA DE 1980

Promulgada pelo Decreto n.º 3.413/2000 no ordenamento jurídico brasileiro, a Convenção da Haia de 1980 sobre os Aspectos Civis da Subtração Internacional de Crianças (doravante, CH1980) dispõe sobre a instituição de um mecanismo de cooperação jurídica internacional que visa à restituição de crianças ilicitamente transferidas para qualquer Estado Contratante ou nele retidas indevidamente de volta ao Estado onde possuem residência habitual.[66] O tratado foi elaborado pela Conferência da Haia de Direito Internacional Privado (HCCH) e, hoje, com 103 signatários, é o terceiro instrumento mais aderido e um dos mais bem-sucedidos da organização.[67]

---

[66] Importante mencionar, ainda, que o Brasil é signatário da Convenção Interamericana sobre a Restituição Internacional de Menores (Convenção de Montevidéu de 1989) sobre matéria correlata. Entretanto, este refere-se a um tratado de abrangência regional e limita-se às subtrações que ocorrem entre: Antígua e Barbuda, Argentina, Belize, Bolívia, Brasil, Colômbia, Costa Rica, Equador, Guatemala, Haiti, México, Nicarágua, Paraguai, Peru, Uruguai e Venezuela.

[67] Sendo a Convenção da Haia de 1961 relativa à supressão da exigência da legalização dos atos públicos estrangeiros (Convenção de Apostila) a mais aderida, com 127 signatários, e a Convenção da Haia de 1993 relativa à proteção das crianças e à cooperação em matéria de adoção internacional (Convenção sobre Adoção Internacional) a segunda, com 106 signatários. Ambas foram incorporados no ordenamento jurídico brasileiro, respectivamente, pelos Decretos de n.º 8.660/2016 e 3.087/1999.

A ilicitude da transferência ou retenção que caracteriza a subtração verifica-se pela violação do direito de guarda ou de visita do genitor que requesta o retorno (ou "genitor abandonado"), ora provocada pelo genitor que se opõe ao retorno (ou "genitor subtrator"), tal como estipulado pelo art. 3º, da CH1980.[68] As definições de "guarda" e "visita", entretanto, não devem ser lidas de acordo com os preceitos do Direito de Família doméstico, posto que refletem conceitos ditos "convencionais". O direito convencional de guarda deve ser entendido como aquele que se estende não somente aos cuidados com a pessoa da criança, mas ao direito de decidir e de se opor sobre o lugar da sua residência; enquanto o de visita corresponde ao direito de levar uma criança, por um período limitado de tempo, para um lugar diferente daquele onde ela habitualmente reside.[69] Essas especificações afiguram-se como ajustes necessários em prol da harmonização interpretativa da CH1980 entre os seus Estados Contratantes, uma vez que cada país atribui significados e elementos diferentes para as modalidades e regimes previstos em suas legislações.

Os direitos e deveres atinentes à guarda e ao poder familiar,[70] em particular, podem se confundir a depender da lei de referência. No Brasil, o Estatuto da Criança e do Adolescente explicita, em seu art. 21, que o poder familiar é exercido em igualdade de condições pelos genitores e o Código Civil, através do art. 1.634, prevê que a concessão ou negativa do consentimento para alteração de residência permanente dos filhos compete ao exercício do poder familiar, e não da guarda. Logo, sob a lei do Brasil, se ambos os genitores forem detentores do poder familiar, ter a guarda unilateral não permite que um deles realoque para o exterior com as crianças sem obter a autorização do outro ou a outorga judicial para tanto.

Em contraste, pode-se citar certa particularidade cabível à lei da Irlanda. Conforme a Seção 6 (4) do *Guardianship of Infants Act 1964* (Irlanda, 1964),[71] a

---

68 CH1980, Art. 3. A transferência ou a retenção de uma criança é considerada ilícita quando: a) tenha havido violação a direito de guarda atribuído a pessoa ou a instituição ou a qualquer outro organismo, individual ou conjuntamente, pela lei do Estado onde a criança tivesse sua residência habitual imediatamente antes de sua transferência ou de sua retenção; e b) esse direito estivesse sendo exercido de maneira efetiva, individual ou em conjuntamente, no momento da transferência ou da retenção, ou devesse está-lo sendo se tais acontecimentos não tivessem ocorrido. O direito de guarda referido na alínea a) pode resultar de uma atribuição de pleno direito, de uma decisão judicial ou administrativa ou de um acordo vigente segundo o direito desse Estado.
69 CH1980, Art. 5.
70 Ressalva-se que o próprio termo "poder familiar" é característico do Direito de Família brasileiro. Assim sendo, pode-se encontrar traduções diferentes sobre prerrogativas similares, tais como "autoridade parental", "pátrio poder", "responsabilidade parental", entre outros. O que se pretende sobrelevar é que é preciso haver um ponto de referência para que se compreenda o que, de fato, compete ao referido poder familiar.
71 Texto original: "Section 6. – (4) The mother of an illegitimate infant shall be guardian of the infant".

mãe será automaticamente considerada como a guardiã exclusiva das crianças tidas fora do casamento. Desse modo, e seguindo a Seção 16 do *Non-Fatal Offences Against the Person Act 1997* (Irlanda, 1997), ela poderá mudar-se de país com seus filhos sem o consentimento paterno, a menos que o pai já tenha iniciado procedimentos judiciais de regulamentação da guarda e que a intimação tenha sido efetivamente cumprida. Outro exemplo pode ser retirado da lei da Alemanha. Os deveres e direitos de guarda dos pais em relação às crianças são denominados *elterliche Sorge* pelo Código Civil alemão (Alemanha, 2002), dividindo-se, ademais, entre os cuidados físicos (*tatsächliche Sorge*) e de representação legal da criança (*rechtliche Sorge*) (Hanke, 2011). Não obstante, o *aufenthalt*, ou "local de residência", compete ao exercício do primeiro, de tal modo que, se ambos possuírem *gemeisansorgerecht*, os tribunais precisam conceder o *aufenthalbestimmungsrecht* para que um dos genitores possa realocar com seus filhos legalmente para país estrangeiro.[72]

É imprescindível discernir que a CH1980 não trata da regulamentação da guarda e visita em nível internacional; pelo contrário. A Convenção delimita a jurisdição, reservando a competência para a apreciação dessas questões ao país de residência habitual da criança, enquanto o país de refúgio somente pode decidir pelo regresso, ou não, a partir do referido quadro normativo. A regra é clara: constatada a violação do direito convencional de guarda ou de visita do genitor abandonado, a obrigação de determinação do retorno só pode ser afastada mediante a configuração de pelo menos uma de cinco exceções previstas no tratado.

Tais hipóteses são encontradas nos arts. 12, 13 e 20 da CH1980, os quais incluem: a adaptação da criança ao novo meio, contanto que tenha decorrido mais de um ano entre a data da subtração e do início do processo (art. 12); a verificação de que o genitor abandonado não exerce efetivamente o direito de guarda ou que havia consentido ou concordado posteriormente com a transferência ou retenção (art. 13 (1)(a)); o grave risco de submissão da criança a perigos de ordem física ou psíquica, ou, de qualquer outro modo, ficar numa situação intolerável (art. 13 (1)(b)); a recusa da criança que tiver atingido idade e maturidade suficientes (art. 13 (2)); e a incompatibilidade do retorno com os princípios fundamentais do Estado requerido relativamente à proteção dos direitos humanos e das liberdades fundamentais (art. 20).

---

[72] Ressalva-se que o regramento prevê uma exceção que beneficia pais não casados, de maneira que eles recebem direitos de guarda, sem um processo que os oficialize, se residirem com a mãe por um ano e com a mãe e a criança por pelo menos três meses.

Ressalva-se, todavia, que a orientação é para que as provisões *supra* sejam interpretadas de forma restritiva (Kubitschek, 2014). Isso porque maior flexibilidade não atenderia à pretensão derrogatória da subtração (Cidrão; Muniz; Sobreira, 2018) e, também, pelo fato de que a aplicação desuniforme poderia acometer a mútua confiança alcançada entre os Estados Contratantes da qual o sucesso da operação da CH1980 depende (Lesh, 2011, p. 175). Por um lado, esse comedimento se traduz em uma maior proporção de decisões de retorno em comparação às que opinam pela permanência (Lesh, 2011, p. 172). Por outro, nota-se ter ocorrido certo enrijecimento analítico do tratado, que parece ter enregelado no final da década de 1970, mantendo-se praticamente inalterado diante das evoluções normativas que se desenvolveram desde então; em particular, no que tange aos direitos das crianças e das mulheres.

2. DO PARALELO ENTRE A ORIGEM DA LAP E O TEMA DA SUBTRAÇÃO INTERNACIONAL DE CRIANÇAS

A CH1980 e a Lei n.º 12.318/2010, a Lei de Alienação Parental (doravante, LAP), possuem um denominador em comum: o caso Sean Goldman. Paradigmático para o estudo da subtração internacional de crianças sob o ordenamento jurídico brasileiro, foi, também, o exato caso que acarretou a elaboração da LAP (Garcia; Caixeta Júnior, 2021). O menino Sean nasceu do casamento entre pai estadunidense e mãe brasileira que residiam no estado de Nova Jérsei, nos Estados Unidos. Em 2004, durante uma viagem de férias para visitar a família materna, no Brasil, a mãe decidiu separar-se do pai e ingressar com ação de divórcio e regulamentação da guarda na vara de família estadual do Rio de Janeiro. Em reação, o pai ajuizou ação de guarda em Nova Jérsei, simultaneamente, e iniciou os procedimentos de retorno instituídos pela CH1980 para repatriar o filho, o que resultou na tramitação de uma ação de busca, apreensão e restituição na justiça federal.

Os processos deslindaram-se de forma dramática e com ampla repercussão pública, política e diplomática. Na primeira e segunda instâncias, decidiu-se em favor da permanência da criança no Brasil com base no potencial dano psíquico devido à separação da mãe e na alegada integração ao novo meio, embora o pai tivesse agido dentro do prazo de um ano estabelecido pelo art. 12 (Del'olmo, 2015). A mãe, entretanto, veio a falecer em seguida, no parto da sua segunda filha, levando seu ora marido a ajuizar ação de reconhecimento da paternidade socioafetiva de Sean para evitar sua devolução aos Estados Unidos. Novo pedido de cooperação internacional foi aberto e outra ação de busca, apreensão e restituição foi ajuizada. Pautado pelo argumento de retenção ilícita, desta vez pelo padrasto, o juízo da 16ª Vara Federal do Rio de Janeiro proferiu sentença indicando que Sean vinha sendo submetido a processo de alienação parental pelos familiares maternos e que, com o falecimento da mãe, a guarda teria passado imediatamente e exclusivamente ao pai biológico (Brasil, 2009a, p. 47). Ademais, assumindo tal data como o início de uma segunda subtração, o juiz concluiu que o procedimento havia sido deflagrado dentro do prazo convencional (Brasil, 2009a, p. 30). À época, quatro anos haviam se passado desde a chegada do menino ao Brasil.

Após o entrave de mais uma batalha judicial, o caso foi concluído em dezembro de 2009 com a concessão de uma liminar pelo ministro Gilmar Mendes, do Supremo Tribunal Federal (Brasil, 2009b), e a entrega de Sean ao pai biológico. A situação deu ensejo à edição do *Sean and David Goldman International Child Abduction Prevention and Return Act of 2014* nos Estados Unidos, uma lei que atribui poderes especiais para punir países que, na sua interpretação, descumprem a CH1980. Tais medidas incluem, por exemplo, ampla discricionariedade para reciprocar a não devolução de crianças; acionar mecanismos de tratativas diplomáticas; atrasar ou cancelar vistos; cessar programas de assistência governamental; e encaminhar pedidos de extradição.

A reputação do Brasil foi manchada na comunidade internacional como um dos países que não cumpre a Convenção e que demora excessivamente para tramitar os pedidos de retorno (Carvalho; Paula, 2019). Para mitigar os danos à sua imagem, o judiciário brasileiro adotou uma abordagem que poderia ser discutivelmente descrita como "execucionista", criando a tendência de repatriar as crianças a qualquer custo. Sem embargo, afigura-se que a preterição da averiguação minuciosa das alegações de defesa que poderiam ser porventura enquadradas como exceções pode acarretar a violação de diversos direitos fundamentais, sobretudo quando existirem indícios de riscos que podem ser facilmente descartados sob a justificativa de interpretação restritiva (Kubitschek, 2014).

Internamente, tal como mencionado em momento anterior, a reverberação do caso Sean Goldman originou a LAP. A superexposição midiática do processo, acompanhada pela divulgação indevida da perícia e do inteiro teor de decisões judiciais sigilosas, moldou a narrativa pública através da exemplificação dos fatos ocorridos como o cometimento de atos de alienação parental pela mãe para afastar o pai e os familiares paternos da criança, contribuindo significativamente para a popularização inflamatória da teoria. Eventos específicos do caso serviram como inspiração direta para a lei, que ecoa episódios e trechos de documentos exatos em sua redação (Almeida; Vidal, 2014).

A subtração internacional de crianças passou a ser descrita como uma das formas mais severas de se cometer alienação parental (Carneiro da Silva, 2019; Almeida; Vidal, 2014). Isso porque, segundo os defensores da teoria, as crianças internacionalmente subtraídas "[...] seriam roubadas da sua infância pelo genitor alienador. [...] [S]ua língua e seus costumes também lhe seriam roubados. Elas pertenceriam ao genitor alienador e ao país deste [...], [que] usaria a criança como veículo para transmitir ódio pelo genitor alienado" (Sobal, 2006, p. 433). Que, para potencializar os esforços de separação psicológica e ter êxito na "lavagem cerebral" da criança, manipulando seus pensamentos e emoções contra o genitor abandonado/"alienado" a níveis extremos (Carneiro da Silva, 2019), o genitor subtrator/"alienador" valer-se-ia do distanciamento geográfico para além das fronteiras (Almeida; Vidal, 2014).

Alega-se, ainda, que haveria inconteste convergência entre os conteúdos da CH1980 e da LAP. Como um tratado-contrato, a CH1980 manifestaria o compromisso assumido pelo Estado brasileiro de fazer respeitar os direitos de guarda e visita concedidos pelos demais Estados Contratantes ao genitor abandonado/"alienado" (Almeida; Vidal, 2014); e, no mesmo sentido, o art. 3º da LAP especificaria que a prática da alienação parental constitui um "descumprimento dos deveres inerentes à autoridade parental ou decorrentes de tutela ou guarda". Mais, que a LAP evocaria o próprio conceito de subtração internacional na medida em que o art. 2º, inciso VII, exemplifica a "[mudança] de domicílio para local distante, sem justificativa, visando a dificultar a convivência da criança ou adolescente com o outro genitor, com familiares deste ou com avós" como um ato de alienação parental.

2. DA INTERAÇÃO ENTRE A LAP E A CH1980 SOB UMA PERSPECTIVA DE GÊNERO

A aplicação dos instrumentos anteriormente listados não remanesce isenta de duras críticas tecidas por especialistas, o que tem alavancado intensos debates, em foro doméstico e internacional, sobre a revogação da LAP e a necessidade de reformar ou emendar a CH1980. Nesse seguimento, resguardar-se-á ao exame de um ângulo comum entre as temáticas controvertidas, qual seja a necessidade de tratá-las sob uma lente de gênero.

Quando a CH1980 foi concebida, vislumbrava-se a figura do genitor subtrator como pais, homens, que, insatisfeitos com os direitos de guarda a eles atribuídos, subtraíam as crianças para uma jurisdição diferente que pudesse lhes conceder uma decisão mais favorável (Weiner, 2000). Entretanto, com a estabilização trazida pela separação das competências disposta nas provisões convencionais, esse perfil mudou. Já na década de 1990, foi averiguado que as mães correspondiam à maior proporção de genitores subtratores (Weiner, 2000, p. 611) e, de acordo com os últimos números publicados pela HCCH, estas foram as circunstâncias declaradas pelos Estados Contratantes em pelo menos 75% dos casos colacionados até 2021 (Lowe; Stephens, 2023). No caso da LAP, o regramento foi idealizado em sobreposição aos fatos ocorridos no caso Sean Goldman e tomando as atitudes maternas como exemplos de alienação parental desde o princípio. A associação assim se manteve e as mães continuam a ser referenciadas como as principais alienadoras, sendo, também, as mais punidas pela aplicação da lei (Oliveira; Williams, 2021). Portanto, a fim de preservar a acurácia científica, não há como ignorar que ambos os temas são fortemente influenciados por indicadores de gênero, posto que as mulheres são as mais expostas à penalização, seja pelas acusações de alienação parental ou de subtração internacional dos seus filhos.

Um dos pontos mais controversos em relação à aplicação da LAP refere-se ao art. 2º, inciso VI, o qual prevê a reversão da guarda na hipótese de ter sido feita "falsa denúncia" contra o genitor que alega estar sendo alienado. O dispositivo afeta diretamente mães e crianças que são vítimas de abusos e não conseguem prová-los, ainda mais se considerando que o recém-emendado art. 1.584 do Código Civil brasileiro afasta o compartilhamento da guarda nas hipóteses em que "[...] houver elementos que evidenciem a probabilidade de risco de violência doméstica ou familiar". Nos casos de subtração internacional, todavia, há uma diferença importante no que diz respeito às possibilidades de fundamentação jurídica: a violência doméstica não consta como uma exceção arguível no quadro normativo da CH1980.

Tal direcionamento é corroborado pelo Guia de Boas Práticas do art. 13 (1)(b) (Portugal, 2020), elaborado pela HCCH, ao explanar que "[a] prova da existência de uma situação de violência doméstica, por si só, não é [...] suficiente para estabelecer a existência de um risco grave para a criança" (Portugal, 2020, parágrafo 58) e que os tribunais devem verificar a disponibilidade, adequação e eficácia das medidas existentes no Estado requerente para protegê-la (Portugal, 2020, parágrafos 59 e 60). A despeito das orientações, estudos indicam que essa é uma motivação frequente das genitoras que subtraem os filhos para os próprios países de origem, justamente buscando proteção (Freeman; Taylor, 2024).

Consoante o relatório "Considerações sobre violência doméstica em casos de subtração internacional" publicado pela Revibra Europa (Rede de Apoio às

Vítimas Brasileiras de Violência Doméstica e de Gênero na União Europeia) (Baratto; Araújo, 2023), o qual analisou o perfil do público atendido pela organização entre 2019 e 2022, as mães afiguraram como as genitoras subtratoras em 98,2% dos casos. De 52 pedidos judiciais de retorno pautados pela CH1980, a violência doméstica esteve presente na proporção de 98,07% e, entre as categorias referenciadas, estavam a violência psicológica (97%), administrativa (51%), física (28%), financeira (14%) e sexual (6%). A pesquisa demonstrou, ademais, que as situações de abuso não são episódicas e nem isoladas, sendo raros os casos nos quais as vítimas relataram terem sofrido apenas um tipo de violência.

É importante evidenciar que a narrativa emplacada pelos genitores abandonados e "alienados" em muito se assemelha. A subtração/alienação em nada mais consistiria do que uma tentativa da mãe subtratora/"alienadora" de interferir nos vínculos paterno-filiais (Zaganelli, 2021). As acusações de violência desvelariam seu ímpeto de vingança, acusando deliberadamente o genitor abandonado/"alienado" sob premissas inventadas com o objetivo de obstar o acesso deste às crianças (Almeida; Vidal, 2014). Elas seriam pessoas instáveis (Sobal, 2006) e mentiriam (Cidrão; Muniz; Sobreira, 2018; Zaganelli, 2021). Não são "subtratoras", e sim "sequestradoras". A "alienação" serviria como forma de instrumentalização dos filhos, causando-lhes abuso psicológico mais grave do que qualquer prejuízo decorrente da exposição à violência doméstica (Almeida; Vidal, 2014). O retorno imediato, portanto, seria a única medida capaz de mitigar esses danos (Lesh, 2011).

A despeito da arguição anteriormente delineada, afere-se que, mesmo quando não são o alvo direto da violência, as crianças a experienciam junto às suas mães e sofrem consequências ao seu desenvolvimento físico, emocional e cognitivo (Barros; Freitas, 2015). Elas crescem em um espaço de constante insegurança, medo e constrangimento social (Sani, 2006), podendo tornar-se agressivas e com a propensão de repetir os mesmos padrões de comportamento ou, então, de tomar atitudes permissivas e passivas frente à violência doméstica (Reis; Prata; Parra, 2018). Por estarem em fase de desenvolvimento, o ambiente familiar deveria lhes propiciar condições saudáveis, o que inclui estímulos positivos, equilíbrio, boa relação familiar, respeito, afeto e diálogo (Hino, 2019).

Quanto às "falsas denúncias", a postura defensiva é esperada. Tão logo as mulheres ajam de forma a romper com as expectativas sociais que idealizam uma figura materna submissa e que prioriza a unidade da família acima de tudo (Hümmelgen; Cangussú, 2017), elas são rotuladas "[...] com estereótipos como o da vingativa, louca, aquela que aumenta ou inventa situações para tirar vantagem, ou seja, [sua] credibilidade da palavra e [suas] intenções sempre são questionadas" (CNJ, 2021, p. 95). Além disso, é crucial reconhecer que as mulheres migrantes são mais suscetíveis à violência doméstica porque "existem fatores legais, econômicos, sociais e culturais incidentes que as impedem de acabar o relacionamento e de aceder aos serviços de proteção e assistência" dos países estrangeiros (Carrilo Hernández, 2014, p. 274). Isso é ainda mais proeminente quando se trata de "[...] mães, com *status* imigratório irregular, que desconhecem seus direitos, [...] [que são] financeiramente dependentes ou [estão] em empregos precários, que têm nível de educação baixo e escassas redes sociais de suporte" (Carrilo Hernández, 2014, p. 274).

As barreiras enfrentadas para sair da situação em que se encontram, principalmente em lares violentos, tornam-se eventualmente insustentáveis e insuportáveis. Assim sendo, não é raro que essas mulheres "[...] se sinta[m] forçad[as] a procurar refúgio em seu país de origem, para no final adentrar[em] com uma ação de guarda no Judiciário local e ser[em] lá beneficiad[as]" (Costa, 2019, p. 277); muitas vezes, crendo que serão protegidas sob abrigo da Lei Maria da Penha (Zaganelli, 2021; Gabriel, 2020). O que se sucede, e as surpreende, é que nenhuma medida tomada no Brasil trava o percurso da CH1980.

Com o ajuizamento da ação de busca, apreensão e restituição, quaisquer processos de guarda em curso nas justiças estaduais são suspensos por força do art. 22, parágrafo único, da Resolução n.º 449/2022 do Conselho Nacional de Justiça.[73] Se realizada perícia das crianças, já recuperadas em certa medida pelo afastamento do cotidiano abusivo, os resultados tendem a ser inconclusivos (Kubitschek, 2014). Sem provas contundentes da violência sofrida no exterior e base legal explícita no texto da Convenção, o retorno é inevitável. Ademais, quando o Estado requerente pertence ao norte global, como é possível sustentar para o juízo que esse país, "melhor" e "mais desenvolvido" do que o Brasil, não oferecerá suporte e proteção adequados?

Outra arguição recorrente que utiliza a teoria de alienação parental nos casos de subtração internacional estende-se à exceção contida no art. 13 (2), da CH1980, o qual dispõe sobre a recusa da criança madura. O receio seria de que as opiniões da criança pudessem restar prejudicadas devido à influência sobre a manifestação das suas vontades genuínas (Gabriel, 2020), questionando-se, ainda, se qualquer constatação de maturidade seria razoável, uma vez que a Convenção só se aplica a crianças e adolescentes que não tenham completado

---

73 Art. 22, p.u. "Constatada a tramitação de processo relativo à guarda de criança na Justiça Estadual, nas hipóteses previstas nesta Resolução, ficará ele sobrestado até o pronunciamento da Justiça Federal sobre o retorno ou não da criança."

16 anos de idade (Cidrão; Muniz; Sobreira, 2010). Mais, se a provisão colocaria demasiado peso sobre a criança, que não deveria ser responsabilizada por decisões que pertencem aos adultos e que lhe imergem emocionalmente, tornando-as suscetíveis a mais abusos emocionais (Almeida; Vidal, 2014).

Tal raciocínio tampouco merece prosperar. Expõe-se que essa linha argumentativa retoma a percepção anacrônica de criança-objeto, e não como sujeito de direitos, além de ignorar a imperatividade do art. 12 da Convenção da Nações Unidas sobre os Direitos da Criança (UNCRC), o qual assegura o direito das crianças de expressarem suas opiniões livremente e de serem ouvidas em todos os processos judiciais ou administrativos que as afetem. No âmbito do Direito Europeu, inclusive, foi pacificado, através dos arts. 21, 26 e 47 do Regulamento de Bruxelas II *ter* (União Europeia, 2019), que sempre deve ser viabilizada uma oportunidade de escuta das crianças nos processos de subtração internacional, sob risco de que as decisões judiciais alcançadas sejam tornadas sem efeito.

Diante disso, seria cabível indagar que a resistência sobre a oitiva das crianças revela uma tentativa de silenciá-las, ainda mais quando a recusa ao retorno descreve um histórico de violência (Blank; Ney, 2006). Quando se utiliza por base a binaridade da distribuição de dinâmicas da teoria de alienação parental, o foco é colocado nos sofrimentos e violações vivenciadas pelo genitor abandonado/"alienado", ao passo que os interesses das crianças são colocados em segundo plano (Blank; Ney, 2006, p. 142). O que se busca, afinal, é a prevalência de narrativas através da reversão de papéis e privilégios estruturais. A figura passiva torna-se ativa; a vítima torna-se a agressora.

Nessa esteira, mais um ponto deve ser acrescido. Determinados autores associam a subtração internacional a um problema da elite (Borja; Meneses, 2022); no entanto, tal alegação não poderia estar mais distante da realidade. Segundo as estatísticas disponibilizadas pelo Eurostat, a agência de dados estatísticos da Comissão Europeia, as pessoas migrantes estão exorbitantemente mais suscetíveis à pobreza e à exclusão social do que os nacionais europeus (Eurostat Statistics Explained, 2023), sendo que a porcentagem em relação às mulheres é ainda maior. A probabilidade conferida aos homens europeus mal ultrapassa os 15%, enquanto a cifra para as mulheres migrantes, não europeias, é de quase 50%.

Os interesses dos genitores abandonados sempre são defendidos nos processos de subtração internacional, uma vez que a Advocacia-Geral da União atua no polo ativo das ações de busca, apreensão e restituição, representando o Estado brasileiro nas demandas de repatriação (Zaganelli, 2021). Se assim quiserem e quando possuem melhores condições financeiras, muitas vezes recebendo proveitos em moeda de maior valor do que o real brasileiro, contratam advogados especialistas em escritórios influentes. Às genitoras subtratoras, resta a contratação de advogado particular, entrementes a tentativa de se reerguer após a chegada no Brasil, ou o recurso à Defensoria-Pública da União, contanto que a renda do seu núcleo familiar não ultrapasse o limite de R$ 2.000,00 (dois mil reais) (Brasil, 2016). A qualidade da representação favorece a versão da história que é intrinsecamente mais vantajosa para o genitor abandonado, logo, há campo fértil para que a teoria de alienação parental seja utilizada de forma a privilegiar "o resultado em detrimento do processo; a conveniência em detrimento da mediação; e a autoridade em detrimento da subjetividade" (Blank; Ney, 2006, p. 141).

Por último, pontua-se que, da perspectiva técnica, a arguição da LAP nos processos de subtração internacional é essencialmente incabível. Tal como amplamente discorrido no início do presente capítulo, as ações de busca, apreensão e substituição não versam sobre questões de guarda e visita, pois a competência para tanto é reservada ao país de residência habitual. As partes devem ater-se ao quadro normativo da CH1980 para embasar suas respectivas alegações, não havendo espaço para a incidência de leis de abrangência restrita ao contexto brasileiro. Além da incongruência material, tampouco há pertinência jurisdicional. Não cabe à justiça federal ponderar sobre matéria que compete ao foro estadual. Sem embargo, o que deve ser assegurado, independentemente de se tratar de matéria doméstica/internacional ou de competência da justiça federal/estadual, é a observância rigorosa do Protocolo do CNJ para Julgamento com Perspectiva de Gênero, cujas diretrizes são obrigatórias para todas as instâncias do Poder Judiciário.[74]

3. DA SUBVERSÃO DOS OBJETIVOS DA CH1980 PELA DEPRECIAÇÃO DO PRINCÍPIO DOS MELHORES INTERESSES DA CRIANÇA

Conforme previamente elucidado, a CH1980 foi elaborada em um período no qual existiam escassos subsídios normativos que salvaguardavam a proteção dos direitos fundamentais das partes em situação de vulnerabilidade, especialmente crianças. Os instrumentos multilaterais de maior relevância e coerência temática que tangiam o princípio dos melhores interesses restringiam-se, basicamente, à Declaração dos Direitos da Criança, de 1959 (ONU, 1959),[75] e a

---

74 Ver *supra* nota 73.
75 Princípios 2º e 7º.

Convenção sobre a Eliminação de Todas as Formas de Discriminação contra a Mulher, de 1979 (Brasil, 2002). A UNCRC somente foi adotada em 1989, quase uma década após a conclusão da CH1980, fixando o ponto a partir do qual o Direito Internacional passou a conceder "um novo enfoque de direitos humanos [...] aplicado à infância, reconhecendo a criança como sujeito de direitos, em oposição à doutrina da tutela ou situação irregular que estabelecia a incapacidade legal da criança e não reconhecia direitos, mas sim os poderes e deveres dos adultos que deveriam protegê-la" (Silva-Chávez, 2012, p. 96–97). Logo antes, o ordenamento jurídico brasileiro assim o havia feito por meio da internalização do princípio da proteção integral inscrito no art. 227 da Constituição Federal de 1988 e, posteriormente, através do Estatuto da Criança e do Adolescente.

A primazia dos melhores interesses é refletida no preâmbulo da CH1980, onde se lê: "[f]irmemente convictos de que os interesses da criança são de primordial importância em todas as questões relativas à sua guarda". Sendo, o preâmbulo, a parte introdutória que estabelece as razões para a elaboração e o intuito da Convenção, constatar-se-ia que a aplicação desta deveria ser norteada pelo referido princípio. Não obstante, na prática, sua influência foi sintetizada em função da necessidade de interpretação restritiva. *I.e.*, parte-se do pressuposto de que os melhores interesses só podem ser adequadamente averiguados pelo país de residência habitual e que apenas o retorno imediato cessará os danos causados às crianças e ao genitor abandonado (Lesh, 2011).

A consonância da arguição da teoria de alienação parental nos processos de subtração internacional evoca a adoção da dita abordagem "execucionista". Isso porque o discurso de dividir, rotular e culpar, típico da corrente, coaduna com a dualidade característica da CH1980 que premia os genitores abandonados/"alienados" e pune as genitoras subtratoras/"alienadoras". Quando se retira o enfoque dos interesses do genitor abandonado e aloca-se-o nos interesses das crianças, o rumo do debate se transforma. A mera constatação da ilicitude da transferência ou retenção perde força diante da possibilidade de que as razões levantadas para justificar a oposição ao retorno possam violar os direitos fundamentais da criança e subverter os seus melhores interesses. Logo, investigar devidamente e aplicar as exceções significaria cumprir a Convenção — e não o contrário.

Por fim, cumpre sopesar que o mecanismo da CH1980 e as obrigações entre os signatários se findam com o retorno da criança para o Estado de origem. Nada impede, todavia, que este institua medidas derrogatórias a fim de coibir a prática da subtração internacional, incidindo no que se poderia contra-alegar como "alienação parental derivada" ou "reversa" (Carvalho Ramos; Saba, 2023), ou, simplesmente, como violações de direitos humanos. Tal como explicitado pelo título do tratado, a CH1980 resume-se à regulação dos aspectos civis da subtração internacional; porém, trata-se de delito penal na lei de diversos Estados Contratantes. A criminalização pode se materializar de diferentes formas, seja: pela pena privativa de liberdade; pela interdição de entrada no território do Estado de origem e cancelamento de vistos; pelo pagamento de multa e/ou indenização; pela condenação em outras modalidades de pena, como serviços à comunidade e a perda do poder familiar; ou pela cumulação de duas ou mais destas. Além disso, em termos práticos, não é incomum que as genitoras subtratoras sejam estigmatizadas pelos tribunais do Estado de origem como "sequestradoras" e que tenham seus direitos de guarda e visita removidos ou, ao menos, reduzidos como punição adicional.

Por conseguinte, uma vez que a criança tenha sido repatriada, a CH1980 não dispõe de salvaguardas para evitar que os laços com a genitora subtratora sejam rompidos de maneira potencialmente irreversível, ainda que a subtração tenha ocorrido com o propósito de proteção. O genitor abandonado toma toda a gerência sobre a vida dos filhos e passa a controlar a frequência, duração e modo de manutenção do convívio, seja virtual ou presencial. Torna-se igualmente improvável que a criança possa viajar para o Brasil, mesmo no período de férias, o que acarreta o afastamento da família estendida e o desfazimento dos vínculos identitários com o país. Cumpre reparar que as consequências descritas repetem os temas da teoria de alienação parental, na medida em que o genitor "alienado" perderia os vínculos com os seus filhos progressivamente. Na prática, os efeitos do pós-retorno convergem para que o mesmo aconteça com as genitoras subtratoras, mas de forma abrupta. O sistema oblitera-se de que há repercussões para as crianças, cujos direitos à identidade, à vida privada e à convivência familiar acabam sendo violados em decorrência das providências punitivas que são institucionalmente respaldadas pelo país estrangeiro.

CONSIDERAÇÕES FINAIS

A análise do complexo panorama jurídico e social aqui delineado evidencia que o enrijecimento interpretativo da CH1980 é potencializado pelo recurso à teoria de alienação parental. Apesar de o princípio dos melhores interesses constar no preâmbulo da Convenção e, por conseguinte, dever nortear a sua operação, ainda prevalece a presunção de que a sua garantia e o cumprimento do tratado dependem do retorno imediato da criança ao Estado de origem. Quando se menospreza a averiguação pormenorizada das hipóteses de exceção em prol do reestabelecimento indiscriminado do *status quo*, o debate que deveria ser multifacetado reduz-se à determinação de quem está certo e errado. Carregada de discursos ideológicos, a teoria de alienação parental acomoda-se impecavelmente nessa dualidade, ao final favorecendo a narrativa inerentemente mais vantajosa ao genitor abandonado.

Além disso, assim como ocorre com a LAP, a aplicação da CH1980 reflete estereótipos de gênero que tendem a penalizar desproporcionalmente as mulheres. Tais efeitos são particularmente sentidos por mães e crianças que sofrem violência doméstica no exterior e buscam proteção no Brasil, sendo revitimizadas, deslegitimadas e silenciadas. Observou-se, entretanto, que sequer deveria haver espaço para a arguição da referida teoria nos processos de subtração internacional. Tanto pelo fato de que não há competência material ou jurisdicional para que a justiça federal reflexione a LAP, quanto porque, paradoxalmente, as punições subsequentes à repatriação da criança acarretam a interrupção do contato com a sua mãe, acometendo a manutenção dos vínculos com a família materna e com o Brasil.

REFERÊNCIAS

ALEMANHA. *Bürgerliches Gesetzbuch*, versão promulgada em 2 de janeiro de 2002. Título 5, Seção 1626. Disponível em: https:// www.gesetze-im-internet.de/englisch_bgb/englisch_bgb.html#p6444. Acesso em: 20 set. 2024.

ALMEIDA, B. R. de; VIDAL, G. V. D. Parental alienation within the context of the 1980 Hague Convention on the civil aspects of international child abduction: the Brazilian perspective. **Panorama of Brazilian Law**, v. 2, n. 2, 2014.

BARATTO, M.; ARAÚJO, Í. **Considerações sobre violência doméstica em casos de subtração internacional.** Bruxelas: Revibra Europa, 2023.

BARROS, A. S. de; FREITAS, M. de F. Q. de. Violência doméstica contra crianças e adolescentes: consequências e estratégias de prevenção com pais agressores. **Pensando Famílias**, [s. l.], v. 19, n. 2, 2015.

BLANK, G. K.; NEY, T. The (de)construction of conflict in divorce litigation: a discursive critique of "parental alienation syndrome" and "the alienated child". **Family Court Review**, v. 44, n. 1, 2006.

BORJA, Letícia Lopes *et al.* O direito de voz das crianças na subtração internacional de menores e a emergência de critérios de avaliação. **E-Civitas**, v. 15, n. 1, p. 151-172, 2022.

BRASIL. Conselho Superior da Defensoria Pública da União. **Resoluções n.º 133 e 134, de 7 de dezembro de 2016**. Brasília, 2016. Disponível em: https://www.pesquisa.in.gov.br/imprensa/jsp/visualiza/index.jsp?jornal=1&pagina=122&data=02/05/2017. Acesso em: 20 set. 2024.

BRASIL. **Decreto n.º 4.377, de 13 de setembro de 2002**. Promulga a Convenção sobre a Eliminação de Todas as Formas de Discriminação contra a Mulher, de 1979, e revoga o Decreto no 89.460, de 20 de março de 1984. Art. 5º, alínea b). Brasília: Presidência da República, 2002. Disponível em: https://www.planalto.gov.br/ccivil_03/decreto/2002/d4377.htm. Acesso em: 1 ago. 2024.

BRASIL. 16ª Vara Federal do Rio de Janeiro. Processo n.º 2009.51.01.018422-0. Autor: João Paulo Bagueira Leal Lins e Silva. Réu: David George Goldman. Juiz: Rafael de Souza Pereira Pinto. Sentença prolatada em 1º de junho de 2009a. Disponível em: https://bringseanhome.org/PintoCourt%20Order_Portuguese.pdf. Acesso em: 20 set. 2024.

BRASIL. Supremo Tribunal Federal. Mandado de Segurança n.º 285524 e Mandado de Segurança n.º 28525. Ministro Gilmar Mendes. Julgamento em 22 de dezembro de 2009b.

CARNEIRO DA SILVA, B. S. **Alienação parental e o sequestro internacional infantil**: aspectos civis de uma problemática familiar. TCC (Graduação em Direito) — Universidade Federal de Pernambuco, Recife, 2019.

CARRILLO HERNÁNDEZ, E. Madres migrantes y sustracción familiar. Vulnerabilidad y violación de los derechos humanos de mujeres e infantes en contextos de migración. **Región y Sociedad**, v. 26, n. 60, 2014.

CARVALHO, C. S.; PAULA, C. E. A. A subtração internacional de crianças no direito comparado: uma análise da aplicação da Convenção da Haia de 1980 no Brasil e em Portugal. **Revista Brasileira de Direito Internacional**, Florianópolis, v. 5, n. 1, 2019.

CARVALHO RAMOS, A. de; SABA, D. T. Uma nova alienação parental transnacional? A criminalização do abdutor e a prática dos Estados no sequestro internacional de crianças. **Revista de Direito Civil Contemporâneo**, São Paulo, v. 36, 2023.

CIDRÃO, T. V.; MUNIZ, A. W.; SOBREIRA, S. A. R. Sequestro internacional de crianças: uma análise da Convenção de Haia de 1980. **Ponto-e-Vírgula**: Revista de Ciências Sociais, São Paulo, n. 23, p. 44–59, 2018.

CONSELHO NACIONAL DE JUSTIÇA — CNJ. **Protocolo para Julgamento com Perspectiva de Gênero**. CNJ, 2021. Disponível em: https://www.cnj.jus.br/wp-content/uploads/2021/10/protocolo-para-julgamento-com-perspectiva-de-genero-cnj-24-03-2022.pdf. Acesso em: 20 set. 2024.

CONSELHO NACIONAL DE JUSTIÇA — CNJ. **Resolução n.º 449/2022, de 30 março de 2022**. Dispõe sobre a tramitação das ações judiciais fundadas na Convenção da Haia sobre os aspectos civis do sequestro internacional de crianças (1980), em execução por força do Decreto n.º 3.141, de 14 de abril de 2000. Disponível em: https://atos.cnj.jus.br/files/original131217202204016246fa3199959.pdf. Acesso em: 20 set. 2024.

COSTA, C. O. da. A questão de gênero na subtração internacional de crianças por mulheres brasileiras. *In*: **Livro de Atas da Conferência Igualdade de Género e Mobilidade**: Desafios e oportunidades na Lusofonia. Universidade Nova de Lisboa. Lisboa: Faculdade de Direito, CEDIS, Centro de I & D sobre Direito e Sociedade, 2019, p. 267–284.

DEL'OLMO, F. de S. Subtração internacional de crianças à luz do caso Sean Goldman. **Anuario Mexicano de Derecho Internacional**, v. 15, n. 1, p. 739–772, 2015.

EUA. Sean and David Goldman International Child Abduction Prevention and Return Act of 2014. Disponível em: https://www.congress.gov/bill/113th-congress/house-bill/3212. Acesso em: 20 set. 2024.

EUROSTAT STATISTICS EXPLAINED. Migrant integration statistics: at risk of poverty and social exclusion. Eurostat, 2023. Disponível em: https://ec.europa.eu/eurostat/statistics-explained/index.php?title=Migrant_integration_statistics_-_at_risk_of_poverty_and_social_exclusion#Analysis_by_sex. Acesso em: 20 set. 2024.

FREEMAN, M.; TAYLOR, N. **Where International Child Abduction Occurs Against a Background of Violence and/or Abuse**. London: The International Centre for Family Law Policy and Practice, 2024. Disponível em: https://westminsterresearch.westminster.ac.uk/do wnload/b66cb0f34ec5328e8810b72468cbc8b7bc8f1d18b7b 4cbaa6e3077c1 055c89f3/2375635/DV%20REPORT%2015.4.24.pdf. Acesso em: 20 set. 2024.

GABRIEL, V. D. R. Subtração internacional de crianças: análise das exceções ao retorno imediato do menor à residência habitual e crítica ao enquadramento da violência doméstica como flexibilidade permissiva. **Revista de Direito Internacional do UniCEUB**, Brasília, v. 17, n. 2, 2020.

GARCIA, F. L.; CAIXETA JÚNIOR, J. A. A Lei 12.318 e o sequestro internacional parental à luz da Convenção de Haia de 1980 e o caso Sean Goldman. **Revista Brasileira de Educação e Cultura**, São Gotardo, v. 12, n. 1, 2021.

HANKE, A. T. Custody and visitation rights in Germany after the decisions of the European Court on Human Rights. **Family Law Quarterly**, v. 43, n. 3, p. 353–360, 2011.

HINO, P.; TAKAHASHI, R. F.; NICHIATA, L. Y. I. *et al.* Interfaces of vulnerability dimensions in violence against children. **Revista Brasileira de Enfermagem**, v. 72, n. suppl. 3, 2019.

HÜMMELGEN, Isabela; CANGUSSÚ, Kauan Juliano. Estereótipos de gênero no direito das famílias: um estudo da doutrina jurídica sobre alienação parental. *In:* **ENCONTRO NACIONAL DE ANTROPOLOGIA DO DIREITO (ENADIR), 5.**, 2017, São Paulo. **Anais** [...]. Disponível em: http://www.enadir2017.sinteseeventos.com.br/simposio/view?ID_SIMPOSIO=28. Acesso em: 30 ago. 2024.

https://nadir.fflch.usp.br/sites/nadir.fflch.usp.br/files/upload/paginas/ISABELA%20KAUAN.pdf

IRLANDA. Guardianship of infants act, 1964. Disponível em: https://www.irishstatutebook.ie/eli/1964/act/7/enacted/en/html. Acesso em: 20 set. 2024.

IRLANDA. Non-fatal offences against the person act, 1994. Disponível em: https://www.irishstatutebook.ie/eli/1997/act/26/enacted/en/html. Acesso em: 20 set.

KUBITSCHEK, C. A. Failure of the Hague Abduction Convention to Address Domestic Violence and its Consequences. **Journal of Comparative Law**, v. 9, n. 1, 2014.

LESH, E. Jurisdiction friction and the frustration of the Hague Convention: why international child abduction cases should be heard exclusively by federal courts. **Family Court Review**, v. 49, n. 1, p. 170–189, 2011.

LOWE, N.; STEPHENS, V. **Global report**: Statistical study of applications made in 2021 under the 1980 Child Abduction Convention. Prel. Doc. No. 19A. HCCH, 2023. Disponível em: https://assets.hcch.net/docs/bf685eaa-91f2-412a-bb19-e-39f80df262a.pdf. Acesso em: 20 set. 2024.

OLIVEIRA, R. P.; WILLIAMS, L. C. de A. Estudos documentais sobre alienação parental: uma revisão sistemática. **Psicologia**: Ciência e Profissão, Brasília, v. 41, 2021.

ONU. Declaration of the Rights of the Child, adotada na 841ª reunião da Assembleia Geral das Nações Unidas, de 20 de novembro de 1959. Disponível em: https://digitallibrary.un.org/record/195831?ln=en&v=pdf. Acesso em: 20 set. 2024.

PORTUGAL. Convenção sobre os aspetos civis do rapto internacional de crianças, de 25 de outubro de 1980. Guia de Boas Práticas, Parte VI, Artigo 13.º, n.º 1, alínea b. Outubro de 2020. Tradução elaborada pela Direção-Geral da Política de Justiça do Ministério da Justiça de Portugal. Disponível em: https://assets.hcch.net/docs/5e20988c-aaa4-405b-bfbf-68e95ad3992f.pdf. Acesso em: 20 set. 2024.

REIS, D. M.; PRATA, L. C. G.; PARRA, C. R. O impacto da violência intrafamiliar no desenvolvimento psíquico infantil. **Psicologia.pt**, 2018.

SANI, A. I. Vitimação indirecta de crianças em contexto familiar. **Análise Social**, v. 41, n. 180, 2006.

SILVA-CHÁVEZ, L. M. Delimitación del concepto del interés superior del niño, establecido en el artículo 3 de la Convención sobre los Derechos del Niño, para la resolución de casos de sustracción internacional de niños y adolescentes. **Ius et Praxis**, n. 43, 2012.

SOBAL, B. B. Parental alienation syndrome and international child abduction: a multigenerational syndrome. *In*: SLOVENKO, R. (org.). **The international handbook of parental alienation syndrome**: conceptual, clinical and legal considerations. Springfield: C. C. Thomas, 2006, p. 433–438.

UNIÃO EUROPEIA. Regulamento (UE) 2019/1111 do Conselho, de 25 de junho de 2019, relativo à competência, ao reconhecimento e à execução de decisões em matéria matrimonial e em matéria parental e ao rapto internacional de crianças. Jornal Oficial da União Europeia, 2019. Disponível em: https://eur-lex.europa.eu/legal-content/PT/TXT/HTML/?uri=CELEX:32019R1111. Acesso em: 20 set. 2024.

WEINER, M. H. International Child Abduction and the Escape from Domestic Violence. **Fordham Law Review**, v. 69, n. 2, 2000.

ZAGANELLI, M. V. Alienação parental internacional: a mediação transfronteiriça como mecanismo adequado para salvaguardar os direitos dos filhos. **Revista da AGU**, v. 20, n. 1, 2021.

INTERVENÇÕES PSICOSSOCIAIS PREVENTIVAS CONTRA SITUAÇÕES DE DESPROTEÇÃO AMPLIFICADAS POR DINÂMICAS FAMILIARES DISFUNCIONAIS TIDAS COMO "ALIENAÇÃO PARENTAL"

Mariana Martins Juras
Acileide Cristiane Fernandes Coelho

RESUMO: o capítulo explora intervenções psicossociais grupais com foco na prevenção de desproteções amplificadas por dinâmicas familiares disfuncionais, particularmente no contexto de alegações de alienação parental e separações conjugais. As intervenções são categorizadas em três níveis: universal, seletiva e indicada, abrangendo ações em escolas, unidades de saúde e serviços sociais. Exemplos incluem oficinas de parentalidade e grupos reflexivos, que promovem o diálogo e a escuta empática entre pais em litígio. O texto destaca a importância de um olhar crítico sobre políticas públicas, especialmente em relação a conteúdos que podem reforçar conceitos problemáticos, como a alienação parental. Intervenções práticas são apresentadas por meio de relatos de experiências em diferentes contextos, enfatizando a necessidade de criar espaços seguros para famílias, visando ao fortalecimento dos vínculos e ao bem-estar das crianças.

Palavras-chave: Intervenções Psicossociais; Prevenção; Alienação Parental; Dinâmicas Familiares; Litígios Conjugais.

INTRODUÇÃO

Comecemos este capítulo pensando no caso de Pedro, 52 anos, e Lia, 45, separados há três anos. Durante os doze anos em que viveram juntos, tiveram dois filhos: Bruno, cinco anos, e André, nove. Antes da separação, o casal já vivenciava vários conflitos marcados por desproteções ligadas a violências verbais e microviolências cotidianas marcadas por questões de gênero e sobrecarga de Lia, a qual tinha os trabalhos domésticos e de cuidado com as crianças invisibilizados por Pedro. A rede de apoio familiar próxima das crianças era reduzida: uma avó paterna, dois tios paternos e uma tia materna, sendo que a maioria da família materna vivia no em um estado do Nordeste brasileiro. Após a separação, os filhos residiam com a genitora e passavam o fim de semana com o genitor. No primeiro ano, os conflitos foram amplificados, e Pedro buscou o Conselho Tutelar, acusando Lia de bater no filho de cinco anos, tendo relatado ainda que os filhos preferiam ficar com ele, e alegou que Lia "jogava as crianças contra ele". Por sua vez, Lia ressaltava as violências domésticas perpetradas pelo ex-companheiro, especialmente as verbais e psicológicas, além de ameaças e falsas acusações. Após várias denúncias e conflitos, iniciou-se uma ação judicial em razão das denúncias mútuas de violência psicológica e física contra Bruno e André, havendo menção, por parte do pai, de que a mãe estaria praticando alienação parental. Esse caso foi encaminhado para um estudo psicossocial diante das desproteções relacionais em razão dos conflitos e acusações. Ao ser escutado, Bruno (cinco anos) sinalizou, por várias vezes, o afeto com a genitora, mas relatou o desejo do pai de que ele e o irmão residissem com ele. Já André (nove anos) verbalizou os conflitos, deixando claro o sofrimento diante da situação e as dúvidas geradas sobre ir morar com o genitor. Em sua narrativa, André também mencionou o sofrimento da mãe e sua preocupação quanto às brigas que acabam envolvendo ele e o irmão.

O caso em tela exemplifica dinâmicas familiares disfuncionais que são comuns no contexto de pós-separação e que estruturam os litígios coparentais, especialmente os litigiosos (Mendes; Ormerod, 2023). Essas dinâmicas nada mais são do que padrões de interação familiar que deixaram de ser adaptativos, prejudicando o bem-estar e o desenvolvimento dos membros da família (Barbosa; Mendes; Juras, 2021). Elas se caracterizam por promover dependência em vez de autonomia, comunicação confusa em vez de assertiva, angústia em vez de satisfação, distanciamento em vez de pertencimento, e adoecimento em vez de saúde. Em resumo, são interações que não atendem mais às necessidades da família, gerando conflitos e disfunções internas (Barbosa; Mendes; Juras, 2021).

Com base nisso, quais tipos de ações comunitárias e protetivas poderiam ter sido oferecidas a família de Pedro, Lia, Bruno e André no primeiro ano pós-separação, antes que o caso chegasse à esfera judiciária e de forma beligerante? O que poderia ter sido feito para que os conflitos não chegassem aos órgãos de defesa de direito, como o Conselho Tutelar? Que tipos de encaminhamentos poderiam ter sido feitos, depois do estudo psicossocial, para melhorar a comunicação coparental e, assim, aumentar a proteção das crianças envolvidas? Esse caso, como tantos outros, exemplifica como as relações familiares envolvem processos complexos e, por vezes, contraditórios, os quais podem resultar em situações de desproteção para crianças e adolescentes (Barbosa; Mendes; Juras, 2021).

Conflitos podem surgir na divisão de responsabilidades de cuidado, assim como nas fronteiras difusas no caso de dificuldade de distinção entre conjugalidade e parentalidade, especialmente em casos de mães e pais com processos desadaptativos e disfuncionais frente ao divórcio, o que pode gerar alegações de "alienação parental" (Maciel; Mendes; Barbosa, 2021; Mendes; Bucher-Maluschke, 2017). Diante dessa complexidade, é necessário um olhar sistêmico para compreender as questões macrossociais e cotidianas que impactam os processos sociorrelacionais. Assim, é necessário buscar ações preventivas para evitar a ocorrência e, especialmente, a cronificação de situações de desproteção e promover convivências seguras, visando aos melhores interesses de crianças e adolescentes, além de melhorar a qualidade das relações e da coparentalidade.

Este capítulo tem como objetivo discutir possibilidades de intervenções psicossociais nos diferentes níveis de prevenção (universal, seletiva e indicada) e em diversos contextos (jurídico, clínico e nas políticas públicas ofertadas no contexto comunitário para garantia de direitos) contra situações de desproteção amplificadas por litígios familiares com alegações de alienação parental. Ao longo do texto, retomaremos o caso da família de Pedro e Lia e discutiremos o oferecimento de espaços capazes de proporcionar convivências protetivas e preventivas, como em intervenções psicossociais grupais com famílias separadas nos contextos jurídico e comunitário. Com este capítulo, esperamos visibilizar ações coletivas em uma perspectiva preventiva, oferecendo espaços de escuta e acolhimento em diversos contextos para famílias com filhos que possam vivenciar a fase do divórcio/separação e para aquelas que sofrem desproteções relacionais que afetam crianças e adolescentes após a separação conjugal.

Nesse sentido, ofereceremos algumas estratégias para ações da rede de proteção, dialogando com os demais capítulos que abordam os desafios de atuação da rede nos casos de litígios parentais e possíveis alegações de "alienação parental" — **vide Capítulos 6 e 7**. Além disso, mediante uma perspectiva crítica, possibilitaremos breves reflexões sobre a importância de compreendermos as questões sistêmicas da dinâmica familiar e os aspectos macro e microssociais por meio do trabalho coletivo com famílias e indivíduos, abordando questões que envolvem as alegações de alienação parental.

1. COMPREENSÃO SISTÊMICA, BIOECOLÓGICA, COMPLEXA E PREVENTIVA DAS SITUAÇÕES DE DESPROTEÇÃO AMPLIFICADAS POR LITÍGIOS COPARENTAIS

É importante situar os leitores acerca das perspectivas teóricas que norteiam as reflexões presentes neste capítulo, bem como definir os principais conceitos utilizados. Teoricamente, compreendemos as relações familiares a partir de um olhar sistêmico (Esteves de Vasconcelos, 2020), bioecológico (Bronfenbrenner, 1994; Mendes; Lordello; Ormerod, 2020) e da complexidade (Morin, 2015). Na abordagem sistêmica, destacam-se três dimensões importantes que norteiam a atuação profissional: 1) a prática/intervenção, que enfatizamos neste capítulo; 2) a teoria que fundamenta a prática/intervenção; e 3) as bases epistemológicas enquanto conjunto de pressupostos que sustentam a teoria e a prática, e organizam uma visão de mundo sistêmica (Esteves de Vasconcellos, 2020).

A Teoria Bioecológica considera o desenvolvimento humano em interação com o sistema bioecológico e seus subsistemas: macrossistema (sistema cultural e social), mesossistema (sistema comunitário), microssistema (onde as pessoas se relacionam mais direta ou proximalmente, como no sistema familiar), exossistema (microssistemas, dos quais o indivíduo não participa diretamente, mas o influenciam de alguma forma), e cronossistema (sistema temporal, em que se incluem a história dos sistemas e os ciclos recursivos de desenvolvimento) (Bronfenbrenner, 1994).[76] Os termos micro e macro/sócio serão respectivamente utilizados neste capítulo para caracterizar os processos próximos ao indivíduo (como no relacionamento parental e familiar) e os processos distais ao indivíduo (como nas normas culturais e sociais que influenciam os relacionamentos).

A epistemologia sistêmica, na perspectiva novo-paradigmática da Ciência, incentiva o pensamento complexo, processual (processos dinâmicos) e relacional (Esteves de Vasconcellos, 2020). Nesse sentido, abordamos os processos sociorrelacionais, no que se refere às dinâmicas que ocorrem nas interações entre indivíduos e grupos, influenciadas mutuamente por trocas e vínculos estabelecidos no contexto social mais amplo (ou seja, no macrossistema), e

---

76   A Teoria Bioecológica também considera as dimensões do "Processo", "Pessoa" e "Tempo" para poder compreender o processo desenvolvimental de um indivíduo. Em suma, a dimensão do "Processo" refere-se aos processos proximais, que são interações contínuas e complexas entre o indivíduo e o ambiente, fundamentais para o desenvolvimento. A dimensão da "Pessoa" considera o indivíduo como um agente ativo no desenvolvimento, com características biopsicológicas que influenciam e são influenciadas pelos processos proximais. Já a dimensão do "Tempo" envolve o cronossistema, que analisa as mudanças e permanências ao longo do ciclo vital em três níveis: microtempo (interações imediatas), mesotempo (frequência dessas interações) e macrotempo (mudanças históricas e geracionais) — para mais detalhes, vide Mendes, Lordello e Ormerod (2020).

na construção de conhecimento em espaços de intersubjetividade (Esteves de Vasconcellos, 2020). Portanto, ao pensarmos sobre as intervenções nos processos sociorrelacionais, abordamos a ordem dos "sistemas sociais humanos nos quais os indivíduos — conversando sobre suas próprias relações — constroem e reconstroem recursivamente suas próprias formas de interação" (Esteves de Vasconcellos, 2020, p. 25).

O enfoque nos processos sociorrelacionais nos traz para um campo de análise das convivências cotidianas permeadas por questões macrossociais, que podem ampliar desproteções, sobretudo quando consideramos as interseccionalidades de raça, gênero e classe social (Gonzales, 1984). Nesse macrossistema, percebemos, nos últimos tempos, acirramentos de conflitos e ampliação de forças conservadoras que, muitas vezes, desconsideram a diversidade dos arranjos familiares, ressaltando modelos que trazem um ideal de família (Oliveira, 2022). Além disso, verificamos, nesse contexto, a ampliação da judicialização das dinâmicas relacionais familiares sem que essas famílias encontrem um lócus de apoio, acolhida e intervenção protetiva nos territórios em que vivem. Quanto às microrrelações, verificamos dinâmicas complexas envolvendo questões transgeracionais, relações de poder e contradições entre proteção e desproteção nas relações primárias de cuidado que podem oferecer mais riscos do que proteção às crianças e aos adolescentes (Mendes; Lordello; Ormerod, 2020; Mioto, 2020).

Em razão disso, ao pensarmos em intervenções psicossociais, adotamos um olhar da complexidade (Morin, 2015), privilegiando ações direcionadas a uma pluralidade de análises e possibilidades. Destacamos a dinâmica dos processos sociorrelacionais que ocorrem nas microrrelações cotidianas, familiares e comunitárias em um território e em determinados contextos, mediada, simultaneamente, por questões macrossociais e globais. Essa lógica da complexidade e do olhar sistêmico para a convivência social e seu ambiente nos convida a pensar em intervenções com diversos atores e suas redes de inter-relações significativas, bem como nos diversos contextos. Ao abordarmos a perspectiva psicossocial na atenção à saúde, às questões sociais e ao sofrimento psíquico, enfatizamos a dimensão sociocultural e aspectos que envolvem a articulação em rede, as dinâmicas sociocomunitárias, a noção de cidadania, diversidade de experiências trazidas pelos sujeitos em seus territórios de vivência e o foco interventivo para a garantia de direitos (Schneider, 2015; Costa-Rosa; Luzio; Yasui, 2003).

Assim, ao analisar o caso da família de Lia e Pedro, abordado no início deste capítulo, as intervenções com foco na prevenção a situações de desproteção relacional e/ou litígio parental e na promoção de relações seguras e protetivas poderiam envolver as crianças, os pais e/ou toda a família. Além disso, ações tanto de prevenção quanto de promoção poderiam acontecer em diferentes contextos. Por exemplo, como forma de proteção para mitigar situações de conflito, poderíamos realizar intervenções preventivas na comunidade, nos serviços de saúde, de assistência social e de educação, bem como no contexto clínico ou no âmbito do judiciário.

As ações de prevenção podem ser universais, seletivas e indicadas (Weiz et al., 2005). A prevenção universal pode ser oferecida a toda a população, sendo uma das formas mais abrangentes de intervenção preventiva e não avaliando a especificidade do grau individual de risco. A prevenção seletiva é voltada a indivíduos e/ou famílias expostas a determinados riscos, estando mais vulneráveis a determinadas situações. Já a prevenção indicada envolve um público que já esteja vivenciando ou tenha vivenciado alguma situação de risco ou desproteção no âmbito psicossocial. Essas dimensões trazem uma perspectiva integrativa na medida em que é possível pensar na prevenção, na promoção de saúde e proteção, bem como em intervenções para redução de riscos, enfrentamento de adversidades e ampliação de fatores protetivos (Abreu et al., 2015).

Dentro da perspectiva sistêmica, encontramos diversas teorias para compreender o microssistema familiar, como é o caso da Teoria Estrutural (Minuchin et al., 2008), que divide o sistema familiar em diversos subsistemas, entre eles: o conjugal, o parental, o filial e o fraternal. Para se desenvolver adequadamente, cada membro do subsistema deve realizar suas devidas funções e se diferenciar dos demais subsistemas de maneira fluida e equilibrada, nem rigidamente nem de forma emaranhada.[77] Quando se tem filhos e um divórcio ocorre, é fundamental que o ex-casal diferencie funções e experiências afetivo-emocionais da conjugalidade (relacionadas ao papel de parceiros amorosos) daquelas da coparentalidade (relacionadas ao exercício conjunto e colaborativo de cuidado, proteção e desenvolvimento dos filhos). Dessa forma, o sistema familiar divorciado consegue, mais adequadamente, atingir um novo equilíbrio favorável ao desenvolvimento de seus membros, especialmente crianças e adolescentes em desenvolvimento (Juras; Costa, 2011a). No caso de Pedro e Lia, é importante pensar em intervenções preventivas nos diversos níveis (universal, seletivo e indicado) para auxiliá-los no fortalecimento da coparentalidade, o que discutiremos a seguir.

---

[77] Em função da usurpação do "código linguístico" da "Perspectiva Sistêmica", por parte de pseudociências, faz-se necessário informar que o conceito de "emaranhamento" (assim como quaisquer outros conceitos da Teoria Sistêmica) nada tem a ver com a pseudociência das "Constelações Familiares" — vide: Mendes, França e Guagliariello (no prelo).

2. INTERVENÇÕES PSICOSSOCIAIS E NÍVEIS DE PREVENÇÃO EM SITUAÇÕES DE DESPROTEÇÃO AMPLIFICADAS POR LITÍGIOS PARENTAIS

O número de divórcios aumentou significativamente nas últimas décadas no Brasil e no mundo. Se considerarmos as taxas de casamentos e divórcios divulgadas pelo Registro Civil (IBGE, 2022), podemos considerar que, em 2022, para cada 5 pessoas que se casam, 2 se divorciam. A maioria dos divórcios e separações conjugais (cerca de 66%) são consensuais na medida em que os genitores conseguem, minimamente, dialogar e definir acordos legais visando aos melhores interesses das crianças e dos adolescentes (Ahrons, 1994; IBGE, 2022). Ainda que não se tornem "melhores amigos" após a separação conjugal, eles também não se tornam "inimigos ferozes" (categorias de relacionamento coparental após o divórcio propostas por Ahrons, 1994), demonstrando que possuem micro e macrorrecursos para lidar com a crise familiar que o divórcio proporciona (Mendes; Bucher-Maluschke, 2017). Entretanto, ainda que em minoria, cerca de 33% dos ex-casais enfrentam separações não consensuais na justiça, com potencial de desenvolver divórcios litigiosos e destrutivos, que se estendem por anos, escalando a beligerância parental e envolvendo crianças, adolescentes, familiares e diversos profissionais no conflito (Juras; Costa, 2011b; Mendes; Ormerod, 2023).

Para tanto, é necessário ofertar diversas intervenções às famílias em processo de divórcio, com o objetivo de disponibilizar recursos de apoio durante esse período de crise familiar. Intervenções psicossociais preventivas — universais, seletivas e indicadas — têm o potencial de ajudar a família a encontrar um novo equilíbrio (homeostase) que seja protetivo, além de reverter trajetórias beligerantes que comprometem o desenvolvimento de todos os seus membros, especialmente de crianças e adolescentes. A Figura 1 apresenta um panorama das possíveis intervenções psicossociais, de acordo com o tipo de prevenção, os participantes e os contextos envolvidos.

Figura 1. Níveis de intervenção, de prevenção e exemplos de intervenções

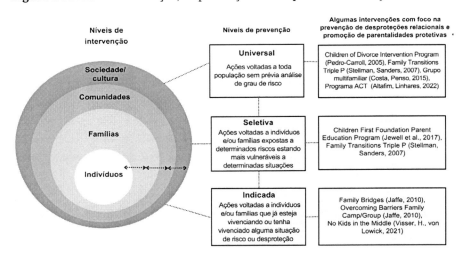

Fonte: as autoras

Intervenções de prevenção universal, oferecidas a toda a população, podem acontecer nas escolas, nas unidades de proteção básica de assistência social, nas Unidades Básicas de Saúde (UBS), e em diversos espaços da comunidade que abordam, para um público geral, temas ligados à fase de separação/divórcio e aspectos da coparentalidade. Esses tipos de intervenções podem incluir campanhas, materiais instrutivos e oficinas.

Como exemplos de iniciativas no contexto judiciário de prevenção universal, encontram-se a Oficina de Pais e Mães, proposta e mantida pelo CNJ — contudo, assim como a maioria das Políticas Judiciárias no Brasil, essa ferramenta não teve a sua eficácia e segurança testadas antes da implementação;[78] além de reforçar os pressupostos de alienação parental. Destaca-se também o podcast "Falando de Famílias", promovido pelo setor Psicossocial (CEJUSC-Famílias), o qual assessora as Varas de Família do Tribunal de Justiça do Amazonas (TJAM). O podcast foi desenvolvido como estratégia de apoio às famílias diante da pandemia de covid-19, trazendo temas relacionados ao Direito de Família, Psicologia e Serviço Social (Firmo *et al.*, 2023). Portanto, podemos elencar exemplos de episódios desse podcast, os quais poderiam auxiliar Lia e Pedro na ressignificação de suas legítimas dúvidas e interesses pelo bem-estar dos filhos: "Por que meu filho não

---

[78] Vide Mendes, França e Guagliariello (no prelo) para discussões sobre práticas de "Inovação Irresponsável" no Judiciário.

gosta de ir pra minha casa?"; "Dois lares, uma família", "Alienação parental", entre outros. A Figura 1 traz algumas intervenções que podem ser universais tais como: o Grupo Multifamiliar (Costa; Penso, 2015), no qual é possível trabalhar temas de interesse do público atendido com as crianças/adolescentes e famílias; o programa psicoeducacional *Adults and Children Together* (ACT),[79] o qual tem foco na prevenção da violência, trabalhando com o fortalecimento de ambientes seguros (Altafim; Linhares, 2022), o *Family Transitions Triple P*[80] (Stellman; Sanders, 2007) e o *Children of Divorce Intervention Program*[81] (Pedro-Carroll, 2005) para famílias que estão vivenciando contexto de separação conjugal, entre outros que abordam as questões relacionais da dinâmica familiar.

Nesse contexto, as intervenções de prevenção seletiva podem ocorrer em serviços voltados para famílias ou indivíduos com filhos que já passaram, ou estão passando, por um processo de separação ou divórcio, ou ainda para aqueles que enfrentam conflitos na divisão de responsabilidades entre os cuidadores de crianças e adolescentes. As ações preventivas podem ser realizadas por meio de atendimentos individuais ou em grupos, com foco na parentalidade e coparentalidade, na melhoria das relações familiares, no fortalecimento dos vínculos e na ampliação do papel protetivo da família. São exemplos de intervenções/programas: *Children First Foundation Parent Education Program*[82] (Jewell *et al.*, 2017) e *Family Transitions Triple P* (Stellman; Sanders, 2007), voltados para famílias em contexto de divórcio focados na prevenção de situações de possíveis conflitos interparentais.

Finalmente, como prevenção indicada, destacam-se os serviços psicossociais oferecidos de maneira individual, familiar ou grupal a famílias que vivenciaram ou se encontram em litígio com potencial destrutivo, bem como alegações de alienação parental. Alguns programas são voltados para famílias que enfrentam situações de litígio interparental sendo importante para uma prevenção indicada, como mostra a Figura 1, o *Family Bridges* (Jaffe, 2010), *Overcoming Barriers Family Camp/Group* (Jaffe, 2010) e *No Kids in the Middle*[83] (Visser; Von Lowick, 2021), que abordam as situações de divórcio de alto conflito.

No caso da família de Lia e Pedro, os profissionais que atuam no contexto psicossocial do sistema judiciário poderiam indicar o encaminhamento dessa família divorciada para intervenções grupais a fim de proporcionar um espaço de fala e de escuta para seus conflitos familiares, bem como ampliar suas potências e

---

79 Tradução livre: Adultos e Crianças Juntos.
80 Tradução livre: Transições Familiares Triplo P.
81 Tradução livre: Programa de Intervenção para os Filhos do Divórcio.
82 Tradução livre: Programa de Educação Parental "Filhos Primeiro".
83 Tradução livre: Nenhuma Criança no Meio [do conflito coparental].

recursos. Ressalta-se que, no âmbito interventivo, é crucial considerar a complexidade de situações que envolvem denúncias de violência doméstica, como ocorre no caso em tela. Assim, é importante identificar serviços que atuem na prevenção de contextos de violência intrafamiliar e que ofereçam atendimento especializado para crianças, adolescentes e a família, criando espaços seguros de participação.

Neste capítulo, enfatizamos o trabalho com grupos psicossociais, uma vez que esse método pode ser utilizado de maneira transversal, abarcando os três níveis de prevenção: universal, seletiva e indicada. O trabalho grupal pode ser realizado com crianças, adolescentes, pais/mães/responsáveis ou em um formato multifamiliar, envolvendo todos os membros da família. A seguir, abordaremos com mais detalhes as intervenções psicossociais grupais em diferentes contextos (comunitário, clínico e jurídico) e discutiremos possibilidades de acompanhamento protetivo para famílias que enfrentam alegações de alienação parental e violência doméstica.

3. INTERVENÇÕES PSICOSSOCIAIS GRUPAIS COM FOCO NA AMPLIAÇÃO DE PARENTALIDADES PROTETIVAS

Para construir intervenções coletivas, alguns aspectos são relevantes considerando os diferentes sistemas de atuação, os participantes e as questões contextuais, os quais visam à promoção do bem-estar social (Murta; Santos, 2015): 1) levantar um quadro de evidências e necessidades; 2) estudar o contexto de implementação das ações grupais; 3) construir estratégias para realização do trabalho com grupos; 4) realizar e avaliar os encontros grupais. Essa lógica de construção também segue os aspectos destacados na perspectiva sistêmica no sentido de abordarmos a perspectiva teórica, prática/interventiva e epistemológica, além de pensarmos metodologias sistêmicas ou orientadas para uma leitura sistêmica (Esteves de Vasconcellos, 2020).

A partir da nossa experiência com o tema, apresentaremos a seguir breves relatos de intervenções psicossociais grupais realizadas no contexto comunitário (em serviços ligados às políticas de saúde e assistência social), no contexto jurídico (em Tribunais, Promotorias e Defensorias Públicas) e no contexto clínico (geralmente em clínicas-escolas universitárias).

3.1 Intervenções grupais no contexto comunitário e nas políticas sociais

As intervenções comunitárias podem ocorrer nos serviços ofertados nos territórios onde há políticas públicas voltadas à garantia de direitos. Elas podem ter foco na prevenção universal, seletiva e indicada, dependendo dos objetivos dos serviços, das intervenções oferecidas e da demanda das famílias e indivíduos presentes nas comunidades. No âmbito das políticas de Saúde e de Assistência Social, por exemplo, podemos encontrar serviços e programas destinados a famílias e indivíduos que enfrentam desproteções decorrentes de litígios coparentais e situações de violência contra crianças e adolescentes e suas famílias. Além disso, há serviços que atuam na prevenção universal, promovendo espaços de convivência protetiva por meio da oferta de atendimentos e de grupos com temas relacionados à parentalidade positiva, à qualidade das relações e ao fortalecimento de vínculos familiares e comunitários. A seguir, apresentamos exemplos de intervenções grupais nos sistemas de Saúde e Assistência Social para prevenção a situações de desproteção e promoção de convivências protetivas.

O Sistema Único de Saúde (SUS) oferece serviços de atenção básica com foco na prevenção universal. Isso inclui grupos que discutem temas gerais voltados para a qualidade das relações e aspectos da saúde, além de grupos para gestantes que abordam questões da parentalidade (Sangioni *et al.*, 2020). Há, ainda, programas especializados voltados para atender crianças, adolescentes e famílias que vivenciam situações de violência, atendendo, portanto, a uma prevenção indicada. No Distrito Federal (DF), temos, por exemplo, os Centros de Especialidade para a Atenção às Pessoas em Situação de Violência (CEPAVs) (Carvalho, *et al.*, 2024), que atendem as famílias que buscam o serviço e recebem encaminhamentos da rede de proteção, inclusive de situações advindas do atendimento psicossocial no contexto judiciário, indicando a necessidade de atendimento de crianças e adolescentes e suas famílias devido a situações de violência, muitas vezes com históricos de litígio coparental e dinâmicas familiares disfuncionais. Nesse serviço, crianças, adolescentes e responsáveis podem participar de intervenções grupais.

Nesse diapasão, serviços executados em unidades do Sistema Único de Assistência Social (SUAS) podem ofertar atendimentos e grupos psicossociais para o trabalho com a segurança de convívio, cujo foco é a promoção do fortalecimento de vínculos familiares e comunitários, a convivência protetiva, bem como a prevenção de situações de desproteção relacionais, tais como conflitos, isolamento, apartação, preconceito e violências (Torres, 2022). Assim, grupos com foco na segurança de convívio, em uma perspectiva parental e/ou multifamiliar, podem ser desenvolvidos no Centro de Referência de Assistência Social (CRAS), o qual trabalha na prevenção de situações de risco mediante o Serviço de Proteção e Atendimento Integral à Família (PAIF), podendo ofertar ações de convivência e de fortalecimento de vínculos. Já na proteção de média complexidade, no Centro de Referência Especializado de Assistência Social (CREAS), por meio do Serviço de Atendimento Especializado a Famílias e Indivíduos (PAEFI), as intervenções se dedicam ao acompanhamento de famílias e indivíduos que sofrem ou sofreram situações de violação de direito e/ou violência, portanto, trabalhando em uma perspectiva de prevenção indicada.

Para melhor ilustrar tais ações, trazemos a experiência da segunda autora, que, ao longo de dezesseis anos em Unidades do SUAS, tem realizado grupos com foco na segurança de convívio. Destaca-se, assim, sua atuação com um grupo chamado "ConViver", que vem sendo desenvolvido nos últimos três anos, de forma compartilhada, com profissionais de unidades do CRAS e CREAS no Distrito Federal. O objetivo é prevenir desproteções relacionais e promover convivências protetivas (Coelho, 2024). Participam desses grupos famílias encaminhadas por diversos órgãos da rede (Conselho Tutelar, Ministério Público, Tribunal de Justiça, Saúde), além daquelas já atendidas ou acompanhadas pela Política de Assistência Social. Esse trabalho é desenvolvido por meio de sete encontros com foco parental, dos quais participam mães, pais, avós e responsáveis, e, posteriormente, cinco encontros multifamiliares com a participação de crianças, adolescentes e suas famílias. Alguns dos temas trabalhados são: etapas do ciclo de vida, processos sociorrelacionais (convivência, comunicação, estratégias para lidar com conflitos, qualidade das relações), vínculos e rede de apoio familiar, direitos, proteção e desproteção relacional, sobrecarga do cuidar, coparentalidade, entre outros. O grupo tem caráter universal, podendo participar tanto famílias que não vivenciaram situações de litígio interparental quanto aquelas que vivenciam.

Nesse contexto grupal da assistência social, exemplificamos o trabalho com famílias encaminhadas pelo judiciário, que enfrentam tanto alegações de alienação parental quanto registros de violência doméstica contra crianças e mulheres. Dada a complexidade dessas situações, o CREAS ofereceu, em um caso envolvendo genitores e uma criança, grupos em horários e dias distintos para os genitores, atendimento individual para a criança e encaminhamento ao CEPAV para acompanhamento especializado na área da saúde. Avaliou-se a necessidade de ampliar a proteção, considerando o alto nível de litígio, a medida protetiva solicitada pela mãe e a possibilidade de fortalecer vínculos comunitários e com os serviços, com o objetivo de expandir a rede de proteção. É importante destacar que não há um caminho único para lidar com esses casos. Assim, é necessário adotar uma abordagem crítica e abrangente, visando sempre à ampliação de proteções.

Ao considerar as possibilidades de ações comunitárias, por meio dos serviços disponíveis no território de vivência das famílias, compreendemos que a família de Lia e Pedro poderiam ter participado dos grupos oferecidos pelas unidades de assistência social, por meio de encaminhamento da rede ou verificando a oferta de grupos com foco na segurança de convívio e no fortalecimento de vínculos. Os filhos também poderiam participar de grupos ligados ao Serviço de Convivência e Fortalecimento de Vínculos (SCFV) a partir do atendimento do CRAS. Após passar pelo atendimento psicossocial, Lia e Pedro poderiam ser encaminhados para acompanhamento pelo CREAS e participar de grupos com foco na convivência protetiva e na proteção das crianças. Além disso, em razão de denúncias de violência e da necessidade de acompanhamento psicossocial na saúde, o CEPAV poderia também atender as crianças.

3.2 Intervenções grupais no contexto jurídico

No contexto jurídico, as intervenções têm como foco a avaliação psicossocial e o encaminhamento para a rede de serviços voltados às ações de proteção e garantia de direitos. Assim, os trabalhos de intervenção grupal ocorrem, muitas vezes, em articulação com o judiciário, como demonstram Silva et al. (2018), ao apresentarem um trabalho de prevenção indicada denominado *grupos reflexivos para pais*. Esses grupos são conduzidos por professores e estudantes universitários, em parceria com o Ministério Público de Minas Gerais, que acompanham casos nas Varas de Família. São realizados quatro encontros com pais e mães divorciados em situação de litígio coparental, com o objetivo de promover o diálogo e a escuta empática entre integrantes de diferentes famílias, abordando temas sobre a relação conjugal e separação, desafios da divisão entre conjugalidade e parentalidade e exercício da parentalidade após o divórcio. As principais diferenças entre essas intervenções referem-se ao nível preventivo — indicado e não seletivo — e ao caráter reflexivo, em vez de psicoeducativo, desse último. No caso da família de Lia e Pedro, eles poderiam ter sido encaminhados pelo setor psicossocial que realizou a avaliação, a partir da indicação da Promotoria ou da Vara que acompanha seu processo judicial. Esses grupos reflexivos poderiam oferecer um espaço protetivo e empático, possibilitando que Lia e Pedro escutassem e dialogassem com outras famílias em situações semelhantes, ampliando as opções de soluções protetivas para o exercício da coparentalidade com os filhos.

É importante ressaltar a Recomendação n.º 50/2014 do Conselho Nacional de Justiça (CNJ), que promoveu as Oficinas de Parentalidade como política pública para a resolução e prevenção seletiva de conflitos familiares nos Tribunais de Justiça do Brasil. Essas oficinas, geralmente oferecidas de forma grupal e contínua, têm caráter psicoeducacional, sendo destinadas a pais e filhos em processo de divórcio, abordando os efeitos desse momento de crise familiar para todos os membros e como lidar de forma saudável durante esse processo (Silva et al., 2015). Embora o objetivo legítimo desse fomento seja reduzir os litígios entre pais e mães divorciados no sistema judiciário, é essencial adotar uma postura crítica em relação ao conteúdo oferecido nessas oficinas, especialmente quanto ao conceito de alienação parental, cuja abordagem acrítica pode agravar o conflito parental. Além disso, é crucial desenvolver instrumentos de avaliação que avaliem a eficácia dessas oficinas no cumprimento de seu propósito de normalizar o processo de divórcio, promovendo reflexões, atitudes e comportamentos protetivos em relação aos filhos e ao ex-cônjuge (Silva et al., 2020; Costa et al., 2020).

3.3 Intervenções grupais terapêuticas no contexto clínico

Como informado, é comum a formação de parcerias entre órgãos do sistema judiciário (Tribunais de Justiça, Ministério Público e Defensoria Pública) e serviços clínicos, especialmente por meio dos serviços-escola de psicologia das universidades. Nessas intervenções, o foco geralmente recai sobre o direito à convivência familiar, sem a exigência de elaboração de documentos psicológicos (Silva et al., 2018), que são característicos do contexto jurídico.

Nesse sentido, a primeira autora deste capítulo desenvolveu um trabalho grupal composto por sete encontros com pais e mães separados e de baixa renda, em um contexto clínico, com encaminhamentos realizados pelas Defensorias Públicas do Distrito Federal (Juras; Costa, 2018). No âmbito da prevenção seletiva, o objetivo foi promover o divórcio construtivo, através de intervenções voltadas à distinção entre conjugalidade e parentalidade, comunicação, influências transgeracionais e fortalecimento das redes sociais dos participantes. Embora o ambiente grupal possa inicialmente gerar insegurança nas trocas de experiências entre pessoas desconhecidas, a criação de vínculos no grupo oferece um espaço valioso de fala e escuta, especialmente para questões relacionadas ao divórcio envolvendo filhos pequenos (Juras; Costa, 2018).

Lazarini Fazolino et al. (2023) desenvolveram grupo psicoterapêutico com crianças de pais em processo de divórcio. Havia doze encontros semanais com atividades lúdico-terapêuticas. Essa intervenção teve como finalidade a prevenção indicada para crianças que passaram pelas Oficinas de Parentalidade do CNJ e demonstraram necessidade de continuidade de atendimento. Caso Bruno e André participassem desse grupo, poderiam ampliar sua compreensão acerca de famílias divorciadas e diminuir seu envolvimento no conflito parental por meio da escuta e compartilhamento de crianças que vivenciam situações semelhantes.

CONSIDERAÇÕES FINAIS

A partir de uma compreensão sistêmica, ecológica e complexa, apresentamos possibilidades de intervenções psicossociais nos contextos comunitário, jurídico e clínico, com ênfase em trabalhos grupais que visem à prevenção universal, seletiva e/ou indicada de situações de desproteção amplificadas por divórcios destrutivos e alegações de alienação parental. Demonstramos com o caso prático de Pedro, Lia e seus filhos, envolvidos em diversos serviços de proteção e avaliação, caminhos potenciais e alternativas viáveis para prevenir o exacerbamento de situações de divórcio destrutivo e enrijecimento de dinâmicas familiares com alegações de alienação parental.

Nos últimos anos, especialmente após a crise mundial causada pela pandemia, houve um aumento e adaptação de diversas formas de intervenção voltadas para pais, mães e crianças, abrangendo diferentes níveis de prevenção. No âmbito das prevenções universais, destacam-se os podcasts e cursos on-line desenvolvidos pelo sistema judiciário, bem como os grupos comunitários oferecidos pela assistência social. Esses espaços permitem uma atuação abrangente, com potencial de promover convivências protetivas e informar as famílias sobre os processos comuns e esperados durante a separação conjugal. Entretanto, é fundamental um olhar crítico e cuidadoso com a proliferação de conteúdos digitais disponibilizados ao público, uma vez que podem ampliar desproteções no contexto do divórcio litigioso, especialmente diante de abordagens acríticas ao conceito de alienação parental.

Além disso, serviços no campo da saúde e da assistência social têm sido disponibilizados para prevenir e intervir em casos de situações de violência doméstica e formas de desproteções relacionais que envolvem crianças, adolescentes e suas famílias. Por fim, ressaltam-se os trabalhos grupais, desenvolvidos em parceria com o judiciário por meio dos serviços-escola de Psicologia em universidades, que podem atuar no nível de prevenção indicada, destinados a famílias em contextos de maior vulnerabilidade e litígio familiar.

Todos esses recursos, especialmente quando oferecidos de forma integrada e crítica, ampliam as possibilidades de proteção e cuidado para as famílias que enfrentam dificuldades decorrentes do processo de separação conjugal. É fundamental que tanto a família quanto os profissionais que a acompanham priorizem os direitos e o bem-estar das crianças e adolescentes envolvidos, frequentemente prejudicados pela intensificação do conflito parental, agravado pelas alegações de alienação parental.

REFERÊNCIAS

ABREU, S.; BARLETTA, J. B.; MURTA, S. G. Prevenção e promoção em saúde mental: pressupostos teóricos e marcos conceituais. *In*: MURTA, S. G., LEANDRO-FRANÇA, C.; SANTOS, K. B. dos; POLEJACK, L. (ed.). **Prevenção e promoção em saúde mental:** fundamentos, planejamento e estratégias de intervenção. Novo Hamburgo, RS: Sinopsys, 2015, p. 54–74.

AHRONS, C. R. **O Bom Divórcio:** como manter a família unida quando o casamento termina. Rio de Janeiro: Objetiva, 1995.

ALTAFIM, E. R. P.; LINHARES, M. B. M. Programa de parentalidade: da evidência científica para a implementação em escala. **Revista Brasileira de Avaliação**, Rio de Janeiro, v. 11, n. 3 spe, p. 1–11, 2022.

BARBOSA, L. de P. G.; MENDES, J. A. de A.; JURAS, M. M. Dinâmicas disfuncionais, disputa de guarda e alegações de alienação parental: uma compreensão sistêmica. **Nova Perspectiva Sistêmica**, São Paulo, v. 30, n. 69, p. 78–95, 2021.

BRONFENBRENNER, Urie *et al.* Ecological models of human development. **International encyclopedia of education**, v. 3, n. 2, p. 37–43, 1994.

CARVALHO, K. J. de M.; PERES, L. B. de S.; NUNES, C. K. B. Pesquisa bibliográfica sobre o CEPAV: programa de atendimento a pessoas em situação de violência. **Health Residencies Journal-HRJ**, v. 5, n. 24, 2024.

COELHO, A. C. F. **ConViver:** grupos de convivência protetiva para crianças, adolescentes e suas famílias. 2024. Tese (Doutorado em Psicologia Clínica e Cultura) — Universidade de Brasília, Brasília, 2024.

COSTA, L. F.; PENSO, M. A. O grupo multifamiliar como instrumento de prevenção. *In*: MURTA, S. G., LEANDRO-FRANÇA, C.; SANTOS, K. B. dos; POLEJACK, L. (ed.). **Prevenção e promoção em saúde mental:** fundamentos, planejamento e estratégias de intervenção. Novo Hamburgo, RS: Sinopsys, 2015, p. 168–191.

COSTA-ROSA, A.; LUZIO, C. A.; YASUI, S. Atenção psicossocial: rumo a um novo paradigma na saúde mental coletiva. **Archivos de Saúde Mental e Atenção Psicossocial**, v. 1, p. 13–44, 2003.

COSTA, L. M. et al. Acompanhando famílias em processo de reconfiguração: representações atribuídas pelos genitores egressos das "oficinas de parentalidade". **Revista Família, Ciclos de Vida e Saúde no Contexto Social**, v. 2, p. 711–718, 2020.

ESTEVES DE VASCONCELLOS, M. J. Usos contemporâneos do adjetivo "sistêmico". *In*: MENDES, J. A. A.; BUCHER-MALUSCHKE, J. B. N. F. **Perspectiva sistêmica e práticas em psicologia**: temas e campos de atuação. Curitiba: Editora CRV, 2020.

FIRMO, S.; SANTOS, L. G. dos; ARAUJO, A. C. D.; CABRAL, E. dos S.; THERENSE, M. Conversações jurisdicionais e psicossociais mediadas por tecnologia: o caso do podcast falando de famílias. *In*: SOARES, L. C. E. C.; OLIVEIRA, R. G. de; SOUZA, F. H. O. (org.). **Psicologia social jurídica**: resistências no sistema de (in)justiça. Curitiba: Editora CRV, 2023, p. 113–134.

GONZALEZ, L. Racismo e sexismo na cultura brasileira. **Revista Ciências Sociais Hoje**, v. 2, n. 1, p. 223–244, 1984.

IBGE. **Estatísticas do Registro Civil**, Rio de Janeiro, v. 49, p. 1–12, 2022. Disponível em: https://biblioteca.ibge.gov.br/visualizacao/periodicos/135/rc_2022_v49_informativo.pdf. Acesso em: 20 ago. 2024.

JAFFE, P. G.; ASHBOURNE, D.; MAMO, A. A. Early identification and prevention of parent-child alienation: a framework for balancing risks and benefits of intervention. **Fam. Ct. Rev.**, v. 48, p. 136, 2010.

JEWELL, J. et al. The children first program: the effectiveness of a parent education program for divorcing parents. **Journal of Divorce & Remarriage**, v. 58, n. 1, p. 16–28, 2017.

JURAS, M. M.; COSTA, L. F. Divórcio destrutivo e justiça. **Revista de Direito Privado**, v. 12, n. 45, p. 265–297, 2011b.

JURAS, M. M.; COSTA, L. F. O divórcio destrutivo na perspectiva de filhos com menos de 12 anos. **Estilos da Clínica**, v. 16, n. 1, p. 222–245, 2011a.

JURAS, M. M.; COSTA, L. F. Parenting in Low-Income Context: Assessment of a Psychosocial Group Intervention in Brazil. **Psychology & Psychological Research International Journal**, v. 3, n. 7, 000183, 2018.

LAZARINI FAZOLINO, N. E.; SILVA, L. M. da; DE OLIVEIRA TOSTA, L. R.; LOPES DA SILVA, L. D. Grupo psicoterapêutico com crianças que vivenciaram o divórcio dos pais. **Barbaquá**, [s. l.], v. 5, n. 9, p. 53–69, 2023.

MACIEL, S. A. B.; MENDES, J. A. de A.; BARBOSA, L. de P. G. Visão sistêmica sobre os pressupostos de alienação parental na prática clínica individual e familiar. **Nova Perspectiva Sistêmica**, São Paulo, v. 30, n. 69, p. 62–77, 2021. DOI: 10.38034/nps.v30i69.611.

MENDES, J. A. de A.; LORDELLO, S. R.; ORMEROD, T. Uma proposta de compreensão bioecológica do princípio dos melhores interesses da criança/adolescente nos casos de disputa de guarda. *In*: MENDES, J. A. de A.; BUCHER-MALUSCHKE, J. S. N. F. (ed.), **Perspectiva sistêmica e práticas em psicologia**: temas e campos de atuação. Curitiba: Editora CRV, 2020, p. 53–78.

MENDES, J. A. de A.; FRANÇA, M. C.; GUAGLIARIELLO, M. G. Constelações Familiares no Judiciário: uma revisão sistemática de escopo da literatura. **Revista da Faculdade de Direito da UFPR**. No prelo.

MENDES, J. A. de A.; ORMEROD, T. Uncertainty in Child Custody Cases After Parental Separation: Context and Decision-Making Process. **Trends in Psychology**, 2023.

MENDES, J. A. de A.; BUCHER-MALUSCHKE, J. S. N. F. Destructive divorce in the family life cycle and its implications: criticisms of parental alienation. **Psicologia**: Teoria e Pesquisa, Brasília, v. 33, 2017.

MINUCHIN, S.; LEE, W.-Y.; SIMON, G. M. **Dominando a terapia familiar**. Porto Alegre: Artmed Editora, 2008.

MIOTO, R. C. Família contemporânea e proteção social: notas sobre o contexto brasileiro. *In*: FÁVERO, E. T. (org.). **Famílias na cena contemporânea**: (des)proteção social, (des)igualdades e judicialização. [s. l.]: Navegando Publicações, 2020.

MORIN, E. **Introdução ao pensamento complexo**. Tradução de E. Lisboa. 5. ed. Porto Alegre: Editora Sulina, 2015.

MURTA, S.; SANTOS, K. Desenvolvimento de programas preventivos e de promoção de saúde mental. *In*: MURTA, S. G.; LEANDRO-FRANÇA, C.; SANTOS, K. B. dos; POLEJACK, L. (ed.). **Prevenção e promoção em saúde mental**: fundamentos, planejamento e estratégias de intervenção. Novo Hamburgo, RS: Sinopsys, 2015, p. 168–191.

OLIVEIRA, N. L. A. O trabalho social com famílias na assistência social: diálogo com a psicologia social e comunitária e os princípios do SUAS. *In*: OLIVEIRA, I. F.; SOUSA, B. S. (org.). **Psicologia e políticas sociais, conservadorismo em tempos de capital-bárbarie**. [s. l.]: Abrapso Editora, 2022.

PEDRO-CARROLL, J. A. L. Fostering resilience in the aftermath of divorce: the role of evidence-based programs for children. **Family Court Review**, v. 43, n. 1, p. 52–64, 2005.

SANGIONI, L. A.; PATIAS, N. D.; PFITSCHER, M. A. Psicologia e o Grupo Operativo na Atenção Básica em Saúde. **Rev. SPAGESP**, Ribeirão Preto, v. 21, n. 2, p. 23–40, dez. 2020.

SCHNEIDER, D. R. Da saúde mental à atenção psicossocial: trajetórias da prevenção e da promoção de saúde. *In*: MURTA, S. G.; LEANDRO-FRANÇA, C.; SANTOS, K. B. dos; POLEJACK, L. (ed.). **Prevenção e promoção em saúde mental**: fundamentos, planejamento e estratégias de intervenção. Novo Hamburgo, RS: Sinopsys, 2015, p. 34–53.

SILVA, L. D. L. S. da; CHAPADEIRO, C. A.; SILVA, L. M. da. Construção da parentalidade após a dissolução conjugal e as oficinas de parentalidade. **Nova Perspectiva Sistêmica**, São Paulo, v. 29, n. 66, p. 87–100, 2020. DOI: 10.38034/nps.v29i66.519.

SILVA, L. de O.; OLIVEIRA, L. R. R. C. de; SOARES, L. C. E. C.; RAPIZO, R. L. "Diálogos com pais e mães separados: grupos reflexivos no sistema de justiça." **Nova Perspectiva Sistêmica**, São Paulo, v. 27, n. 62, p. 88–108, 2018.

SILVA, L. M. da *et al.* Oficinas de Parentalidade. **Participação**, [s. l.], n. 27, p. 18–26, 2015.

STALLMAN, H. M.; SANDERS, M. R. Family Transitions Triple P: the theoretical basis and development of a program for parents going through divorce. **Journal of Divorce & Remarriage**, v. 47, n. 3–4, p. 133–153, 2007.

VISSER, M.; VAN LAWICK, J. **Group therapy for high-conflict divorce**: the 'No Kids in the Middle' Intervention Programme. Abingdon: Routledge, 2021.

WEIZ, J. R.; SANDLER, I. N.; DURLAK, J. A.; ANTON, B. S. Promoting and protecting youth mental health through evidence-based prevention and treatment. **American Psychologist**, v. 60, n. 6, p. 628, 2005. doi: 10.1037/0003-066X.60.6.628.

"MATRIZ DOS MELHORES INTERESSES": FOCANDO OS MELHORES INTERESSES DA CRIANÇA/ADOLESCENTE EM CASOS DE DISPUTA DE GUARDA E CONVIVÊNCIA COM ALEGAÇÕES DE ALIENAÇÃO PARENTAL

Josimar Antônio de Alcântara Mendes

RESUMO: muitas/os profissionais que trabalham direta ou indiretamente com crianças e adolescentes utilizam termos como "proteção integral", "desenvolvimento peculiar", "melhores interesses" e "sujeito de direitos", mas frequentemente desconhecem as origens históricas desses conceitos, especialmente em casos de guarda e convivência. Este capítulo apresenta o percurso histórico do "princípio dos melhores interesses", sua relação com o desenvolvimento biopsicossocioemocional de crianças e adolescentes, e uma ferramenta prática ("Matriz dos Melhores Interesses") para auxiliar profissionais psicossociais a focar esses interesses, especialmente em casos envolvendo alegações de "alienação parental". A ferramenta proposta destaca a compreensão e a avaliação de fatores de risco e proteção, essencial para a proteção integral da criança e do adolescente. A Matriz é baseada em uma tese de doutorado que comparou o processo de tomada de decisão sobre a guarda e convivência após a separação conjugal no Brasil e na Inglaterra. São apresentados dados de uma "avaliação de usuário" realizada com psicólogos, assistentes sociais e advogados que receberam formação para o uso da Matriz e participaram de um workshop de treinamento. De maneira geral, esses profissionais reconheceram a pertinência e a adequação da "Matriz dos Melhores Interesses" para avaliar o bem-estar biopsicossocioemocional de crianças e adolescentes em casos de disputa de guarda, enfatizando a importância dela em casos de alta complexidade, como aqueles com alegações de alienação parental.

Palavras-chave: Melhores Interesses da Criança/Adolescente; Guarda e Convivência; Divórcio; Tomada de Decisão; Alienação Parental.

INTRODUÇÃO

A problemática das alegações de alienação parental em casos de disputa de guarda e convivência tem gerado debates significativos no campo psicossocial e jurídico. Essas alegações frequentemente se baseiam em pressupostos simplistas, misóginos e adultocêntricos que desconsideram a complexidade do desenvolvimento infantil e as reais necessidades das crianças e adolescentes envolvidos — **vide Capítulos 1, 2, 7, 9 e 12**. Tais pressupostos frequentemente colocam em questão a capacidade de cuidados e proteção de um dos genitores — muitas vezes a mãe — em relação ao outro, desviando o foco da compreensão e intervenção dos melhores interesses e bem-estar de crianças e adolescentes.

Além disso, há uma carência de referências teóricas e técnico-científicas que abordem as questões de disputa de guarda e convivência com uma perspectiva centrada nos melhores interesses da criança/adolescente, desafiando as visões limitadas e muitas vezes mal fundamentadas que permeiam as alegações de alienação parental. Isso se traduz em uma abordagem que não considera adequadamente o desenvolvimento biopsicossocial das crianças e adolescentes, prejudica o processo de tomada de decisão e a proteção de seus direitos e interesses (Mendes; Lordello; Ormerod, 2020; Mendes; Ormerod, 2023).

Nesse contexto, a "Matriz dos Melhores Interesses" se apresenta como uma ferramenta essencial. Ela adota uma postura radical ao colocar a criança e o adolescente no centro das compreensões e decisões, contrariando as abordagens tradicionais que, muitas vezes, são influenciadas por preconceitos e hipersimplificações inadequadas. A proposta da Matriz é fundamentada em uma abordagem técnico-científica, alicerçada na literatura científica pertinente, que busca compreender e aplicar os melhores interesses de forma mais adequada e global, instrumentalizando a Doutrina de Proteção Integral em casos de disputa de guarda e convivência. Ao fazê-lo, a Matriz visa superar as limitações e falhas presentes em abordagens convencionais, oferecendo um método mais robusto e eficaz para a proteção e promoção dos verdadeiros interesses das crianças e adolescentes em questão nesses casos.

Muitos profissionais psicossociais que trabalham direta ou indiretamente com crianças e adolescentes utilizam, em seu cotidiano, termos como "proteção integral", "desenvolvimento peculiar", "melhores interesses" e "sujeito de direitos". No entanto, muitas/os dessas/es profissionais desconhecem as origens históricas desses termos e suas implicações. Existem diversos dispositivos constitucionais e legislações infraconstitucionais que sustentam esses conceitos, sendo o "Princípio dos Melhores Interesses da Criança/Adolescente" (PMICA)[84] um dos mais relevantes (Mendes; Ormerod, 2019, 2021). Entretanto, esses profissionais frequentemente não compreendem a origem nem a operacionalização prática desse princípio em seu trabalho (Mendes, 2022; Mendes; Ormerod, 2019) — o que, em certa medida, amplia e facilita a permeabilidade dos pressupostos de alienação parental na prática dessas/es profissionais.

A definição e a aplicação dos melhores interesses de crianças e adolescentes após a separação conjugal são desafiadoras. Isso ocorre não apenas pela falta de formação e/ou treinamento dos atores jurídicos (juízas, promotoras, advogadas, psicólogas e assistentes sociais) sobre esse princípio, mas também devido ao contexto complexo e incerto das decisões sobre guarda e convivência (Mendes; Ormerod, 2023). Além disso, o processo é influenciado por diversos fatores, tais como: a) limitações legais, como as normativas e dispositivos que regulam as relações parento-filiais — por exemplo, princípios constitucionais, o Código Civil e o Estatuto da Criança e do Adolescente (Mendes; Ormerod, 2021); e o tipo de sistema legal, como o *Civil Law* e o *Common Law*;[85] b) limitações profissionais, que se referem à abordagem teórica e epistemológica dos profissionais sobre infância, juventude, direitos humanos e relações familiares, impactando significativamente sua prática (Mendes, 2022).

A literacia[86] relativa ao PMICA entre profissionais psicossociais que atuam em casos de guarda e convivência ainda não está consolidada e essa deficiência começa na formação básica desses profissionais. Em um estudo com 530 estudantes de graduação em Direito, Psicologia e Serviço Social no Brasil e na Inglaterra, Mendes *et al.* (2024) identificaram que 63% desses estudantes nunca tinham ouvido falar sobre o PMICA e que 81% nunca participaram de atividades acadêmicas que abordassem esse princípio. Entre os profissionais, Mendes (2022) também encontrou psicólogas e psicólogos que afirmaram: "Eu acredito que, na Psicologia, ninguém discute isso [PMICA]"; "Na verdade, a gente não utiliza

---

84 No Brasil, é comum encontrar referências a "o melhor interesse da criança" ou o "superior", "maior", "supremo" interesse da criança. Mendes e Bucher-Maluschke (2019), Mendes e Ormerod (2021) e Mendes *et al.* (2020) fazem uma extensa reflexão sobre a importância de se referir a "os melhores interesses da criança/adolescente" (ou seja: no plural), posto que não há somente "um melhor interesse" (já que crianças e adolescentes são indivíduos que têm desenvolvimento e bem-estar psicossociais multideterminados). Além disso, Lauria (2003) também destaca a importância de utilizar o adjetivo "melhor", pois ele destaca o caráter qualitativo e singular dos "melhores interesses". Esses autores também refletem sobre a importância de se referir ao "adolescente", e não apenas à "criança" ao nos referirmos a esse princípio.
85 Para mais informações sobre as diferenças entre o *"Common Law"* e o *"Civil Law"* e como o tipo de Sistema Legal pode impactar a definição e operacionalização dos melhores interesses, vide Mendes e Ormerod (2021).
86 A literacia refere-se ao conjunto de competências cognitivas e sociais relativas à capacidade de uma pessoa de compreender e utilizar (operacionalizar) uma determinada informação e/ou conhecimento no seu dia a dia e/ou na sua prática profissional (Ferreira, 2021).

muito esse termo [PMICA]. É um termo jurídico"; "Eu não ouço falar sobre 'os melhores interesses' na Psicologia; esta não é uma questão [para a Psicologia]".

Uma premissa central do PMICA é que os interesses de crianças e adolescentes, devido ao seu desenvolvimento peculiar, devem ser priorizados, mesmo em detrimento dos interesses de adultos e instituições (Mendes; Bucher-Maluschke, 2019; Mendes; Ormerod, 2021; Mendes; Ormerod, 2019). No entanto, os pressupostos de alienação parental, ao adotar uma perspectiva simplista e adultocêntrica, frequentemente contrariam essa premissa. Essas alegações, muitas vezes influenciadas por vieses misóginos, desviam o foco das reais necessidades das crianças/adolescentes, priorizando disputas entre os pais e comprometendo o adequado atendimento ao desenvolvimento biopsicossocioemocional. Assim, é essencial o uso de abordagens baseadas em evidências, como a "Matriz dos Melhores Interesses", que contemplem de forma integral o bem-estar infantil.

Nesse sentido, qualquer questão ou decisão envolvendo crianças e adolescentes deve considerar, por princípio, os seus "melhores interesses". O contexto das disputas de guarda e convivência é um dos principais cenários onde o PMICA deve ser considerado, uma vez que é um dos pilares do Direito de Família. No entanto, devido à falta de literacia sobre a definição e operacionalização desses melhores interesses, o PMICA muitas vezes é negligenciado ou tratado de forma retórica e genérica (Mendes; Ormerod, 2024). Além disso, o contexto desorganizado e instável da pós-separação apresenta desafios adicionais para a compreensão e proteção dos melhores interesses de crianças e adolescentes (Barbosa *et al.*, 2021; Mendes; Bucher-Maluschke, 2017, 2019; Mendes; Ormerod, 2023).

Considerando essas questões, a Matriz se torna uma ferramenta essencial. Ela adota uma posição radical ao colocar a criança e o adolescente no centro das decisões, adotando uma postura técnico-científica alicerçada na literatura científica pertinente para a compreensão dos melhores interesses. Ao focar as necessidades reais e o desenvolvimento das crianças e adolescentes, a Matriz visa superar os pressupostos simplistas e adultocêntricos que frequentemente permeiam as alegações de alienação parental.

O presente capítulo se dedicará a um breve percurso histórico do PMICA, sua relação com o desenvolvimento biopsicossocioemocional de crianças e adolescentes, e, por fim, à ferramenta "Matriz dos Melhores Interesses". Este estudo tem como objetivo auxiliar profissionais psicossociais a focarem os melhores interesses de crianças e adolescentes, proporcionando uma abordagem que transcenda os pressupostos de alienação parental e que se baseie em evidências e princípios científicos para a tomada de decisões mais justas e centradas nas necessidades das crianças/adolescentes.

1. BREVE LINHA DO TEMPO DO PRINCÍPIO DOS MELHORES INTERESSES[87]

O surgimento do princípio que considera o bem-estar biopsicossocioemocional de crianças e adolescentes como prioridade do Estado e da sociedade é resultado do reconhecimento social e histórico das concepções de "criança" e "infância". Esses conceitos são relativamente novos na história da humanidade, começando a ser construídos há cerca de quatro séculos, quando as crianças passaram a ser vistas como indivíduos com necessidades de desenvolvimento específicas e distintas das dos adultos (Ariès, 1981).[88] A ideia dos "melhores interesses" também surgiu a partir das discussões sobre a guarda nas Cortes de Família e do surgimento de tratados e normativas internacionais pró-direitos de crianças e adolescentes e do seu bem-estar (Mendes *et al.*, 2020; Mendes; Ormerod, 2019).[89]

Até o século XVII, as crianças eram vistas como "pequenos adultos", sem funções sociais bem definidas. Registros indicam que, ao completarem sete anos, eram inseridas no "mundo adulto", assumindo hábitos e tarefas dos adultos (Ariès, 1981). A Arte Medieval raramente representava as crianças, evidenciando a falta de um "espaço social" para a infância. Esse "não lugar" fazia com que os cuidados e a atenção com as crianças fossem negligenciados, resultando em altas taxas de infanticídio e mortalidade infantil, entre 30% e 50% (Ferraro, 2013).

As noções modernas de "criança" e "infância" foram influenciadas por movimentos socioeconômicos como o Iluminismo, Liberalismo, Revolução Industrial, e pela Igreja (Wolff, 2013; Wurtz, 2020). Ariès (1981) sugere que essas mudanças levaram a sociedade a esperar que famílias oferecessem afeto e proteção às crianças. Contudo, pesquisadores apontam que pais e mães sempre tiveram vínculos afetivos com seus filhos, sendo essas expectativas apenas formalizadas (Ferraro, 2013). No século XIX, o movimento Higienista moldou a "família nuclear" e a infância passou a ser de interesse do Estado (Mendes; Ormerod, 2021).

A confluência desses fatores coincidiu com a adoção da doutrina do "*parens patriae*" em casos de disputa de guarda pelas Cortes de Chancelaria inglesas

---

[87] A recapitulação histórica apresentada aqui não aborda e discute todos os eventos históricos necessariamente. Ela apresenta a recapitulação dos eventos que este autor considera pertinentes para as discussões apresentadas neste capítulo.

[88] Ariès baseou suas afirmações na análise de pinturas medievais, literatura, filosofia, crenças religiosas e cartas da Idade Média. Embora alguns críticos considerem suas conclusões "supergeneralizadas", seus trabalhos são amplamente reconhecidos, especialmente no Brasil, como um marco no estudo histórico da infância. Para mais discussões sobre infância na antiguidade clássica, veja Bradley (2013).

[89] Para autores marxistas (Alanen, 2001; Mouritsen, 2002), os conceitos de "criança" e "infância" surgiram como uma estratégia burguesa para garantir uma força de trabalho bem-educada e domesticada. Essa necessidade também teria levado à criação da "família nuclear" (Röder, 2018), vista como a base dessa força de trabalho.

no século XVII. Essa doutrina, que remonta ao século XIII, era originalmente aplicada a "loucos" e "idiotas". Herdada do Direito Romano, permitia à Coroa Inglesa reivindicar a tutela desses indivíduos, com o Rei agindo como "pai da pátria" (*i.e.*, *parens patriae*) para proteger os fracos e desprotegidos (Custer, 1978; McGillivray, 2016; Mendes *et al.*, 2020). No século XVII, com o reconhecimento social da infância, as Cortes de Chancelaria passaram a aplicar essa doutrina também em disputas de guarda. A acepção contemporânea de crianças e adolescentes como "sujeitos de direitos" ainda não existia, e eram vistas como tão incapazes quanto os "loucos" — uma visão que persiste no Direito Brasileiro, relacionado à doutrina de "situação irregular" e "menorista" (Brasil, 2004).

Embora a doutrina do *"parens patriae"* tenha sido fundamental para o "princípio dos melhores interesses" no Direito de Família, ela não reconhecia crianças e adolescentes como pessoas autodeterminadas, dotadas de subjetividade e direitos próprios. Entre os séculos XVIII e XIX, na Inglaterra e nos Estados Unidos, a guarda era geralmente concedida ao pai, refletindo a regra da Roma Antiga em que o *"paterfamilias"* detinha todo o poder sobre a vida dos demais membros da família (Lehr-Lehnardt; Gunn, 2011). Essa visão começou a mudar no final do século XIX, quando as Cortes passaram a considerar qual genitor poderia melhor atender às necessidades da criança (Swartz, 2017).

No início do século XX, o paradigma de decisão sobre a guarda passou por mudanças significativas. Inicialmente, a "regra da culpa" determinava que o cônjuge "inocente" pela separação obtinha a guarda, com as mulheres sendo automaticamente vistas como as principais cuidadoras devido à sua função tradicional na família (Magalhães, 2010; Velado, 2021). Essa visão levou ao surgimento do paradigma da "primazia materna" e à doutrina dos "tenros anos", que consideravam a mãe como a principal cuidadora das crianças pequenas (Nathan, 2015). No entanto, essas doutrinas foram criticadas pelo Movimento Feminista e pelo movimento de "direitos dos pais separados" (Mendes; Ormerod, 2021; Meyer *et al.*, 2017), que advogavam por um paradigma de decisão "gênero-neutro". O PMICA, consolidado pela Convenção Internacional dos Direitos da Criança/Adolescente (CIDCA) da ONU em 1989, passou a ser o paradigma de decisão sobre guarda, enfatizando que o "melhor interesse da criança" deve ser a consideração primordial (Mendes; Ormerod, 2021; Mendes *et al.*, 2020).[90] O PMICA transpassa toda a CIDCA, mas está claramente delineado no artigo 3º(1): "**todas as ações relativas à criança**, sejam elas levadas a efeito por instituições públicas ou privadas de assistência social, tribunais, autoridades administrativas ou órgãos legislativos, **devem considerar, primordialmente, o melhor interesse da criança**" (grifo meu).

---

[90] De toda sorte, até os dias atuais, alguns juízes ainda se guiam pela doutrina da "supremacia materna" e dos "tenros anos" — vide Mendes e Ormerod (2021).

Figura 1. Histórico do surgimento e consolidação do "Princípio dos Melhores Interesses da Criança/Adolescente"

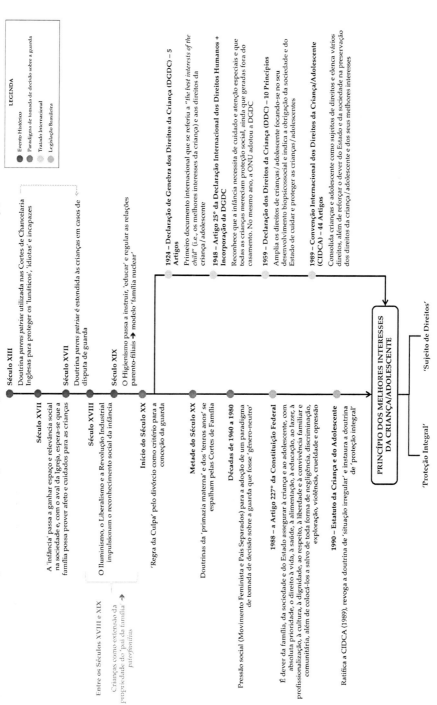

Fonte: o autor

A Figura 1 ilustra o desenvolvimento paralelo do PMICA nas Cortes de Família e por meio da promulgação de tratados internacionais focados nos direitos da criança/adolescente. O termo "melhores interesses" foi utilizado pela primeira vez em 1924 na Declaração de Genebra dos Direitos da Criança (DGDC), promulgada pela extinta Liga das Nações. A DGDC afirmava que "a humanidade deve à Criança/Adolescente[91] o melhor que ela [a sociedade] tem para dar" e que todos deveriam aceitar isso como seu dever, independentemente de "raça, nacionalidade ou credo". A DGDC estabeleceu direitos básicos, como a necessidade de desenvolvimento normal, apoio para crianças famintas ou órfãs, alívio em situações de estresse e proteção contra exploração. A DGDC foi o primeiro documento internacional a declarar os direitos da criança/adolescente, e, embora tenha menos artigos que os tratados subsequentes, representou um grande avanço para o status atual da infância e juventude.

A Figura 1 ainda mostra que, em 1948, a ONU reconheceu no artigo 25 da Declaração Universal dos Direitos Humanos que a infância tinha "direito a cuidados e assistência especiais" e que "todas as crianças, nascidas dentro ou fora do casamento, gozarão da mesma proteção social". No mesmo ano, a ONU adotou a DGDC, acrescentando novos artigos: I – A criança deve ser protegida acima de todas as considerações de raça, nacionalidade ou credo; II – A criança deve ser respeitada dentro da família enquanto entidade.

Depois disso, em 1959, a ONU promulgou a "Declaração dos Direitos da Criança" (DDC), a qual continha dez princípios. Basicamente, essa nova declaração ampliou os direitos já previstos na DGDC de 1924, garantindo às crianças/adolescentes direito:

1. **ao pleno desenvolvimento biopsicossocial** (*Princípio 2*: desenvolver-se física, mental, moral, espiritual e socialmente de forma sadia e normal e em condições de liberdade e dignidade; *Princípio 6*: a criança, para o pleno e harmonioso desenvolvimento de sua personalidade, necessita de amor e compreensão; *Princípio 7*: brincadeira e recreação);

2. **a estar protegida de vulnerabilidades** (*Princípio 4*: crescer e desenvolver-se com saúde; ter alimentação adequada, moradia, recreação e serviços médicos);

3. **a receber alívio em situações de estresse** (*Princípio 8*: [a criança será] a primeira a receber proteção e alívio em situações de estresse e calamidade pública);

---

91 No original, consta o vocábulo *"child"*, que, em Inglês, se refere a quaisquer pessoas com menos de 18 anos de idade. Assim, implicitamente, a palavra *"child"* comporta "criança" e "adolescente".

4. **a ser protegida contra exploração e discriminação** (*Princípio 9*: ser protegida contra todas as formas de negligência, crueldade e exploração; *Princípio 10*: ser protegida contra práticas que possam promover discriminação racial, religiosa e/ou de qualquer outra forma);

5. **a ser cuidada pela sociedade** (*Princípio 1*: [toda criança terá os direitos garantidos] sem distinção ou discriminação por motivo de raça, cor, sexo, idioma, religião, opinião política ou de outra natureza, origem nacional ou social, riqueza, nascimento ou outra condição, seja dele ou de sua família; *Princípio 4*: gozar dos benefícios da previdência social).

A DDC é um marco não apenas por ter ampliado os direitos da criança/adolescente, mas também por se referir ao paradigma contemporâneo de "melhor interesse da criança" afirmando que ele "deve ser a consideração primordial" para a construção de legislações que afetem crianças/adolescente (Princípio 2) e a educação e orientação da criança/adolescente (Princípio 7).

O atual documento da ONU sobre os direitos da criança e do adolescente é a Convenção Internacional dos Direitos da Criança/Adolescente (CIDCA), que foi promulgada em 1989 com 54 artigos (42 com foco nos direitos e 12 sobre como o governo e a sociedade podem prover esses direitos). De modo geral, a CIDCA garante os seguintes direitos: a) à vida, sobrevivência e desenvolvimento; b) a estar registrado, ter nome e nacionalidade; c) à identidade; d) a viver em família (especialmente com os genitores) — ou em "ambiente familiar" proporcionado por cuidadores; e) a expressar suas opiniões, sentimentos, desejos, crenças e religião; f) à liberdade de associação; g) à privacidade; h) a acessar informações; i) a ser protegido da violência, negligência, guerras, tratamento e detenção desumanos, discriminação e qualquer tipo de abuso (sexual, laboral, drogas, sequestro); j) à saúde; k) à educação; l) ao lazer, brincadeira e cultura; m) à justiça juvenil. Todos esses direitos foram mencionados direta ou indiretamente na DDC.

Um ano antes da CIDCA, o Brasil promulgou a Constituição Cidadã de 1988, que no artigo 227 afirma:

> É dever da família, da sociedade e do Estado assegurar à criança e ao adolescente, com absoluta prioridade, o direito à vida, à saúde, à alimentação, à educação, ao lazer, à profissionalização, à cultura, à dignidade, ao respeito, à liberdade e à convivência familiar e comunitária, além de colocá-los a salvo de toda forma de negligência, discriminação, exploração, violência, crueldade e opressão.

Esse artigo, junto com o Estatuto da Criança e do Adolescente de 1990, ratificou os pressupostos da CIDCA, consolidando o PMICA no ordenamento jurídico brasileiro. Como demonstrado na Figura 1, o PMICA sustenta a lógica da "proteção integral" e das crianças e adolescentes como "sujeitos de direito".

Atualmente, o PMICA deve guiar o processo de tomada de decisão sobre guarda e convivência de crianças e adolescentes após a separação conjugal no Brasil (pelo menos na letra da lei) e em grande parte do Ocidente. O PMICA também é o parâmetro para decisões nas Varas da Infância e Juventude no Brasil, pelo menos em tese. A operacionalização do PMICA enfrenta desafios devido à falta de literacia sobre o princípio, limites da lei, questões organizacionais dos tribunais e a ausência de protocolos e diretrizes consolidadas que realmente foquem os melhores interesses (Mendes; Ormerod, 2024).

2. OS "MELHORES INTERESSES" COMO NECESSIDADES BIOPSICOSSOCIOEMOCIONAIS DA CRIANÇA/ADOLESCENTE

A referência ao PMICA é constante em processos judiciais envolvendo crianças/adolescentes e seu bem-estar biopsicossocial (Mendes, 2022; Mendes et al., 2020). No entanto, essa referência muitas vezes perde seu sentido e propósito, sendo utilizada de forma retórica, sem a devida reflexão e apropriação desse princípio e suas implicações para a tomada de decisão (Mendes, 2022).

Também são comuns críticas ao PMICA, que o acusam de ser excessivamente "aberto" e amplo em sua definição, sem parâmetros claros e objetivos para sua compreensão e aplicação em casos práticos (Mendes, 2022; Mendes; Bucher-Maluschke, 2019; Mendes; Ormerod, 2019). Mas como avaliar e assegurar algo que não se conhece ou não se sabe definir? Grande parte do "estranhamento" de profissionais psicossociais em relação ao PMICA decorre da falta de literacia sobre o princípio, desde sua definição até seu percurso histórico. Na seção 1 deste capítulo, foi apresentado um breve resgate histórico do surgimento e evolução desse princípio. Um olhar atento a esse processo histórico já indicaria elementos-chave tanto para a definição quanto para a avaliação dos melhores interesses. Esse processo começou com a premissa básica de que o bem-estar de crianças/adolescentes deve ser prioridade, e, portanto, elas devem ser protegidas pela sociedade e pelo Estado. Em seguida, houve a garantia de direitos básicos, sejam eles relativos a necessidades desenvolvimentais materiais e/ou psicossociais. Por fim, houve a demarcação do lugar de crianças e adolescentes como sujeitos de direitos, ou seja, como pessoas pensantes e ativas na vida social, com direito não apenas à proteção e à garantia de direitos básicos, mas também ao protagonismo social, especialmente em questões que envolvam seu bem-estar biopsicossocioemocional.

É importante lembrar que, embora existam diversos parâmetros e diretrizes, a compreensão e avaliação dos melhores interesses de crianças/adolescentes sempre variam de caso para caso. Assim, é essencial reconhecer que esse processo é idiossincrático, devendo se adaptar às características individuais, sociais e culturais de cada criança/adolescente e às particularidades de cada caso.

Mendes e Ormerod (2019) realizaram uma revisão narrativo-sistemática da literatura para identificar como a literatura psicojurídica, tanto em português quanto em inglês, definia e avaliava os melhores interesses. Foram revisados mais de 1.122 artigos, e 14 foram selecionados para a fase final de análise. Os autores afirmam que, independentemente da forma como os artigos definiam o PMICA, suas características ou aplicação, ao se referirem aos melhores interesses, os artigos tratavam do "desenvolvimento da criança/adolescente". Assim, a sequência é: Desenvolvimento da criança/adolescente → Necessidades/Interesses → Direitos (Mendes; Ormerod, 2019, p. 15). Os autores delimitam, portanto, a relação indissociável entre direitos, melhores interesses e necessidades desenvolvimentais. Em suma, ao reforçarmos, por exemplo, os direitos da criança/adolescente à saúde, educação, moradia e lazer, estamos reforçando suas necessidades desenvolvimentais nesses aspectos.[92]

Mendes e Ormerod (2019) propõem que os "melhores interesses" estão divididos em dois grupos de necessidades desenvolvimentais: (1) *material-fisiológico*, que abrange necessidades relacionadas a aspectos físicos e fisiológicos do desenvolvimento, como moradia, vestimenta, alimentação, vacinação e integridade física; e (2) *contextual*, que envolve necessidades relacionadas a aspectos psicossociais e emocionais, como manutenção de laços de afeto, proteção contra conflitos parentais e situações de estresse, percepção de segurança, estabilidade e previsibilidade. Para os autores, esses interesses dependem da interação entre as necessidades desenvolvimentais da criança/adolescente e seus contextos relacionais imediatos, como família, escola, comunidade, serviços de proteção e Judiciário. Para um desenvolvimento congruente, o provimento e a manutenção desses melhores interesses devem ser contínuos.[93]

---

92 Para mais detalhes sobre como os direitos/melhores interesses espelham necessidades desenvolvimentais, acesse: https://bit.ly/4cOuS0b.
93 Para uma abordagem mais complexa, vide Mendes *et al.* (2020), os quais propõem uma leitura e avaliação sistêmicas desses melhores interesses a partir da Teoria Bioecológica de Bronfenbrenner.

3. A IMPORTÂNCIA DE SE CONSIDERAR OS "MELHORES INTERESSES" EM CASOS DE GUARDA E CONVIVÊNCIA

Conforme discutido neste capítulo, o PMICA é o princípio fundamental que sustenta a "doutrina de proteção integral" e, consequentemente, deve orientar a prática dos profissionais psicossociais que trabalham com crianças e adolescentes. No contexto da pós-separação conjugal, essa premissa é ainda mais crucial, não apenas por conta das previsões legais e orientações de boas práticas dos conselhos profissionais, mas também devido ao conturbado, caótico e potencialmente prejudicial contexto da separação (Greene *et al.*, 2012; Mendes; Bucher-Maluschke, 2017). Focar os melhores interesses das crianças/adolescentes desde o início é uma forma de protegê-los nesse cenário.

De acordo com Mendes (2019), Mendes e Bucher-Maluschke (2017) e Barbosa, Mendes e Juras (2021), casos frequentemente percebidos com "sinais de alienação parental" muitas vezes refletem crises desenvolvimentais comuns à separação dos pais. Assim, profissionais que prontamente adotam os pressupostos de alienação parental ignoram a natureza inerente a esses contextos de pós-separação e negligenciam a importância de uma compreensão adequada do ambiente familiar, essencial para garantir os melhores interesses das crianças/adolescentes. A abordagem simplista e apressada dos pressupostos de alienação parental tende a obscurecer as verdadeiras necessidades e o bem-estar biopsicossocial das crianças e adolescentes envolvidos, desviando o foco do que realmente importa: a proteção e promoção de seu desenvolvimento saudável e equilibrado.

Com base na revisão sistemática de Mendes e Ormerod (2019), Mendes *et al.* (2024) conduziram um estudo sobre o processo de tomada de decisão em disputas de guarda, utilizando vinhetas. Nesse estudo, foram identificados os principais fatores envolvidos nesse processo e quais interesses (necessidades desenvolvimentais) estavam em jogo nas situações de disputa de guarda e convivência, conforme indicado na Tabela 1:

Tabela 1. Fatores que podem impactar o processo de tomada de decisão e os melhores interesses de crianças/adolescentes em casos de guarda e convivência

Grupo	Fatores
Necessidades Psicossocioemocionais	Desejos e sentimentos da criança/adolescente (*i.e.*, a perspectiva dela sobre o conflito parental)
	Rede social da criança/adolescente
	Laços psicossocioemocionais da criança/adolescente
	Estabilidade na rotina da criança/adolescente
Necessidade e Direitos Básicos	Questões financeiras
	Alimentação/Nutrição
	Questões de moradia
	Saúde da criança
	Vestimenta
Realidade Familiar	Nível de conflito entre os genitores
	O "direito natural da mãe" de ficar com a guarda[94]
	Gênero dos genitores
	Sinais de "alienação parental"[95]
Questões Coparentais	Eventos pregressos (*e.g.*, desinteresse marital, negligência, abandono do lar, infidelidade etc.)
	Cooperação entre os genitores

Fonte: Mendes *et al.* (2024)

A Tabela 1 ilustra como as necessidades material-fisiológicas e contextuais das crianças/adolescentes (ou seja, seus melhores interesses) podem tanto ser objeto da disputa quanto serem impactadas direta ou indiretamente por ela. Portanto, contextualizar essas necessidades e avaliar os fatores que podem influenciar positiva ou negativamente os interesses das crianças/adolescentes é uma tarefa fundamental nesses casos. Tendo isso em mente, propõe-se a seguir a "Matriz dos Melhores Interesses".

Além disso, focar os melhores interesses desloca a atenção dos adultos e de suas necessidades. Atualmente, nos casos de disputa de guarda e convivên-

---

[94] Os autores não assumem essa assertiva e nem os seus pressupostos. Eles apenas a consideraram devido ao senso comum em torno dessa ideia e o impacto que ela pode ter sobre o processo de tomada de decisão.
[95] *Idem* 95.

cia no Brasil, o foco tem sido quase exclusivamente as necessidades e anseios dos adultos, com a defesa dos interesses deles sendo frequentemente usada como um substituto para os interesses das crianças e adolescentes. Isso é particularmente evidente em casos com alegações de alienação parental, onde as avaliações, discussões e intervenções se concentram nos adultos, ignorando a criança/adolescente, que é vista como uma figura desprovida de subjetividade, desejos e ideias — **vide Capítulos 1, 2 e 12.**

Essa ênfase no "direito à convivência familiar a todo custo", especialmente a convivência paterna, tem sido um dos pilares que sustentam e validam a ideia de alienação parental. Essa ênfase, independentemente das circunstâncias ou das possíveis consequências negativas para o desenvolvimento psicossocial da criança/adolescente, acaba reforçando a narrativa de alienação parental em situações em que, na verdade, o afastamento ou a resistência à convivência com um dos genitores pode ser uma resposta adaptativa e natural da criança/adolescente a um ambiente familiar disfuncional (Barbosa; Mendes; Juras, 2021). Ao se ignorar fatores como violência, negligência ou o impacto emocional que o contato forçado pode ter, a ênfase na convivência familiar a qualquer custo coloca em segundo plano a avaliação detalhada das reais necessidades da criança/adolescente e/ou até mesmo pode colocar a criança/adolescente em mais risco — não só por estar suscetível a diversas formas de violência, mas também por conta de complicações psicoemocionais podendo levar ao surgimentos de traumas e até mesmo tendências de autoextermínio (Avalle *et al.*, 2022; Berman; Weisinger, 2022; Mercer, 2019).

4. "MATRIZ DOS MELHORES INTERESSES": INSTRUMENTALIZANDO UMA AVALIAÇÃO FOCADA NOS MELHORES INTERESSES DA CRIANÇA/ADOLESCENTE EM CASOS DE GUARDA E CONVIVÊNCIA

A ferramenta a ser apresentada nesta seção é inspirada em um recurso comumente utilizado para auxiliar o processo de tomada de decisão em contextos complexos e com múltiplos critérios: a "Matriz de Tomada de Decisão". Essa ferramenta facilita o processo decisório ao selecionar uma série de aspectos que compõem o contexto da decisão e avaliá-los a partir de critérios múltiplos (Karbassi Yazdi *et al.*, 2020). Esse tipo de ferramenta é especialmente útil quando a decisão ou o objeto da avaliação é influenciado por múltiplos fatores, como nos casos de guarda e convivência (Mendes; Ormerod, 2023).

Uma "Matriz de Tomada de Decisão" é valiosa, pois auxilia na compreensão da complexidade do problema, elencando e avaliando fatores como questões, aspectos, obrigações e perspectivas que ajudam o tomador de decisão a ter uma visão ampla sobre o problema e sua resolução (Glover, 2017). Existem diferentes tipos de matrizes de tomada de decisão, que podem derivar de fórmulas, integrar dados estatísticos ou ser compostas apenas por dados qualitativos (Aljaghoub *et al.*, 2023).

A construção de uma "Matriz de Tomada de Decisão" deve ser baseada na literatura científica, assim como todo o processo de tomada de decisão sobre guarda e convivência deveria ser (Mendes; Ormerod, 2023, 2024). Embora a matriz apresentada aqui não se foque especificamente na tomada de decisão em si, ela utiliza o design típico dessas matrizes (tabulação de fatores e critérios em colunas e linhas) e a lógica analítica de considerar fatores relevantes de acordo com sua relação com critérios preestabelecidos.

A "Matriz dos Melhores Interesses" apresentada é qualitativa e tem como objetivo principal elencar e avaliar as principais necessidades desenvolvimentais (isto é, os melhores interesses) de crianças e adolescentes, especialmente em casos de disputa de guarda e convivência após a separação conjugal. Baseando-se na literatura e conforme a Figura 2, a construção dessa matriz considera: 1) fatores de risco e proteção nos núcleos familiares paterno e materno (linhas); e 2) principais dimensões das necessidades desenvolvimentais da criança/adolescente em relação ao caso e à demanda judicial sob avaliação (colunas).

Figura 2. Estrutura da Matriz dos Melhores Interesses

eventos negativos de vida; quando presentes, aumentam a probabilidade de a pessoa apresentar problemas físicos, sociais ou emocionais → "efeitos de disfunção"

dimensões, aspectos, questões, fatores pertinentes à área e/ou ao caso específico, com base na literatura → baseado em evidência

		Dimensão 1	Dimensão 2	Dimensão 3	Dimensão 4
Fatores de Risco	Mãe				
	Pai				
Fatores de Proteção	Mãe				
	Pai				

influências que modificam, melhoram ou alteram respostas pessoais a determinados riscos de adaptação → "efeitos de competência"

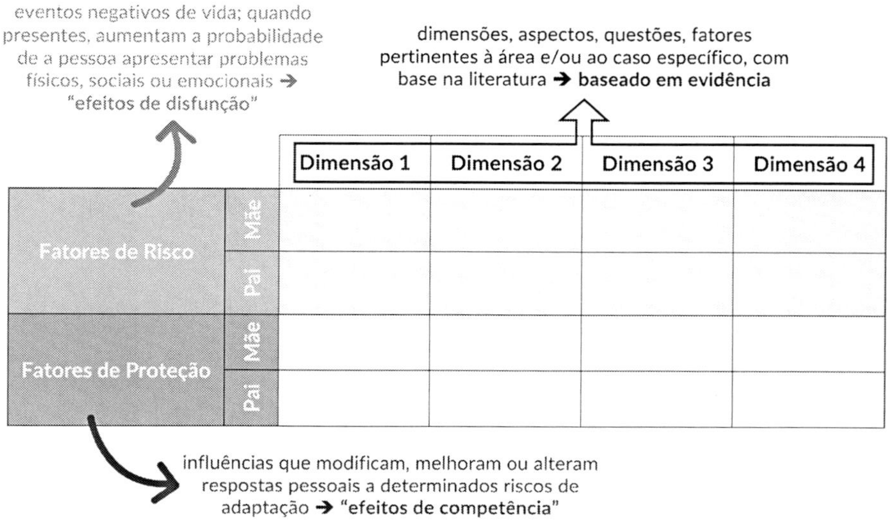

Fonte: o autor

Os fatores de proteção estão relacionados tanto ao indivíduo (herdados e/ou aprendidos) quanto ao seu contexto relacional mais próximo (rede social pessoal ou de apoio), permitindo que o indivíduo ative processos que potencializem sua adaptação, aprendizagem e bem-estar biopsicossocial (Poletto; Koller, 2008). Eles também podem se referir a fatores que influenciam e modificam a forma como a pessoa responde a fatores de risco, estresse e desadaptação (Rutter, 1985), sendo a relação entre fatores de risco e proteção que estrutura os processos de resiliência do indivíduo.

Os fatores de risco, por sua vez, estão associados a eventos negativos de vida que aumentam as chances de a pessoa desenvolver ou agravar problemas físicos e/ou psicossociais (Poletto; Koller, 2008). Como exemplo, têm-se elementos estressores, como o divórcio, que podem apresentar sérios riscos ao bem-estar biopsicossocioemocional de crianças e adolescentes (Fabricius *et al.*, 2012; Greene *et al.*, 2012).

Esses fatores de risco também se conectam à ideia de "efeitos de disfunção" da Teoria Bioecológica do Desenvolvimento Humano. Esse tipo de efeito é impulsionado por forças desorganizadoras ou inibidoras presentes na interação do indivíduo com seu contexto, que limitam ou dificultam o desenvolvimento e a adaptação da pessoa (Mendes *et al.*, 2020). No polo oposto, os "efeitos de competência", relacionados aos fatores de proteção, são impulsionados por forças geradoras que facilitam os processos de adaptação e autonomia no curso do desenvolvimento (Mendes *et al.*, 2020).

Aspectos da rede social da pessoa e as relações que ela mantém, além das funções e papéis nessas relações, também podem representar fatores de risco ou proteção para o desenvolvimento, saúde e bem-estar do indivíduo (Pereira *et al.*, 2020). É crucial destacar que a relação entre fatores de risco e proteção, bem como o produto dessa interação, também depende de aspectos socioeconômicos, de raça, gênero, identidade de gênero, orientação sexual, deficiência, neurodivergências e outras interseccionalidades (Mendes *et al.*, 2020; Poletto; Koller, 2008). Portanto, o processo de identificação e avaliação desses fatores deve ser sempre situacional, dinâmico e não determinista (ou "fatalista"), exigindo uma análise crítica e complexa.

4.1. Operacionalizando as dimensões dos melhores interesses

Dado que o processo de desenvolvimento de cada criança/adolescente é único, as suas necessidades desenvolvimentais (isto é, melhores interesses) também são. Contudo, existem alguns *clusters*[96] que podem indicar dimensões de necessidades comuns a esse processo de desenvolvimento. Mendes (2022), com base na literatura e em dados dos primeiros estudos de sua tese de doutorado, elencou uma série de dimensões que foram utilizadas em um experimento de tomada de decisão com base em vinhetas que apresentavam dois casos típicos de disputa de guarda e convivência. Nesse experimento, Mendes (2022) pediu para que 45 atores jurídicos (juízas/es, promotoras/es, advogadas/os, psicólogas/os e assistentes sociais), do Brasil e da Inglaterra, analisassem duas vinhetas com casos diferentes, escolhessem e analisassem as informações disponíveis e, com isso, fizessem uma recomendação sobre o arranjo de guarda e convivência mais adequado. O experimento teve várias fases. Em uma delas, os atores jurídicos foram apresentados a seis opções de grupos de "informações psicossociais" (dos quais cinco compunham dimensões dos melhores interesses), mas só podiam escolher três — eles só tiveram acesso às informações detalhadas das três opções escolhidas.[97] A Tabela 2 apresenta as seis dimensões e as mais escolhidas pelos atores jurídicos durante o experimento:

Tabela 2. Dimensões dos "Melhores Interesses" em casos de guarda e convivência

Dimensão dos "Melhores Interesses"	Informações Detalhadas	Frequência de Escolha[a] (n; %)
Visões e Perspectivas da Criança/ Adolescente	• Percepções e sentimentos da criança/adolescente sobre o conflito e como ele o afeta	55; 28
Laços & Relacionamentos Significativos	• Relação parento-filial • Contextos interpessoais da criança/adolescente (amizades, família extensa materna e paterna) • Dinâmica Familiar	47; 24

---

96   Definição: um conjunto de coisas, aspectos ou fatores semelhantes posicionados ou ocorrendo próximas umas das outras.
97   O sexto grupo se referia à "Informação Extrajudicial" e trazia informações de relatórios encaminhados pela escola e por serviços de proteção à criança/adolescente.

Dimensão dos "Melhores Interesses"	Informações Detalhadas	Frequência de Escolha[a] (n; %)
Desenvolvimento da Criança/ Adolescente & Bem-estar Emocional	• Estágio desenvolvimental da criança/adolescente • Bem-estar psicossocioemocional da criança/adolescente • Rotina diária e percepção de estabilidade da criança/adolescente	41; 21
Saúde & Integridade Física	• Necessidades material-fisiológicas • Saúde da criança • Negligência, maus-tratos e fatores de risco	25; 13
Questões Parentais	• Conflito parental • Habilidades parentais e coparentais	25; 13
TOTAL		**193; 100**

[a] Considerando as duas vinhetas; 45 participantes por vinheta, 90 ocorrências de escolhas possíveis por cada dimensão

Fonte: o autor

As dimensões apresentadas na Tabela 2 podem servir como ponto de partida para a construção da "Matriz dos Melhores Interesses" em um dado caso. Os profissionais psicossociais podem utilizar essas dimensões integralmente e/ou adaptá-las, desde que tais modificações sejam guiadas pelas necessidades e idiossincrasias do caso e sustentadas na literatura científica.

4.2. Integrando a "Matriz dos Melhores Interesses" no laudo ou parecer psicológico

A utilização e a pertinência da Matriz têm sido testadas informalmente de duas maneiras: 1) workshops com profissionais psicossociais; 2) confecção de Laudos e Pareceres Psicológicos. Profissionais (psicólogas/os e assistentes sociais) psicossociais lotadas/os em diversos Tribunais de Justiça do Brasil ou com atuação particular como peritos e assistentes técnicos participaram de cursos e workshops, nos quais essa Matriz foi apresentada e as/os profissionais a utilizaram em dois casos de guarda e convivência, adaptados de casos reais.[98]

---

[98] Caso queira treinar a construção da Matriz, acesse o link para o Caso A (https://bit.ly/Caso_A) e para o Caso B (https://bit.ly/Caso_B).

A avaliação da "Matriz dos Melhores Interesses" pelos 53 profissionais que participaram de uma "avaliação de usuário" (feita conforme o estabelecido pela Resolução CNS n.º 510, de 2016) foi extremamente positiva, com unanimidade em reconhecer a relevância e aplicabilidade da Matriz no dia a dia profissional. Todas/os destacaram que a Matriz não só amplia a visão sobre os melhores interesses das crianças e adolescentes, como também oferece uma estrutura clara para organizar e sistematizar informações, direcionando o foco para os aspectos mais importantes de cada caso.

A Matriz foi considerada uma ferramenta essencial não apenas no contexto do Poder Judiciário, mas em toda a rede de proteção infantil. De modo geral, as/os participantes indicaram que a Matriz: a) ajuda a direcionar e organizar o pensamento; b) é necessária em todo o trabalho envolvendo crianças, especialmente na rede de proteção; c) sistematiza dados e facilita a leitura objetiva dos casos; d) permite clareza e riqueza de detalhes no mapeamento dos casos; e) proporciona segurança na atuação profissional; f) auxilia na construção de relatórios e estruturação de intervenções; e g) amplia a visão sobre os aspectos mais importantes de cada caso. Em um dos comentários, uma/um profissional afirmou: "a Matriz dos Melhores Interesses é um recurso muito interessante e útil para o trabalho no Poder Judiciário. É um instrumento que auxilia a ter uma perspectiva abrangente e, ao mesmo tempo, objetiva sobre cada caso". Outra/o comentou: "a Matriz dos Melhores Interesses ajuda a sistematizar os dados encontrados na avaliação, facilitando a leitura mais objetiva do caso e favorecendo a conclusão visando à proteção das crianças e adolescentes". De modo geral, a resposta dos profissionais psicossociais à Matriz dos Melhores Interesses tem sido altamente positiva. No âmbito da atuação como peritos, assistentes técnicos e pareceristas, a Matriz tem sido utilizada para ampliar a visão sobre os melhores interesses da criança/adolescente em questão, a partir da identificação e discussão de potenciais fatores de risco e proteção do caso sob análise.

A Tabela 3 traz alguns fatores de risco e proteção que podem ser considerados para a confecção da Matriz dos Melhores Interesses:

Tabela 3. Possíveis fatores de risco e proteção para as dimensões dos "Melhores Interesses" em casos de guarda e convivência

DIMENSÃO DOS MELHORES INTERESSES	ASPECTO	
	Positivo	Negativo
Integridade Física (*Melhores Interesses Material-fisiológicos*)	• paciência, compreensão e diálogo do estilo parental do cuidador (Silva, 2019)	• ocorrência de violência doméstica contra a mãe e/ou a criança/adolescente (Holt *et al.*, 2008; Lemoult *et al.*, 2020) • deficiência de cuidados e/ou ausência de cuidados com a saúde física (Fabricius *et al.*, 2012; Mendes; Mendes; Ormerod, 2019; Mendes; Lordello; Ormerod, 2020) • histórico de perpetração de maus-tratos a animais por parte de um dos cuidadores (Sant'ana; Reis, 2020; Mota-Rojas *et al.*, 2022)
		• prática de ato libidinoso na presença de crianças (Carabellese *et al.*, 2011; Smallbone; McCabe, 2003) • uso problemátic de álcool por parte do cuidador (Batista, 2015)
Integridade Psicoemocional e Afetiva (*Melhores Interesses Contextuais*)	• manutenção da percepção de estabilidade, continuidade e previsibilidade (Mendes; Ormerod, 2019; Mendes *et al.*, 2020; Rogers, 2004; Zabern; Bouteyre, 2018)	• comunicação disfuncional entre os genitores na guarda compartilhada (Ribeiro, 2018; Leitão, 2020) • prática de ato libidinoso na presença de crianças (Carabellese *et al.*, 2011; Smallbone; McCabe, 2003) • uso problemático de álcool por parte do cuidador (Batista, 2015) • insalubridade psicológica por problemas de saúde mental do cuidador (Garcia *et al.*, 2015) • conflitos de lealdade & formação de alianças, colusões e triangulações com um dos genitores (Barbosa *et al.*, 2021; Silva; Chapadeiro, 2019)

DIMENSÃO DOS MELHORES INTERESSES	ASPECTO	
	Positivo	Negativo
Integridade Neurocognitiva (*Melhores Interesses Contextuais*)	• estímulo à autonomia psicomotora (Cruz; Della Cruz, 2019)	• práticas de "educação severa" (Berthelon *et al.*, 2020)

Fonte: o autor

É de fundamental importância que o exercício de capturar e analisar os fatores de risco e proteção sempre dialogue com a perspectiva da criança/adolescente. Muitas/os profissionais questionam qual é a melhor forma de "ouvir a criança", especialmente crianças em tenra idade. Mendes e Ormerod (2024) já apontaram a dificuldade dos atores jurídicos (em especial os não psicossociais) em reconhecer e dar lugar à perspectiva de crianças que ainda não têm a fala bem desenvolvida. Inicialmente, é importante reforçar que crianças, desde o nascimento, são seres complexos que possuem subjetividade e, portanto, apresentam diversas formas de comunicação que não a oral. Assim, crianças em tenra idade podem se comunicar por meio de comportamentos não orais e, em situações de risco e vulnerabilidade, por meio de sintomas como enurese, regressão comportamental, agressividade e problemas alimentares (Berthelon *et al.*, 2020; Fabricius *et al.*, 2012; Holt *et al.*, 2008; Zabern; Bouteyre, 2018). Nesse sentido, é importante colher informações sobre o desenvolvimento da criança em diversos contextos (por exemplo, com psicólogas/os, educadores, profissionais de saúde) e também a partir da observação dela em interação com seus cuidadores (Mendes *et al.*, 2020).

Destaca-se também que muitas/os profissionais fazem uso retórico do PMICA como se este fosse "o melhor interesse da vontade" (ou seja, quando é conveniente para os interesses e expectativas dos adultos, advoga-se pela escuta e legitimação da fala da criança/adolescente). Ouvir a criança/adolescente, acolher e legitimar sua fala não é, necessariamente, fazer o que ela quer/deseja. Há também situações nas quais a defesa de qualquer aspecto do caso (por exemplo, ficar ou não com o genitor A ou B; mudar-se ou não de cidade; manter ou interromper a convivência parento-filial) é sempre justificada em nome dos "melhores interesses da criança/adolescente", mas tal defesa não ultrapassa a argumentação retórica — ou seja, não são explorados os pormenores que, de fato, indicam que aquele aspecto atende aos melhores interesses da criança/adolescente em questão (Mendes; Ormerod, 2024).

CONSIDERAÇÕES FINAIS

Esta publicação é inédita em Língua Portuguesa, pois não só oferece um panorama sócio-histórico do PMICA, como também apresenta uma ferramenta prática para auxiliar os profissionais psicossociais a focarem os melhores interesses da criança e do adolescente — uma das grandes dificuldades apontadas por esses profissionais quando questionados sobre a operacionalização desse princípio, especialmente em casos com alegações de alienação parental. Como observado, o PMICA é multideterminado e exige, de início, uma visão complexa e sistêmica sobre a criança ou adolescente, seu desenvolvimento e suas inter-relações com contextos relacionais mais próximos e mais amplos.

Embora a Matriz dos Melhores Interesses tenha sido inicialmente desenvolvida para casos de disputa de guarda e convivência, frequentemente associados às Varas de Família ou às Varas que tratam de questões familiares, sua aplicação pode se estender a qualquer profissional psicossocial que trabalhe com o foco nos melhores interesses. Isso inclui profissionais atuantes nas Varas da Infância e da Juventude e no Sistema de Proteção (CRAS, CREAS, Conselho Tutelar etc.). Além disso, operadores do Direito, como juízes, promotores e advogados, também podem se beneficiar dessa ferramenta para aprimorar sua prática com foco nos melhores interesses.

É importante destacar que, em contextos de disputa de guarda, especialmente quando há alegações de alienação parental, a Matriz pode ajudar a evitar interpretações precipitadas e simplistas. A alienação parental é um tema complexo que pode ser mal interpretado como um sinal de desinteresse ou descuido por parte de um dos genitores, quando, na verdade, pode estar relacionado a fatores de desenvolvimento normais em situações de separação e de dinâmicas parento-filiais complexas. Assim, a Matriz proporciona uma abordagem mais detalhada e contextualizada, ajudando a diferenciar entre sinais de alienação parental e crises de desenvolvimento típicas em situações de separação conjugal.

Embora a Matriz ainda não tenha sido testada em larga escala, o feedback de profissionais psicossociais que participaram de cursos e workshops sobre a ferramenta indica não só a sua utilidade, mas também a sua viabilidade para a prática desses profissionais. A aplicação da Matriz pode ser uma contribuição significativa para assegurar que os melhores interesses da criança e do adolescente sejam priorizados, oferecendo uma visão abrangente e fundamentada que considera tanto os fatores de risco quanto os de proteção em contextos complexos de disputa de guarda e convivência.

REFERÊNCIAS

ALANEN, L. Explorations in generational analysis. *In*: ALANEN, L.; MAYALL, B. (ed.). **Conceptualizing child-adult relations**. Abingdon: Routledge Falmer, 2001, p. 11–22.

ALJAGHOUB, H. *et al*. Comparative analysis of various oxygen production techniques using multi-criteria decision-making methods. **International Journal of Thermofluids**, v. 17, p. 100261, 2023.

ARIÈS, P. **História social da criança e da família**. 2. ed. Rio de Janeiro: Editora LTC, 1981.

AVALLE, D. S. *et al*. How efficacious is Building Family Bridges? What the legal and mental health fields should know about Building Family Bridges and "parental alienation". **Journal of Family Trauma, Child Custody & Child Development**, v. 19, n. 3–4, p. 402–416, 2022.

BARBOSA, L. D. P. G.; MENDES, J. A. A.; JURAS, M. M. Dinâmicas disfuncionais, disputa de guarda e alegações de alienação parental: uma compreensão sistêmica. **Nova Perspectiva Sistêmica**, São Paulo, v. 30, n. 69, p. 78–95, 2021.

BATISTA, A. P. Alcoolismo paterno e práticas educativas. **Revista PsicoFAE**: Pluralidades em Saúde Mental, v. 4, n. 1, p. 49–60, 2015.

BERMAN, P.; WEISINGER, E. Parental alienation vs coercive control: controversial issues and current research. **Journal of Family Trauma, Child Custody & Child Development**, v. 19, n. 3–4, p. 214–229, 2022.

BERTHELON, M. *et al*. Harsh parenting during early childhood and child development. **Economics & Human Biology**, v. 36, p. 100831, 2020.

BRADLEY, K. R. Images of childhood in classical antiquity. *In*: FASS, P. S. (ed.). **The Routledge History of Childhood in the Western World**. Abingdon: Routledge, 2013, p. 17–38.

BRASIL. Secretaria Especial de Direitos Humanos. Situação Irregular X Proteção Integral: o choque de paradigmas. *In*: BRASIL. Secretaria Especial de Direitos Humanos. **Socioeducação**: estrutura e funcionamento da comunidade educativa. Presidência da República, 2004, p. 12–29. Disponível em: http://ens.ceag.unb.br/sinase/ens2/images/Biblioteca/Livros_e_Artigos/material_curso_de_formacao_da_ens/Socioeducacao.pdf. Acesso em: 5 set. 2024.

CARABELLESE, F. *et al.* The role of fantasy in a serial sexual offender: a brief review of the literature and a case report. **Journal of Forensic Sciences**, v. 56, n. 1, p. 256–260, 2011.

CRUZ, V. E.; DELLA CRUZ, G. T. O método Montessori e a construção da autonomia da criança na educação infantil. **Caderno Intersaberes**, v. 8, n. 15, 2019.

CUSTER, L. B. The origins of the doctrine of parens patriae. **Emory Law Journal**, v. 27, n. 1, p. 195–208, 1978.

FABRICIUS, W. V. *et al.* Parenting time, parent conflict, parent-child relationships, and children's physical health. *In*: KUEHNLE, K.; DROZD, L. (ed.). **Parenting Plan Evaluations**: applied research for the Family Court. Oxford: Oxford University Press, 2012, p. 188–213.

FERRARO, J. M. Childhood in medieval and early modern times. *In*: FASS, P. S. (ed.). **The Routledge History of Childhood in the Western World**. Abingdon: Routledge, 2003, p. 62–77.

FERREIRA, P. L. Prefácio. *In*: GALVÃO, A. (ed.). **Literacia em Saúde e Autocuidados**: evidências que projetam a prática clínica. Algés: Eurómedice Edições Médicas, 2021, p. 1–4.

GARCIA, A. *et al.* The influence of caregiver depression on children in non-relative foster care versus kinship care placements. **Maternal and Child Health Journal**, v. 19, p. 459–467, 2015.

GLOVER, J. Ethical decision-making guidelines and tools. *In*: HARMAN, L. B.; CORNELIUS, F. (ed.). **Ethical health informatics**: challenges and opportunities. Burlington: Jones & Bartlett Learning, 2017, p. 51–73.

GREENE, S. M. *et al.* Risk and resilience after divorce. *In*: WALSH, F. (ed.). **Normal Family Processes**: Growing Diversity and Complexity. Nova York: The Guilford Press, 2012, p. 102–127.

HOLT, S.; BUCKLEY, H.; WHELAN, S. The impact of exposure to domestic violence on children and young people: a review of the literature. **Child Abuse & Neglect**, v. 32, n. 8, p. 797–810, 2008.

KARBASSI YAZDI, A. *et al.* A decision-support approach under uncertainty for evaluating reverse logistics capabilities of healthcare providers in Iran. **Journal of Enterprise Information Management**, v. 33, n. 5, p. 991–1.022, 2020.

LAURIA, F. G. **A regulamentação de visitas e o princípio do melhor interesse da criança**. Rio de Janeiro: Lumen Juris, 2003.

LEHR-LEHNARDT, R.; GUNN, T. J. What's love got to do with it? (Part II): the best interests of the child in international and comparative law. *In*: JACKSON, T.. (ed.). **The Best Love of the Child: Being Loved and Being Taught to Love as the First Human Right**. Grand Rapids: Eerdmans, 2011, p. 277–316.

LEITÃO, A. C. Guarda compartilhada obrigatória: uma análise crítica sob a perspectiva da violação aos direitos humanos. *In*: OLIVEIRA, C. S. *et al*. (ed.). **Elas na Advocacia**. Porto Alegre: OAB Rio Grande do Sul, 2020, p. 99–124.

LEMOULT, J. *et al*. Meta-analysis: exposure to early life stress and risk for depression in childhood and adolescence. **Journal of the American Academy of Child & Adolescent Psychiatry**, v. 59, n. 7, p. 842–855, 2020.

MAGALHÃES, I. S. de. Entre a casa e o trabalho: a transmissão geracional do feminino. **Psicologia Clínica**, Rio de Janeiro, v. 22, n. 2, p. 227, 2010.

MCGILLIVRAY, A. Childhood in the shadow of Parens Patriae. *In*: GOELMAN, H.; MARSHALL, S. K.; ROSS, S. (ed.). **Multiple lenses, multiple images**: perspectives on the child across time, space, and disciplines. Toronto: University of Toronto Press, 2016, p. 38–72.

MENDES, J. A. de A. *et al*. Who the child should live with? A student decision-making study between Brazil and England. **Estudos e Pesquisa em Psicologia**, Rio de Janeiro, 2024.

MENDES, J. A. de A. **The decision-making process in child custody cases after parental separation**: a cross-cultural study between Brazil and England. 2022. Tese de doutorado não publicada. University of Sussex. Disponível em: https://doi.org/10.13140/RG.2.2.13584.07684. Acesso em: 5 set. 2024.

MENDES, J. A. de A.; BUCHER-MALUSCHKE, J. S. N. F. Destructive divorce in the family life cycle and its implications: criticisms of parental alienation. **Psicologia**: Teoria e Pesquisa, Brasília, v. 33, n. 2, p. 1–8, 2017.

MENDES, J. A. A.; BUCHER-MALUSCHKE, J. S. N. F. Famílias em litígio e o princípio do melhor interesse da criança na disputa de guarda. **Interação em Psicologia**, Curitiba, v. 23, n. 3, p. 392–403, 2019.

MENDES, J. A. de A.; LORDELLO, S. R.; ORMEROD, T. Uma proposta de compreensão bioecológica do princípio dos melhores interesses da criança/adolescente nos casos de disputa de guarda. *In*: MENDES, J. A. de A.; BUCHER-MALUSCHKE, J. S. N. F. (ed.). **Perspectiva sistêmica e práticas em psicologia**: temas e campos de atuação. Curitiba: Editora CRV, 2020, p. 53–78.

MENDES, J. A. de A.; ORMEROD, T. A comparative look at divorce, laws and the best interests of the child after parental separation in Brazil and England. **Revista da Faculdade de Direito UFPR**, Curitiba, v. 66, n. 2, p. 95–126, 2021. Disponível em: http://dx.doi.org/10.5380/rfdufpr.v66i2.74001. Acesso em: 5 set. 2024.

MENDES, J. A. de A.; ORMEROD, T. O princípio dos melhores interesses da criança: uma revisão integrativa de literatura em Inglês e Português. **Psicologia em Estudo**, Maringá, v. 24, p. 1–19, 2019. Disponível em: https://doi.org/10.4025/psicolestud.v24i0.45021. Acesso em: 5 set. 2024.

MENDES, J. A. de A.; ORMEROD, T. Uncertainty in child custody cases after parental separation: context and decision-making process. **Trends in Psychology**, p. 1–28, 2023a.

MENDES, J. A. de A.; ORMEROD, T. C. Making sense out of uncertainty: cognitive strategies in the child custody decision-making process. **Frontiers in Psychology**, v. 15, 2024.

MERCER, J. Are intensive parental alienation treatments effective and safe for children and adolescents? **Journal of Child Custody**, v. 16, n. 1, p. 67–113, 2019.

MEYER, D. R.; CANCIAN, M.; COOK, S. T. The growth in shared custody in the United States: Patterns and implications. **Family Court Review**, v. 55, n. 4, p. 500–512, 2017.

MOURITSEN, F. Child culture: play culture. *In*: MOURITSEN, F.; QVORTRUP, J. (ed.). **Childhood and children's culture**. Odense: University Press of Southern Denmark, 2002, p. 14–42.

NATHAN, B. L. Mixing oil & water: why child-custody evaluations are not meshing with the best interests of the child. **Loyola University Chicago Law Journal**, v. 46, n. 1, p. 865–911, 2015.

PEREIRA, S. E. F. N.; SUDBRACK, M. F. O.; MENDES, J. A. de A. Redes sociais de adolescentes e os riscos de envolvimento com o tráfico de drogas. *In*: LIMA, A. O.; ANDRADE, T. A.; CUNHA, U. C. (ed.). **Juventudes**: pesquisas e campos de atuação. Curitiba: Editora CRV, 2020, p. 81–100.

POLETTO, M.; KOLLER, S. H. Contextos ecológicos: promotores de resiliência, fatores de risco e de proteção. **Estudos de Psicologia**, Campinas, v. 25, p. 405–416, 2008.

RIBEIRO, M. L. **Guarda compartilhada**: vivência de mulheres. 2018. Dissertação (Mestrado em Psicologia) — Universidade de Brasília, Brasília, 2018.

RÖDER, B. Prehistoric households and childhood: growing up in a daily routine. *In*: CRAWFORD, S.; HADLY, D. M.; SHEPHERD, G. (ed.). **The Oxford Handbook of the Archaeology of Childhood**. Oxford: Oxford University Press, 2018, p. 123–147.

RUTTER, M. Resilience in the face of adversity: protective factors and resistance to psychiatric disorder. **British Journal of Psychiatric**, v. 147, n. 6, p. 598–611, 1985.

SANT'ANA, L.; REIS, S. A Crueldade animal como possível indicador de violência doméstica. De que forma a medicina veterinária pode contribuir. **Revista Científica de Medicina Veterinária – MedVep**, v. 15, n. 46, p. 79–86, 2020.

SILVA, L. D. L. D.; CHAPADEIRO, C. A.; ASSUMPÇÃO, M. C. O exercício da parentalidade após a dissolução conjugal: uma revisão integrativa. **Pensando Famílias**, v. 23, n. 1, p. 105–120, 2019.

SILVA, M. **Problemas emocionais/comportamentais em pré-escolares**: associação com indicadores de saúde mental e estilo parental. 2019. Dissertação (Mestrado em Psicologia) — Universidade Presbiteriana Mackenzie, São Paulo, 2019.

SMALLBONE, S. W.; MCCABE, B. A. Childhood attachment, childhood sexual abuse, and onset of masturbation among adult sexual offenders. **Sexual Abuse**: A Journal of Research and Treatment, v. 15, p. 1–9, 2003.

SWARTZ, N. P. A judicial appraisal on the best interest of the child standard with regard to custody and access decisions on divorce: a constitutional developmental imprint. **Journal of Social Science Research**, v. 11, n. 2, p. 2.401–2.414, 2017.

THOMAS, N. **Children's rights**: policy into practice. Lismore: Centre for Children and Young People, Southern Cross University, 2011.

VELADO, I. L. La persistencia del patriarcado: análisis sociolegal sobre la desinstitucionalización de la familia nuclear patriarcal y la evolución de la opresión de las mujeres en el siglo XXI. **IgualdadES**, v. 3, n. 5, p. 427–459, 2021.

WOLFF, L. Childhood and the Enlightenment: the complications of innocence. *In*: FASS, P. S. (ed.). **The Routledge History of Childhood in the Western World**. Abingdon: Routledge, 2013, p. 78–99.

WURTZ, J. **Childhood as a philosophical means to a political end**: liberalism, stability, and the deficiency model of childhood. 2020. Tese (Doutorado em Filosofia) — University of Memphis, Memphis. Disponível em: https://bit.ly/3xkvl5c. Acesso em: 24 set. 2024.

ZABERN, A.; BOUTEYRE, E. Leading protective factors for children living out of home: a literature review. **Child & Family Social Work**, v. 23, n. 2, p. 324–335, 2018.

INTERVENÇÃO PSICOSSOCIAL CRÍTICA EM CASOS COM ALEGAÇÃO DE "ALIENAÇÃO PARENTAL": PROPOSIÇÃO DE PRINCÍPIOS

Josimar Antônio de Alcântara Mendes
Marília Lobão Ribeiro

INTRODUÇÃO

Este livro teve como objetivo oferecer uma análise crítica, ética e técnico-científica sobre a aplicação dos pressupostos de alienação parental no Brasil, abrangendo as perspectivas do Direito, da Psicologia e do Serviço Social. A obra buscou fornecer um referencial ético e técnico-científico para profissionais dessas áreas, com o intuito de repensar práticas e propor alternativas mais robustas e coerentes para a resolução de disputas familiares, com foco na preservação dos direitos humanos e dos melhores interesses de crianças e adolescentes.

A Parte I do livro, "Aspectos genealógicos, científicos e éticos para uma visão crítica sobre alienação parental", explorou o surgimento da teoria de Alienação Parental (AP) no Brasil e suas implicações no sistema jurídico, destacando suas limitações técnico-científicas. Também foram analisados os impactos negativos da AP no processo de tomada de decisão e na aplicação do Princípio dos Melhores Interesses da Criança/Adolescente, além de discutir criticamente a atuação de profissionais do Serviço Social em casos com alegação de alienação parental, abordando questões éticas, políticas e desafios da perícia social. Essa parte também examinou a reforma do Código Civil e os pervasivos estereótipos de gênero vinculados à Lei de Alienação Parental (LAP).

Na Parte II, "Impactos psicossociais e jurídicos de uma visão acrítica sobre alienação parental", os danos causados pela aplicação acrítica da LAP foram detalhados, com foco na importância de uma rede de proteção integrada e atenta aos possíveis riscos de revitimização, quando da utilização dos pressupostos de alienação parental em casos com suspeita de violência sexual. Essa parte abordou também as vulnerabilidades de crianças, adolescentes e mulheres em processos de disputas de guarda, o uso problemático do depoimento especial em casos com conflitos familiares, e uma análise feminista crítica sobre difusão da AP nas Américas. Por fim, abordou-se a mobilização dos movimentos sociais maternos pela revogação da LAP no Brasil.

A Parte III, "Da necessidade de uma visão crítica sobre alienação parental: implicações psicossociais e jurídicas", apresentou alternativas à visão tradicional da AP, criticando os desafios impostos pela LAP à política infantojuvenil e questionando a real intenção por trás das disputas de guarda e convivência (as quais tendem a gravitar em torno das questões e dos interesses dos adultos, e não das crianças/adolescentes). Abordou-se também a litigância feminista estratégica para combater as alegações de alienação parental e o papel da Defensoria Pública nesses casos. Os capítulos finais discutiram a inadequação da AP em processos de subtração internacional, e propuseram intervenções psicossociais preventivas, além de ferramentas focadas nos "Melhores Interesses" de crianças/adolescentes.

As reflexões apresentadas neste livro evidenciam, de forma incontornável, a necessidade de estabelecer princípios para uma intervenção psicossocial crítica em casos com alegações de "alienação parental", especialmente na condução de "Estudos Psicossociais". É igualmente importante considerar os processos de gestão, coordenação e definição do embasamento teórico dos serviços psicossociais judiciários nesses casos. Sem uma abordagem crítica, a atuação de psicólogas/os e assistentes sociais nesses casos corre o risco de se alinhar a uma visão linear, reducionista e que perpetua a opressão das mulheres na sociedade e vulnerabiliza crianças e adolescentes — como visto ao longo deste livro.

Vale destacar que o Brasil é o único país do mundo que criou e ainda mantém uma lei específica sobre "alienação parental", apesar de o Estatuto da Criança e do Adolescente (ECA) e outras normativas já garantirem o direito à convivência familiar e combaterem possíveis abusos do Poder Familiar — como também já discutido neste livro. Descontextualizar a existência e a aplicação dessa lei, ignorando, assim, as assimetrias de gênero no Brasil e as lutas das mulheres por seus direitos, resulta em uma visão limitada sobre as origens e consequências políticas dessa legislação.[99] Como discutido ao longo deste livro, a LAP silencia mulheres, gera medo em mães que suspeitam que seus filhos possam ser vítimas de violência por parte dos pais, e fornece aos homens

---

99   Não é possível realizar uma análise crítica da LAP sem situar seu surgimento no contexto das mudanças sociais ocorridas no Brasil na segunda metade do século passado e nos primeiros anos deste. Esse período foi marcado por uma série de conquistas de direitos das mulheres no âmbito doméstico, iniciando com o Estatuto da Mulher Casada (Lei n.º 4.121/1962), que garantiu às mulheres mais liberdades, como o direito de trabalhar sem a autorização do marido. Posteriormente, a Lei do Divórcio (Lei n.º 6.515/1977) e a Constituição Federal de 1988, que aboliu o pátrio poder exclusivo dos homens, consolidaram mudanças significativas nos direitos das mulheres no país.

um instrumento para mascarar atos de violência e condutas disfuncionais que afetam crianças e adolescentes.

Diante dessas reflexões, este capítulo tem como objetivo propor princípios para uma atuação psicossocial crítica em relação aos pressupostos de alienação parental, com foco nos contextos clínico, nos estudos psicossociais e na gestão judiciária. As considerações e proposições que se seguem são fundamentadas nas discussões apresentadas pelas/os colegas autoras/es dos capítulos desta obra, bem como na ampla experiência destes editores no atendimento clínico de crianças, adolescentes, adultos e famílias, além da experiência em perícia judicial, assistência técnica e atuação como parecerista. No caso da segunda autora, essas reflexões também se apoiam em sua experiência na criação e gestão de serviços psicossociais jurídicos de excelência.

1. REFLEXÕES PARA A PRÁTICA CLÍNICA

1.1. Psicoterapia infantojuvenil

Na prática clínica, as alegações de "alienação parental" podem surgir de várias formas. Em psicoterapia infantojuvenil, isso frequentemente aparece nas falas das crianças/adolescentes, seja pela rejeição manifesta em relação a um dos genitores, relatos de violência, ou pela ênfase nos aspectos negativos de um deles. Essas questões também podem ser trazidas por um dos genitores, que muitas vezes chega com uma "demanda pronta" para a/o profissional (Maciel; Mendes; Barbosa, 2021; Sousa; Souza, 2021). Nesses casos, é crucial que a/o psicoterapeuta compreenda que a fala da criança/adolescente reflete sua vivência subjetiva, possivelmente relacionada à experiência de um dos genitores ou à complexa dinâmica relacional entre ambos (Barbosa; Mendes; Juras, 2021). Assim, a psicoterapia infantojuvenil, nesses casos, deve focar o contexto relacional da criança/adolescente com seus cuidadores — o que pode levar à percepção de melhora na autorregulação e na expressão emocional dos filhos, como resultado de interações de melhor qualidade tanto entre os genitores quanto no subsistema parento-filial (Fiskum *et al.*, 2022).

Nos casos em que há alegações de alienação parental, uma abordagem sistêmica e complexa da situação é essencial (Barbosa; Mendes; Juras, 2021; Maciel; Mendes; Barbosa, 2021; Mendes; Bucher-Maluschke, 2017a). Psicoterapeutas de crianças e adolescentes que fazem orientação parental precisam atender os genitores para obter uma visão ampla do que está ocorrendo. Caso haja denúncia de violência, é necessário convocar toda a família, inclusive aquele membro acusado, e explicar a obrigatoriedade de comunicar o fato às autoridades competentes.

Quando a/o psicoterapeuta não possui a capacitação ou experiência adequada para lidar com a violência intrafamiliar, o encaminhamento para um/a profissional especializado/a é indispensável, sem que isso interrompa o tratamento com a criança/adolescente. A comunicação entre as/os profissionais deve ser mantida, garantindo que a situação seja tratada de forma profissional, coordenada, ética e protetiva, assegurando que as decisões tomadas levem em conta a complexidade do caso, com foco na proteção da criança/adolescente. Dessa forma, a intervenção clínica será realizada de maneira mais completa e integrativa, favorecendo a proteção de todos os envolvidos, particularmente da criança/adolescente (Maciel; Mendes; Barbosa, 2021).

Na prática clínica voltada para a psicoterapia infantojuvenil, é essencial que a/o psicoterapeuta tenha uma visão sistêmica e complexa das dinâmicas familiares, especialmente em casos em que há alegações de "alienação parental" (Maciel; Mendes; Juras, 2021; Mendes; Bucher-Maluschke, 2017a; Sousa; Souza, 2021). No entanto, para além do manejo clínico, é igualmente crucial que a/o profissional atente para os cuidados éticos necessários na atuação nesses casos, principalmente quando solicitado a produzir documentos psicológicos para serem utilizados como provas em processos judiciais.

A produção de documentos psicológicos sem embasamento técnico-científico adequado, com opiniões sobre pessoas e dinâmicas não observadas ou atendidas diretamente, configura uma conduta inadequada e pode gerar graves consequências no contexto judicial e também nas Comissões de Ética dos Conselhos Regionais de Psicologia. Psicólogas/os clínicas/os, por vezes, são pressionadas/os por mães, pais ou advogados a fornecer relatórios que possam fortalecer uma das partes em disputas de guarda e convivência. No entanto, conforme orientado pelo Conselho Federal de Psicologia (CFP), a produção desses documentos deve sempre seguir princípios de imparcialidade, fundamentação técnica e cientificamente adequada, bem como ser redigida de maneira clara e acessível, sem recorrer a "psicologuês" ou senso comum (Sousa, 2021a; Sousa; Souza, 2021).

Infelizmente, é recorrente que documentos psicológicos utilizados como provas técnicas sejam produzidos por profissionais que atuam em consultórios privados, muitas vezes sem o devido conhecimento técnico necessário para lidar com as complexidades jurídicas e familiares envolvidas. Isso ocorre frequentemente em atendimentos iniciais, antes mesmo que a/o psicoterapeuta tenha uma compreensão abrangente do caso (Maciel; Mendes; Barbosa, 2021; Sousa; Souza, 2021). Esses documentos, emitidos com base em entrevistas preliminares, podem carecer de uma análise sistêmica e aprofundada das relações familiares e podem reforçar vieses inconscientes da/o profissional. Tal prática não só compromete a qualidade técnica do trabalho da/o psicoterapeuta como também pode intensificar os conflitos familiares, em vez de contribuir para sua resolução de forma robusta e ética.

Além disso, há registros de representações éticas nos Conselhos Regionais de Psicologia e até processos judiciais movidos contra psicólogas/os clínicas/os por denunciação caluniosa e/ou danos morais, decorrentes da emissão de documentos psicológicos parciais e tendenciosos (Maciel; Mendes; Barbosa, 2021; Sousa; Souza, 2021). Isso mostra a gravidade das consequências de produzir documentos sem rigor técnico-científico, principalmente quando se emitem pareceres sobre pessoas ou situações não acompanhadas diretamente, apenas para reforçar os pressupostos de alienação parental. É indispensável que a/o psicoterapeuta tenha clareza de seu papel e limites de atuação, não devendo tomar partido de um dos genitores.

Nesse sentido, é fundamental que a/o psicoterapeuta busque capacitação para lidar com questões que estão na interface entre Psicologia Clínica e Justiça, ou, se necessário, encaminhe a pessoa para profissionais especializadas/os em Psicologia Jurídica ou Direito de Família, a fim de garantir que a abordagem clínica seja tecnicamente embasada e ética. Afinal, o compromisso com a ética é indispensável para a manutenção da integridade da prática psicológica e para a promoção do bem-estar das crianças e adolescentes envolvidos.

1.2. Psicoterapia individual de adulto

Na psicoterapia individual de adultos, o tema da alienação parental pode surgir de duas maneiras: o/a cliente pode estar sendo acusado/a de alienação parental ou acusar o/a outro/a genitor/a de praticá-la. Em ambos os casos, a/o psicoterapeuta deve questionar o significado subjetivo da situação para a/o cliente e manter abertas múltiplas possibilidades existenciais, mesmo quando o relato parece coerente (Maciel; Mendes; Barbosa, 2021). É essencial que a/o terapeuta investigue se o cliente está adotando uma visão complexa e sistêmica da situação ou uma leitura linear, que tende a colocar os envolvidos nos papéis de "vilão" e "vítima".[100]

---

[100] Excetuando-se os casos de violência doméstica, nos quais, devido à pervasiva desigualdade de gênero, misoginia e estereótipos de gênero dentro e fora do Judiciário, as mulheres são, por definição, "vítimas".

Nesse sentido, a/o terapeuta deve guiar a/o cliente para refletir sobre a dinâmica das relações envolvidas e ajudá-la/o a explorar as múltiplas possibilidades presentes, incluindo a sua própria responsabilidade dentro daquele contexto. Também é importante que a/o terapeuta analise a história do relacionamento ou casamento desfeito,[101] o significado de paternidade e maternidade para a/o cliente e a forma como ela/e percebe o papel do/a outro/a genitor/a (Maciel; Mendes; Barbosa, 2021; Mendes; Bucher-Maluschke, 2017a). A qualidade do vínculo com as/os filhas/os deve ser explorada, assim como qualquer possível indício de violência, seja contra a criança ou a mãe. Além disso, uma intervenção psicoeducativa[102] é crucial para ajudar os genitores a refletirem sobre os impactos negativos do conflito coparental no desenvolvimento psicoemocional das/os filhas/os.

Quando o/a cliente é acusado/a de ser "alienador/a", a/o psicoterapeuta deve investigar cuidadosamente a qualidade dos vínculos estabelecidos com as/os filhas/os, verificando se há padrões relacionais disfuncionais que possam comprometer o relacionamento com o/a outro/a genitor/a (Barbosa; Mendes; Juras, 2021) e, diante disso, oferecer as orientações necessárias para a preservação dos melhores interesses da criança/adolescente em questão. Além disso, a/o terapeuta deve explorar como a/o cliente lida com frustrações e eventuais situações de violência, especialmente nas interações com o/a genitor/a que faz a acusação. Também se deve investigar a própria história familiar e parento-filial da/o cliente e de que forma isso se espelha ou não no atual contexto das alegações de alienação parental.

Por fim, as dificuldades no exercício do papel parental, frequentemente relatadas na clínica individual, conjugal e familiar, estão entre as principais queixas apresentadas por clientes, conforme destacam Maciel, Mendes e Barbosa (2021). Tais dificuldades, que muitas vezes se agravam após a separação, exigem uma abordagem sistêmica que leve em consideração as relações familiares

---

[101] Mas não apenas do ponto de vista descritivo (ou de "fofoca para o Juiz"), mas também de uma análise mais profunda: como os eventos e a história daquela família e do ex-casal se conectam com a demanda atual e a disfuncionalidade presente? Além disso, de que maneira esses fatos e dinâmicas podem, ou não, prejudicar os melhores interesses da criança/adolescente envolvido?

[102] A "psicoeducação" é uma abordagem terapêutica que combina aspectos educativos e psicológicos, visando fornecer informações/orientações e desenvolver habilidades para lidar com questões emocionais e comportamentais. Seu objetivo é promover o entendimento e a gestão de dificuldades relacionadas à saúde biopsicossocial, com foco no fortalecimento de estratégias funcionais de enfrentamento. No contexto da disputa de guarda e convivência, a psicoeducação pode ser aplicada para ajudar os genitores a compreenderem os impactos emocionais da separação sobre si mesmos e seus filhos. Essa intervenção pode facilitar o desenvolvimento de habilidades de comunicação, gestão de conflitos e coparentalidade saudável, promovendo um ambiente de convivência mais equilibrado e focado no bem-estar das crianças/adolescentes.

como um todo, incluindo o contexto de origem dos genitores e a formação do ex-casal (Barbosa; Mendes; Juras, 2021; Maciel; Mendes; Barbosa, 2021; Mendes; Bucher-Maluschke, 2017a).

2. REFLEXÕES PARA A CONDUÇÃO DE ESTUDOS PSICOSSOCIAIS

No Brasil, a noção e definição de "Estudo Psicossocial" em casos de disputa de guarda e convivência é marcada por inconsistências, com pouca clareza legislativa sobre o que constitui esse estudo e qual sua finalidade específica. Essa falta de padronização reflete-se em concepções e práticas institucionais e profissionais que variam amplamente entre os tribunais estaduais e as/os próprias/os profissionais envolvidos. Em muitos tribunais, esse estudo é realizado de forma separada: o "Estudo Psicológico" feito por psicólogas/os e o "Estudo Social" feito por assistentes sociais — evidenciando a ausência de uma abordagem uniforme e integrada. Dada a formação e a experiência destes autores (e também o respeito à autonomia e especificidade do Serviço Social), as nossas considerações concentrar-se-ão na prática das/os profissionais da Psicologia. De todo modo, entendemos que as reflexões postas aqui podem inspirar e fomentar discussões e reflexões importantes para as/os colegas do Serviço Social, especialmente considerando o projeto político dessa área e o seu referencial teórico hegemônico.

2.1. Reflexões para o psicólogo perito, assistente técnico e parecerista

A Nota Técnica n.º 4/2022 do Conselho Federal de Psicologia (CFP) tem como objeto a reflexão crítica sobre os impactos da LAP na atuação das/os psicólogas/os. Ela visa orientar a prática profissional, enfatizando a necessidade de uma abordagem técnico-científica e ética nas avaliações psicológicas em contextos judiciais que envolvem disputas familiares. A nota alerta sobre os riscos do uso indiscriminado do termo "alienação parental" e seus efeitos prejudiciais, especialmente em processos que podem ocultar violências e abusos. Ela ressalta que a atuação das/os psicólogas/os deve ser embasada em estudos científicos robustos, evitando a reprodução de estereótipos de gênero e a judicialização excessiva das dinâmicas familiares. Além disso, reforça a importância de proteger os direitos das crianças e adolescentes e garantir que seus melhores interesses sejam priorizados em todos os casos.

Com base nessa nota, analisaremos os papéis da/o psicóloga/o perita/o, que assessora a Justiça por meio de avaliações imparciais e embasadas cientificamente; da/o assistente técnica/o, que questiona tecnicamente as avaliações e atua em defesa do contraditório; e da/o parecerista, que complementa as análises periciais ou também questiona tecnicamente as avaliações, sempre atuando com base nos princípios técnico-científicos e éticos da Psicologia.

Nos casos que envolvem alegações de alienação parental, a atuação da/o psicóloga/o perita/o, assistente técnica/o e parecerista deve ser complexa e crítica, sustentada por sólidos princípios éticos e técnico-científicos. Cada profissional desempenha papéis distintos e complementares no processo judicial, sendo fundamental que suas ações estejam em conformidade com as normativas do Conselho Federal de Psicologia (CFP) e atendam às demandas sociais, conforme enfatizado pela Nota Técnica n.º 4/2022 do CFP.

A/O psicóloga/o perita/o é designada/o pelo Juízo para realizar uma avaliação psicológica que apoie a/o magistrada/o na tomada de decisões. Segundo a Nota Recomendatória n.º 1/2011 (CRP/RJ), a/o perita/o é responsável por elaborar um laudo psicológico, embasado em um referencial técnico-científico, para responder de maneira imparcial às questões levantadas pela Justiça. A atuação da(o) perita(o) deve seguir rigorosamente as Resoluções 8/2010,[103] 6/2019[104] e 31/2022[105] do CFP, que exigem rigor técnico-científico e ético na condução de processos avaliativos e produção de documentos escritos, garantindo que a avaliação considere múltiplas dimensões e evite abordagens reducionistas.

Nos laudos, a/o perita/o não deve emitir opiniões pessoais ou realizar julgamentos morais, nem se envolver diretamente nas decisões judiciais, que são de responsabilidade exclusiva da/o magistrada/o.[106] Shine (2010) alerta que laudos excessivamente descritivos ou opinativos e sem embasamento teórico-científico comprometem a objetividade e neutralidade do trabalho pericial. Conforme observado em nossa experiência, laudos que reforçam os pressupostos de alienação parental

---

[103] A Resolução CFP n.º 8/2010 dispõe sobre a atuação do psicólogo como perito e assistente técnico no Poder Judiciário. Acesso: https://site.cfp.org.br/wp-content/uploads/2010/07/resolucao2010_008.pdf.

[104] A Resolução CFP n.º 6/2019 institui regras para a elaboração de documentos escritos produzidos pela/o psicóloga/o no exercício profissional. Acesso: https://atosoficiais.com.br/cfp/resolucao-do-exercicio-profissional-n-6-2019-institui-regras-para-a-elaboracao-de-documentos-escritos-produzidos-pela-o-psicologa-o-no-exercicio-profissional-e-revoga-a-resolucao-cfp-no-15-1996-a-resolucao-cfp-no-07-2003-e-a-resolucao-cfp-no-04-2019?q=006/2019.

[105] A Resolução CFP n.º 31/2022 estabelece diretrizes para a realização de Avaliação Psicológica no exercício profissional da psicóloga e do psicólogo e regulamenta o Sistema de Avaliação de Testes Psicológicos (SATEPSI). Acesso: https://atosoficiais.com.br/cfp/resolucao-do-exercicio-profissional-n-31-2022-estabelece-diretrizes-para-a-realizacao-de-avaliacao-psicologica-no-exercicio-profissional-da-psicologa-e-do-psicologo-regulamenta-o-sistema-de-avaliacao-de-testes-psicologicos-satepsi-e-revoga-a-resolucao-cfp-no-09-2018.

[106] Art. 7º – Em seu relatório, o psicólogo perito apresentará indicativos pertinentes à sua investigação que possam diretamente subsidiar o Juiz na solicitação realizada, reconhecendo os limites legais de sua atuação profissional, **sem adentrar nas decisões, que são exclusivas às atribuições dos magistrados** (Resolução CFP n.º 8/2010, grifo nosso).

tendem a carecer de robustez técnico-científica, baseando-se frequentemente em práticas e concepções pouco estruturadas que favorecem o "diagnóstico" de alienação parental, sem priorizar os melhores interesses da criança ou adolescente.

A questão da/o "perita/o pistoleira/o" (Shine, 2010), que atua de forma tendenciosa a favor de uma das partes, é um exemplo de prática antiética que coloca em risco a integridade da perícia e compromete a proteção dos melhores interesses da criança/adolescente. Também de acordo com nossa experiência, várias/os psicólogas/os peritas/os, entorpecidas/os pelos pressupostos de alienação parental, chegam até a perder o bom senso — *e.g.*, em um Laudo que atestava "alienação parental", a perita referiu falas de terceiros que chamavam a genitora de "interesseira", "muito mercenária" e "arrogante" (sem contextualizar e/ou criticar tais rótulos; essas falas foram indicadas apenas para dar mais robustez à desqualificação pervasiva da genitora no Laudo).

A atuação da/o psicóloga/o perita/o deve ser guiada pelos melhores interesses da criança/adolescente, reconhecendo a complexidade das dinâmicas familiares e evitando interpretações simplistas das alegações de alienação parental (Barbosa; Mendes; Juras, 2021; Mendes; Bucher-Maluschke, 2019; Mendes; Lordello; Ormerod, 2020). A Nota Técnica n.º 4/2022 do CFP reforça que as/os psicólogas/os precisam contextualizar as demandas de alienação parental dentro de uma análise ampla, considerando fatores sociais, culturais e de gênero, além de proteger a criança/adolescente de qualquer forma de violência ou abuso, mesmo que disfarçados por disputas judiciais e/ou "boas intenções" (como o uso inadequado e descontextualizado de "depoimento especial").

Há ainda um outro complicador para a atuação da/o psicóloga/o perita/o: peritas/os *ad hoc*. Nos últimos anos, tem-se observado a precarização dos serviços periciais junto às Varas de Família, posto que os tribunais têm privilegiado a formação de cadastro de peritas/os *ad hoc* ao invés de investir na contratação e formação de peritas/os serventuárias/os. O grande problema desse processo é que, em todo o país, o único requisito para o ingresso nesses cadastros é ter um diploma de graduação na área de conhecimento relevante e um registro ativo junto ao conselho de classe. Isso faz com que, especialmente no campo da Psicologia, a maioria das/os profissionais nesses cadastros careça da formação ética e técnico-científica necessária para a atuação nesses casos — ou seja: são peritas/os sem *expertise* (Sousa; Souza, 2023).

Essa realidade é extremamente preocupante, pois ainda que não considerássemos a complexidade desses casos ou a primazia do "princípio dos melhores interesses", a atuação sem *expertise* dessas/es profissionais (portanto, uma prestação infiel dessas/es peritas/os) já constituiria um problema. Sabe-se que o processo de tomada de decisão sobre guarda e convivência é extremamente complexo e incerto (Mendes; Ormerod, 2023), e isso leva os atores jurídicos envolvidos (*e.g.*, juízas/es, promotoras/es, advogadas/os, psicólogas/os e assistentes sociais) a aplicar estratégias cognitivas que auxiliem na compreensão e operação em contextos de incerteza (Mendes, 2022). Dessa forma, a falta de uma base teórica e técnico-científica adequada por parte dessas/es "peritas/os sem *expertise*" pode complexificar ainda mais esse contexto, deixando esses atores jurídicos suscetíveis a estratégias cognitivas disfuncionais que simplificam excessivamente a complexidade dos casos e/ou limitam a visão do Juízo sobre os melhores interesses em jogo — e, consequentemente, a ação e avaliação dos operadores do Direito (Mendes; Ormerod, 2024). Em última instância, isso coloca crianças/adolescentes e seus melhores interesses em risco.

A/O psicóloga/o assistente técnica/o é contratada/o por uma das partes envolvidas no processo judicial, com a função de garantir o direito ao contraditório. Conforme a Nota Técnica do CRP/09, o assistente técnico deve avaliar criticamente o Laudo produzido pela/o perita/o, assegurando que a avaliação psicológica foi conduzida de forma ética e técnica. Embora não realize a avaliação direta da criança/adolescente — uma atribuição exclusiva do perito —, a/o assistente técnica/o propõe quesitos e questiona os procedimentos adotados durante a perícia.[107]

O papel da/o assistente técnica/o é muitas vezes mal compreendido, sendo equivocadamente visto como um "*ghostwriter*"[108] especializado em defender os interesses de quem o contrata. No entanto, a verdadeira função da/o assistente técnica/o é analisar se a/o perita/o utilizou o conhecimento e a metodologia reconhecida pela ciência psicológica para chegar às conclusões apresentadas no Laudo, verificando a coerência entre o conhecimento científico, os dados colhidos e a análise desses

---

107 Nesse tocante, estes autores apresentam visões divergentes. Muitas vezes, o assistente técnico sentirá a necessidade de conhecer as pessoas envolvidas, podendo entrevistá-las, como o que é previsto no Código de Processo Civil (CPC), no artigo 473 §3º, onde se lê que: "*Para o desempenho de sua função [...] os assistentes técnicos podem valer-se de todos os meios necessários, ouvindo testemunhas, obtendo informações, solicitando documentos que estejam em poder da parte, de terceiros ou em repartições públicas [...]*". Por isso, a segunda autora defende que a/o assistente técnica/o deve verificar se os dados foram coletados de forma adequada, argumentando que, sem observar a interação entre genitora e prole, a/o assistente técnica/o pode não identificar falhas na avaliação da/o perita/o, mesmo que o laudo esteja teoricamente embasado. Contudo, destaca-se a preocupação com a revitimização de crianças/adolescentes expostas a vários profissionais e atendimentos para falar sobre o mesmo assunto — uma consequência da correta proibição do CFP à presença da/o assistente técnica/o nos atendimentos periciais. No entanto, alguns defendem que, quando necessário, a/o assistente técnica/o pode realizar observações de forma protetora, sem perguntas diretas e em ambientes lúdicos.
108 Tradução: "escritor fantasma" se refere a um escritor contratado para criar textos ou conteúdos em nome de outra pessoa, que recebe o crédito pelo trabalho. O *ghostwriter* permanece anônimo, enquanto o contratante assume a autoria pública.

dados. Não é seu papel defender os interesses de quem a/o contrata por meio de interpretações tendenciosas, seja do conhecimento científico, dos dados ou de suas análises.

A postura crítica e ética é essencial para a/o assistente técnica/o, que deve evitar agir como um "segundo advogado" da parte que a/o contrata (Sousa, 2021b). Sua função é complementar à avaliação técnica pericial, sem se comprometer, previamente, a impugnar o Laudo Pericial antes de performar uma análise criteriosa do documento e dos fatos que o ensejam. No nosso entendimento, a/o assistente técnica/o deve guiar-se pelo Princípio dos Melhores Interesses da Criança e Adolescente, assegurando que qualquer intervenção respeite os direitos e necessidades biopsicossociais das crianças e adolescentes envolvidos.[109]

O papel da/o psicóloga/o parecerista, embora menos explorado no Brasil, é de grande relevância em processos judiciais complexos. A/O parecerista pode atuar antes, durante ou após o Estudo Psicossocial, oferecendo análises técnicas que auxiliam os advogados na formulação de estratégias jurídicas ou questionam a validade do Estudo Psicológico realizado pela/o perita/o. Assim como a/o assistente técnica/o, a/o parecerista deve seguir rigorosos princípios éticos, conforme estabelecido pelo Código de Ética Profissional da/o Psicóloga/o. A atuação deve ser imparcial e científica, assegurando que as conclusões sejam baseadas em referencial técnico-científico sólido e evitando a reprodução de estereótipos ou vieses de gênero.

A atuação da/o psicóloga/o parecerista exige um cuidado extremo para evitar que seu trabalho ultrapasse os limites de sua competência, especialmente antes da realização do Estudo Psicossocial. A antecipação de procedimentos e conclusões que competem à/ao perita/o pode resultar em uma "perícia antecipada" ou mesmo em uma "perícia parcial" (posto que só houve a escuta de um núcleo familiar), o que não só compromete a integridade ética da atuação profissional, como também pode interferir diretamente no processo judicial em andamento. Essa intervenção precipitada e eticamente equivocada pode invadir a incumbência legal da/o perita/o, responsável pela elaboração do Estudo Psicossocial de forma imparcial e científica. Além disso, tal conduta pode trazer sérias consequências para as crianças e adolescentes envolvidos. Ao interferir no andamento do processo, a atuação inadequada da/o parecerista pode desenca-

---

[109] Por exemplo, o primeiro autor, tanto em suas propostas de Procedimentos e Honorários quanto em seus Contratos de Prestação de Serviços, sempre informa que "embora a natureza dos serviços de 'Assistente Técnico' seja fundada na prerrogativa de que o Assistente Técnico é de confiança da parte contratante (Art. 466, §1º, CPC), é importante destacar que **o foco da atuação deste Assistente Técnico será na compreensão e garantia dos melhores interesses da criança/adolescente em questão**. Nesse sentido, é importante compreender que, em alguns casos, os melhores interesses da criança/adolescente podem não espelhar os interesses e expectativas dos adultos, incluídos os da parte contratante (Mendes; Ormerod, 2019; Mendes; Ormerod; Lordello, 2020)".

dear situações de revitimização, uma vez que múltiplas entrevistas ou escutas de crianças/adolescentes podem levar a um excesso de exposição que, por sua vez, pode causar impactos psicológicos adversos, ampliando o sofrimento das crianças/adolescentes. Portanto, é essencial que a/o parecerista tenha consciência da importância de uma atuação cuidadosa, baseada em princípios éticos e na delimitação clara de suas responsabilidades, para não comprometer o bem-estar das crianças e adolescentes e o andamento justo e equilibrado do processo judicial.

Ao longo desta obra, discutiu-se que a/o profissional deve estar atenta/o para não naturalizar dinâmicas de poder que possam surgir nas disputas familiares, como a tendência de categorizar mães indiscriminadamente como "alienadoras". A/O perita/o, parecerista e assistente técnica/a devem focar a promoção dos melhores interesses da criança/adolescente, garantindo que suas análises contribuam para uma compreensão sistêmica das relações familiares e do bem-estar biopsicossocioemocional da criança/adolescente em questão.

2.1.1. Atuação crítica, ética e técnico-científica em casos com alegações de alienação parental

A Nota Técnica n.º 4/2022 do CFP, bem como os demais capítulos desta obra, enfatizam a importância de uma postura crítica, ética e técnico-científica na condução de casos com alegações de alienação parental. Psicólogas/os que atuam como peritas/os, assistentes técnicas/os ou pareceristas devem contextualizar as demandas dentro de uma análise mais ampla, reconhecendo a complexidade das relações familiares e a necessidade de garantir os direitos da criança/adolescente.

As reflexões éticas discutidas ao longo desta obra evidenciam que os pressupostos de alienação parental são muitas vezes aplicados de forma simplista, desconsiderando a possibilidade de dinâmicas opressivas e abusivas. A Nota Técnica n.º 4/2022 do CFP adverte que o termo "alienação parental" pode ser utilizado de maneira punitiva, sem embasamento científico, comprometendo a resolução de conflitos familiares. Psicólogas/os que lidam com esses casos devem adotar uma postura crítica, sempre guiada pelos princípios éticos da profissão, e evitar contribuir para a judicialização excessiva das relações familiares, favorecendo abordagens extrajudiciais que priorizem a proteção de crianças e adolescentes.

Em última instância, entende-se que as/os psicólogas/os peritas/os, assistentes técnicas/os e pareceristas devem ter como guia os princípios éticos da profissão, os quais, como demonstrado na Tabela 1, são incompatíveis com os pressupostos de alienação parental:

Tabela 1. Princípios éticos do Código de Ética Profissional da/o Psicóloga/o e as violações éticas promovidas pelos pressupostos de alienação parental

Princípio Ético	Violação pelos Pressupostos de Alienação Parental
Princípio I – Atuação para garantir a promoção da liberdade, da dignidade, da igualdade e dos direitos humanos	Os pressupostos de alienação parental podem reforçar discriminação e violência, principalmente contra mulheres, negligenciando a pervasiva vulnerabilidade de mulheres dentro do sistema de justiça. Além de desproteger crianças e adolescentes e promover um ambiente de instabilidade psicoemocional e opressão estrutural
Princípio II – Promoção de saúde e qualidade de vida & Eliminação de quaisquer formas de negligência, discriminação, exploração, violência, crueldade e opressão	Ao reduzir dinâmicas familiares complexas a explicações simplistas e maniqueístas, como "alienador" e "alienado", esses pressupostos podem agravar os conflitos familiares e afetar negativamente a saúde mental das partes envolvidas, especialmente das crianças/adolescentes. Além disso, os pressupostos de "alienação parental" podem ser usados de forma acrítica para perpetuar opressões, especialmente de gênero, negligenciando o impacto social e histórico das disputas familiares e favorecendo relações de poder assimétricas. Além disso, esses pressupostos despotencializam e silenciam, de forma violenta, a perspectiva e voz de crianças e adolesceres, os quais, de acordo com a Doutrina de Proteção Integral, são sujeitos de direitos
Princípio III – Atuação crítica, responsabilidade social e análise histórica, política, econômica, social e cultural	Os pressupostos de "alienação parental" oferecem uma análise superficial e descontextualizada das dinâmicas familiares, desconsiderando fatores históricos, sociais, econômicos e culturais que circundam as alegações de alienação parental, especialmente no que diz respeito às concepções e práticas relativas à infância, juventude, parentalidade e ao capital invisível da maternidade.[110] Essa ausência de uma análise crítica vai de encontro ao princípio ético da Psicologia, que exige uma visão ampliada e comprometida com a responsabilidade social e a promoção dos direitos humanos

---

110 KEUNECKE, A. L. D. da S. O capital invisível investido na maternidade. **Carta Capital**, 3 maio 2019. Disponível em: https://www.cartacapital.com.br/opiniao/o-capital-invisivel-investido-na-maternidade/. Acesso em: 3 out. 2024.

Princípio Ético	Violação pelos Pressupostos de Alienação Parental
Princípio IV – Aprimoramento profissional e baseado em uma Psicologia científica	A "alienação parental" não é reconhecida como uma categoria válida em manuais diagnósticos como o DSM ou CID. Basear-se em uma teoria não científica para fornecer "diagnósticos" viola a obrigação de fundamentar a prática da psicologia em evidências científicas
Princípio V – Promoção do acesso ao conhecimento da ciência psicológica, aos serviços e aos padrões éticos da profissão	Ao adotar pressupostos sem respaldo técnico-científico, como a "Síndrome de Alienação Parental", psicólogas/os arriscam-se a utilizar práticas infundadas, comprometendo o rigor de sua atuação ética e profissional e, assim, aviltando a promoção da ciência psicológica e dos padrões éticos e científicos da Psicologia brasileira
Princípio VI – Zelo pela dignidade da Psicologia	O uso de conceitos sem credibilidade técnico-científica, como "alienação parental", pode prejudicar a reputação da Psicologia como ciência e profissão, minando a confiança pública na atuação ética e científica das/os profissionais psicólogas/os
Princípio VII – Considerar, de forma crítica, as relações de poder nos contextos de atuação profissional e os impactos dessas relações sobre essa atuação	Os pressupostos da "alienação parental" desconsideram os contextos sociais, culturais, históricos e políticos que moldam as complexas dinâmicas sociais, afetivas e familiares. Ao fazê-lo, promovem uma visão reducionista e potencialmente opressiva, sobretudo em disputas que envolvem questões de gênero, onde as relações de poder, já desequilibradas no sistema de justiça, podem ser reforçadas e perpetuadas. Esse enfoque negligencia as estruturas de poder subjacentes e seus impactos, contribuindo para a reprodução de desigualdades e injustiças, especialmente contra mulheres e crianças/adolescentes

Fonte: os autores

3. REFLEXÕES PARA A GESTÃO DE SERVIÇOS PSICOSSOCIAIS JUDICIÁRIOS

3.1. A gestão de equipes interdisciplinares nos Tribunais de Justiça: desafios e estratégias para uma atuação efetiva

O Poder Judiciário, em sua busca por justiça social[111] e pela garantia de direitos, reconhece a importância da atuação de equipes interdisciplinares, compostas por psicólogos, assistentes sociais, pedagogos, psiquiatras e outras disciplinas para a compreensão da complexidade dos casos que envolvem questões do Direito de Família, violência contra mulheres e crianças/adolescentes, uso de substâncias ilícitas, entre outros temas. Para além da *expertise* técnica e do conhecimento específico de cada área, a gestão eficiente dessas equipes demanda atenção a uma série de fatores que impactam diretamente a qualidade do serviço prestado à população e o bem-estar das/os profissionais. Afinal, lidar com o sofrimento humano, os conflitos familiares e as diversas formas de violência exige não apenas conhecimento, mas também sensibilidade, compromisso ético e um ambiente de trabalho que promova a colaboração e o desenvolvimento profissional.

3.1.1. A interdisciplinaridade

O primeiro pilar para a gestão de uma equipe de assessoramento às/aos magistradas/os é a interdisciplinaridade e o abandono da multidisciplinaridade. A interdisciplinaridade no assessoramento a magistradas/os oferece uma gama de vantagens que contribuem para a efetividade e justiça das decisões judiciais, especialmente em casos complexos como aqueles com alegações de alienação parental. As principais vantagens dessa abordagem são:

a) Compreensão holística dos casos:

- *Visão integral do indivíduo*: a psicologia, o serviço social e demais disciplinas oferecem olhares complementares sobre o indivíduo, a família e os seus determinantes — considerando seus aspectos emocionais, comportamentais, sociais e familiares. Essa visão integral permite que as/os magistradas/os compreendam a complexidade dos casos, para além dos fatos jurídicos apresentados nos autos;

- *Identificação de necessidades específicas*: a equipe interdisciplinar pode identificar necessidades específicas de cada indivíduo e/ou família,

---

111 Justiça social refere-se à busca por uma sociedade mais equitativa, onde todos os indivíduos tenham acesso igualitário a direitos e oportunidades, independentemente de sua origem, gênero, raça ou condição socioeconômica. Ela envolve a promoção de igualdade e a eliminação de discriminações, bem como o combate a desigualdades estruturais em áreas como educação, saúde, habitação e justiça. A justiça social visa garantir a dignidade humana e a participação ativa de todos na vida social e política, com ênfase na proteção dos mais vulneráveis e marginalizados.

como transtornos mentais, vulnerabilidades sociais, violação de direitos, histórico de violência etc. Essa análise facilita a tomada de decisões mais justas e adequadas à realidade de cada caso;

- *Elaboração de intervenções personalizadas*: com base na análise interdisciplinar, é possível elaborar intervenções personalizadas que atendam às necessidades específicas de cada pessoa, promovendo a reintegração social e a resolução de conflitos de forma mais eficaz e com promoção dos direitos humanos.

b) Melhoria na qualidade das decisões judiciais:

- *Redução de vieses*: a interdisciplinaridade contribui para a redução de vieses e preconceitos no processo de tomada de decisão, promovendo uma análise mais objetiva e imparcial dos casos;
- *Aumento da efetividade das medidas judiciais*: as medidas judiciais tendem a ser mais eficazes quando levam em consideração os aspectos psicossociais dos envolvidos, promovendo a ressocialização e a prevenção da reincidência de demandas judiciais;
- *Humanização da Justiça*: a interdisciplinaridade contribui para uma Justiça mais humana e sensível às necessidades dos indivíduos, promovendo a inclusão social e o respeito aos direitos humanos.

Em casos que envolvem alegações de alienação parental, a interdisciplinaridade é ainda mais relevante, pois esses casos geralmente incluem questões psicoemocionais e sociais complexas que não podem ser abordadas apenas pelo ponto de vista jurídico. A adoção de uma abordagem interdisciplinar pode reduzir os riscos de decisões baseadas em rótulos simplistas, como o de alienação parental, ao permitir uma análise mais profunda das dinâmicas familiares em seus aspectos mais diversos.

3.1.2. Construindo pontes: comunicação e trabalho em equipe

A comunicação interprofissional eficaz é a base sobre a qual se constrói um trabalho interdisciplinar de qualidade. É preciso ir além da mera troca de informações, cultivando uma cultura de diálogo, respeito mútuo e escuta ativa entre as/os profissionais. A criação de espaços de debate e reflexão sobre os casos, a definição de fluxos de comunicação claros e a utilização de ferramentas que facilitem o compartilhamento de informações são estratégias essenciais para a construção de um ambiente colaborativo. Ferreira *et al.* (2017) ressaltam que a comunicação interprofissional contribui para a integralidade da atenção, a redução de conflitos e a otimização do tempo, impactando positivamente a qualidade do serviço prestado.

Para além da comunicação formal, é fundamental incentivar a interação informal entre os membros da equipe, criando oportunidades para o desenvolvimento de vínculos de confiança e apoio mútuo. A realização de atividades conjuntas, como grupos de estudo, debates sobre temas relevantes e eventos sociais, fortalece a coesão da equipe e promove um clima organizacional positivo.

A comunicação interprofissional eficaz, conforme discutido por Ferreira *et al.* (2017), pode ser um fator decisivo em casos de alegação de alienação parental. Ao fomentar um diálogo aberto, escuta ativa e respeito mútuo entre as/os profissionais envolvidas/os — como psicólogas/os, assistentes sociais e magistradas/os —, é possível construir uma compreensão mais completa e precisa das dinâmicas familiares disfuncionais observadas (Barbosa; Mendes; Juras, 2021). O cultivo de espaços de debate e reflexão, além da definição de fluxos claros de comunicação, contribui para a redução de conflitos e a otimização das intervenções. Em cenários complexos como os com alegações de alienação parental, a interação formal e informal entre profissionais não só fortalece a coesão da equipe, mas também promove decisões judiciais mais equilibradas e sensíveis às necessidades das crianças e adolescentes, evitando a simplificação de questões familiares profundas e garantindo uma abordagem mais humanizada e eficaz.

3.1.3. Cuidando de quem cuida: supervisão, formação continuada e gestão de conflitos

A atuação em contextos de alta complexidade e sofrimento psíquico, como os presentes nas Varas de Família e nos casos de violência, exige atenção especial à saúde mental das/os profissionais, posto que o bem-estar psicoemocional delas/es pode ser afetado por esses casos (Mendes; Bucher-Maluschke, 2017b). A supervisão, individual e em grupo, oferece um espaço de reflexão crítica sobre a prática, de elaboração das emoções e de desenvolvimento de estratégias de enfrentamento para os desafios do cotidiano profissional. A formação continuada, por sua vez, permite a atualização dos conhecimentos, o aprimoramento das habilidades e a incorporação de novas técnicas e abordagens, contribuindo para a qualificação do serviço prestado e para a prevenção da estagnação profissional.

Guimarães e Mezzalira (2011) apontam a supervisão como fator de promoção da qualidade de vida no trabalho e de proteção contra o *burnout*, síndrome caracterizada pelo esgotamento físico e emocional. A formação continuada, por sua vez, contribui para o aumento da motivação, do sentimento de competência e da satisfação profissional. Investir em cursos, palestras, workshops e congressos que abordem temas relevantes para a atuação da equipe, como violência física e psicológica contra a mulher, gênero, violência sexual, violência física e psicológica contra crianças, dependência química e mediação de conflitos.

Em equipes multidisciplinares, a diversidade de perspectivas, formações e experiências profissionais pode gerar conflitos. A gestão eficiente desses conflitos, por meio de técnicas de mediação e negociação, transforma-os em oportunidades de crescimento e aprendizado para toda a equipe. É crucial criar um ambiente de trabalho que valorize a expressão das diferenças, o debate construtivo e a busca de soluções consensuais, promovendo o respeito e a valorização de cada profissional.

Moscovici (1998) destaca a importância da comunicação não violenta e da empatia na resolução de conflitos, ressaltando a necessidade de compreender as necessidades e os interesses de cada parte envolvida. A capacidade de negociação e de construção de consensos é essencial para a gestão de conflitos em equipes multidisciplinares, garantindo um ambiente de trabalho harmonioso e produtivo.

A supervisão e a formação continuada, assim como a gestão eficiente de conflitos, são essenciais em casos de alegação de alienação parental, pois oferecem suporte emocional e técnico aos profissionais envolvidos. Esses casos, por envolverem alta carga emocional e complexidade psíquica, podem facilmente conduzir ao desgaste e ao esgotamento das/os profissionais. A supervisão regular possibilita a reflexão crítica sobre a prática e a elaboração das emoções associadas, enquanto a formação continuada mantém as/os profissionais atualizadas/os em técnicas inovadoras para lidar com situações de abuso, violência e conflitos familiares. Em casos com alegação de alienação parental, onde há diferentes pontos de vista entre os membros da equipe, um espaço de supervisão e gestão de conflitos pode garantir intervenções mais assertivas e humanizadas, protegendo os melhores interesses das crianças e adolescentes envolvidos.

3.1.4. Acessando e articulando os recursos da rede social

A atuação interdisciplinar em temas complexos, como Direito de Família e violência contra mulheres e crianças/adolescentes, requer uma abordagem abrangente e colaborativa. Nesse contexto, os recursos da rede social se revelam ferramentas essenciais para as equipes que prestam assessoramento aos magistrados.

A construção de redes de apoio e colaboração sólidas, envolvendo diversos atores como ONGs, centros de referência, delegacias especializadas e programas de assistência social, possibilita a troca de informações, o acesso a diferentes perspectivas e a articulação de serviços, conforme exposto por Mioto (2018). Essa colaboração entre as/os profissionais permite uma análise mais ampla dos casos e a construção de respostas integradas e personalizadas.

A articulação em rede viabiliza a identificação de necessidades específicas e a implementação de intervenções eficazes. Um exemplo é uma equipe interdisciplinar que, por meio da rede social, coordena a acolhida imediata de uma mulher em situação de violência doméstica em um abrigo, assegurando sua segurança e a de seus filhos. Como destacado por Kelly *et al.* (2010), essa cooperação fortalece o acompanhamento integral dos casos e melhora a eficácia das intervenções.

Além disso, uma rede social articulada e fortalecida promove a comunicação constante entre as/os profissionais, o que intensifica o intercâmbio de conhecimentos e experiências, potencializando a interdisciplinaridade, conforme argumentado por Fazenda (2008). Essa troca contínua favorece também ações preventivas. O acesso a informações sobre potenciais fatores de risco e vulnerabilidades permite que as equipes atuem precocemente, evitando a judicialização desnecessária e o agravamento dos casos.

Em síntese, os recursos da rede social desempenham um papel crucial no trabalho das equipes interdisciplinares que auxiliam os magistrados em casos com alegações de alienação parental, otimizando a atuação em questões delicadas relacionadas às dinâmicas familiares. A articulação eficiente entre profissionais e serviços permite uma visão mais ampla das circunstâncias, evitando a simplificação dos conflitos familiares e promovendo intervenções mais justas. Nos casos com alegação de alienação parental, a troca de informações dentro de uma rede articulada possibilita a análise contextualizada das dinâmicas familiares, permitindo que a equipe identifique se há outros fatores subjacentes, como violência ou abuso, que possam estar sendo mascarados pelas alegações feitas. Dessa forma, a articulação em rede não apenas aprimora a qualidade das decisões judiciais, como também contribui para a justiça social e a proteção dos direitos humanos, promovendo o bem-estar e os melhores interesses das crianças e adolescentes envolvidos nesses processos.

4. OS DEZ PRINCÍPIOS-CHAVE PARA UMA INTERVENÇÃO PSICOSSOCIAL CRÍTICA EM CASOS COM ALEGAÇÃO DE ALIENAÇÃO PARENTAL

A construção de uma intervenção psicossocial crítica em casos com alegações de alienação parental requer a adoção de princípios orientados pela justiça social, pelo compromisso ético, por uma compreensão profunda das dinâmicas familiares e uma atuação técnico-científica que reconheça crianças, adolescentes e mulheres-mães como sujeitos de direitos. Esses princípios visam garantir que as intervenções contemplem a complexidade dos contextos históricos, culturais, sociais e psicológicos observados, assegurando a proteção dos direitos fundamentais de todas as partes, especialmente das crianças, adolescentes e mulheres. A abordagem aqui proposta desafia os pressupostos reducionistas da teoria de alienação parental, ao passo que sugere intervenções interdisciplinares, focadas na proteção contra estereótipos de gênero, vulnerabilidades sociais e patologização.

Na Tabela 2, os dez princípios-chave que guiam essas intervenções são apresentados com descrições que abordam as diversas facetas que precisam ser consideradas para uma atuação profissional com foco na promoção de justiça social, valorização do compromisso ético, com uma compreensão profunda das dinâmicas familiares e uma atuação técnico-científica. Esses princípios pretendem proporcionar um guia reflexivo e propositivo para a condução de estudos e intervenções que privilegiem os melhores interesses da criança/adolescente e promovam a equidade de gênero e a promoção de justiça.

Tabela 2. Os dez princípios para uma intervenção psicossocial crítica em casos com alegação de alienação parental

PRINCÍPIO	DESCRIÇÃO	EMBASAMENTO
1 Apreender, de forma crítica, os pressupostos de alienação parental no contexto social e técnico-científico brasileiro	Reconhecimento das limitações históricas e científicas da teoria de AP na formulação de intervenções psicossociais, levando em conta sua introdução acrítica no Brasil	Capítulos 1, 5, 8, 10, 11, 15, 16, 17
2 Evitar vieses de confirmação que possam hipersimplificar a compreensão do caso e dos melhores interesses de crianças/adolescentes e o bem-estar de mulheres vítimas de violência doméstica	Reconhecimento dos impactos negativos dos pressupostos de alienação parental no processo de tomada de decisão e também no reconhecimento da pervasiva vulnerabilidade de mulheres dentro do sistema de justiça	Capítulos 2, 7, 8, 9, 12, 13, 18
3 Reconhecer, de partida, a condição indelével de "sujeitos de direitos" que crianças e adolescentes gozam	Reconhecer que o caráter ativo, participativo, transformador e autêntico que crianças e adolescentes, enquanto atores sociais, têm na sociedade e que é reconhecido por normativas internacionais e pela Doutrina de Proteção Integral do Brasil	Capítulos 7, 8, 9, 12, 16, 17, 18
4 Assumir o caráter multideterminado e complexo das famílias e das realidades sociais e psicológicas delas	Reconhecimento da diversidade de organizações e dinâmicas familiares, as quais são impactadas por questões sociais e psicológicas que afetam a garantia de direitos e o bem-estar psicoemocional de seus membros	Capítulos 3, 4, 6, 12, 15, 16, 17

PRINCÍPIO	DESCRIÇÃO	EMBASAMENTO
5 Combater os estereótipos de gênero os quais acentuam a vulnerabilidade pervasiva das mulheres em casos com alegações de alienação parental	Evidenciar, questionar e criticar a apresentação e o reforçamento de estereótipos de gênero que colocam as mulheres como "loucas", "desequilibradas", "ressentidas" e "mães devoradoras"	Capítulos 3, 5, 10, 11, 14, 15, 16
6 Priorizar intervenções complexas e, preferencialmente, interdisciplinares que possam dar conta das complexas dinâmicas familiares que são discriminadas como "alienação parental"	Intervenções devem ser interdisciplinares, com profissionais de diversas áreas trabalhando juntos para garantir o bem-estar da criança/adolescente em questão	Capítulos 3, 4, 6, 7, 9, 13, 17, 18
7 Ter um "olhar clínico" crítico aos pressupostos de alienação parental, considerando o compromisso ético e social da Psicologia no Brasil	As intervenções psicoterapêuticas devem evitar a patologização das dinâmicas familiares e estar fundamentadas em um entendimento crítico da complexidade das relações familiares em contextos de conflito	Seção 1.1 e 1.2 (Psicoterapia de crianças, adolescentes e adulto) deste Capítulo 19
8 Garantir uma comunicação eficiente e reflexiva entre as/os profissionais envolvidas/os	A comunicação entre profissionais deve ser clara, aberta e baseada em escuta ativa, permitindo a troca constante de informações relevantes para o caso. A criação de espaços formais e informais para debates, reflexão crítica e compartilhamento de conhecimento pode otimizar as intervenções e proporcionar uma melhor compreensão de dinâmicas familiares disfuncionais (as quais podem ser distinguidas como "alienação parental")	Seção 3 (Reflexões para a gestão de serviços psicossociais judiciários) deste Capítulo 19

PRINCÍPIO	DESCRIÇÃO	EMBASAMENTO
9 Incorporar a supervisão e a formação continuada para prevenção do esgotamento profissional	É necessário que as/os profissionais envolvidas/os em casos com alegações de alienação parental participem de supervisões regulares e formação continuada. Isso garante uma reflexão crítica contínua, a prevenção do esgotamento emocional e o aprimoramento de suas práticas, contribuindo para intervenções mais assertivas e humanizadas, principalmente em cenários de alta complexidade	Seção 3 (Reflexões para a gestão de serviços psicossociais judiciários) deste Capítulo 19
10 Articular e mobilizar recursos da rede social para abordagens colaborativas	A articulação com a rede social é crucial para ampliar o olhar sobre as vulnerabilidades e necessidades das pessoas envolvidas em casos com alegações de alienação parental. As intervenções devem considerar o papel dos atores sociais na prevenção, acolhimento e proteção, promovendo uma abordagem que vá além do jurídico e contemple as esferas psicoemocionais e sociais	Seção 3 (Reflexões para a gestão de serviços psicossociais judiciários) deste Capítulo 19

Fonte: os autores

A Tabela 2 apresenta dez princípios fundamentais para uma intervenção psicossocial crítica em casos com alegações de alienação parental. Esses princípios incluem a necessidade de se reconhecer as limitações históricas e científicas da teoria de alienação parental (AP) no contexto brasileiro, bem como a importância de evitar vieses de confirmação que possam simplificar as complexas dinâmicas familiares e ignorar a vulnerabilidade das mulheres. Eles também destacam o papel central de crianças e adolescentes como sujeitos de direitos, e a importância de reconhecer a multiplicidade de fatores sociais, culturais e psicológicos que impactam as realidades familiares judicializadas. Além disso, os princípios enfatizam a necessidade de combater estereótipos de gênero, de priorizar intervenções interdisciplinares e de adotar uma postura crítica e ética na análise do contexto das alegações de alienação parental. A comunicação entre as/os profissionais envolvidas/os deve ser eficiente e reflexiva, enquanto a formação continuada e a supervisão são essenciais para garantir intervenções mais assertivas. Finalmente, o fortalecimento e a articulação com a rede social permitem uma abordagem colaborativa e abrangente, promovendo o bem-estar de todas as partes envolvidas.

CONSIDERAÇÕES FINAIS

Ao longo deste capítulo, buscou-se sintetizar as reflexões e discussões elaboradas por profissionais de diversas áreas, como Psicologia, Serviço Social e Direito, com o intuito de propor princípios éticos e técnico-científicos que orientem as intervenções psicossociais em casos com alegação de alienação parental. Sem a valiosa contribuição dessas/es profissionais ao longo dos capítulos deste livro, não teria sido possível alcançar o principal objetivo deste capítulo final: fornecer uma base crítica e reflexiva para facilitar a desconstrução dos pressupostos de alienação parental, promovendo abordagens interdisciplinares e centradas no bem-estar de crianças, adolescentes e mulheres-mães.

As discussões ao longo deste capítulo sublinham a importância de uma atuação crítica por parte das/os profissionais, reconhecendo as (de)limitações históricas e científicas da teoria de alienação parental no Brasil. Os principais pontos destacados incluíram o cuidado necessário para evitar vieses de confirmação e simplificações durante os processos de avaliação e tomada de decisão, além de evidenciar a centralidade das crianças e adolescentes como sujeitos de direitos, conforme estabelecido pela Doutrina de Proteção Integral no Brasil. Foram também destacadas as necessidades de se considerar a diversidade de dinâmicas familiares e de combater estereótipos de gênero que podem perpetuar opressões e desconsiderar a complexidade dos contextos familiares — o que, epistemologicamente, contraria o compromisso ético e social da Psicologia brasileira.

A interdisciplinaridade foi um pilar fundamental deste livro e deste capítulo. A colaboração entre psicólogas/os, assistentes sociais e juristas permitiu a construção de um olhar ampliado e mais abrangente sobre as questões que circundam as alegações de alienação parental. Psicólogas/os trouxeram uma perspectiva técnica para desconstruir a patologização das relações familiares, enquanto assistentes sociais contribuíram com um olhar crítico sobre as desigualdades sociais e de gênero. Juristas, por sua vez, ofereceram insights sobre as lacunas jurídicas e a necessidade de revisões que coloquem os interesses da criança e do adolescente no centro das disputas judiciais, além de intervenções estratégicas que possam salvaguardar o papel da advocacia, em especial aquela afeita às questões de gênero.

A contribuição de diferentes profissionais ao longo desta obra foi essencial para promover uma abordagem mais crítica, humanizada e científica. O fortalecimento da rede social e a articulação de estratégias preventivas também emergiram como elementos centrais, assegurando que as intervenções não se restringissem ao campo jurídico, mas abordassem as complexidades psicoemocionais e sociais das famílias. Ao promover uma análise técnica e crítica, este capítulo visou instrumentalizar as práticas sociojurídicas e psicojurídicas, de modo a torná-las mais alinhadas com os valores éticos e técnico-científicos de cada área, além de comprometidas com a promoção de justiça social.

Em última análise, as reflexões deste livro e os princípios apresentados neste capítulo destacam a necessidade de uma abordagem crítica e multidisciplinar em casos com alegações de alienação parental. Essa abordagem requer a integração de conhecimentos diversos e a colaboração entre profissionais de diferentes áreas para garantir que os direitos de crianças, adolescentes e mulheres-mães sejam devidamente protegidos.

Esperamos que as contribuições deste livro e deste capítulo não apenas inspirem a revogação da Lei de Alienação Parental no Brasil, mas também promovam uma maior conscientização por parte da sociedade, do Legislativo e do Judiciário sobre a urgência de se construir legislações que, além de respeitarem o conhecimento científico das diversas áreas, sejam verdadeiramente coerentes com a realidade histórica, cultural e social do Brasil. Nesse contexto, é fundamental que essas legislações respeitem os princípios da Doutrina de Proteção Integral de crianças e adolescentes, assim como a pervasiva vulnerabilidade das mulheres, tanto dentro quanto fora do sistema de justiça.

REFERÊNCIAS

BARBOSA, L. P. G.; MENDES, J. A. A.; JURAS, M. M. Dinâmicas disfuncionais, disputa de guarda e alegações de alienação parental: uma compreensão sistêmica. **Nova Perspectiva Sistêmica**, São Paulo, v. 30, n. 69, p. 6–18, 2021.

BORGES, L. O. **A violência doméstica**: um problema de saúde pública. São Paulo: Agora, 2005.

CONSELHO FEDERAL DE PSICOLOGIA (CFP). Referências Técnicas para Atuação de Psicólogas(os) em Varas de Família. Brasília: Conselho Federal de Psicologia, 2019. Disponível em: https://site.cfp.org.br/wp-content/uploads/2019/11/BR84-CFP-RefTec-VarasDeFamilia_web1.pdf. Acesso em: 28 set. 2024.

CONSELHO FEDERAL DE PSICOLOGIA. Código de ética profissional do psicólogo. Brasília: CFP, 2005.

CONSELHO FEDERAL DE PSICOLOGIA. **Nota Técnica n.º 4/2022/GTEC/CG.** Nota Técnica sobre os impactos da Lei n.º 12.318/2010 na atuação das psicólogas e dos psicólogos. Brasília: Conselho Federal de Psicologia, 2022. Disponível em: https://site.cfp.org.br/wp-content/uploads/2022/08/SEI_CFP-0698871-Nota-Tecnica.pdf. Acesso em: 30 set. 2024.

CONSELHO FEDERAL DE SERVIÇO SOCIAL (CFESS). Código de Ética do Assistente Social. Lei n.º 8.662/93 de regulamentação da profissão. 10. ed. rev. e atual. Brasília: CFESS, 2012.

CONSELHO REGIONAL DE PSICOLOGIA DO PARANÁ (CRP/PR). Guia de Orientação — Psicologia e Justiça — Psicóloga(o) Perita(o) e Assistente Técnica(o). Disponível em: https://crppr.org.br/guia-de-orientacao-psicologia-e-justica-psicologa-o-peritao-e-assistente-tecnicao/. Acesso em: 28 set. 2024.

CONSELHO REGIONAL DE PSICOLOGIA DO RIO DE JANEIRO (CRP/RJ). Nota Recomendatória n.º 1/2011. Disponível em: http://www.crprj.org.br/site/wp-content/uploads/2016/06/nota_recomendatoria.pdf. Acesso em: 28 set. 2024.

DEL PRIORI, M. A mulher brasileira nos espaços público e privado. **Revista Brasileira de História**, v. 24, n. 47, p. 29–50, 2004.

FAZENDA, I. C. A. **Interdisciplinaridade**: história, teoria e pesquisa. 11. ed. Campinas: Papirus, 2008.

FERREIRA, M. *et al*. Comunicação interprofissional na atenção primária à saúde: uma revisão integrativa. **Revista Brasileira de Enfermagem**, v. 70, n. 3, p. 638–644, 2017.

FISKUM, C.; TAARVIG, E.; SVENDSEN, B.; JOHNS, S. Changes in affect integration and internalizing symptoms after time-limited intersubjective child psychotherapy: a pilot study. **Frontiers in Psychology**, v. 13, 2022.

GUIMARÃES, A. N.; MEZZALIRA, S. Burnout em profissionais da área social: a importância da supervisão. **Revista Katálysis**, v. 14, n. 1, p. 91–98, 2011.

IBGE — Instituto Brasileiro de Geografia e Estatística. IBGE Cidades 2021. Disponível em: https://loja.ibge.gov.br/estatisticas-do-registro-civil-2021.html. Acesso em: 28 set. 2024.

KELLY, M. P. *et al*. The impact of interdisciplinary teamwork on patient outcomes in primary care: a systematic review. **British Journal of General Practice**, v. 60, n. 571, p. 129–136, 2010.

MACIEL, S. B.; MENDES, J. A. de A.; BARBOSA, L. P. G. Visão sistêmica sobre os pressupostos de alienação parental na prática clínica individual e familiar. **Nova Perspectiva Sistêmica**, São Paulo, v. 29, n. 68, p. 19–31, 2021.

MENDES, J. A. de A.; BUCHER-MALUSCHKE, J. S. N. F. Destructive divorce in the family life cycle and its implications: criticisms of parental alienation. **Psicologia: Teoria e Pesquisa**, Brasília, v. 33, 2017a.

MENDES, J. A. de A.; BUCHER-MALUSCHE, J. S. N. F. Coping e racionalização: Atuação de advogados nos casos de disputa de guarda. **Interação em Psicologia**, Curitiba, v. 21, n. 3, 2017.

MENDES, J. A. de A.; BUCHER-MALUSCHKE, J. S. N. F. Famílias em litígio e o princípio do melhor interesse da criança na disputa de guarda. **Interação em Psicologia**, Curitiba, v. 23, n. 3, p. 392–403, 2019.

MENDES, J. A. de A.; LORDELLO, S. R.; ORMEROD, T. Uma proposta de compreensão bioecológica do princípio dos melhores interesses da criança/adolescente nos casos de disputa de guarda. *In*: MENDES, J. A. de A.; BUCHER-MALUSCHKE, J. S. N. F. (org.). **Perspectiva sistêmica e práticas em psicologia**: temas e campos de atuação. Curitiba: Editora CRV, 2020, p. 53–78.

MENDES, J. A. de A.; ORMEROD, T. C. Making sense out of uncertainty: cognitive strategies in the child custody decision-making process. **Frontiers in Psychology**, v. 15, 2024.

MENDES, J. A. de A.; ORMEROD, T. Uncertainty in child custody cases after parental separation: context and decision-making process. **Trends in Psychology**, p. 1–28, 2023.

MENDES, J. A. de A. The decision-making process in child custody cases after parental separation: a cross-cultural study between Brazil and England. (Unpublished doctoral thesis). University of Sussex, 2022. https://doi.org/10.13140/RG.2.2.13584.07684

MIOTO, R. C. T. Política social e acesso à justiça: um estudo sobre a judicialização das demandas sociais de Saúde e Assistência Social. Relatório Final de Pesquisa. Florianópolis: UFSC, 2018.

MOSCOVICI, F. **Desenvolvimento interpessoal**: treinamento em grupo. Rio de Janeiro: José Olympio, 1998.

SHINE, S. A atuação do psicólogo no poder judiciário: interfaces entre a psicologia e o direito. *In*: Conselho Regional de Psicologia da 6ª Região (org.). **Caderno temático**. São Paulo: CRP/SP, 2010, p. 10–13.

SOUSA, A. M.; SOUZA, F. H. O. Peritas/os sem expertise e mercado de laudos: sobre a banalização das práticas psicológicas na interface da justiça. *In:* SOARES, L. C. E. C.; OLIVEIRA, R. G. de; SOUZA, F. H. O. (org.). **Psicologia Social Jurídica**: resistências no sistema de (in)justiça. 1. ed. Curitiba: CRV, 2023. p. 135-158.

SOUSA, A. M. de; SOUZA, F. H. O. Psicólogas (os) clínicas (os) e as demandas de mãe e pais em litígio. **Nova Perspectiva Sistêmica**, São Paulo, v. 30, n. 69, p. 49–61, 2021.

SOUSA, A. M. de. **Assistente Técnico em Psicologia**: um novo profissional "faz tudo" em processos judiciais? 2021b. Disponível em: https://analiciamartins.com.br/assistente-tecnico-em-psicologia-um-novo-profissional-faz-tudo-em-processos-judiciais/. Acesso em: 28 set. 2024.

SOUSA, A. M. de. **Psicólogas(os) clínicas(os) relatam insegurança no atendimento a mães e pais em disputas judiciais.** 14 maio 2021a. Disponível em: https://analiciamartins.com.br/psicologasos-clinicasos-relatam-inseguranca-no-atendimento-a-maes-e-pais-em-disputas-judiciais/. Acesso em: 28 set. 2024.

SOUSA, A. M. de. **Psicólogas(os) clínicas(os), no atendimento a mães/pais separados, devem incentivar o litígio?** 22 dez. 2020. Disponível em: https://analiciamartins.com.br/psicologasos-clinicasos-no-atendimento-a-maes-pais-separados-devem-incentivar-o-litigio/. Acesso em: 28 set. 2024.

SOBRE OS AUTORES

Acileide Cristiane Fernandes Coelho
Doutora em Psicologia Clínica e Cultura pela Universidade de Brasília (UnB). Psicóloga pela UnB. Psicodramatista Didata e supervisora. Especialista em Psicopatologia e Psicodiagnóstico (UCB/DF). Trabalhadora do Sistema Único de Assistência Social (SUAS), psicóloga da Secretaria de Estado de Desenvolvimento Social (GDF). Pesquisadora no âmbito da Política de Assistência Social.

Angela Diana Hechler
Mestra em Serviço Social. Especialista em perícias e avaliações técnicas do Serviço Social. Graduada em Serviço Social. Analista judiciária do Tribunal de Justiça do Estado do Rio Grande do Sul — Especialidade Serviço Social.

Anne Teive Auras
Defensora pública do Estado de Santa Catarina. Mestranda do Programa de Pós-Graduação em Direito da Universidade Federal de Santa Catarina. Coordenadora do Núcleo de Promoção e Defesa dos Direitos das Mulheres da Defensoria Pública de Santa Catarina (NUDEM). Coordenou a Comissão de Promoção e Defesa dos Direitos das Mulheres do Conselho Nacional das Defensoras e Defensores Públicos-Gerais (CONDEGE).

Carlos Eduardo do Carmo Junior
Advogado, pós-graduado em Direito de Família e Sucessões pela Escola Brasileira de Direito (EBRADI), pós-graduado em Direito das Mulheres pelo Centro Universitário UniDomBosco e pós-graduado em Direito Civil e Processual Civil pela Escola Superior da Advocacia da Ordem dos Advogados do Brasil, Seção de São Paulo (ESA-OAB/SP).

Cátula da Luz Pelisoli

Pós-doutora, doutora, mestra e graduada em Psicologia. Especialista em Psicologia Clínica, Psicoterapia Cognitivo Comportamental e Docência e Metodologias para o Ensino Superior. Analista judiciária do Tribunal de Justiça do Estado do Rio Grande do Sul — Especialidade Psicologia; produtora de conteúdo do Canal Proteja.

Cecília Rodrigues Frutuoso Hildebrand

Mestra em Direito Processual pela Universidade do Estado do Rio de Janeiro (UERJ). Coordenadora do Curso de Direito e do Núcleo de Prática Jurídica do Centro Universitário Anhanguera — Leme/SP. Professora. Advogada. Especialista em Direito Processual Civil. Membra da Diretoria da Associação Brasileira Elas no Processo (ABEP) (secretária-geral), associada do IBDP e da ABMCJSP.

Cynthia Ciarallo

Doutora, mestra e psicóloga pela Universidade de Brasília (UnB). Graduanda em Direito (UniCEUB). Integra o Comitê de Equidade de Raça, Gênero e Diversidade do TRT/10ª Região. Atuou como Conselheira no Conselho Federal de Psicologia (2008–2013). Foi presidente do Conselho Regional de Psicologia do DF (2013–2016). Apresenta o canal "Fala, Diversidade!". Educadora e pesquisadora em diversidade, direitos humanos, sistema de justiça, política infantojuvenil, gênero e questões raciais. Consultora pela "Diversando — Consultoria e Educação em Equidade".

Dulcielly Nóbrega de Almeida

Defensora Pública do Distrito Federal, especialista em Direito Público, especialista em Gênero e Direito pela Escola da Magistratura do DF. Atuou como coordenadora do Núcleo de Defesa das Mulheres da Defensoria Pública, foi conselheira do Conselho dos Direitos da Mulher do DF, coordenou a Comissão Especial de Promoção e Defesa dos Direitos da Mulher do CONDEGE e a Comissão da Mulher da Associação Nacional dos Defensores Públicos. Autora de diversas publicações.

Edna Fernandes da Rocha

Doutora em Serviço Social pela Pontifícia Universidade Católica de São Paulo. Especialista em Serviço Social na área sociojurídica. Assistente social do Tribunal de Justiça de São Paulo. Pesquisadora na área sociojurídica em temas ligados à família, convivência familiar e alienação parental. Autora do livro *Serviço Social e Alienação Parental: contribuições para a prática profissional*, lançado pela Cortez Editora em 2022.

Ela Wiecko Volkmer de Castilho

Doutora em Direito, advogada, pesquisadora colaboradora sênior do Programa de Pós-Graduação da Faculdade de Direito e do Centro de Estudos Avançados Multidisciplinares da UnB, onde integra o Núcleo de Estudos e Pesquisas sobre Mulheres (NEPeM) e o Programa de Pós-Graduação em Direitos Humanos e Cidadania. Lidera o Grupo de Pesquisa Direito, Gênero e Famílias.

Eliene Ferreira Bastos

Doutora e mestra em Direito Civil pela PUC/SP. Advogada em Brasília. Diretora Nacional do IBDFAM — Região Centro-Oeste.

Estela Martini Willeman

É pesquisadora do Laboratório de psicopatologias Contemporâneas (PPGP/UFRJ) e psicanalista do Fórum do Campo Lacaniano. Pesquisa capitalismo, relações sociais de sexo/gênero, educação superior e psicanálise. É doutora em Educação (PUC-Rio), especialista em Gênero e Sexualidade (IMS/Uerj) e em Psicanálise (Universidade de Vassouras), graduada e mestra em Serviço (UFRJ/PUC-Rio). É professora de nível superior desde 2005 e perita judicial em Serviço Social nas áreas de direitos das mulheres, crianças e adolescentes.

Fernanda Pereira Nunes

Graduada em Direito pela Universidade de Brasília (UnB). Integrante do Grupo de Pesquisa Direito, Gênero e Famílias, vinculado à Faculdade de Direito da Universidade de Brasília. Assessora Gabinete no Juizado de Violência Doméstica e Familiar contra a Mulher do Recanto das Emas, Tribunal de Justiça do Distrito Federal e Territórios.

Indianara Trainotti

Bacharel em Serviço Social pela Universidade Federal de Santa Catarina, especialista em Políticas Sociais e Demandas Familiares pela Universidade do Sul de Santa Catarina, consultora e palestrante dos Direitos Humanos de Crianças e Adolescentes.

Janaína Albuquerque Azevedo Gomes

Advogada inscrita nas Ordens dos Advogados do Brasil e de Portugal, especialista em Direito Internacional de Família, bacharel pela Universidade de Brasília e mestra pela Universidade de Lisboa. Mediadora familiar internacional registrada no MiKK e.V. Coordenadora jurídica da organização Revibra Europa (Rede Europeia de Suporte a Vítimas Brasileiras de Violência Doméstica e de Gênero) desde 2021. Associada de Pesquisa do NOVA Centre for the Study of Gender, Family, and the Law.

Josimar Antônio de Alcântara Mendes

Psicólogo e *Research Associate* na Universidade Oxford (Reino Unido). PhD em Psicologia pela Universidade de Sussex (Reino Unido), especialista pelo Centre for Addiction and Mental Health (Toronto, Canadá) e mestre pela Universidade de Brasília (UnB). Pesquisador na área de Psicologia Jurídica do Direito de Família, além de atuar como assistente técnico e parecerista em processos de guarda e convivência.

Luana de Souza Siqueira

Professora associada I da Escola de Serviço Social da UFRJ. Doutora em Serviço Social (UERJ), mestra em Biociências e Saúde (FIOCRUZ) e em Serviço Social (UFRJ), pós-graduada em Ergonomia (COPPE-UFRJ), graduada em Pedagogia (UERJ) e Serviço Social (UFRJ). Atua em História da Educação, Educação Especial, Saúde Mental, Assistência Social e Ergonomia. Pesquisadora no LEPECNC, LEMARX-TMD e NEPEM. Coordena a pesquisa "Mulher, superexploração, pobreza, violência e resistência" e o projeto de extensão "Biblioteca Feminista da Praia Vermelha".

Mariana Martins Juras

Doutora e mestra em Psicologia Clínica e Cultura (Universidade de Brasília). Especialista em Terapia Familiar e de Casais (Interpsi/PUC-GO). Psicóloga, CRP 01/12762. Atuou nos Serviços Psicossociais de Assessoramento a Varas de Família e Varas/Juizados Criminais no Tribunal de Justiça do Distrito Federal e Territórios (TJDFT) e atualmente é Assistant Professor do Programa de Doutorado em Psicologia Clínica da Florida Institute of Technology.

Mariana Regis de Oliveira

Advogada feminista, pós-graduanda em Direito das Mulheres, Teoria, Prática e Ação Transformadora pela UniDomBosco. Graduada em Direito pela Universidade Católica do Salvador (2004). Cofundadora do Coletivo de Advogadas Familiaristas Feministas. Professora de cursos de prática da advocacia feminista familiarista.

Mariana Tripode

Advogada, especialista em Direito da Mulher e Direito e Gênero pela Escola da Magistratura do Distrito Federal. Formada em Direito pela Universidade de Mogi das Cruzes/SP (2012), pós-graduada em Ciências Criminais e Interseccionalidades. Foi presidente da Comissão da Mulher da ABA Brasília, idealizadora do primeiro escritório de Advocacia Para Mulheres no DF e da Escola Brasileira de Direitos das Mulheres (EBDM)

Marília Lobão Ribeiro

Mestra em Psicologia Clínica e Cultura pela UnB, com tema sobre guarda compartilhada. Graduada em Psicologia pela UnB (1985), psicoterapeuta autônoma, assistente técnica e perita judicial em Psicologia Jurídica. Atuou por trinta anos no TJDFT, onde implantou o Serviço Psicossocial Forense em 1993, o Núcleo Psicossocial Forense que assessorava as Varas dos Juizados de Violência Doméstica do DF em 2000 e a Secretaria Psicossocial Forense em 2007, tendo gerenciado essas umidades até sua aposentadoria em 2016.

Nathálya Oliveira Ananias
Graduada em Direito pela Universidade de Brasília (UnB), pesquisadora vinculada ao Núcleo de Estudos e Pesquisa sobre as Mulheres (NEPEM) da UnB, integrante do Grupo de Pesquisa Direito, Gênero e Famílias da UnB e advogada familiarista feminista.

Olga Maria Pimentel Jacobina
Pós-doutora pelo Centro de Adição e Saúde Mental da Universidade de Toronto, Canadá na área de uso e abuso de drogas. Doutora e mestra em Psicologia Clínica e Cultura pela Universidade de Brasília (UnB). Psicóloga. Tutora de campo e docente no Programa de Residência Multiprofissional em Saúde Mental, Álcool e outras Drogas (FIOCRUZ-DF). Trabalhadora do Sistema Único de Assistência Social (SUAS) — SEDES/GDF.

Paola Motosi
Ativista na luta pelos direitos humanos, com foco nos direitos das mulheres. Como pesquisadora e especialista em direitos humanos e interseccionalidades, atua principalmente junto a coletivos e organizações feministas no combate à violência doméstica contra mulheres e crianças, promovendo o acesso de sobreviventes de violência doméstica a mecanismos internacionais de proteção dos direitos humanos.

Patrícia Aline Abreu Pereira
Pós-graduada em Serviço Social e Sistema Sociojurídico (FACUMINAS). Graduada em Serviço Social (UFRJ). Atuou como assistente social em saúde (Hospital Miguel Couto e maternidade-escola da UFRJ) e com populações em situação de rua. Desde 2004, trabalha no Tribunal de Justiça do Rio de Janeiro, passando pelo Juizado de Violência Doméstica, Vara da Infância, e, nos últimos cinco anos, na Vara de Família.

Rachel Serodio de Menezes

Mestra em Ciências Jurídicas pela Universidade Autônoma de Lisboa, Portugal. Pós-graduada em Direito Civil e Processo Civil pela FGV Rio. Advogada feminista. Fundadora do escritório Rachel Serodio Advocacia. Cofundadora do Coletivo de Advogadas Familiaristas Feminista. Pesquisadora do NUCLEAS-UERJ/RJ. Professora.

Sibele de Lima Lemos

Especialista em Psicopedagogia e Interdisciplinaridade (ULBRA/RS), especialista em Violência Doméstica contra Criança e Adolescente pelo LACRI-USP e especialista em Educação em Direitos Humanos (FURG). Graduada em Educação Especial — DM (UFSM). Coordenadora do Coletivo de Proteção à Infância Voz Materna. Autora de artigos e livros no tema da violência contra mulheres-mães.

Vanessa Hacon

Doutora em Ciências Sociais e pesquisadora na Universidade de Brasília (UnB). Pesquisa Relações de Gênero, com foco na violência contra a mulher na sua interseccionalidade com a maternidade e a separação. Integra o Grupo de Pesquisa Direito, Gênero e Famílias (UnB); e o Grupo de Pesquisa SHERA. Atua em movimentos sociais maternos na promoção de direitos humanos.